INTRODUCTION TO STATISTICS

경제·경영학을 위한

통계학 입문

임상일 지음

자유아카데미

통계의 중요성과 통계학의 친밀성을 보여주기 위한 시도

경제학을 '생산'하기 위해서는 철학, 사학, 심리학과 같은 인문학은 물론 수학, 논리학, 통계학과 같은 기초학문이 '생산요소'로 투입되고 있다. 이렇게 생산된 경제학은 고유의 범위를 넘어서 경영학, 무역학, 법학, 정치학, 외교학, 행정학 등 여러 학문에 폭넓게 영향을 주고 있어 '경제학 제국주의'라고 불릴 정도이다. 또 법경제학, 문화경제학, 환경경제학, 스포츠 경제학 등 다양한 분야에서도 경제학을 만날 수 있게 되었다. 넓어진 적용 범위에 경제학자로서 자부심을 느끼기도 하지만, 한편으로는 경제학의 한계에 대해서도 생각해 보기고 한다. 노벨상이 주어지는 '사회과학의 여왕'인 동시에* 오지랖이 넓은 학문, 인간과 사회 문제를 해결하기 위해 과학성과 실천력을 요구하는 학문이라는 평가에는 큰 무리가 없다고 믿는다.

이런 특성을 누구보다 잘 간파했던 케인즈는 경제학자에게 요구되는 특성으로 수학이나 자연과학에서 필요한 천재성보다는 다양한 분야에 대한 관심과 행동을 강조하였으며, 철학, 사학, 심리학, 수학, 논리학, 통계학과 같은 기초학문에 더해 정치, 사회, 문화, 예술에도 상당한 조예를 가져야 한다고 강조하였다. 그래서 경제학과는 문과 계열 학과 중에서 가장 이과생에게 유리한 학과이고, 사회에 관심이 많은 이과생에게는 가장 매력적인 문과 계열 학과라는 평가를 받고 있다.

요즈음은 행동경제학이나 실험통계학과 같은 경제학의 새로운 분야에서 실험을 하고 있지만, 경제학의 대상은 대부분 실험을 하기가 어렵기 때문에 통계적인 방법을 통한 검증이 유효한 경우가 많다. 경제 데이터가 갖는 특유의 어려움에 집중하여 연구

* 영어로 표현한 공식적인 상 이름은 알프레드 노벨을 기념하는 스웨덴 국립은행 경제학상(Sveriges Riksbank Prize in Economic Sciences in Memory of Alfred Nobel)이다.

하는 계량경제학은 통계학이 필수 중의 필수이며 다른 경제학 분야에서도 통계적 분석은 광범위하게 쓰이고 있다. 즉, 통계적 방법론이 계량경제학뿐 아니라 실증분석의 토대로 경제학 전반에 두루 쓰이고 있다.

저자는 경제학을 공부하는 과정에서 통계학을 배웠고 대학에서 수년간 후학들에게 가르쳐 왔다. 경제학은 주메뉴에, 통계학은 반찬에 해당한다고 비유할 수 있다. 수식과 도표로 가득 찬 통계학을 처음 배울 때는 짜증도 나고, 골치도 아프고, 후회와 원망이 생기기도 하였지만, 조금씩 배우고 익혀 나가면서부터는 어려움을 극복해 나간다는 자긍심도 생기게 되었고 통계학의 중요성과 과학성을 몸소 느낄 수 있었다. 또 수많은 통계를 보다 보니 객관적으로 볼 수 있는 능력이 생기게 되었고 보람을 느낄 수 있었다.

보통 사람들은 경제학의 중요성과 필요성에 대해서는 공감하지만, 경제학을 공부하는 데는 거리를 둔다. 수학과 통계학이라는 강을 건너야 하기 때문이다. 통계학에는 이 말이 더욱 실감 나게 적용된다. 우리는 아침에 눈을 떠서 잠자리에 들 때까지 수많은 통계를 듣고 보면서 살아간다. 하지만 통계학을 공부하라고 하면 '골치 아픈', '이미 수포자인' 이런 말을 하면서 뒷걸음질 치는 사람들을 많이 보았다. 2004년 통계와 통계학에 대한 심리적 장벽을 낮추어 손쉽게 접근할 수 있게 하자는 목적으로, 《통계는 성공의 나침반이다》라는 통계학 기초 입문서를 출간하였다. 이 경험을 바탕으로 이 책에서는 좀 더 현실적인 자료를 소개하는 동시에 통계학 지식을 좀 더 심도 있게 전달하려고 노력하였다.

시중에는 저자보다 통계학 실력이 월등한 저명한 교수와 연구자들의 저서가 차고 넘친다. 틈새시장도 보이지 않을 정도의 완전경쟁시장에서 무엇을 차별화할까를 제일 먼저 고민하였고 통계와 통계학에 대한 독자의 심리적 장벽을 낮추는 일부터 시작하였다. 이 책의 첫 시작(1장 1절)은 대한민국 국민은 오복(五福)을 누릴 수 있느냐는 주제에서 출발하여 수시로 만나게 되는 시청률 조사에 대한 이야기로 끝맺음(10장 4절)하고 있다. 확률을 이야기할 때 로또 당첨 확률, 주민등록번호 같을 확률, 소위 고스톱에서 고도리 3장이나 오광 5장을 손에 쥘 확률 등을 보여주고 있다. 확률변수를 이해시키기 위해 영화 '증인'과 '은밀한 유혹'을 예로 들고 있으며, 평균의 성질을 설명하기 위해 국민타자 이승엽의 홈런 통계를 이용하였다. 회귀론에서는 천재 타자 이정후의 말을 인용해 보았다. 가설검정은 음주단속을 하는 경찰의 이야기로 보여주고 있으며, 중요한 절마다 내용과 부합하는 이야기 보따리와 명언 보따리를 풀어 놓아 보았다. 이 책은 통계와 통계학이 우리 일상생활에서 흔히 만나는 존재임을 보여주려고 노력하였으며, 또 훌륭한 업적을 남긴 통계학자들을 소개함으로써 수식과 기호 속에서도 사람 냄새를 풍기게 하였다.

또한 통계학 학습이 가능하도록 저술하였다. 이 책의 2장에서 9장까지 이르는 부분에서는 기술통계학, 확률분포, 표본분포, 추정론, 가설검정, 회귀이론, 시계열분석 등 통계학의 기본 분석과 이론을 소개하고 있다. 여기에서도 현실적인 일을 분석 대상으로 삼으려고 노력하였으며 또 다양한 연습문제를 제공하였다.

저자는 '과학적 합리성'과 '따뜻한 인간애'가 공존하는 세상을 이상적이라고 생각하고 있다. 마샬의 표현으로 바꾸어 보면 '과학적 합리성'은 '냉정한 두뇌(cool head)'에 '따뜻한 인간애'는 '따뜻한 가슴(warm heart)'에 상응된다고 본다. 수학은 논리적인 바탕을 통계학은 실증적인 기초를 경제학에 제공함으로써 경제학의 '과학적 합리성'을 세우는 데 기여하고 있다. 역사가 더 오래된 법학이나 정치학을 제치고 경제학자에 노벨상이 주어지는 것도 '과학적 합리성'이 크게 작용하고 있다고 믿고 있다. 이 책이 보여주고자 하는 통계의 중요성과 통계학의 친밀성이 과학적 합리성 제고에 기여하였으면 하는 바람이다.

좋은 책을 만들기 위해 최선을 다했지만 부족한 부분이 있을 수 있다. 이 점은 양해를 바라며 출간 후 나올 수 있는 수정사항과 실습용 데이터 파일 등은 자유아카데미 홈페이지(www.freeaca.com) 자료실에 제공할 예정이니 참고하기를 바란다.

오랜 세월 헌신적으로 저자를 도와 온 아내와 늘 응원으로 저자에게 힘을 준 가족들에게 감사의 뜻을 밝힌다. 보잘것없고 부족한 이 책이 나올 때까지 저자에게 수학과 통계학을 가르쳐 주신 여러 은사님들, 특히 모교 경제학과 교수님들과 통계학과 교수님들의 가르침에 감사의 글을 남기고 싶다. 대전대학교 통계학과 강위창 교수님과 정현용 교수님의 도움도 큰 힘이 되었다. 퇴직 후에도 저술 활동을 가능하게 도와준 남상호 총장님을 비롯한 대전대학교 관계자에게도 감사의 뜻을 남기고 싶다.

끝으로 이 책이 세상에 나오는 데까지 물심양면으로 도와주신 자유아카데미의 관계자 여러분께도 심심한 감사를 드린다.

2024년 8월

용운동 연구실에서

저자 임상일

차례

제 1 장 통계로 세상 맛보기

제 2 장 통계학과 친해지기

제 3 장 통계 바로 알기

제 4 장 대푯값 확실히 알기

제 5 장 확률 정복하기

제 6 장 확률변수와 확률분포 가까이 가기

제 7 장 추정과 검정론 따라잡기

제 8 장 회귀분석 입문하기

제 9 장 통계로 세상 깊게 알기

제 10 장 여론조사 제대로 알기

제 1 장

통계로 세상 맛보기

1. 누구나 오복을 누릴 수 있는 나라로 Go Go
2. 우리 집만 빼고 다 부자인 것 같은 기분…
3. 불과 한 세대만에…
4. 친구 따라 베트남 갈 일이 기대돼요!
5. 말만 사장님이지… 실속은!
6. 한국은 '김이박', 중국은 '장삼이사', 일본은 잘 모르겠스므니다?
7. 홈, 스위트 홈
8. '베르테르 효과'의 감소
9. 땡큐, 아베
10. 라 떼는 그저 본고사만 잘 보면 됐는데…

01 누구나 오복을 누릴 수 있는 나라로 Go Go

- 우리가 그리는 미래 대한민국
- 한국의 위상 변화

인간은 누구나 복(福) 받은 삶을 원한다. "새해 복 많이 받으세요"라는 인사는 가장 간단하면서도 많은 내용을 압축하고 있다. 유교의 영향을 많이 받은 우리나라에서는 특히 오복(五福)을 누리기를 희망하고 있는데, 오복은 보통 수(壽: 오래 사는 것, longevity), 부(富: 부자가 되는 것, wealth), 강녕(康寧: 육체적으로도 정신적으로도 건강한 것, health), 유호덕(攸好德: 남에게 선행을 베풀어 덕을 쌓는 것, love of virtue), 고종명(考終命: 천수를 다하는 것, peaceful death)을 말한다.[1]

표 1-1 우리나라 보통 사람의 삶

	평균 연령	중위 나이	기대 수명	비만률 (%)	고용률* (%)	실업률 (%)	사회안전 의식 (%)	삶의 만족도
전체	43.9	45.0	83.6	37.2	62.1	2.9	33.3	75.4
남	42.7	43.6	80.6	44.8	71.5	2.7	37.0	75.1
여	45.1	46.5	86.6	29.5	52.9	3.1	29.7	75.8

1 오복이란『서경』홍범편 등에서 제시한 인생의 바람직한 조건 5가지를 가리키는 일반 용어이다. 이와 같은 다섯 가지 바람은 소망과는 약간의 차이가 있는 것으로 정치가나 학자 또는 지도계층의 소망이라고 보아야 할 것이다. 민간에서 바라는 오복은『통속편(通俗編)』에 나오는데 수 · 부 · 귀(貴) · 강녕 · 자손중다(子孫衆多)로,『서경』에 나오는 오복과 다소 차이가 있다.『한국민족문화대백과사전』참고하였음.

주택 보급율	일인당 주거면적	도로교통사고 사망자 수	도로교통사고 사망률**	일인당 공원조성면적	일인당 GNI***
102.2%	30.3㎡	2,916명	5.6명	11.6㎡	32,661달러
	2005년 23.1㎡	1990년 12,325명	1990년 28.8명	2011년 8.3㎡	2011년 25,256달러

자료: 통계청, 『한국의 사회지표』, 2022.

* 고용률=(취업자/15세 이상인구) ** 사망률=(사망자수/총인구)×100,000명

*** GNI(Gross National Income: 국민총소득): 한 나라 국민이 국내외 생산에 참여하거나 생산에 필요한 자산을 제공한 대가로 받은 소득의 합계

2023년 현재 우리나라 보통 사람은 오복을 누리고 있는가는 <표 1-1> 우리나라 보통 사람의 삶을 통해 개략적으로 살펴보기로 하자. 2022년 기대 수명은 83.6세(남자 80.6세, 여자 86.6세)로 2001년 기대 수명 76.5세(남자 72.9세, 여자 80.0세)보다 7.1세나 증가하였다. 한때 1년에 1만여 명이 교통사고로 사망하였지만, 요즈음은 3천명 이하로 감소하였다. 70세를 고래희(古來稀)라고 한 말이 무색해진 지 오래되었고 장수의 혜택은 보편화되었다. 장수를 위해서는 개인의 노력도 중요하지만, 사회적 능력(보건, 의료, 복지, 안전 시스템 등)의 향상이 차지하는 바가 크기 때문에 장수국가가 됐다는 말 자체가 오복을 누릴 수 있는 국가가 되었다고 말 할 수 있다. 그러나 그 안을 들여다보면 아직도 갈 길이 멀다는 생각이 드는 것은 저자만이 아닐 것이다. 평균(平均)이라는 개념이 가지는 한계가 자리 잡고 있음을 부인할 수 없으며[2] '송파구 세 모녀 사건'과 같은 복지 사각지대에서 벌어지고 있는 여러 사건은 물론이고 '태안 발전소 김용균씨 사건'에서와 같이 일상에서 일어나는 불행을 막기에는 아직도 부족한 면이 많음을 인정하여야 할 것이다. 최근 들어서는 불특정 다수를 대상으로 하는 소위 '묻지마 범죄'의 증가가 이상에서 본 괄목할 만한 물질적 풍요가 낳은 어두운 면이라는 데 주목하여야 할 것이다.

그렇지만 환갑(還甲)잔치를 했다는 이야기를 들어 본 적이 20년이 넘은 것 같고 요절(夭折)한 시인이나 예술인의 소식을 과거에 비해 훨씬 덜 접하고 있다.[3] 이런 엄청난

2 평균 개념의 유용성과 한계에 대해서는 제4장 1절을 참고하기를 바람.

3 유명 문학가로는 나도향(1902~1926), 최서해(1901~1932), 심훈(1901~1936), 이상(1910~1937), 김

변화를 많은 요인으로 설명할 수 있겠지만, 신속하게 정확한 관련 자료를 만들고 이를 근거로 판단하고 정책에 반영한 통계의 힘과 통계 역량의 향상도 일조를 하였다고 본다.

<표 1-2> 한국과 주요 선진국의 거시 경제지표와 노벨상 수상자 수를 통해 우리나라의 위상을 알아보기로 하자. 경제 규모로 보면 1조 6,978억 달러로 세계 11대 경제대국이다.[4] 무역액(수출액과 수입액의 합)은 1조 달러를 넘어 세계 9대 교역국이다. 인구 5천만 명 이상이면서 일인당 GDP(국내총생산) 3만 달러를 넘는 세계 7번째 국가이다.[5] 원조받던 나라에서 원조하는 나라로 발전하여 유엔 무역 개발 회의(國際聯合貿易開發會議, United Nations Conference on Trade and Development, UNCTAD)가 1964년 설립된 이래 개도국에서 선진국 그룹으로 지위를 변경한 최초의 국가가 되었다. 세계 부국 모임인 G-7 회의에 게스트로 초대되는 지위에까지 이르게 되었다. 실업률도 물가상승률도 상대적으로 낮은 편이고 인터넷 이용률은 97.6%로 최상위권이다. 좀 더 미시적으로 들어가 보면 반도체(메모리 부분) 디스플레이(모니터, TV), 조선 부문, 리튬이온배터리, 핸드폰 생산에서 세계 1, 2위를 다투고 있으며 지하철

표 1-2 한국과 주요 선진국의 거시 경제지표와 노벨상 수상자 수

	총인구 (천명)	GDP(10억$) 경상가격	1인당 GDP (경상가격, $)	경제 성장률 (%)	실업률 (%)	노벨상 수상자 수 (2023년)
한국	51,781	1,697.8	32,410	2.6	2.9	1(0)
일본	126,476	4,499.8	33,815	1.0	2.6	29(24)
미국	331,003	25,888.9	76,399	2.1	3.7	411(350)
프랑스	65,274	2,863.1	40,964	2.6	7.3	75(39)
독일	83,783	4,211.1	48,432	1.8	3.1	115(92)
이탈리아	60,462	2,034.0	34,158	3.7	8.1	21(13)
영국	67,886	3,088.3	45,850	4.1	3.7	137(109)

주: ( )은 과학분야(생리/의학상, 물리학상, 화학상, 경제학상)수상자 수임

소월(1902~1934) 등이 있으며 대중가수로는 배호(1942~1971)와 김광석(1964~1996)이 대표적인 인물이다.

4 미국, 중국, 일본, 독일, 영국, 프랑스, 인도, 이탈리아, 브라질, 캐나다, 대한민국, 러시아 순이다.

5 미국, 일본, 독일, 영국, 프랑스, 이탈리아 다음으로 대한민국이다.

	수출액 (100만$)	수입액 (100만$)	소비자 물가지수 (2010=100)	조강 능력 (100M/T)	인터넷 이용률(%)	산업재해 수*
한국	683,585	731,370	124.7	70,418	97.6	4.3
일본	748,921	897,241	107.8	96,334	82.9	1.5
미국	1,753,471	2,936,189	134.2	85,791	91.8	5.3
프랑스	585,024	715,083	118.3	13,947	86.1	2.5
독일	1,636,741	1,421,512	124.5	40,066	91.4	0.7
이탈리아	615,637	567,421	121.8	24,413	74.9	3.4
영국	470,508	694,635	133.7	7,222	96.7	0.8

* 근로자 10만 명당 치명적 산업재해 수임. 미국과 영국은 2018년 자료임.

길이에서 세계 4위, 자동차(생산량 기준)에서는 세계 5위를 자랑하고 있다. 하지만 노벨상 수상자 수를 볼 때 아직 보잘것없는 성과를 보이고 있음을 자인하지 않을 수 없다. 앞으로 인류의 미래를 위해 과학과 문화면에서 더 기여하는 국가로 발전하여야 할 것이다.

명언 보따리

"시민권을 얻는 데 읽고 쓰는 능력이 중요시되는 것처럼 미래에는 통계적 사고가 중요해질 것이다"

웰스(H.G. Wells, 1866~1946)

영국의 소설가, 저널리스트, 과학소설 『타임머신』(1895)의 저자

02 우리 집만 빼고 다 부자인 것 같은 기분…

- 보통 사람들의 상대적 박탈감
- 우리나라의 자산과 소득

한국은행과 통계청이 공동으로 발표한 '2022년 국민대차대조표(잠정)[6]'에 따르면 2022년 우리나라의 국민순자산(국부(國富))은 2경 380조 원으로, 1년 전에 비해 441조 원 늘었으며. 2022년 명목 GDP(2,162조)의 약 9.4배에 해당하는 금액이다. 2018년에는 8.2배, 2019년에는 8.6배였음을 감안하면 소득 증가에 비해 자산 증가가 더 빨라졌음을 알 수 있다(<그림 1-1>(a) 국민순자산의 GDP 대비 비율 참조).

비금융자산(순자산 대비 비중: 95.2%)은 1경 9,403조 원으로 전년 대비 276조 원(+1.4%) 증가하였으며 금융자산(2경 1,960조 원)에서 금융부채(2경 982조 원)를 뺀 순금융자산(순자산 대비 비중: 4.8%)은 978조 원으로 전년 대비 165조 원(+20.3%) 증가하였다.

자산 형태별로 보면 생산자산(건설자산, 설비자산, 지식재산생산물 등)은 8,859조 원으로 전년 대비 394조 원(+4.7%) 늘어났으며 비생산자산(토지자산, 지하자원 등)은 1경 544조 원으로 118조 원(-1.1%) 감소하였다. <그림 1-1>(b) 자산 형태별 순자산

6 국민대차대조표(Korean National Balance Sheet)란 매년 말을 기준으로 국내 경제주체들이 보유하고 있는 자산 규모를 측정한 통계로 국부를 가늠할 수 있는 지표다. 부동산을 비롯한 비금융자산은 물론 금융자산과 금융부채 규모 등을 모두 포함한다.

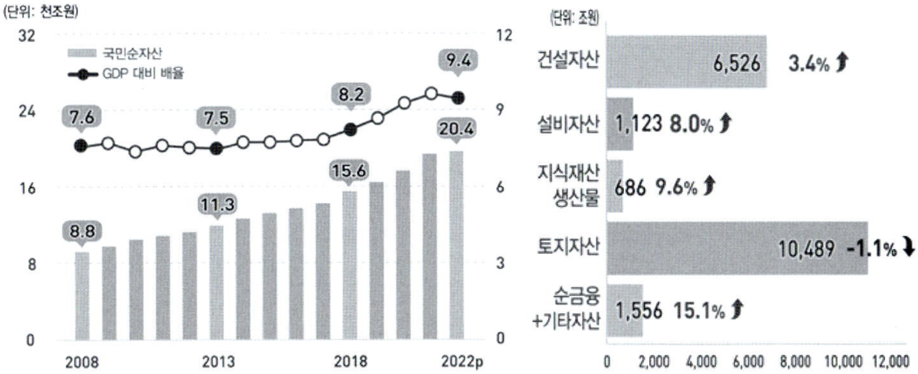

그림 1-1 (a) 국민순자산의 GDP 대비 비율, (b) 자산 형태별 순자산

출처: 한국은행 · 통계청, '2022년 국민대차대조표(잠정)', 2023년 7월 20일.

에서 보듯 국민순자산에서 토지자산(10,489조 원)이 51%를, 건설자산(6,526조 원)은 32%를, 설비자산(1,123조 원)은 5.5%를, 지식재산생산물(686조원)은 3.4%를, 순금융+기타 자산(1,556조원)은 7.6%를 차지하고 있다. 다른 자산들은 2021년에 비해 증가하였으나 부동산 경기의 침체로 토지자산만은 1.1% 하락한 것으로 나타나고 있다. 다른 자산에 비해 토지자산의 비중이 높기 때문에 앞으로 저출산 · 고령화시대가 가속화됨에 따른 노년층의 경제활동 위축이 우려되고 있다.

2023년 3월말 기준 우리나라 가구당 평균 자산은 5억 2,727만 원, 부채는 9,186만 원으로 순자산은 4억 3,541만 원으로 조사되었다.[7] 순자산 10분위 점유율은 43.5로 상위 10% 순자산가들이 전체 순자산의 43.5%를 소유하고 있음을 의미하며 순자산 지니계수는 0.605로 코로나 유행을 거치면서 증가하였다가 약간 감소세를 보이고 있다.[8] 이는 상위 자산가에게 자산이 더욱 집중되고 있음을 의미한다. 자산(5억 2,727만 원) 중 금융자산은 1억 2587만 원(23.9%)이고 실물자산은 4억 140만 원(76.1%)이다. 실물자산의 비율이 금융자산보다 3배 이상 높다. 실물자산 중에서 부동산이 3억 7,677만 원으로 71.5%를 차지하고 있으며 그중에서도 거주 주택이 2억 2,938만 원으로 43.5%를 차지하고 있다. 거주 주택의 비중이 높기 때문에 주택값 상승과 자산 증가

7 통계청,「가계금융복지조사보고서」, 2023.

8 지니계수의 정의와 계산에 대해서는 이 책 제 3장 4절을 참고하기 바람.

표 1-3 소득분위별 순자산 분포(2022년) (단위: %)

순자산 \ 소득	1분위	2분위	3분위	4분위	5분위
전체	100.0	100.0	100.0	100.0	100.0
1분위	48.1	28.5	14.8	7.0	1.6
2분위	23.8	28.3	25.3	17.3	5.3
3분위	15.1	20.4	25.4	25.0	14.2
4분위	8.5	14.3	20.3	28.7	28.2
5분위	4.5	8.5	14.3	22.0	50.7

자료: 통계청, '가계금융복지조사보고서', 2021.
* 소득은 2022년 자료이고 순자산은 2023년 3월말 기준 자료임.

와 동일시되고 있다. 아파트값에 온 국민이 목매다는 이유를 쉽게 찾을 수 있다.

가구소득과 순자산 간 분포를 <표 1-3>에 나타내 보았다. 순자산 5분위 가구(상위 20%)의 4.5%가 소득 1분위 가구(하위 20%)에 속하고 있는 반면, 소득 5분위 가구(상위 20%)의 1.6%가 순자산 1분위 가구(하위 20%)에 속하고 있다. 전자는 하우스 푸어(house poor)형이라고 부를 수 있다. 순자산 5분위 가구의 50.7%가 소득 5분위 가구에 속하고 있으며 순자산 1분위 가구의 48.1%가 소득 1분위 가구에 속하고 있다. 순자산이 적은 가구는 소득도 낮으며 반대로 순자산이 큰 가구는 소득도 높은 경향을 뚜렷하게 보이고 있다.

세계 속의 한국 부자

국제 비교를 해보기로 하자. 스위스계 투자은행 크레디트 스위스[9]가 발간한 '2021 글로벌 웰스 보고서(The Global wealth report)'에 따르면 2020년 말 기준으로 전 세계 성인 1인당 평균 순자산(부채를 뺀 자산) 규모는 7만9천952달러로 1년 전보다

9 크레디트 스위스(Credit Suisse)는 1856년에 설립된 투자은행으로 매년 각국 정부의 가계 자산 조사 등을 기초로 해 부동산과 금융자산을 위주로 성인의 달러화 환산 순자산 규모를 추정, 보고서를 발간하고 있다. 본사는 스위스 취리히에 두고 있다.

6.0% 증가한 것으로 추정됐다. 코로나19의 창궐로 인해 각국 중앙은행이 초저금리 정책을 쓰면서 부동산과 주식 등 자산 가격이 오름세를 보인 데 따른 것으로 분석되고 있다.[10]

이 보고서에 의하면 2020년을 기준으로 볼 때 전세계에는 약 5천608만 명의 백만장자(약 11억3천만 원)가 있는 것으로 추정되고 있는데, 우리나라의 백만장자는 105만 명으로 세계에서 11위에 해당한다. 백만장자의 39.1%를 차지하고 있는 미국이 가장 많은 2천195만1천 명이었고, 중국(527만9천 명), 일본(366만2천 명), 독일(295만3천 명), 영국(249만1천 명), 프랑스(246만9천 명), 호주(180만5천 명), 캐나다(168만2천 명), 이탈리아(148만 명), 스페인(114만7천 명)이 그 뒤를 이었다. 우리나라 다음으로는 네덜란드(103만9천 명), 스위스(103만5천 명) 순이었다. 우리나라는 <그림 1-2>에서 보는 바와 같이 스위스, 네덜란드, 인도, 스페인과 함께 전 세계 백만장자 중 약 2%를 차지하는 국가로 분류되고 있다.

스위스는 성인 1인당 평균 순자산이 67만3천960달러로 가장 많은 국가이면서 성인 인구 가운데 백만장자의 비율도 14.9%로 가장 높았다. 또 호주는 전체 성인을 재산 순위에 따라 일렬로 세울 경우 중간에 해당하는 중간값에서 23만8천70달러로 가장 높았으며 성인 인구 대비 백만장자의 비율도 9.4%로 2위를 기록하고 있다. 한국은 성인 1인당 순자산 중간값이 8만9천670달러로, 19위로 집계됐으나 평균값은 상위 20위권에 포함되지 않았다. 성인 인구 대비 백만장자의 비율은 2.5%로 집계됐다. 최부국 미국은 이 비율이 8.8%이다. 순위에 따라 일렬로 세울 경우 중간에 해당하는 중간값에서 23만8천70달러로 가장 높았으며 성인 인구 대비 백만장자의 비율도 9.4%로 2위를 기록하고 있다. 한국은 성인 1인당 순자산 중간값이 8만9천670달러로, 19위로 집계됐으나 평균값은 상위 20위권에 포함되지 않았다. 성인 인구 대비 백만장자의 비율은 2.5%로 집계됐다. 최부국 미국은 이 비율이 8.8%이다.

10 연합뉴스, 2021.6.23. 참고하였음.

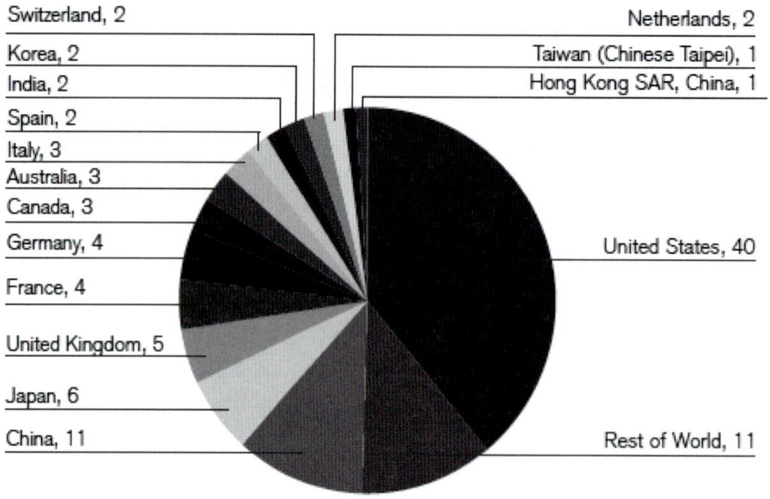

그림 1-2 나라별 백만장자의 비율(2019년 기준)

명언 보따리

"어제에서 배우며, 오늘을 살며, 내일의 희망을 갖는다. 중요한 것은 늘 의문(疑問)을 갖는 일이다."

알버트 아인슈타인(Albert Einstein, 1879~1955)

03 불과 한 세대만에…

- 저자가 느낀 우리 사회의 변화[11]
- 통계자료가 말하는 대한민국[12]

오늘의 대한민국을 한마디로 압축하여 나타낼 수 있는 표현은 무엇인가? 이 물음에 답하기 위해서는 먼저 현재의 대한민국을 가장 잘 대표하는 자료에 대한 정확한 이해가 필요하다. 인구에 대한 자료가(수와 추이, 연령별 · 성별구성 · 지역별 · 다문화가정의 구성과 추이 등) 핵심 중의 핵심이라는 사실에 이론의 여지가 없을 것이다.

2020년 11월 1일 현재 우리나라의 인구는 5,183만9천 명으로 2019년에 비해 5만 명(0.1%) 증가하였다.[13] 성별로 보면 남자가 2천591만5천 명, 여자는 2천591만4천 명이었다. 내국인 기준 성비(여자 100명당 남자의 수)는 99.3으로 여자가 남자보다 18만8천 명 많았다. 다만 연령별로 보면 여성은 60대 이상에서 많았고, 10~20대 등 나머지 연령대에서는 남성이 여성보다 많았다. 인구 증가율은 최근 저출산의 영향으로 2018년 0.4%, 2019년 0.3%, 2020년 0.1% 등으로 계속해서 하락하는 추세다.

11 이 자료는 2020년 11월 1일 0시를 기준으로 14개 기관과 400여 대학의 주민등록부, 외국인 등록부, 건축물대장, 학적부 등 25종의 행정자료를 활용하여 연계 및 보완한 후 집계한 등록 센서스 방식의 결과(현장조사 없음)이므로 조사원이 가구를 방문하여 조사하는 전통적 방식인 총조사에 의한 결과와는 차이가 있을 수 있다.

12 통계청, '2020년 인구주택총조사 등록센서스 방식 집계결과 보도자료', 2021.

13 통계청이 2019년 발표한 「장래인구특별추계: 2017-2067」에 따르면, 우리나라 총인구는 2028년 5,194만 명을 정점으로 감소하기 시작하여 2067년에는 3,929만 명까지 감소할 것으로 예상된다.

내국인의 중위(中位)연령은 45.0세이고, 65세 이상 고령인구 비율은 16.4%로 조사되었다. 우리나라 인구 6명 중 1명은 65세 이상 노인인 셈이다. 65세 이상 고령인구는 821만 명으로 1년 전보다 46만 명이 증가해서 처음으로 800만 명을 돌파했다. 생산연령인구는 줄고 노인 인구는 늘면서 4명이 노인 1명을 부양해야 하는 상황이 됐다. 수도권 인구는 전체인구의 50.2%에 달하며, 2019년에 비해 인구증감률이 높은 시도는 세종, 경기, 제주 순이었다.

2020년 외국인은 170만 명(총인구의 3.3%)으로 2019년에 비해 8만 명 감소(−4.7%)하였다. 일할 수 있는 코로나19의 여파로 국내에 거주하는 외국인 인구는 30년 만에 처음으로 줄었다. <그림 1-3>의 인구 피라미드(2019년과 2020년 비교)를 보면 피라미드 형태가 아니라 다이아몬드 형태로 고착화되고 있음을 보여주고 있다. 앞으로 이런 추세가 계속된다면 역삼각형이 되지 않을까 큰 걱정이 된다.

가구는 2,148만 가구로 2019년에 비해 59만 가구(2.8%) 증가하였는데, 1인 또는

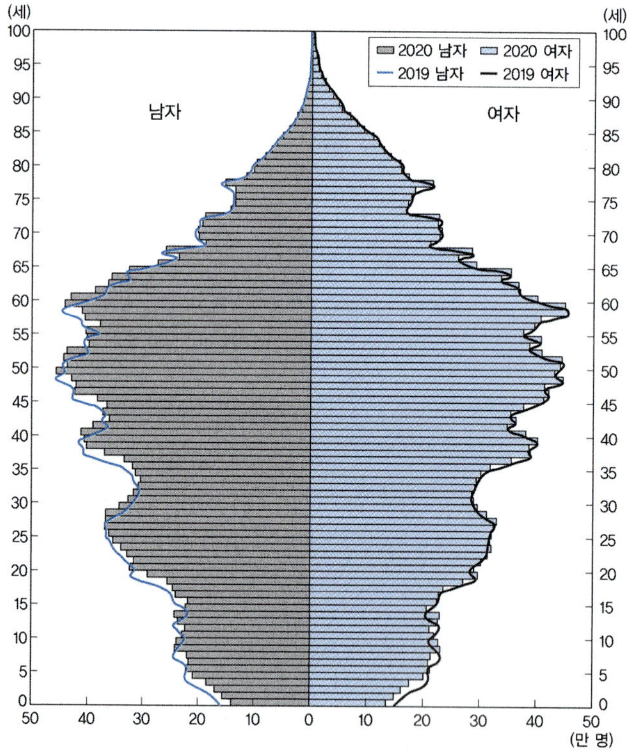

그림 1–3 인구 피라미드(2019년과 2020년 비교)

2인 가구가 59.8%이며 2019년 58.1%에서 1.7%p 증가하였다. 부부가구와 1인 가구의 급증 현상이 나타나고 있다.[14] 일반가구 중 아파트 거주 가구 비율은 51.5%이었고, 단독주택 30.4%를 차지하였다. 다문화가구는 일반가구의 1.8%인 37만 가구, 가구원은 총인구의 2.1%인 109만 명으로 조사되었다. 주택은 1,853만 호로 2019년에 비해 40만 호(2.2%) 증가, 아파트가 1,166만 호로 62.9% 차지하였다. 건축된 지 20년 이상된 주택은 910만 호로 전체 주택의 49.1%, 2019년에 비해 40만 호 증가하였다.

전후 베이비붐세대인 저자는 어려서부터 귀에 딱지가 붙을 정도로 들었던 말, 그리고 당연히 했던 것들이 이제는 정반대의 상황으로 나타나고 있어 적지 않게 혼란을 느끼고 있다. 인구폭발(人口爆發)을 걱정하던 때가 엊그제 같은데, 이제는 인구절벽(人口絕壁), 인구수축(人口收縮)을 고민해야 하게 되었다. 이런 변화가 미래의 족쇄가 되지 않을까 걱정도 된다. 그러면서 과거 인구와 국토계획정책의 실패인지 아니면 정책의 방향은 옳았는데 변화 속도가 예측 이상으로 너무 빠른건 지에 대한 질문을 해보곤 한다.

결혼은 필수에서 선택으로…

<표 1-4> 결혼 필요성에 대한 청소년의 의식에서 보는 바와 같이 청소년의 42.0%만이 결혼이 필요하다고 답하였다. 또 자녀를 가져야 한다고 답한 청소년도 비슷한 비율을 보이고 있다. 남성보다는 여성이, 지방보다는 대도시의 청소년들이 결혼의 필요성을 상대적으로 덜 느끼고 있는 것으로 조사되었다. 2022년 합계출산율이 0.78로 세계 최저수준이라는 사실과 함께 이런 자료를 기초로 볼 때 앞으로가 더 걱정이라고 목소리가 높다가 설득력 있게 들린다.

이 장에서는 1절과 2절에서 본 엄청난 성과를 얻는 과정에서 나타난 여러 현상 중에서 주로 인구 · 사회 문제를 살펴보았다. 현재 우리는 미증유(未曾有)의 변화의 한 가운데 있음을 누구도 부인하지 못할 것이고 과거와는 다른 획기적인 대처가 필요하다

14 「장래인구특별추계: 2017-2067」에 따르면, 평균가구원수는 2025년 2.29명에서 2047년에는 2.03명으로 감소할 것으로 예상된다. 3세대 이상 가구는 2025년 793,000가구에서 2047년에는 505,000가구로 감소할 것으로 예상된다.

표 1-4 결혼 필요성에 대한 청소년의 의식

특성별	특성별		결혼해야 함(%)	결혼할 수도 있고 하지 않을 수도 있음(%)	결혼할 필요 없음(%)	결혼 평균 연령(세)
전체	계	3,520	42.0	51.8	6.2	30.7
성별	남자	1,855	47.1	48.2	4.7	31.1
	여자	1,665	36.3	55.9	7.8	30.1
지역별	서울	676	38.4	56.2	5.4	31.2
	인천경기	824	42.0	50.6	7.4	30.4
	대전충청세종강원	549	41.0	53.9	5.1	30.3
	광주전라제주	468	46.5	46.6	6.9	30.3
	부산울산경남	555	47.4	48.7	3.9	30.9
	대구경북	448	39.1	52.9	7.9	30.9

자료: 한국청소년정책연구원, '청년사회 · 경제실태 및 정책방안연구 V 기초분석보고서', 2020.

는 데 이견이 없을 것이다.

◆ 단군 할아버지의 단일민족에서 다문화 사회로

◆ 대가족 붕괴를 넘어 부부가구와 1인가구(혼밥족)가 급증하는 사회로

◆ '하나만 낳아 잘 기르자.'라는 산아제한 구호를 외치며 인구폭발을 걱정하던 사회에서 저출산으로 인구절벽을 고민하는 사회로

◆ 작은 텃밭 있는 내 집 소유가 소원이던 소시민은 아파트 공화국의 집주인으로

◆ 서른한 살 노총각을 걱정하던 사회에서 혼인 기피(비결혼)가 만연하는 사회로

◆ 일생 70 고래희를 축복하던 사회에서 초고령화 시대를 걱정해야 하는 사회로

◆ '너도나도 서울로, 서울로'를 넘어 수도권 공화국으로, 이제 '만원 서울' 시대를 넘어 '만원 수도권' 시대가 되었다.

명언 보따리

"데이터가 정보로 전환되고 다시 정보가 지식으로 상향하는 과정과 더불어 지식이 정보로 전환되고, 다시 정보가 데이터로 하향하는 이중 과정을 통해 현대 정보 사회의 기반이 마련된다. 그래서 데이터와 정보, 지식의 삼각관계를 이해하는 것이 중요하다"

백욱인, 디지털 데이터 · 정보 · 지식, 커뮤니케이션북스, 2013.

04 친구 따라 베트남 갈 일이 기대돼요!

- 다문화 학생의 증가
- 통계자료의 중요성

2003년부터 국내에 거주하는 국제결혼가정으로서 부모 중 한쪽이 한국인으로 구성된 가정을 다문화가정이라고 부르고 있으며, 그 수가 하루가 다르게 증가하고 있고 자연스럽게 다문화 학생도 매년 매우 빠르게 증가하고 있다.[15,16] <그림 1-4> 다문화 학생 수 추이에서 보는 바와 같이 2014년도에 총 67,806명이었던 다문화 학생이 2023년에는 총 181,178명으로 연평균 11.5%로 증가하였다. 최근 코로나19의 영향으로 증가세가 약간 주춤하고 있다. 같은 기간 다문화 초등학생 수 증가율은 10.2%, 중학생 수 증가율은 15.0%, 고등학생 수 증가율은 13.6%로 빠르게 증가하고 있다. 2023년 학령별 인원을 보면 초등학생 115,639명(63.8%), 중학생 43,698명(24.2%), 고등학생 21,190명(12.0%)으로 아직은 초등학생이 대부분을 차지하지만 앞으로 중고교에도 다문화 학생이 급증할 것으로 예상된다.

2023년 전체 학생 수에 차지하는 비율도 <표 1-5> 전체 학생 수 대비 다문화 학생

15 2020년 기준 외국인 인구는 169만6천명으로 총인구의 3.3%를 차지했다.이 가운데 한국계 중국인이 54만1천명(31.9%)으로 가장 많았고, 이외 중국 20만8천명(12.3%), 베트남 20만명(11.8%) 순이었다. 시군구별로는 경기 안산시의 외국인 인구가 7만9천명(4.7%)으로 가장 많았다.

16 다문화 학생 수 = 국제결혼가정 자녀 + 외국인 가정 자녀

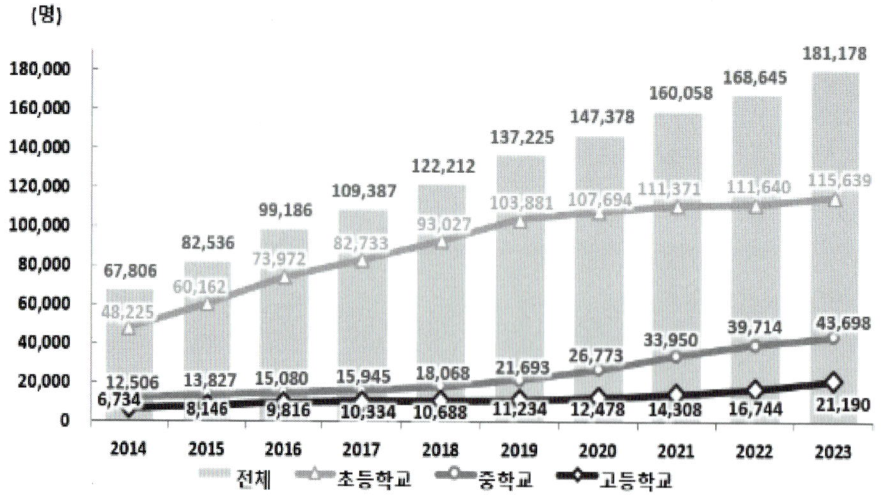

그림 1-4 다문화 학생 수 추이

자료: "2023년 교육기본통계 주요내용", 교육부 교육통계과, 2023, p.5.

비율에서 보는 바와 같이 2016년도 1.68%에서 2022년에는 3.19%로 6년간 무려 1.51%p나 증가하였다. 2016년에서 2022년간 전체 초중고생은 589만 명에서 528만 명으로 연평균 1.8% 감소하였으나 다문화 학생 수는 반대로 연평균 9.2%의 성장률을 보이고 있어 빠르게 비율이 증가하고 있다.

이러한 추세라면 우리나라의 학령인구 감소와 더불어 다문화 학생의 증가로 인해 학생들의 다문화 비율은 점진적으로 증가할 것은 자명한 일이다. 이런 변화에 맞는 교육정책이 절실히 요구되고 있다. 교육부에서는 다문화 학생을 위해 '다문화 학생 교육 기회 보장 및 교육격차 해소'와 다양한 문화가 공존하는 성숙한 교육환경 구축'을 목표로 많이 노력하고 있다.[17] 한 걸음 더 나아가 '다양한 문화가 공존하는 선진 대한민국'을 구축해야 한다고 생각한다.

부모 출신 국적별로 다문화가정 학생 수가 어떻게 변했는가를 알아보았다.[18] 2012년 전체 46,954명 중 일본(12,933명, 27.3%), 중국(한국계, 8,173명, 17.3%), 중국(한국계 제외, 7,707명, 16.4%), 필리핀(7,553명, 16.1%), 베트남(3,408명, 7.3%), 기타

17 교육부 교육통계과, '2023년 교육기본통계 주요내용', 2023.

18 김경근, '다문화 가정학생의 실태 및 발달과정 추이', 한국의 사회동향 2019, 통계청, 2020.

표 1-5 전체 학생 수 대비 다문화 학생 비율

구분	2016	2018	2019	2020	2021	2022
다문화 학생 수(A)	99,186	122,212	137,225	147,378	160,058	158,645
비다문화 학생수(B)	5,791,763	5,470,580	5,324,389	5,208,454	5,171,986	5,116,073
전체 학생 수 (C=A+B)	5,890,949	5,592,792	5,461,614	5,335,832	5,332,044	5,284,718
다문화 학생 비율 (A/C)×100	1.68%	2.19%	2.51%	2.75%	3.01%	3.19%

자료: "2023년 다문화교육 지원계획", 교육부 교육통계과, 2023.

(7,178명, 15.3%)이었으나 2018년 전체 122,211명 중 베트남(35,568명, 29.1%), 중국(한국계 제외, 27,200명, 22.3%), 필리핀(14,098명, 11.5%), 중국(한국, 12,522명, 10.2%), 일본(10,363명, 8.5%), 기타(22,466명, 18.4%)로 크게 변하였다. 일본계 다문화가정은 절대 숫자에서도 비율에서도 감소하였으나 베트남계와 기타국가 계는 절대 수 면에서도 비율 면에서도 괄목할만한 약진을 보이고 있다. 국내 다문화가정 학생 부모의 출신 국적이 점점 다변화하고 있음을 보여주고 있다.

이제 눈을 국내 대학의 외국인 유학생으로 돌려 보자. 2012년 4년제 일반대학 학위과정과 대학원 학위과정에 적을 두고 있는 외국 유학생은 56,154명(학부 36,116명, 대학원 20,038명)이었으나 2023년에는 129,240명(학부 81,087명, 대학원 48,153명)으로 증가하였다. 이들의 국적을 보면 2012년에는 중국 유학생이 40,919명(73.0%)이었으나 2023년에는 68,065명(37.4%)으로 수적으로는 약간 증가하였으나 비율은 크게 감소하였다. 하지만 베트남 유학생은 2012년 1,788명(3.2%)에서 2023년에는 43,361명(23.8%)으로 절대 수도 비율도 증가하였다. 단일 국가로 계산하면 중국에 이어 2위를 차지하고 있을 정도로 대약진을 보이고 있다.

저자는 한국전쟁이 끝난 지 10여 년밖에 지나지 않았으며 동서 간 냉전이 일촉즉발인 시대에 초등(국민)학교를 다녔다. 북한은 북괴(北傀)로, 중국은 중공(中共)으로 적대적으로 불렀다. 남북으로 분할되었던 베트남은 자유 진영인 월남(越南)은 우방으로 생각했지만 사회주의 국가인 월맹(越盟)과 베트콩(남베트남 민족 해방 전선)은 증

오의 대상으로 배웠다. 이 무렵 베트남(월남)파병이 있었다. 베트남은 군인 아저씨들이 공산 괴뢰군과 싸우기 위해 가는 머나먼 다른 나라라고 생각하였고, 그때는 물론 성인이 되어서도 베트남에 간다는 것은 감히 상상조차 못 했었다. 세월이 지나 지금은 캠퍼스 여기저기에서 베트남 유학생이나 귀화한 베트남 학부형 등을 만날 수 있게 되었다. 중국 유학생, 베트남 유학생, 콩고 유학생이 어울려 K-pop 노래와 춤을 춘다. 어디 그뿐인가, 초등학교 교실에서 친구들이 모여서 이번 여름 방학에는 베트남을 가고, 겨울 방학 때는 중국을 가자고 여행 계획을 세우는 장면도 현실이 되고 있다. 하루가 다르게 증가하는 다문화가정은 우리에게 새로운 도전인 동시에 기회다. '세계 속의 선진 한국 · 한국인'으로 건설할 수 있는 기회로 다가오고 있다. 다문화 학생과 부모에 대한 정확한 이해와 이에 합당한 정책을 수립하고 집행해야 할 것이다. 이 과제의 출발점은 정확한 통계에서 시작한다고 본다.

명언 보따리

"수량화는 마음의 눈으로 보는 물체들의 모습을 더 선명하게 해준다. 이것은 외적 현상과 내적 개념 모두에 해당되지만, 옳은 것들이 시야로 들어가기 전까지는 아무 소용이 없거나, 오히려 더 해로울 수 있다."

R. W. 제라드(R. W. Gerard, 1900~1974), 미국의 신경생리학자

05 말만 사장님이지… 실속은!

- 어느 자영업자의 탄식
- 자영업자 및 여성의 지위

경제발전은 직업의 다양화로 나타난다. 산업화 이전에는 대부분의 사람들은 농업에 종사하였고, 관직이나 상공업에 종사하는 사람은 극소수에 불과하였다. 1946년 농업종사자 수는 1,491만5천 명으로 전체인구의 77.0%를 차지하였으며,[19] 1965년에는 58.6%로 감소하였다. 급속한 산업화로 인해 2024년 3월 현재 농림수산업 종사자는 139만 명으로 취업자 2천 8,396만 명의 4.9%, 전 인구의 약 2.1%를 차지하고 있다. 제조업 종사자는 451만 명으로 취업자의 15.9%를 차지하고 있으며 사회간접자본 및 기타 서비스업 종사자는 2,248만 명으로 취업자의 79.1%를 차지하고 있다. 그동안 직업도 다양해져 1969년 3,260개로 분류되던 직업 개수가 2020년 5월 현재 16,891개로 증가하였고 증가 일로에 있다.[20]

2024년 3월 기준으로 취업자를 종사상 지위로 분류해 보면 취업자(2천 8,396만 명) 중 비임금근로자는 643만 명이고 임금근로자는 2,197만 명이다. 비임금근로자중에

19 이 자료는 1946년 작성된 된 것으로 당시 남북한 전체인구와 취업자 수가 계산되었다. 송규진 외 3인, '통계로 본 한국근현대사', 아연출판사, 2003.

20 본 직업은 6,075개, 관련직업은 6,748개, 유사 명칭은 4,068개이다. 한국고용정보원, 『통합 제5판 한국직업사전』, 2020.5. 한국고용정보원 홈페이지(www.keis.or.kr) 참고하였음.

는 자영업자가 557만 명(고용원 있는 자영업자 142만 명 + 고용원 없는 자영업자 415만 명)이고 무급가족종사자가 86만 명이다. 임금근로자 중에는 상용근로자는 1,636만 명, 그리고 임시 또는 일용근로자는 650만 명으로 분류된다. 취업자 수 대비 비임금근로자 수의 비중은 22.7%이다. 이 비율은 2010년 28.8%였다가 2015~2018년 25%대로 내려온 뒤 계속 낮아지는 추세를 보이고 있다.

<표 1-6> 가구주 종사지위별 자산과 소득(2020년)을 보면 자영업자가 자산과 순자산은 가장 많으나 소득에서는 상용근로자보다 낮다. <표 1-7> 가구주 종사지위별 연소득 분포 비율(2020년)을 이용하여 좀 더 자세히 알아보기로 하자. 상용근로자는 구간별로 20% 비율로 분포되어 있지만, 자영업자는 부익부 빈익빈 현상이 나타나고 있다. 7천만 원 이상 소득자의 비율을 보면 상근근로자는 47.1%인데 비해 자영업자는 이보다 14.0%가 적은 32.1%에 불과하다.

1960년대 초반부터 본격화된 경제발전에 따라 농업인구가 도시로 대거 이동하는 이촌향도(離村向都)가 나타나며 도시 근로자 혹은 자영업자가 크게 증가하였다. 직

표 1-6 가구주 종사지위별 자산과 소득(2020년) (단위: 만 원)

	자산	순자산	평균소득	소득중앙값
상용근로자	50,418	40,413	7,958	6,686
임시일용근로자	20,308	16,103	3,704	2,942
자영업자	56,357	44,560	6,519	5,137
기타	35,493	31,184	2,938	1,807
전체	44,543	36,287	5,924	4,652

자료: 통계청, '가계금융복지조사보고서', 2021.

표 1-7 가구주 종사지위별 연소득 분포 비율(2020년) (단위: %)

	1천만 원 미만	1천만 원 ~3천만 원 미만	3천만 원 ~5만 원	5천만 원 ~7천만 원	7천만 원 ~1억 원 미만	1억 원 이상
상용근로자	0.8	10.8	20.7	20.7	21.8	25.3
임시일용 근로자	8.4	42.4	25.0	12.0	8.5	3.7
자영업자	1.7	21.9	24.6	19.8	17.2	14.9
기타	25.3	42.5	15.6	7.3	5.7	3.6

자료: 통계청, '가계금융복지조사보고서', 2021.

업에 따라 도시로 온 것이 아니라 도시에 온 후 직업을 찾아보는 소위 '무작정 상경'이 주를 이루었다. 비록 영세한 자영업자들도 독립적인 경제주체로서 활동을 하면서 '사장'이라는 호칭을 얻게 되었다. 이 당시 사람들의 만남의 장소로 성행하던 다방(茶房)에서 걸려 온 전화로 받은 종업원이 "김사장님, 전화예요"라고 부르면, 다방 손님 대부분이 자기인 줄 알았다는 전화를 받으러 왔다는 우스개 이야기가 있었다. 그러니까 경제발전은 사장님을 많이 만들어 낸 셈이다. 앞으로 좋은 사장님, 훌륭한 사장님, 존경받는 사장님을 많이 키워내는 사회적 노력이 필요하다고 본다.

OECD가 38개 회원국을 대상으로 2020년 또는 가장 최근 자료로 분석한 결과를 보면, 전체 취업자 중 자영업 비중(self-employment rate)[21]이 가장 높은 나라는 콜롬비아(51.3% · 2020년)가 가장 높았고 이어 멕시코(31.9% · 2019년) 그리스(31.9% · 2020년), 터키(30.2% · 2020년), 코스타리카(26.6% · 2019년), 한국(24.6% · 2019년) 순이었다. OECD 중에서도 경제 수준이 높은 주요 7개국(G7)과 비교하면 우리나라의 자영업자 비중이 가장 높았다. 우리와 경제 규모가 비슷한 이탈리아는 2019년 기준 22.5%로 우리나라와 비슷했고, 영국(15.3% · 2019년 영국 통계청 기준), 프랑스(12.4% · 2020년), 일본(10.0% · 2020년) 순이었다. 독일은 2019년 9.6%, 캐나다와 미국은 2020년 기준 각각 8.6%, 6.3%를 기록했다.

높아진 여성의 지위, 그러나

경제발전은 여성들의 사회진출을 견인한다. 반대로 여성의 적극적 참여가 경제발전을 가속화시키는 요인으로 작용한다. 여성의 경제참여와 경제발전은 선순환 관계가 있는 것이다. 여성이 가구주인 비율은 2000년 18.5%에서 2022년 33.7%로 증가했다. 15.2%p 증가한 것이다. 2022년 기준 여성 임금근로자의 시간당 임금은 남성의 70.0% 수준으로, 2010년에 비해 8.4%p 개선됐다. 그러나 OECD(경제협력개발기구)

21 OECD 통계에서 자영업자는 피고용인이 있는 고용주와 1인 사업주(자영주), 무급가족종사자의 수를 더한 것으로, 국내에서는 이를 '비임금근로자'로 칭한다.

표 1-8 주요 여성 경제활동

항목	내역	
고용률(2022년)	남자: 71.5%	여자 52.9%
여성창업자수	2016년 551,682명	2022년 604,425명
여성과학기술인력	2012년 42,323명	2021년 55,874명
공공기관 여성임원비율	2018년 17.9%	2022년 23.6%
육아휴직 급여수급자	2010년: 남자 819명, 여자 40,914명, 전체 41,733명	
	2022년: 남자 37,884명, 여자 92,200명, 전체 131,084명	

자료: 여성가족부 · 고용노동부, '2023년 여성경제활동백서', 2023.12.

평균과 비교하면 성별 임금 격차는 여전히 높은 수준인 것으로 나타났다.

<표 1-8>에서 보듯, 2022년 남자의 고용률은 71.5%이고 여자의 고용률은 52.9%이다. 2012년 48.6%보다는 4.3%p 상승하였다. 육아휴직 급여수급자는 2010년 41,733명에서 2022년 131,084명으로 급증하였다. 특히 남자 수급자는 2010년 불과 819명에서 2022년 93,200명으로 연평균 37.6%의 성장률을 보이고 있다. 전체 수급자 중 남자가 차지하는 비율이 2%에서 28.9%로 괄목할 만한 성장세를 보이고 있다. 아직 부족한 면이 있긴 하지만 여성의 육아부담 감소, 경제활동 증가, 그리고 정치 · 경제적 지위 향상이 진행되고 있음을 알 수 있다.

불안, 불안 내 밥벌이

<그림 1-5> 근로형태별 근로자 구성(2023년 8월)에서 보는 바와 같이 정규직임금근로자는 1,383만 2천 명으로 전체 임금근로자의 63.0%를 차지하고 있으며 비정규직근로자은 812만 2천 명으로 37%를 차지하고 있다. 비정규직의 비율은 2012년 33.2%에서 꾸준히 상승하여 2021년에는 38.4%로 역대 최댓값을 보였지만 최근 들어 약간의 감소세를 보이고 있다. 하지만 근로 여건은 다소 개선되고 있다. 최근 3개월간 월평균 임금은 208만 원으로 2022년에 비해 약 9만 원 상승하였고 사회보장 가입률(국민연금, 건강보험, 고용보험)도 증가하였다. 코로나19라는 전대미문의 사태로 인해 어

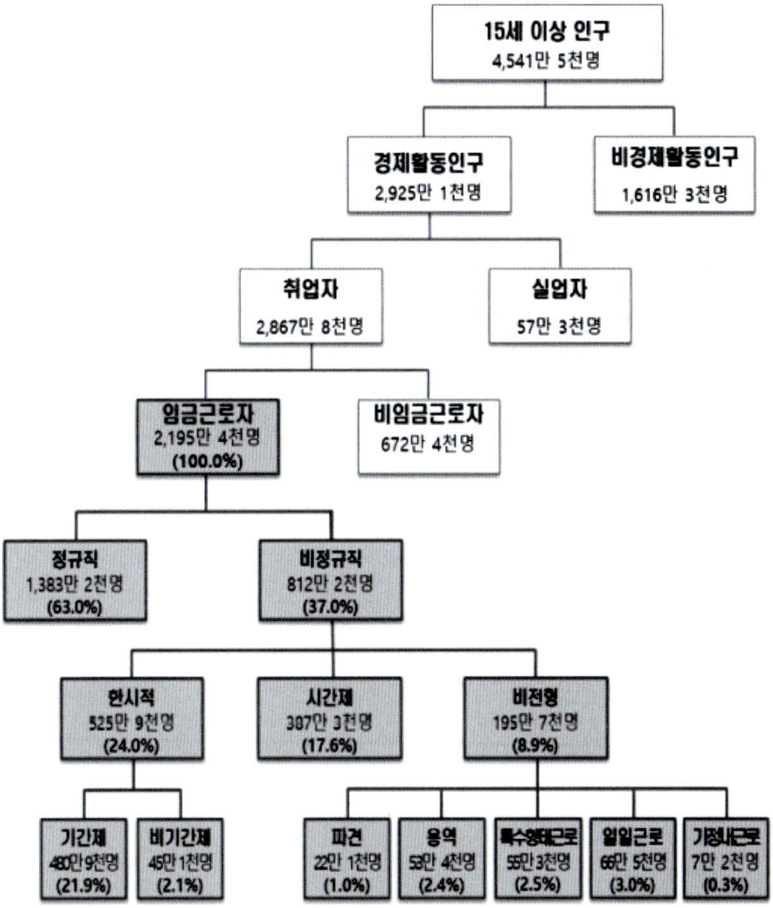

그림 1-5 근로 형태별 근로자 구성(2023년 8월)

* 비정규직 근로자의 전체규모는 비정규직 유형별로 중복되는 경우가 있어 그 합계가 불일치함
자료: 통계청, '2023년 8월 경제활동인구조사 근로형태별 부가조사 결과', 2023년 10월 26일.

쩔 수 없는 측면이 있음을 인정하지만 앞으로 가속화될 산업구조변화에 대응하여 안정적인 고용확보는 아무리 강조해도 지나침이 없을 것이다.

06 한국은 '김이박', 중국은 '장삼이사', 일본은 잘 모르겠스므니다?

- 한국, 중국, 일본의 성씨 이야기
- 통계자료의 숙명

2015년 인구주택총조사에 따르면 우리나라에는 5,582개의 성씨(姓氏)와 36,744개의 성씨본관(姓氏本貫, 성본)이 있으며 인구 1,000명 이상 성씨는 858개이고, 이들의 비중은 97.8%로 조사되었다.[22] 1960년 258개였던 성씨의 수가 2000년에는 286개로 약간의 증가를 보였으나 2015년에는 무려 5,582개로 급증하였다. 2000년 이후 성씨의 폭발적인 증가와 더불어 성본도 크게 증가하였다. 1985년 4,168개였던 성본이 2000년에는 4,179개로 11개가 증가하였고 2015년에는 36,744개로 무려 32,565개의 성본이 증가한 것이다.

2000년에서 2015년 사이에 무슨 일이 발생한 것인가? 성을 바꾼다는 것은 조상을 부정하는 일로 여기고 죽으면 죽었지, 성을 갈지 않는 것을 철칙으로 하고 있는 우리나라 사람에게 성에 관련되어 엄청난 변화가 조사된 것인데 그 이유는 어디에 있는가?

첫째, 외국인이 많이 귀화하였기 때문이다. 2015년 5,582개 성씨 중 한자표기가 가능한 성씨는 1,507개였고 한자 없는 성씨가 4,075개에 이르렀다. 귀화한 외국인이 많음을 의미한다. 또 한자가 있는 성씨도 1,507개로 5.27배로 폭증하였는데, 이는 중국,

22 5년 단위로 실시되고 있는 인구주택총조사에서 본관별 성씨는 15년 단위로 조사되고 있다.

일본계 귀화인이 원래의 성씨를 그대로 쓴 것으로 추정된다. 36,744개의 성씨본관 중 김해 김씨가 전체 국민의 9%를 차지했고, 상위 10개 성씨가 전체 국민의 63.9%를 차지했다.

두 번째는 전산화 과정에서의 오류 가능성이다. 2001년부터 호적업무가 전산화되었고 2008년부터는 호적이 가족관계 기록부로 바뀌었다. 이 과정에서 담당 공무원들의 무지나 실수로 유명한 성본을 가진 성씨와 비슷한 한자를 갖는 새로운 본관이 상당히 등록된 것이다. 예를 들어, 263만1,643명인 전주(全州) 이씨(李氏)와 비슷한 전천(全川) 이씨(李氏)가 178명이 등록되었고, 9만2,671명인 삼척(三陟) 김씨(金氏)와 비슷한 삼섭(三涉) 김씨(金氏)가 1,182명이 등록되었다.

전국적으로 보면 김(金, 21.51%), 이(李, 14.70%), 박(朴, 8.43%), 최(崔, 4.70%), 정(鄭, 4.33%), 강(姜, 2.37%), 조(趙, 2.12%), 윤(尹, 2.05%), 장(張, 2.00%), 임(林, 1.66%) 순서이다. 소위 '김 · 이 · 박'이 무려 43.64%를 차지하고 있다.

교통의 발달로 인해 집성촌이 많이 사라졌지만, 작은 시군지역에서는 특정 성씨가 많이 살고 있다. 하지만 지역 단위가 커지면 전국 평균과 비슷해지는 경향을 보이고 있지만, 도 단위에서도 성씨 순위가 약간 다른 면을 나타내고 있다. 17개 시도에서 전국 평균과 다르게 순위가 매겨지는 성씨를 정리해 보았다. 한씨(韓氏)는 인천, 경기도, 충청남도에 집중되어 있는 경향을 보이고 있으며 권씨(權氏)는 대구, 경상북도, 강원도, 울산 등 주로 태백산맥 동쪽에 집중되어 있다. 오씨(吳氏)는 대전, 전라북도, 광주, 세종 등 서부 내륙지방에 집중되어 있으며 서씨(徐氏)는 부산, 경상남도, 대구, 전라남도 등 주로 남부 해안지방에 집중되어 있음을 알 수 있다.

- 인천, 경기도, 충청남도: 한씨(韓氏, 10위)
- 강원도: 전씨(全氏, 9위), 권씨(權氏, 10위)
- 세종: 임씨(林氏, 6위), 오씨(吳氏, 10위)
- 대전: 송씨(宋氏, 7위), 오씨(吳氏, 10위)
- 대구: 권씨(權氏, 6위), 서씨(徐氏, 9위)
- 울산: 권씨(權氏, 8위), 서씨(徐氏, 10위)
- 부산: 서씨(徐氏, 10위)
- 충청북도: 신씨(申氏, 9위)
- 전라남도: 서씨(徐氏, 9위)
- 경상남도: 서씨(徐氏, 9위)
- 전라북도, 광주: 오씨(吳氏, 10위)

■ 경상북도: 권씨(權氏, 6위), 황씨(黃氏 10위)

■ 제주도: 고씨(高氏, 3위), 양씨(梁氏, 6위), 오씨(吳氏, 7위), 강씨(康氏, 8위), 문씨(10위)

서울에서의 성씨는 김(金, 21.17%), 이(李, 15.07%), 박(朴, 8.19%), 최(崔, 4.68%), 정(鄭, 4.18%), 윤(尹, 2.26%), 조(趙, 2.22%), 강(姜, 2.11%), 장(張, 2.00%), 임(林, 1.70%) 순서이다. 윤씨, 조씨, 강씨의 순서가 전국 순위와 다르지만, 그 차이가 그리 크지 않으며 서울만 특징적인 성씨는 존재하지 않는다. 또한 소위 '김 · 이 · 박'이 무려 44.43%를 차지하고 있다.

13억3천 명 중국의 성씨는 의외로 많지 않다. 총 4천 개 이상으로 알려진 중국의 성씨는 인구 100명 이상이 2천400개, 1천 명 이상 1천421개, 1만 명 이상 717개, 10만 명 이상 374개, 100만 명 이상 153개, 1천만 명 이상 23개로 분석됐다. 2010년 기준으로 왕씨(王氏)는 9천468만 명으로 전체인구의 7.1%를 차지했고 이씨(李氏)는 9천276만 명(6.9%), 장씨(張氏)는 8천550만 명(6.4%)으로 집계됐다.[23] 상위 세 성씨의 합이 20.4%, 약 2억7천 명 정도이니 보통 사람을 의미하는 사자성어가 '장삼이사(張三李四)'인 이유를 알 것 같다.

그다음으로 인구 비율이 높은 성씨는 류(劉)씨 5.1%, 천(陳)씨 4.2%, 양(楊)씨 2.9%, 황(黃)씨 2.1%, 자오(趙)씨 2%, 저우(周)씨 1.8%, 우(吳)씨 1.7%로 조사됐다. 이어 쉬(徐), 쑨(孫), 마(馬), 후(胡), 주(朱), 궈(郭), 허(何), 뤄(羅), 가오(高), 린(林)씨가 인구 비율 상위 11~20위에 올랐다.

반면, 1억3천만 명의 일본의 성씨는 너무 많아 학자에 따라 다른 수치를 제시하고 있을 정도이다. 1999년 '일본묘자대사전(日本苗字大事典)'에 의하면 291,129개의 묘자가 있는 것으로 조사되었다.[24] 일본의 묘자와 성씨가 완전히 일치하지 않기 때문에 과대 평가된 면이 있지만 그래도 어마어마한 숫자다. 7,000개 묘씨가 인구의 96%를

23 이씨는 중국에 9천276만 명, 한국에 263만 명 또 동남아시아에도 많이 있기 때문에 세계 최다 성씨로 기네스북에 기록되어 있다.

24 일본의 묘씨는 많기도 하지만 읽기도 어렵다. 별도로 인명사전이 있을 정도이다.

차지하고 있다.

성씨의 순서를 보면 사토(佐藤, 189만 명), 스즈키(鈴木, 181만 명), 다카하시(高橋, 142만 명), 다나카(田中, 134만 명), 이토(伊藤, 108만 명), 와타나베(渡邊, 107만 명), 야마모도(山本, 106만 명), 나까무라(中村, 105만 명), 고바야시(小林, 103만 명), 사이토(齋藤, 89만 명) 등의 순서이다. 상위 5성의 합이 불과 약 750만 명에 불과하여(전 인구의 5.8%), 10위까지 합쳐도 1,250만 명(인구의 9.65%)에 불과하다. 우리나라나 중국과는 대조를 이룬다. 그래서 일본에서는 성씨만으로도 사람을 구별할 수 있다.

성씨는 그 나라의 역사를 반영하는 거울인 셈이다. 우리나라이나 중국은 오랜 기간 황제나 왕에 의한 중앙집권체제가 확립되어왔고, 평민들이 성을 가질 기회가 되었을 때 왕족이나 귀족의 성씨를 갖기를 희망한 데서 원인을 찾을 수 있다.[25] 반면 일본은 16세기에 비로소 통일되었고, 메이지유신(明治維新, 1868년) 이후에도 성씨를 비교적 자유롭게 선택할 수 있어 많은 성씨가 생겨난 것이다. 일제강점기 일제가 내선일체를 내세우면서 우리 민족으로서는 상상도 못 할 창씨개명(創氏改名)을 한 것도 이런 맥락에서 이해할 수 있다.

최근에는 귀화 한국인의 성씨를 보면 다양하게 나타나고 있다. 과거에는 한자표기가 가능한 성씨를 찾았기 때문에 매우 제한적이었지만, 요즘은 원래 이름 그대로를 쓰는 경우도 증가하였다. 우리는 지금 단군 할아버지 후손 단일민족에서 다문화 민족으로 옮겨가는 길목에 서 있다. 성씨의 종류 증가가 이를 단적으로 보여주고 있다.

우리나라에서는 워낙 김이박이 많으니 성씨가 5,582개라고 하면 "무려 5,582개냐!" 라고 놀랄 수 있다. 하지만 성씨가 29만 개나 되는 일본사람들이 들으면 "겨우 5,582개냐!!!"라고 놀랄 것이다. 어떤 자료에 대해 누구는 많다고 느껴지고 누구는 적다고 느껴진다. 자료의 숙명이 아닌가 싶다.

---

25 피터슨(한국 이름: 배도선) 미국 브리검영대학 명예교수는 우리나라의 성씨가 적은 것은 내란이 적어 안정적이고 평화로운 시기가 길었음을 그 이유로 지적하고 있다. 유튜브 <우물 밖의 개구리> 참고하였음.

07 홈, 스위트 홈[26]

- 잠옷을 구매한 주부의 기쁨
- 코로나 유행과 소비변화

2020년 코로나19의 대유행으로 인해 우리 일상이 많이 바꾸었다. 집에서 머무는 시간이 늘어났기 때문에 소비에도 변화가 일어났다. 생각건대 집 밖 생활이 줄고 집안에서 머무는 시간이 길어졌기 때문에 외출복은 감소하고 실내 옷이나 실내 홈파티 장식용품이 증가할 것으로 예상할 수 있다. 실제로 여성 잠옷 소비의 증가가 두드러지게 나타났는데, 그것도 3차례 유행 시기(2020년 2월 신천지 발, 5월 이태원 발, 11월 수도권 발)와 정확하게 일치하였다.

2020년 12월 10일 G마켓에 따르면 최근 3주(11월 18일~12월 8일) 동안 홈웨어 매출은 직전 3주(10월 28일~11월 17일)와 비교했을 때 늘었다. 집에서 편하게 입을 수 있는 잠옷은 23%, 홈웨어 · 이지웨어 상품은 38% 증가했다. 주요 패션 브랜드에서도 잠옷 매출이 늘었다. 지난 9월부터 11월까지 BYC 직영점에서 잠옷 매출은 37% 증가하여 올해 11월까지 이랜드 스파오의 잠옷 부문 매출은 협업 상품 인기에 힘입어 전년 대비 180% 성장했다.

집에서 연말 분위기를 낼 수 있는 홈파티 관련 매출도 함께 늘었다. 최근 3주간 홈파

26 헤럴드 경제, 2020.12.14. 참고하였음.

티를 위해 테이블 위에 올려놓는 테이블메트 · 가랜드 등이 포함된 파티테이블 용품 매출 신장률은 직전 3주 대비 32% 상승했다. 이 외에도 파티에 필요한 풍선이나 리본 제품이 34%, 동물 코스튬과 같은 파티 · 이벤트 옷이 59%로 늘었다. 신세계백화점 역시 지난 11월간 크리스마스 인테리어를 위한 생활 장르 매출이 전년 동기 대비 21.1% 상승했다. 집밥 역시 늘었고 대용량 밀키트나 한우의 인기도 재상승하였다. 특히, 밀키트 제품은 온 가족이 먹을 수 있는 대형 제품이 더 많이 팔렸다. 코로나 유행이 잠옷, 실내 홈파티 장식용품과 가족용 대형식제품의 매출 증가에 기여하였다고 인과관계를 설명할 수 있다.

코로나19 때문에 왠지 불안해요

코로나 사태가 장기화되면서 우리 국민의 삶이 변하였다. 우울감이 증대하였고 전염병을 과거보다 더 위험 요소로 보는 경향이 증가했을 것으로 누구나 예상할 수 있다. '과연 그런가?' 또 그렇다면, '그 정도는 얼마나 될까?'에 대해 알아보자. 2021년 5월

표 1-9 코로나19로 인한 우울감 경험률 및 주요 원인(1+2순위) (단위: %)

분야		우울감 경험 (%)	우울감을 느끼는 주요 원인(1+2순위)							
			감염에 대한 막연한 불안	외출 자제로 갑갑함	언론 보도	사회적 거리두기 관련 단절, 소통감소	빈번히 울리는 긴급 재난 문자	소득, 지출 감소에 따른 스트레스	확인되지 않은 가짜 뉴스로 인한 혼란	기타
전체		50.7	52.4	43.4	29.5	27.5	24.2	16.2	5.6	1.0
성별	남성	47.6	49.9	40.2	30.1	28.6	26.1	17.5	6.5	0.7
	여성	53.7	54.6	46.2	28.9	26.5	22.5	15.1	4.9	1.3
연령별	20대 이하	50.0	49.1	49.7	24.5	31.3	22.7	14.8	5.5	2.0
	30대	49.0	50.9	47.6	24.9	29.4	21.8	16.7	7.3	0.9
	40대	48.4	51.9	44.6	25.6	26.6	21.6	20.4	7.6	1.6
	50대	48.8	53.1	35.7	27.8	28.8	23.1	24.4	6.1	0.8
	60세 이상	55.7	55.7	39.7	40.7	22.6	29.7	8.2	2.9	–

자료: 서울특별시, '20년 기준 서울서베이 사회조사', 2021.

표 1-10 서울시민의 안전위협 요소 순위 추이

분야	2013년	2015년	2016년	2017년	2019년	2020년
폭력 범죄	① 6.23	① 6.36	① 6.36	① 6.34	③ 7.00	④ 6.82
실업	③ 6.01	④ 6.14	⑤ 6.13	② 6.25	① 7.52	② 7.46
감염병	⑤ 5.63	② 6.27	② 6.27	③ 6.23	⑤ 5.74	① 7.92
경제위기	② 6.15	③ 6.17	③ 6.17	④ 6.20	② 7.36	③ 7.02
자연재해	④ 5.75	⑤ 6.12	④ 6.15	⑤ 6.10	④ 6.08	⑤ 6.08

자료: 서울특별시, '20년 기준 서울서베이 사회조사', 2021.

「20년 서울 서베이 사회조사」를 통해 그 실태를 확인해 보기로 하자. 복수 응답을 허용한 가운데 우울감을 느끼는 시민은 50.7%이고 주요 원인으로는 '감염에 대한 막연한 불만'(52.4%)과 '외출 자제로 인한 갑갑함'(43.4%)을 들고 있다. 남성보다는 여성이, 연령이 많아질수록 더 우울감을 느끼고 있는 것으로 조사되었다(표 1-9).

또한, 시민의 안전을 위협하는 요소로 메르스가 유행했던 2015년과 코로나가 창궐했던 2020년에 최댓값을 보이고 있다. 이런 통계들은 막연하게 추측으로 예상하던 결과를 구체적인 숫자로 밝힘으로써 비록 제한적이라고 할지라도 어느 정도 확신을 하게 만들고 있다(표 1-10).

걱정되는 과도한 스마트폰 사용, 그나마 다행

과연 '우리나라에서 스마트폰 과의존 비율은 얼마나 높을까?'라는 과제에 대해 기술통계학을 이용하여 분석해 보기로 하자. 스마트폰 과의존 척도는 Likert식[27] 4점 척도 10문항으로 구성되어 있고, 불안이나 초조함의 내용은 포함되지 않아 일상생활이 되어버린 스마트폰의 사용환경을 반영한다. 스마트폰 과의존 척도는 일반사용자군은 22점 이하, 잠재적위험 사용자군은 23점 이상~30점 이하, 고위험 사용자군은 31

27 설문 조사 등에 사용되는 심리 검사 응답 척도의 하나로, 미국의 사회심리학자 Rensis Likert (1903~1981)가 개발한 것이다. 이 척도에서는 응답자가 제시된 문장에 대해 얼마나 동의하는지를 답변하도록 한다. 질문에 대해 보통 5개(강하게 동의, 동의, 동의도 부정도 아님, 부정, 강하게 부정)를 요구하고 있으나, 연구목적에 따라 4개, 7개, 9개 등도 사용되고 있다.

표 1-11 연도별 스마트폰 과의존 비율(2011~2023) (단위 : %)

구분	2011	2012	2015	2017	2019	2020	2021	2022	2023
과의존위험군	8.4	11.1	16.2	18.6	20.0	23.3	24.2	23.6	23.1
고위험군	1.2	1.9	2.4	2.7	2.9	4.0	4.5	4.2	4.2
잠재적위험군	7.2	9.2	13.8	15.9	17.1	19.3	19.7	19.4	18.9

자료: 한국정보화진흥원, "2019 스마트폰 과의존 실태조사", 2023.

점 이상으로 대상자를 구분하고 있다.[28]

<표 1-11>은 2011년에서 2023년까지 연도별 스마트폰 과의존 비율을 보여주고 있다. 2011년 과의존 위험군은 8.4%였으나 2013년에는 23.1%로 8년간 14.7%p 상승하였고, 고위험군은 1.2%였으나 2023년에는 4.2%로 3.0%p 상승하였고, 잠재적 위험군이 7.2%였으나 2023년에는 18.9%로 11.7%p 상승하였다. 2010년대 초반에는 2021년까지는 빠르게 상승하였으나 최근 들어 증가세가 감소하여 그나마 다행이라고 말할 수 있다. 하지만 청소년의 과의존도는 큰 변화가 없는 것으로 보고되고 있다.

멈춰라! 범죄시계

범죄시계를 이용하여 통계가 범죄분석과 예방에도 어떻게 쓰이는가를 알아보기로 하자. '범죄시계'란 범죄의 종류별 발생 빈도를 시간 단위로 분석한 것으로, 범죄가 얼마나 자주 되풀이되는가를 알아보기 위해 종류별 사건의 수를 시간으로 나눈 수치이다. 범죄시계의 추세는 범죄 발생 건수의 추세와 정반대로 나타나게 된다. 예를 들어, 2019년에 발생한 전체범죄 1,611,906건을 525,600분(=365일×24시간×60분)으로 나눈 후 역수를 취하면 0.33분을 구할 수 있는데, 이를 0.33분에 한 건(번)씩 범죄가 발생했다고 해석하는 것이다.[29] 이 숫자가 작을수록(클수록) 동일한 기간에서 범죄가 더(덜) 자주 발생했다는 것을 의미한다. 이 간단한 숫자를 국가별로 비교한다면 어느

28 한국정보화진흥원, 「2023 스마트폰 과의존 실태조사」. 2024.

29 전체범죄 1,611,906건을 525,600분으로 나눈 값은 1분에 3.1건의 범죄가 발생하는가를 나타내고 있다.

나라가 범죄로부터 더 안전한가를 쉽게 비교할 수 있다.

<표 1-12>를 보면 최근 5년간(2015년~2019년) 전체범죄의 범죄시계는 2015년 이후로 계속 증가하다가 2019년에 다소 감소한 것으로 나타났다. 이를 근거로 국내 치안이 계속 좋아지다가 2019년 조금 나빠졌다고 평가할 수 있다. 여기에 더해 2019년 악화가 된 것이 일시적인 현상인지 구조적인 문제인지는 좀 더 시간을 두고 판단하여야 할 것이다.

2019년에 가장 빈번하게 발생한 범죄는 지능범죄로 1.38분에 한 번꼴로 발생한 것으로 나타났으며, 그다음으로는 교통범죄가 1.39분마다, 폭력범죄가 1.83분마다, 절도범죄가 2.81분마다, 강력범죄(살인, 강도, 강간, 강제추행, 방화 등)가 19.85분마다, 풍속범죄(성폭력특례법, 도박 등)가 24.85분마다 발생한 것으로 나타나고 있다. 특별경제범죄는 가장 현저하게 줄어드는 것으로 나타나고 있다.

표 1-12 우리나라의 범죄별 범죄시계

	2015년	2016년	2017년	2018년	2019년
전체범죄	0.282	0.285	0.316	0.333	0.326
강력범죄	20.75	20.46	19.27	19.62	19.85
절도범죄	2.14	2.60	2.86	2.97	2.81
폭력범죄	1.72	1.70	1.79	1.83	1.83
지능범죄	1.66	1.69	1.74	1.52	1.38
풍속범죄	21.46	20.14	23.36	26.07	24.85
특별경제범죄	6.09	8.11	9.85	9.73	10.23
교통범죄	0.88	0.88	1.05	1.29	1.39

자료: 형사정책연구원(www.kic.re.kr)

집에서 머무는 시간이 많다 보니…

수도권 주택 소유자들은 향후 주거시설을 구입할 때 가장 중요하게 고려하는 내적 요인으로 내부 평면구조(22.9%)를 선택했다.[30] 다음으로는 단지배치/방향(17.5%), 인테리어/스타일(12.5%), 전망/조망(11.4%), 광장/녹지 등 조경시설(8.9%), 주차장/체육시설 등 부대시설(8.5%), 빌트인가구/전자제품(8.0%) 순으로 응답했다. 코로나가 시작되기 직전인 2019년에는 '단지배치/방향'(23.5%), '인테리어/스타일'(17.6%)이 '내부 평면구조'(16.6%) 순서였는데 '내부 평면구조'가 코로나를 거치면서 크게 상승한 것이다. 집에서 머무는 시간이 길어진 이유로 해석되고 있다.

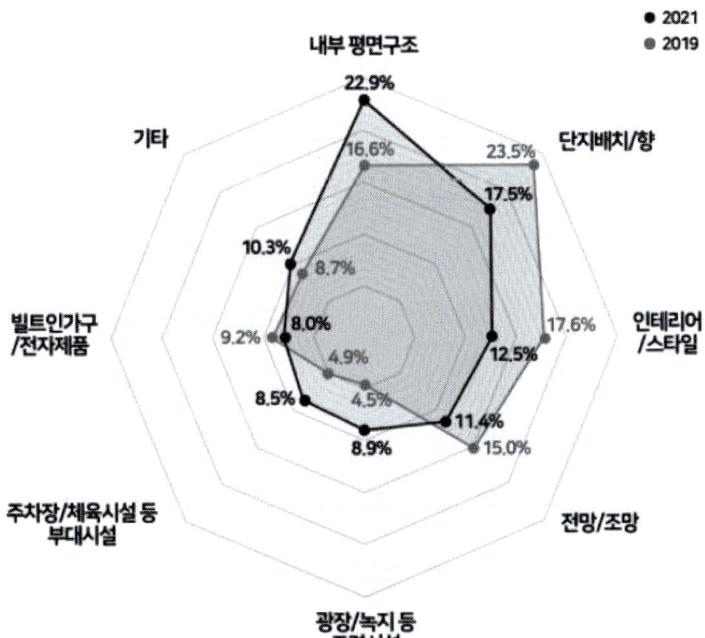

그림 1-6 주거시설 구입 선호 내적 요인

30 '2021년 주거공간 소비자 인식조사'는 피데스개발과 대우건설, 이지스자산운용, 한국자산신탁, 해안건축이 공동으로 더리서치그룹을 통해 서울, 인천, 경기지역 35~69세 1,000명을 대상으로 진행됐다. 표본추출 방법은 지역별 층화 후 무작위추출, 자료수집 도구는 구조화된 질문지 및 보기 카드, 조사 방법은 1:1 개별 면접조사로 2021년 9~11월까지 조사분석이 실시됐다. 표본오차는 ±3.2%(95% 신뢰수준)이다. 아세아 경제, 2021.11.16.

08 '베르테르 효과'의 감소

- 정신건강의학과 연구팀의 연구 결과
- 언론의 보도 변화가 사회에 미치는 영향

우리나라는 불명예스럽게도 세계 최고의 자살률을 기록하고 있다. 이에 국회에서는 '자살예방 및 자살예방 및 생명존중문화 조성을 위한 법률(약칭: 자살예방법)'을 2012년 3월 31일부터 시행하고 있다. 제1조에는 법의 목적을, 제19조의 2에는 자살보도 권고기준 준수 협조요청과 언론의 적극협조 노력을 규정하고 있다. 법 시행 후, 특히 유명인의 자살에 대한 언론 보도의 자제가 효과가 있는가에 대한 연구가 2021년 7월 발표되어 화제가 되었다.[31]

2021년 7월 삼성서울병원 정신건강의학과 전홍진 교수 연구팀은 2005년부터 2017년까지 국내 자살률 추이를 분석한 결과, 우리나라의 최근 자살률이 줄어든 배경으로 언론의 보도 변화를 꼽을 수 있다고 밝혔다. 유명인 자살 보도 방향 바뀌자 '베르테르 효과'가 줄고 '파파게노 효과'가 나타난 것을 과학적으로 규명된 것이다(표 1-13).[32]

연구팀은 2005년부터 2017년을 자살예방법과 자살 보도 권고기준 시행을 전후로

31 연합뉴스, 2021.7.22. 참고하였음.

32 다른 사람의 소비활동에 영향을 받아 필요 이상의 소비를 하는 현상을 경제학에서는 밴드웨건 효과라고 부른다. 베르테르 효과는 유명인의 자살을 모방하는 현상이고 밴드웨건 효과는 꼭 유명인이 아니라도 자신 이외의 다른 사람의 영향을 받는 것이다. 두 효과가 비슷한 성질을 가지고 있지만 밴드웨건 효과가 베르테르 효과보다 더 넓은 모방 범위를 포함하고 있다.

표 1-13 베르테르 효과, 파파게노 효과, 그리고 밴드웨건 효과

베르테르 효과 (Werther effect)	유명인 또는 평소 선망하거나 존경하던 인물이 자살할 경우, 유명인이 자신과 비슷한 어려움에 처해 있던 것을 느꼈을 때 심리적으로 영향을 더 크게 받고 유명인과 자신을 동일시 여겨 유사 방식으로 잇따라 자살이 일어나는 현상을 말한다. 베르테르(Werther)는 괴테의 소설 《젊은 베르테르의 슬픔》(1774년)의 주인공 이름으로 자살로 생을 마감한다. 이 소설은 선풍적인 인기를 끌었고, 베르테르를 모방한 자살이 유럽 곳곳에서 유행처럼 번지기 시작하면서 붙여진 용어이다.
파파게노 효과 (Papageno effect)	자살에 대한 언론 보도 자제를 통해 자살을 예방할 수 있는 효과를 말한다. 파파게노(Papageno)는 모차르트의 오페라 《마술피리》(1791년)에 등장하는 웃음과 희망을 상징하는 인물이다. 어느 날 그는 삶을 비관해 자살을 시도하게 되고 세 명의 요정들이 나타나 이를 만류하며 희망의 노래를 전한다. 이에 파파게노는 죽음의 유혹을 극복하게 된다.
밴드웨건 효과 (Bandwa-gon Effect)	동승(同乘) 효과라고도 부른다. 다른 사람들이 많이 가지고 있는 재화를 자신도 그 재화를 갖기를 원하거나, 혹은 유행에 따라 재화를 구매하려는 경향을 말한다. 원래는 구매 의욕이 없거나 별로였는데 유행이나 친구 따라 그 재화를 구매하는 경향을 말한다. 소비의 네트워크효과(network effect)라고도 부른다.

2005~2011년, 2012~2017년으로 나눠 국내 자살률 추이를 분석했다(그림 1-7). 법 시행 이전인 2005년부터 2011년 사이 유명인의 자살 관련 보도가 나간 후에 한 달 동안 일반인 자살률은 평균 18% 늘었다. 이는 유명인의 사망 직전 한 달 평균값과 비교한 결과로, 5년 치 월간 평균 자살률과 코스피, 실업률, 소비자물가지수 등을 모두 반영해도 자살 보도가 미친 영향이 뚜렷했다고 연구팀은 밝혔다. 유명인의 자살 보도를 접하면서 힘든 상황에 있는 일반인들이 이에 동조하거나 모방하는 '베르테르 효과'가 나타난 것으로 추정된다.

그러나 2012년 자살예방법과 2013년 자살 보도 권고기준이 차례로 시행되면서 유명인 자살 보도 후에 한 달간 자살률 증가 폭이 단계적으로 감소하는 경향이 나타났다. 2013년부터 2017년 사이에는 통계적으로도 유의미한 차이가 없었다. 자살을 묘사하는 언론 보도를 자제하고 신중히 전하면 자살을 예방할 수 있다는 '파파게노 효과'가 과학적으로 규명된 것이라고 연구팀은 밝혔다.

전 교수는 "법적 · 제도적 정비와 더불어 자살을 대하는 언론의 보도 방향이 바뀐 덕분"이라며 "언론의 노력으로 지난 10년간 더 많은 생명을 지킬 수 있었다"라고 말했다. 그러면서도 "다만 2018년 이후에 다시 영향력이 늘어나고 있다"라며 "유튜브, 소

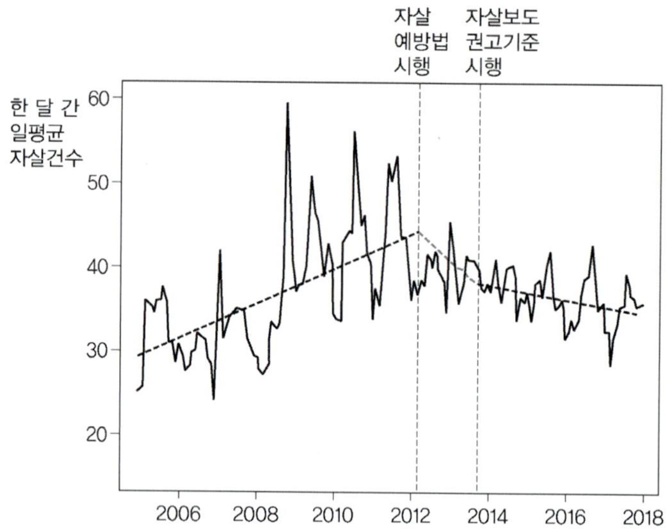

그림 1-7 자살예방법 제정과 자살률의 변화

자료: 삼성서울병원

셜미디어 등을 통해 더 쉽게, 더 다양한 경로로 유명인의 자살 관련 소식이 전해지는 만큼 이에 대해서도 자정을 위한 사회적 합의와 지원이 필요하다"라고 강조했다.

사망원인이 변하고 있어요

2022년 기준 사망의 5대 원인은 암, 심장질환, 코로나19, 폐렴, 뇌혈관 질환이다. 지난 34년간의 추이를 나타내고 있는 <표 1-14> 사망원인 순위(1~10위)와 사망률(1988~2022)을 보면 고혈압성 질환과 호흡기 결핵은 지속적으로 낮아지고 있으며 운수사고는 증가하였다가 감소세를 보이고 있다. 2022년에는 코로나19의 세계적 유행으로 인해 3위에 오른 것이 특이한 일시적 현상이다. 반면 자살과 당뇨병은 1998년 10위안에 진입한 후 2022년에는 6위와 8위를 차지하고 있다. 폐렴이나 알츠하이머병으로 인한 사망은 증가 추세이다. 사별자의 사망률이 가장 높고, 다음으로 이혼자, 유배우자, 미혼자의 순으로 확인된다. 대학 학력자의 사망률이 가장 낮으며, 교육수준과 사망률은 음의 관계를 보인다.

표 1-14 사망원인 순위(1~10위)와 사망률(1988~2022)

	1988		1998		2008		2022	
	사망원인	사망률	사망원인	사망률	사망원인	사망률	사망원인	사망률
1	암	84.3	암	109.5	암	139.5	암	162.7
2	뇌혈관 질환	62.4	뇌혈관 질환	74.1	뇌혈관 질환	56.5	심장질환	65.8
3	심장질환	39.7	심장질환	38.9	심장질환	43.4	코로나19	61.0
4	고혈압성질환	33.9	운수사고	25.8	자살	26.0	폐렴	52.1
5	간질환	28.6	간질환	24.8	당뇨병	20.7	뇌혈관 질환	49.6
6	운수사고	20.3	당뇨병	21.2	만성 하기도 질환	14.9	자살	25.2
7	호흡기 결핵	11.5	자살	18.6	운수사고	14.7	알츠하이머병	22.7
8	만성 하기도 질환	7.7	만성 하기도 질환	12.7	간질환	14.5	당뇨병	21.8
9	낙상(추락)	7.4	고혈압성질환	8.5	폐렴	11.1	고혈압성질환	15.1
10	폐렴	7.3	호흡기 결핵	7.2	고혈압성질환	9.6	간질환	14.7

* 심장질환은 허혈성 심장질환과 기타 심장질환을 합한 수치

자료: 통계청, '한국의 사회변동', 2021과 2022년 '사망원인통계결과'에서 참조하였음.

09 땡큐, 아베

- 네덜란드 맥주회사 사장의 말
- 일본산 맥주 불매운동

2019년 7월 일본이 갑작스럽고 어이없는 부품 수출 규제를 하자 우리 국민들은 "독립운동은 할 수 없지만, 일본산 제품 불매운동을 한다"라는 슬로건을 내걸고 일본산 제품 불매운동으로 맞섰다. 그 효과가 어떻게 나타났을까? 그 답은 수출입자료에 있다.

2018년 일본 맥주 수입은 8만6,711t으로 1위를 차지했으나, 2019년에는 5만902t으로 2위로 하락하였고, 2020년에는 7,174t으로 전년 대비 85.9%나 하락하여 9위가 되었다. 또한 일본 술(청주)도 크게 감소했는데, 2019년 3.365에서 2020년에는 1,515t으로 전년 대비 45.0% 감소하였다. 일본산 맥주와 청주의 수입 감소로 인해 2020년 우리나라 맥주 수입은 전년보다 22.8%가 감소하였고 청주 수입은 45.4% 감소하였다. 반면, 와인은 30.4% 상승하였다. 수입 일본 맥주의 빈자리를 어느 나라 맥주가 채웠을까? 2019년 5위였던 네덜란드 수입맥주가 31.8% 상승한 5만4,072t이 수입되어 1위로 등극하였다. 풍선효과의 수혜자가 된 것이다.

이렇게 보면 아베 전 수상[33]은 일본 맥주회사의 X맨인 동시에 네덜란드 맥주회사

33 아베신조(安倍 晋三, 1954~2022)는 10선 국회의원, 4번 수상을 역임한 정치인이다. 전범이면서 수상까지 역임한 기시노부스게(岸 信介, 1896~1981)의 외손자이다. 지원 유세 중 암살당했다. 총리로서

외판원 노릇을 한 셈이다.

6대의 항공모함 vs 소달구지와의 싸움에서

일본이 1941년 12월 미국의 진주만을 기습공격할 때 항공모함 6척과 414대의 항공기를 동원하였다. 그때 우리 민족의 과학기술력은 어느 정도였을까? 도저히 좁혀지지 않을 것 같았던 격차가 조금씩 좁혀져 80년이 흐른 지금 몇몇 분야에서는 역전이 나타나고 있다.

2021년 8.15 광복절을 앞두고 전국경제인연합회는 일본의 '잃어버린 30년'이 시작된 1990년대 초 이후 한일 간의 경제 · 경쟁력 격차 변화를 비교하여 한국이 지난 30여 년간 일본과의 격차를 줄인 부분과 여전히 일본에 비해 미흡한 부분을 분석한 결과를 발표하였다.[34]

<표 1-15> 한국과 일본의 경제력 위상 비교를 보여주고 있다. 먼저 거시경제, 인프라 등 다양한 분야를 분석하여 국가경쟁력을 종합적으로 평가하는 IMD 국가경쟁력 순위를 살펴보면 1995년 한국은 26위 일본은 4위를 기록하였지만 2020년에는 한국이 23위, 일본이 34위로 나타나 한국이 일본을 추월하였다. 2021년 S&P 국제신용등급에서 우리나라는 높은 등급(High grade)인 AA이지만 일본은 2단계 낮은 상중 등급(Upper medium grade)인 A+였다. 2018년 PPP 기준 1인당 GDP를 보면 한국은 $43,001로 $42,725인 일본을 처음으로 추월하였다.[35] 2018년 제조업 경쟁력 CIP(Competitive Industrial Performance) 순위에서 한국은 3위에 평가되었으나 일본은 5위로 우리보다 낮으며 1990년 2위에서 하락하였다.

연속 재직일수 2822일 · 통산 재직일수 3188일을 기록하였는데, 이 두 기록 모두 일본 헌정사상 최장 기록이다. 우리나라와의 외교에서는 극우적인 입장을 보였다.

34 전국경제인연합회, '지난 30년, 한일 간 경제 · 경쟁력 격차변화 비교', 2021.

35 구매력 평가(購買力平價, purchasing power parity, PPP)란 스웨덴의 경제학자인 구스타프 카셀(Karl Gustav Cassel, 1866~1945)이 제시한 환율개념이다. 양국 통화의 구매력에 의하여 결정된다는 이론으로 일물일가의 법칙이 성립함을 가정하고 있다.

표 1-15 한국과 일본의 경제력 위상 비교

항목	연도	한국	일본
IMD 국제경쟁력종합순위	1995	26위	4위
	2020	23위	34위
S&P국가신용등급	1990	A+	AAA
	2021	AA	A+
PPP 기준 1인당 GDP	1990	7,553$	20,325$
	2018	43,001$	42,725$
	2020	44,621$	42,248$
CIP 지수	1990	17위	2위
	2018	3위	5위
명목 GDP	1990	2,830억$(17위)	31,970억$(2위)
	2020	16,310억$(10위)	50,490억$(3위)
명목 1인당 GDP	1998	6,610$(44위)	25,896$(8위)
	2020	31,497$(25위)	40,146$(22위)
수출액	1990	680억$	2,880억$
	2020	5,130억$	6,380억$
해외직접투자	1990	1,133(백만$)	50,775(백만$)
	2020	32,480(백만$)	115,702(백만$)
글로벌 R&D 1,000대 투자 기업 수	2006	19개	183개
	2019	25개	140개
소재부품 분야 대일 적자 규모 및 비율		적자 규모	비율
	1994	83억$	70%
	2020	154억$	73%

자료: 전국경제인연합회, '지난 30년, 한일 간 경제 · 경쟁력 격차변화 비교', 2021.

거시경제 부문 많은 지표에서도 두 나라 간의 격차가 축소되었다. 명목 GDP 기준 한국의 경제 규모는 1990년 2,830억 달러로 일본의 8.8%에 불과하였으나 2020년에는 1조6,310억 달러로 성장해 일본의 32.3%까지 이르게 되었다. 30년 사이 약 1/3 수준까지 따라온 것으로 나타났다. 우리나라 인구가 일본의 40% 정도임을 감안하면 그 격차는 더 감소하게 된다. 1990년 우리나라의 명목 GDP 수준은 세계에서 17위이고 일본은 2위에 해당하였으나 2020년에는 우리는 10위에 진입하였고 일본은 3위로 하락하여 순위차도 대폭 줄어들었다. 명목 1인당 GDP 기준으로는 한국이 1990년 6,610

달러에서 2020년 31,497달러로 증가해 1990년 기준 한국이 일본의 25.5% 수준에 불과했으나 2020년에는 78.5% 수준으로 대폭 따라잡았다.

대외부문 지표에서의 한국의 성과도 두드러졌다. 우리나라의 2020년 기준 수출액은 513십억 달러로 일본의 80%, 수입액은 468십억 달러로 일본의 74% 수준으로 1990년 각각 24%, 31% 수준에서 대폭 성장했으며, 해외직접투자(유출)도 격차가 많이 감소하였다. 다만, 수출 · 수입 등 교역 부문에 비해 해외직접투자는 2020년 기준 한국 325억 달러, 일본이 1,157억 달러로 여전히 3.6배 가까이 차이가 나는 것으로 분석되었다.

양국 기업의 경쟁력을 보여주는 지표인 포춘 글로벌(Fortune Global) 500대 기업 수, 세계 수출시장에서의 점유율 1위 품목 수 모두 한일 격차가 감소하였다. 2021년 일본은 53개였고 한국은 15개였다. 1995년 일본기업은 149개였다는 사실을 감안하면 일본기업의 추락이 눈에 띈다. 이런 현상이 나타난 데는 한국기업의 경쟁력이 강화된 이유도 있지만 일본기업 경쟁력이 약화된 것도 원인으로 보인다.

과학기술 분야에서 한국은 일본을 많이 추격했으나 기초기술 강국인 일본과의 격차는 여전히 큰 것으로 나타났다. 예를 들어, 일본은 글로벌 R&D 1,000대 투자 기업 수에서 한국에 비해 여전히 5.6배 많은 기업을 보유하고 있다. 특히, 소재 · 부품 분야에서 한일 경쟁력을 비교하는 지표인 한국의 소재 · 부품 분야 대일 적자 규모는 1994년 83억 달러에서 2020년 154억 달러로 2배로 가까이 증가했으며 대일 전체 무역수지 대비 비율도 증가했다. 교역규모 증가에 따른 적자액 증가이지만 전체 대일 무역수지 대비 비율도 소폭 증가한 것이다. 또한 기초과학 및 원천기술 경쟁력을 나타내는 노벨과학상(물리학, 화학, 생리/의학상) 수상자의 경우, 한국은 수상자가 없지만 일본은 2021년까지 24명이나 배출하였다.[36]

36 2020년까지 일본은 물리학상 11명, 화학상 8명, 생리/의학상 5명을 배출하였다. 2021년 물리학상을 수상한 마나베 슈쿠로(眞鍋淑郎, 1931~)는 일본출생으로 도교대학 이학박사학위를 취득한 후 미국 시민이 되었다. 21세기들어 일본은 과학분야에서 19명의 수상자를 배출하였는데, 이는 79명을 배출한 미국에 이어 세계 2위에 해당하는 수치이다.

10 라 떼는 그저 본고사만 잘 보면 됐는데…

- 큰아버지의 불만 아닌 불만
- 수능성적과 스테나인 방식

우리나라 대입 수능시험은 어학 청취력 테스트를 위해 항공기 운항이 변경되고 출근 시간도 미루어지는 등 온 국민의 관심하에서 치러진다. 수능시험의 원조는 1969년부터 실시된 대입 예비고사를 들 수 있다. 이 시험은 일종의 자격시험이었다. 합격한 수험생은 대학 본고사를 치를 수 있었고 불합격 학생은 대학입학 원서조차 낼 수 없었다. 즉, 합격만 하면 되지 받은 점수(성적)가 중요하지 않았다. 하지만 1974년부터 각 대학에서는 예비고사 점수와 본고사 점수와 합산하여 합격여부를 판단하기 시작하였고 따라서 합격여부도 중요했지만 성적도 크게 중요하게 되었다.

1982년 전두환 정권 때 대입 자격시험의 기능은 없애고 성적이 '학력'이 되는 '학력고사'로 바꾸었다. 이 제도도 1994년부터는 수학능력(수능)시험으로 바뀌어 오늘에 이어지고 있다. 수능 도입 이후에 여러 번의 변화가 있었지만, 2002년부터 도입된 '수능 등급제도'는 계속해서 유지되고 있다. 이 제도는 총점 대신 계열별 백분위에 따라 수험생의 등급을 정하는 제도인데 수능 총점 소수점 이하 몇 자리에서 당락이 결정되던 기존의 수능 의존도를 줄이고 수능을 자격 기준으로만 활용하게 하기 위해 도입되었다. 1999년부터 2005년까지는 등급은 종전과 같이 9등급제 유지하는 가운데, 원점수, 변환표준점수, 변환표준점수에 의한 백분위점수 및 종합등급, 영역/과목별로 표

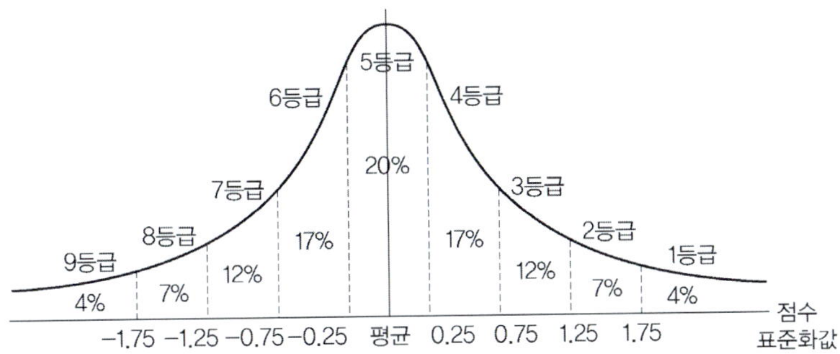

그림 1-8 정규분포 곡선과 스테나인 방식의 등급

준점수, 백분위, 등급을 기재하여 수험생에게 통지되었다. 이런 통계에 익숙하지 않았던 많은 국민들은 "라 떼(내가 대학가던 때)는 그저 본고사만 잘 보면 됐는데, 뭐가 그리 복잡해…"라고 분노 아닌 분노를 표출하곤 했다. 그래서인지 2018년부터는 영어, 한국사 영역의 경우 등급만 제공하고 있으며 나머지 과목에 대해서는 표준점수, 백분위, 등급 3가지 만을 제공하고 있다.

등급을 아홉 개로 나누어 정리 분석하는 방법을 '스테나인(Stanine; Standard Nine) 방식'이라고 부른다. 정규분포를 기본으로 삼고 있는 이 방법은 제2차 세계대전 중 미 공군에서 처음 사용하였으며 우리나라 대입 수능성적에도 적용되고 있다.[37] 정규분포를 9개 구간으로 나누고 평균을 5번째 구간인 중간에 둔다. 각 구간 폭을 표준편차 0.5로 하면 <그림 1-8>에서 보는 바와 같이 제일 큰 값을 나타내는 상위 4%를 1등급, 다음 상위 7%는 2등급(누적 11%), 다음 상위 12%는 3등급(누적 23%) … 이런 식으로 비율에 따라 등급이 나누어진다.[38] 좌우대칭을 기본으로 삼고 있어 3등급은 표준편차 0.75 이상 1.25 사이의 12%, 상위 77%에서 89% 사이의 성적을 나타내며, 대칭인 7등급은 표준편차 −0.75 이상 −1.25 사이의 12%, 하위 11%에서 23% 사이의 성적을 나타낸다.

실제 현실에서는 각 등급에 배당된 비율이 기계처럼 나누어지지 않는다. <표 1-16>의 국어 수능 점수 비교에서처럼 점수가 가지는 이산성(離散性)과 시험의 난이도 때

37 위키피디아, 'Stanine' 참고하였음. 정규분포에 대해서는 6장 3절 참고하기 바람.

38 원래 최하위 4%를 1등급으로 하고 점점 점수가 높아지면서 등급이 올라가는 식이다. 최상위 4%가 9등급이 된다. 하지만 우리나라 수능에서는 최상위 4%를 1등급으로 하고 점점 점수가 낮아지면서 등급이 낮아지는 식이다. 최하위 4%가 9등급이 된다.

표 1-16 국어 수능 점수 비교

	2020년 국어 수능 점수				2021년 국어 수능 점수			
등급	등급구별 점수	인원(명)	비율(%)	누적비율 (%)	등급구별 점수	인원(명)	비율(%)	누적비율 (%)
1	131	23,282	4.82	4.82	131	18,467	4.40	4.40
2	125	35,257	7.30	12.12	125	29,040	6.92	11.32
3	117	59,438	12.30	24.42	116	56,516	13.46	24.78
4	107	80,221	16.61	41.03	108	65,450	15.59	40.37
5	95	95,752	19.82	60.85	96	87,736	20.90	61.27
6	83	83,182	17.22	78.07	84	71,371	17.00	78.27
7	72	56,941	11.79	89.96	73	46,077	10.98	89.25
8	64	32,537	6.74	96.60	62	29,849	7.11	96.31
9	64 미만	16,458	3.41	100.00	62 미만	15,279	3.64	100.00
합계		483,068				419,785		

자료: 한국교육과정평가원, '수능연도별채점현황', 한국교육과정평가원 홈페이지.

문에 등급구별점수가 기준비율과 일치하지 않는 경우가 일반적이다. 예를 들어, 2021년 국어 성적에서 126점까지 학생이 상위 10%이고, 125점 학생이 1.32%라면, 2등급 구별점수는 125점이 되고 상위 11.32%까지 확대된다. 2021년 과학탐구 물리 Ⅱ 영역에서는 만점자가 많이 나와서 1등급이 상위 11.52% 2등급은 0%인 경우도 있었다.[39] 2020년도 수능 국어영역 시험응시자는 483,068명이고 2021년도에는 63,283명 감소한 419,785명이다. 2020년 1, 2등급 수험생의 누적비율이 12.12%로 2021년보다 0.8%p 더 높게 나타났다. 하지만 중위권에 해당하는 3~6등급 수험생은 2021년에 약간 더 많은 것으로 나타났다. 전반적으로 2020년 성적이 2021년 성적보다 약간 높은 것을 알 수 있다.

명언 보따리

"어떤 것이 일단 수치로 표현되고 나면 우리는 쉽게 그 수치가 정확하고 객관적이며 공정할 것이라는 착각에 빠지곤 하는데, 통계를 비교하고 제대로 해석하려면 수치뿐 아니라 질적 데이터(qualitative data)에 해당하는 정보들을 꼼꼼히 살펴야 한다."

조재근, '통계학, 빅데이터를 잡다', 한국문학사, 2017.

39 2006년 과학탐구 물리 Ⅰ 영역에서는 1등급이 상위 11.22% 2등급은 0%이었던 적이 있다.

제 2 장

통계학과 친해지기

1. 오를까? 오른다면 얼마나 오를까?
2. 동네 축구 vs 프로 축구
3. 통계학, 내 곁에 있어줘…
4. 이 말도 맞고, 저 말도 맞지만 그래도…

01 오를까? 오른다면 얼마나 오를까?

- 1주일 후의 석유 가격을 알고 싶은 어느 정유회사 사장의 고민
- 통계학이란?

만약 여러분에게 앞으로 발생할 일을 –그것이 불행한 일이든 기쁜 일이든– 지금 바로 알 수 있는 행운이 주어진다면, 어떤 일을 하겠는가? 저자에게 그런 행운이 주어진다면 제일 먼저 오늘 발생하는 여러 가지 불행한 일, 예를 들면 화재, 살인, 자살, 교통사고 등을 피해자에게 미리 알려서 불행을 막는 일을 하고 싶다. 또 상한가까지 오를 주식을 많이 사서 돈을 벌고 싶은 생각도 든다. 오늘이 토요일이라면 로또 복권을 사는 수고도 절대 마다하지 않을 것이다.

그러나 불행(?)하게도 저자는 물론 그 누구에게도 이러한 일은 일어나지 않는다. 미래의 일을 미리 알면 행운을 내 것으로 만들 수 있고 불행을 줄일 수 있어 더 행복한 생활을 누릴 수 있게 된다는 사실을 누구나 알고 있지만, 인간의 능력에는 한계가 있다. 미래의 일에 대해 알고 싶은 인간은 과거를 바탕으로 혹은 실험을 근거로 예측력을 키워 왔다. 이렇게 체계화된 논리가 바로 과학(科學, science)이다.

과학이 발전하기 이전까지 미래는 전적으로 인간이 범접할 수 없는 신의 영역이었다. 미래의 일을 알고 싶은 인간은 점성술(占星術)에 의지하기도 하고 미신과 종교를 만들었으며 과학을 발전시켰다. 과학의 발전은 인간에게 과거와는 비교할 수 없을 정도로 예측력을 높여 주었다. 그러나 자연 현상에 대해서는 인간 생명의 신비를 알아

낼 만큼 상당한 경지에 이르렀으나, 사회 현상에 대해서는 그리 만족할 만한 예측력을 가지고 있지 못하며 영영 가질 수 없을지도 모른다. 사회 현상에 대한 예측력을 증진시키기 위해 인간은 주로 과거로부터 배워왔다. 온고지신(溫故知新)과 법고창신(法古創新)이 이를 잘 대변해 주고 있다.

그러나 현대에 이르러서는 단순히 과거의 사실을 배우고 연구하고 교훈을 얻는 단계를 넘어 자연과학적 도구를 이용하여 보다 객관성 있는 진리를 얻으려고 노력하고 있다. 이러한 노력이 사회 현상을 연구 대상으로 하는 사회과학에 영향을 미쳐 사회과학의 정치화(精緻化)로 이어졌는데, 그 선두에 경제학이 있다. 경제학은 가장 폭넓은 사회 현상을 분석 대상으로 삼고 있으며, 수학 · 통계학의 영향을 상당히 많이 받는 학문이다. 또한 제도와 역사에 대한 연구도 경제학의 중요한 부분임을 잊지 말아야 할 것이다.

사회가 복잡해지면서 사람들은 신중하게 결정해야 할 일들이 크게 늘어났기 때문에 과학적으로 의사결정을 하는 일이 필수적이고 불가피한 시대가 되어 버렸다. 소위 주먹구구식 의사결정은 이제 우리 사회에서 점차 사라지고 있으며, 어쩌면 신의 계시가 사라진 시대라고 말할 수 있을지도 모른다.

미래의 일은 아무도 알 수 없다. 미래에 발생할 일은 여러 가지 변수에 의해 영향을 받기 때문에 먼저 그 변수들에 대한 정확한 예측이 선행되어야 한다. 하지만 대부분의 경우 영향을 미치는 변수 역시 다른 변수에 의해 영향을 받는 경우가 많아 정확하게 예측하기가 매우 어렵다. 일반적으로 사회 현상이란 서로 연계되어 있어서 어느 한 부분만 뽑아 분석하고 예측하는 데에는 한계가 있기 마련이다.

<표 2-1>은 우리나라 기름값에 영향을 미치는 변수와 그 가능성을 개략적으로 정리해 본 것이다. 중동지방에서의 원유 수입이 주를 이루는 우리나라 입장에서는 우선 산지에서의 원유 가격에 가장 큰 영향을 받는데, 그것은 또 전쟁의 유무와 그 지속 정도에 영향을 받으며 석유수출국기구(OPEC)와 비OPEC 국가의 생산량 변화에도 좌우된다.[1] 또 국내에 수입되면서 환율에 의해 크게 영향을 받는다. 마지막으로는 국

1 2019년 7월부터는 기존 OPEC 회원국에 러시아, 바레인 등이 추가된 OPEC^{+}가 설립되었다.

표 2-1 석유 가격에 대한 예측(대상: 1주일 후의 석유 가격)

석유 가격에 영향을 미치는 변수	예상되는 현상
전쟁	발생하지 않음, 단기전, 장기전, 승리 주체, 피해 규모
OPEC의 대응	감산, 변화 없음, 증산
러시아, 중국, 인도네시아 등 OPEC 회원국 이외 국가의 반응	감산, 변화 없음, 증산
환율	평가 절상, 현 수준 유지, 평가 절하
국내 소비 절약 정도	내핍, 현 수준 유지, 증가
미국 셸 석유의 생산과 재고	감산, 변화 없음, 증산

내 소비가 석유 가격 변화에 어떻게 반응하느냐에 따라서도 영향을 받는다. 어떤 변수가 어떤 가능성을 가질 것인가에 따라 발생할 수 있는 경우의 수가 수십 가지가 될 수 있음을 한눈에 알 수 있다. 우리는 각 변수가 취할 가능성을 분석해야 하고 이를 위해서는 판단에 도움이 되는 자료(資料, data)[2]를 모으고, 알려고 하는 목적에 부합하도록 잘 정리하고 분석하여 일목요연하게 판단할 수 있는 새로운 자료(혹은 정보)를 만들어 의사결정의 근거로 삼을 수 있다. 이렇게 한다면 1주일 후의 휘발유 가격을 그래도 어느 정도는 잘 예측할 수 있을 것이다.

요컨대 뿌리 깊은 나무일수록 풍파를 잘 이길 수 있듯이 풍부한 자료와 과학적 분석을 근거로 한 의사결정일수록 실패할 가능성을 줄이고 성공할 가능성을 높여 준다. 이렇게 합리적인 의사결정을 위한 과학적이고 객관적인 판단 근거를 제공하는 학문이 바로 통계학이다.

통계학(統計學, Statistics)이란 불확실한 상황에서 현명한 의사결정을 하기 위한 이론과 방법의 체계이며, 주로 자료의 수집과 분류, 분석과 해석의 체계를 가지며 미래 상황에 대한 예측 기능도 가지고 있다. 통계 분석은 '모르는 값(unknowns)'을 '알고 있는 값(knowns)'으로 바꾸어 가는 과정이라고 표현할 수 있다. 통계학은 크게 기술 통계학(記述統計學, Descriptive Statistics)과 추론 통계학(推論統計學, Inferential

2 자료란 사람, 물건, 조건, 상황 등의 관찰단위를 묘사하는 기본적인 사실 또는 숫자의 집합을 의미한다. 일반적으로 정보로 가공되기 전의 상태를 말한다. 자료를 분석할 때 우리의 관심은 데이터 자체가 아니라 그 자료가 어떤 구조 혹은 메커니즘으로 발생한 것인가에 두어야 한다.

Statistics)으로 나눌 수 있다.[3] 기술 통계학이란 자료를 정리하고 요약하는 등 자료 특성의 계산 방식과 관련된 분야이며, 추론 통계학은 모집단에서 뽑은 표본을 분석하고 이것을 기초로 모집단의 특성을 규명하는 분야로 정의된다. 예를 들어, D대학교 재학생들의 특성(키, 몸무게, 거주 형태 등)을 알아보기 위해 자료를 구하여 평균을 구하는 작업은 기술 통계학에 속한다. 반면 우리나라 전체 대학생의 특성을 알아보기 위해 표본으로 몇천 명을 뽑고 분석한 것을 근거로 대학생 전체의 특성을 알아내는 방법에 관한 분야가 추론 통계학이다.[4]

영어로 통계학이란 뜻인 'statistics'는 그 어원을 로마 시대에서 찾을 수 있다. 위정자들은 자국에 몇 명이 살고 있으며, 농작물이 어느 정도 생산되고 있는지를 알아야 올바른 정치를 펼 수 있었다. 고대 이집트와 중국에서도 이런 필요에 부응하는 노력이 있었지만, 그리스 · 로마 시대에 본격적으로 관심을 모으게 되었다. 국가(state)의 상태(state)를 살피는 것에 주로 관심을 가졌는데, 이를 'statistics'라고 불렀다.

통계학은 주로 정치적인 목적에서 인구, 종교 및 산업에 대한 많은 정보를 수집하는 형태로 시작되었다. 이러한 통계학은 17세기 독일을 중심으로 관념적인 국세학(國勢學)으로 이행하였고, 같은 시기에 영국에서는 정치산술(政治算術)이라는 형태로 계량적인 통계학이 발전하였다.[5]

동아시아 3국의 통계학 용어

한자 문화권인 동아시아에서 Statistics를 통계학이라는 용어로 누가 제일 번역하였는가는 정확히 알려지지 않았으나 야나가와 순삼(柳川春三, 1832~1870, 일본 막부

3 추리(推理) 통계학이라고도 부르고 있다.

4 통계학자 중에는 추론 통계학을 빈도론적 통계학과 베이즈 통계학(Bayesian Statistics)으로 나누는 학자도 있고 베이즈 통계학을 추론 통계학에 포함시키지 않는 학자도 있다. 빈도적 통계학은 연역법적 분석이고 베이지안 통계학은 귀납법적 분석이다. 베이지안 통계학에 대해서는 이후의 장에서 공부하기로 한다.

5 오오무라 히도시 저, 김미선 역, '통계를 알면 인생이 달라진다'.

말기의 서양학자)라고 추측하고 있다. 그 근거는 1869년 그가 편찬한 책에 처음으로 기술되어있기 때문이다. 이후 1871년에는 일본의 재정을 관장하는 기관인 대장성에 '통계사(統計司)'와 '통계료(統計寮)'가 설치되었으며 널리 쓰이게 되었다.[6]

한자 문화권인 동북아 삼국에서는 서양 통계용어를 한자로 표기하고 있다. 우리나라는 통계학뿐 아니라 거의 모든 학술용어와 근대 문물을 일본을 통해 수입하였기 때문에 일본과 거의 같이 쓰고 있다. 특히, 개념어(概念語)의 경우는 더욱 그렇다. 반면 한자의 원조인 중국에서는 한일과 같게 쓰는 것도 있고 다르게 쓰는 것이 상당히 많다. 몇 가지를 <표 2-2>에 소개해 보았다.

표 2-2 동양 3국의 통계학 용어 비교

영어	우리말과 일본어	중국어
probability	확률(確率)	개률(槪率)
random variables	확률변수(確率變數)	수기변량(隨機變量)
probability distribution	확률분포(確率分布)	개율분포(槪率分布)
range	범위(範圍)	전거(全距)
mean	평균(平均)	평균수(平均數), 균치(均値)
expected value	기대치(값)(期待値)	기망치(期望値)
mode	최빈수(最頻數)	총수(總數)
median	중앙(中央)값, 중위수(中位數)	중앙치(中央値), 중위수(中位數)
normal distribution	정규분포(正規分布)	정태분포(正態分布)
skewness	왜도(歪度)	왜도(歪度), 편도(偏度)
kurtosis	첨도(尖度)	첨도(尖度), 봉도(峰度)
population	모집단(母集團)	총체(總體)
variance	분산(分散)	방차(方差)
covariance	공분산(共分散)	협방차(協方差)
null hypothesis	귀무가설(歸無假說)	영가설(零假說), 허무가설(虛無假說)
confidence interval	신뢰구간(信賴區間)	신뢰구간(信賴區間), 치신구간(置信區間)
alternative hypothesis	대립가설(對立假說)	대립가설(對立假說)

* 중국에서는 간체자를 쓰고 대만에서는 정체자 또는 번체자로 쓰기 때문에 표기가 다르다. 여기에서는 정체자로 소개하였다.

6 위키피디아 참고하였음.

끝판왕, 지구종말론 그리고 이그 노벨상(Ig Nobel)

미래에 대한 예측에 있어 끝판왕은 '지구 종말론'이 아닌가 싶다. 지구 종말론을 예언하면서 혹세무민(惑世誣民)한 사람이 한둘이 아니다. 2011년 이그 노벨 수학상[7]을 지난 50년 동안 인류 마지막 날을 매번 틀리게 예측해 온 6명의 종말론자들이 수상하였다. 그 이유로 "수학적 가정과 계산을 할 때, 신중하여야 한다는 교훈을 세계에 알렸다"라고 밝히고 있다. 1992년 휴거 소동을 일으켰던 이장림 목사도 공동 수상하였다. 이들에게 다른 상도 아니고 수학상을 수여한 것 역시 기발하다는 생각이 든다.

통계사학의 대가 스티글러(Stephen Stigler(1941~)는 오늘날 통계학이라는 학문의 집을 떠받치는 일곱 기둥으로 아래와 같은 범위를 제시하고 있다.[8]

1) 자료 집계(Aggregation): 표와 평균에서 최소 제곱법까지
2) 정보 측정(Information Measurement): 정보 측정과 변화율
3) 가능도(Likelihood): 확률 척도의 보정
4) 상호 비교(Intercomparison): 표본 내 변동을 표준으로
5) 회귀(Regression): 다변량 분석, 베이즈 추론, 인과 관계 추론
6) 설계 설계(Experimental Design): 실험 계획과 랜덤화의 역할
7) 잔차(Residual): 과학 논리, 모형 비교, 진단 표시

7 1991년 노벨상을 패러디하여 제정하였으며 'not noble'을 의미하는 'ignoble'의 ig와 Nobel의 합성어이다. 기본적으로 노벨상과 같이 물리학, 화학, 생리/의학, 경제학, 문학, 평화상이 주어지지만, 그때그때 필요한 부문이 추가되는 형태로 이어오고 있다. 노벨상에는 없는 수학상, 예술상, 심리학상, 교육상, 영양학상 등이 부정기적으로 주어지고 있다. 이 상은 '처음에는 사람을 웃게 한 후, 생각하게 만든다'라는 업적을 높이 평가하여 수상하고 있다. 기발한 아이디어 가끔은 엉뚱하다고 평가할 수 있는 사람들이 이 상을 수상한다. 그래서 한 번 듣고 웃고 넘어갈 만하다. 하지만 진지하게 그들의 아이디어에 대해 생각해 볼 가치도 있는 것 같다. 개구리를 대상으로 자기 부상(磁氣浮上)실험에 성공했던 안드레 가임(Sir Andre Geim, 1958~)은 2000년 이 상을 수상하였고 10년 후 2010년 노벨 물리학상을 수상하였다. 인공 나노 물질인 그래핀(graphene)의 전자자성 속성 연구한 업적이 인정받은 것이다. 이그 노벨상 수상자 중 유일한 노벨상 수상자가 되었다.

8 스티븐 스티글러 저, 김정아 역, '통계학을 떠받치는 일곱 기둥 이야기 통계는 어떻게 과학이 되었는가?', 프리렉, 2016. 이 책에서는 이와 함께 일곱 기둥을 세운 여러 조력자가 어떤 과정을 거쳐 이 기둥들을 세웠는지를 대표 사례를 통해 보여준다.

이야기 보따리 **나이팅게일과 통계, 통계학**

크림전쟁(1853~1856)때 야전병원에서 간호사로 종사한 나이팅게일(Florence Nightingale, 1820~1910)은 "왜 전투에서 죽는 병사보다 질병으로 죽는 병사가 더 많은가?"라는 의문을 갖게 되었다. 그녀는 전쟁 기간에 발생한 부상자와 사망자 수, 질병의 종류와 입원 기간 등을 분석해 800페이지에 달하는 보고서를 완성하였으며 일반인들이 이해할 수 있게 '로즈 다이어 그램'으로 정리했다. 1854년 4월부터 1855년 3월까지 사망자를 크게 '전염병 사망자', '전투사망자', '기타 사망자'로 나누어 매달 사망자 수를 그렸다. 또 병원 위생을 개선한 1855년 4월부터 1856년 3월까지 사망자를 같은 방식으로 매달 사망자 수를 그렸다.

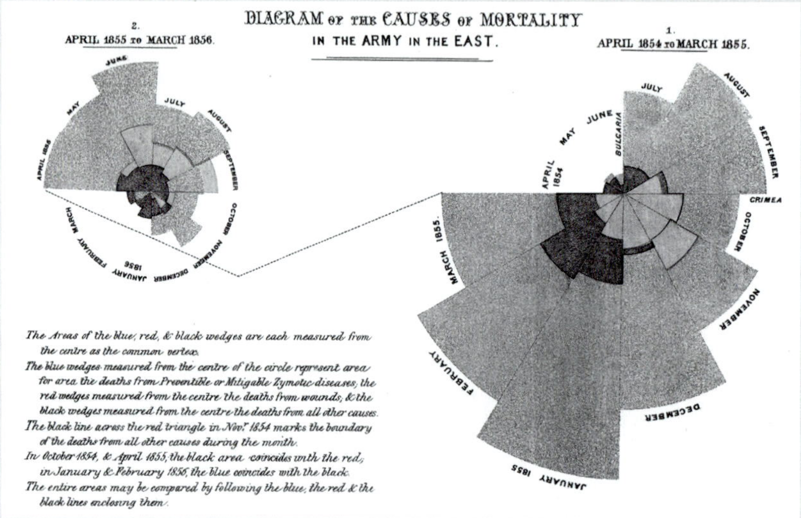

그림 2-1 나이팅게일의 '로즈 다이어리'

바깥쪽에 있는 그래프는 전염병 사망자 수를, 안쪽의 그래프 중 진한색은 전투사망자 수를, 연한색은 기타 사망자 수를 나타내고 있다. 1854년보다 병원 위생이 개선된 1855년에는 전체 사망자 수가 감소한 가운데, 특히 전염병 사망자 수가 급감하였음을 한 눈에 알 수 있다. 나이팅게일이 왜 위대한 간호사이면서도 위대한 통계학자라고 존경받고 있는지를 알 수 있다.

명언 보따리

"신의 생각을 이해하기 위해서는 통계학을 공부해야 한다. 통계학이야말로 신의 의도를 측정하는 것이니까."

나이팅게일(Florence Nightingale, 1820~1910)

02 동네 축구 vs 프로 축구

- 과학자의 오류에 대한 자세
- 오류의 가능성과 허용 정도

신체적인 외모에서 ─특히 몸매, 근육, 얼굴 등─ 친구들보다 월등함을 보여주고 싶은 강한 충동을 느끼는 시기인 중고등학생 시절을 회상해 보자. 몸무게가 70 kg인 누사람(용세와 용기)이 있다고 하자. 보통 사람인 우리들은 엄밀하게 누가 더 몸무게가 많이 나가는가를 비교하기 위해 체중계를 이용할 것이다. 만약 소수점 둘째 자리까지 같다면, 두 사람의 체중(예컨대 70.12 kg)이 똑같다는 결론을 내리고 더 이상 몸무게를 측정하지 않을 것이다. 그러나 10억분의 1(10^{-9})까지를 따지는 나노(NANO) 기술자들은 무어라고 판단할 것인가? 그들은 1 mm 정도 틀리는 것을 엄청난 오차로 여기는 과학자들이기 때문에 더 정확하게 재어야 한다면서 보다 정밀한 체중계를 사용하자고 주장할 것이다. 나노 과학자가 이런 주장을 한다면 여러분은 무엇이라고 대답할 것인가? 만약 일상생활에서 나노 수준까지 엄밀하게 측정한다면, 아마도 숨이 막혀 살 수 없을 것이다.

<표 2-3> 과학의 분류에서 볼 수 있듯이 통계학은 수학, 논리학과 함께 기초형식과학으로 분류된다. 모든 학문에 두루 이용되는 감초 같은 존재이다. 위키피디아에서는 통계학이 응용되는 분야로 24개 분야를 열거하고 있다. 경제학, 생물학, 천문학, 보험학, 화학, 경영학, 인구학, 역학(疫學, epidemiology) 또는 유행병학(流行病學) 등 모

표 2-3 과학의 분류

	과학		
	형식과학 (Formal science)	실증과학(Empirical sciences)	
		자연과학 (Natural science)	사회과학 (Social science)
기초 (Basic)	논리학, 수학, 통계학	물리학, 화학, 생물학, 지구과학, 천문학	경제학, 정치학, 사회학, 심리학
응용 (Applied)	컴퓨터 과학	공학, 농업과학, 의학, 치과학, 약학	경영학, 법학, 교육학

자료: 위키피디아

든 분야에 쓰이고 있다. 따라서 쓰이는 단위도 미생물학에서 쓰일 때는 나노 단위(10^{-8})까지를 다루지만 천문학에서 쓰일 때는 몇 광년을 다루고 있다. 통계학의 바탕이 '여러 학문의 공통언어'인 수학이기 때문에 통계학과가 자연과학대학에 소속되기도 하고, 통계학을 사회과학에서 가장 쓰고 있는 학문이 경제학이기 때문에 경제학과와 같이 경상대학이나 정경대학에 소속되어 있다.

'경제학의 아인슈타인'이라고 불리는 새뮤얼슨(P. A. Samuelson, 1915~2009)은 다음과 같이 쓰고 있다.[9]

"경제학은 엄밀한 과학이 아니다. 오히려 평균적으로만 사실이면 된다."

"Economics is not an exact science.

Economic laws hold true only the average, not as exact relationships."

여기서 말하는 '엄밀함'이란 언제 어디서나 같은 조건이라면 100% 같은 값을 나타내는 관계(재현성)라고 정의할 수 있을 것이다. 자연 현상에서는 같은 조건이라면 같은 일이 반복적으로 발생하는 경우를 흔히 볼 수 있으며, 이런 관계를 자연과학자들은 '법칙(法則, law)'이라고 부른다.

9 노벨 경제학상은 1969년부터 수상을 하고 있다. 새뮤얼슨은 2번째 해인 1970년 미국인으로서는 최초로 수상하였다. 그의 지도교수인 레온티에프(1905~1999, 1973년 노벨 경제학상 수상)보다 3년이나 먼저 노벨상을 받았다. Samuelson, P. A. & Nordhaus, W. D., Economics, McGraw Hill, 12th. ed.

경제학에서 상정하고 있는 '경제인'은 합리적인 경제주체로 어떤 게 자신에게 더 좋은지를 판단할 수 있고, 그 판단이 일관된 사람을 말한다. 언제 어디서나 같은 조건이라면 100% 같은 값을 나타내는 존재로 보고 있다. 정말 그런가? 결코 그렇지 않다. 주어진 여건하에서 합리적으로 행동하려고 노력하지만 언제나 기계처럼 같은 행동을 하는 존재는 아니다.[10] 사람은 '하던 짓도 멍석 깔아놓으면 안 하는'이나 '해가 서쪽에서 뜨겠다'에서 보듯 가끔은 일관성 없이 행동하는 존재이며, '열길 우물 속은 알아도 한 길 사람 속은 모른다'라는 말이 있듯이 자기 속내를 잘 드러내지 않는 속성도 가지고 있다. 그러므로 이런 인간의 불합리성을 감안하지 않을 수 없는 사회과학을 공부하는 우리는 하나하나에 똑같이 적용될 수는 없지만 전체적으로 맞으면 그것을 진리처럼 믿고 있다. 다시 말해 '전체적으로 혹은 평균적으로 보아' 가장 타당한 결론에 도달하면 된다.

또한 새뮤얼슨은 자신이 경제학자이기 때문에 경제학을 거론하였지만, 다른 사회과학(social science)[11]에 대해서도 같은 이야기를 할 수 있을 것이다. 통계학의 입장에서 보면 같은 원리나 같은 개념이 적용된다고 할지라도 사회과학에서는 용인(容認)의 범위가 크고, 자연과학에서는 용인의 범위를 작게 하는 것이 일반적이다. 나노 과학의 눈으로 보면 사회 현상은 하나도 같은 것이 없다고 평가할 수 있을 것이다. 물론 사회과학 중에서도 경우에 따라서는 매우 엄밀한 기준이 설정되어야 할 때가 있지만, 전체적으로는 자연과학보다 용인의 범위가 훨씬 크다고 할 수 있다.

이제 100분의 1초를 다투는 수영과 육상으로 대표되는 기록경기로 눈을 돌려 보자. 엄밀하게 기록을 재기 때문에 같은 기록이 둘 이상 나오는 경우는 상상도 하기 어렵다. 축구, 농구, 체조 등과 같은 비기록 경기에서도 되도록 한 사람이나 한 팀이 우승하도록 여러 제도를 시행하고 있는데, 특히 기록경기에서는 공동 우승이 원천적으로 불가능하게 만들어 놓고 있다. 그러나 2023년 아시안게임 육상 국가대표 선발전에서 신민규(국군체육부대)와 고승환(국군체육부대)이 200 m 경주에서 21.004초의 같은 기록

10 이런 상황을 '제한된 합리성(bounded rationality)'이라고 부른다.

11 두산 동아 백과사전에서는 인간 사회의 여러 현상을 과학적 · 체계적으로 연구하는 모든 경험과학(經驗科學)을 사회과학이라고 정의하고 있다.

으로 골인하여 두 사람 모두를 공동 우승자로 인정하는 초유의 사태가 벌어져 화제가 된 적이 있다.[12] 육상 관계자들이 용인의 범위를 1,000분의 1로 잡아 놓았는데도 같은 기록이 나온 것이다. 사회 현상을 다루는 통계에서는 자연(과학) 현상을 다루는 통계에서보다는 분명 오류의 가능성을 넉넉하게 허용하는 것이 바람직하다.

그렇다고 오류의 범위를 너무 넉넉하게 인정한다면, 과학적 분석이 무색해진다. '과학을 따르자니 인간성이 울고, 인간성을 따르자니 과학이 우는 꼴'이 되는 것이다. 그래서 사회 현상을 다루는 경우 통계학자들도 보통 10%나 5% 정도는 틀릴 가능성을 인정하고 있다. 100분의 1 차이도 다르다고 따지는 나노 과학자들의 눈으로 보면 '순 엉터리'라고 비난할지도 모른다.

과학적 사고로 무장된 중국 정치 지도자들

중국의 잠재력에 대해 많은 사람들이 두려움을 느끼고 있다. 13억이라는 엄청난 시장이 갖는 매력과 위력이 가장 큰 두려움의 대상이지만, 저자는 쑨원(孫文, 1866~1925, 홍콩서의학원), 장쩌민(江澤民, 1926~2022, 상해교통대학), 후진타오(胡锦涛, 1942~, 청화대학 수리공학과), 시진핑(習近平, 1953~, 청화대학 화학공학과졸업, 법학박사) 등 많은 정치 지도자들이 이공계 출신이라는 점도 들고 싶다. 젊었을 때는 과학적 사고로 무장하여 100분의 1, 1,000분의 1을 따지지만, 정치 지도자로 성장하는 과정에서 용인의 범위를 넓게 인정하는 유연한 사고와 인간미를 배운 결과 최고의 지도자로 성장했다고 생각한다. '젊었을 때는 과학으로 무장하고, 정치 지도자가 되어서는 과학적 사고에 인간성을 더한' 지도자를 제도적으로 기르고 있다는 점이 제일 부럽고 두렵기까지 하다.

12 2000년 시드니 올림픽 수영 부문에서 남자 자유형 50 m 결선에서 레인 게리 홀(미국, 당시 25세)과 레인 앤서니 어빈(당시 19세)이 21초 98로 100분의 1초까지 같은 기록이 나와 당시 큰 화제가 된 적이 있다. 무려 10,000분의 1의 확률이 나타난 것이다. 그런데 육상에서 1,000분의 1초까지 같은 기록이 나온 것이다. 이 확률은 무려 1,000,000분의 1이다. 시드니 수영 때보다 100배나 낮은 확률이 실현된 것이다.

03 통계학, 내 곁에 있어줘…

- 이론 경제학자의 고백
- 통계학과 경제학 및 사회과학

경제학 전공자인 저자가 감히 주제넘게 통계학 관련 서적을 쓸 수 있었던 것은 저자가 다른 사람보다 유독 통계학을 좋아한다든가 남다른 능력이 있어서가 아니다. 경제학을 정상적으로 공부한 사람이라면 누구나 이 책 수준의 통계학 책을 쓸 수 있다고 저자는 믿는다. 경제학, 특히 이론 경제학을 하려면 반드시 계량 경제학(計量經濟學, Econometrics)[13]을 공부해야 하고 그러려면 본의 아니게(?) 통계학 공부를 해야만 한다.[14]

저자 역시 고등학교 수학 시간은 물론 서문에서도 고백한 바와 같이 대학에서 처음 통계학을 배울 때 결코 흥미를 느끼지 못하였다. 저자의 보잘것없는 통계학 지식은 경제학을 배우기 위해 어쩔 수 없이(?) 익힌 것이고, 또 학생들에게 가르쳐 온 도구이다. 한마디로 밥을 먹으려니까(경제학 공부를 하려니까) 숟가락 사용법(통계학)을 익힌 것이지 처음부터 숟가락 사용법 그 자체에 매력을 느꼈던 것은 아니다.

13 계량 경제학은 경제 이론. 수학, 그리고 통계적 추론 등의 분석 도구를 실제 현상을 분석하는 데 응용하는 사회과학이라고 정의할 수 있다. 구자라티 저, 박완규 · 홍성표 역, 'Gujarati의 계량 경제학', ㈜지필미디어.

14 인류 역사상 최초의 통계학과는 1911년 칼 피어슨(Karl Pearson)에 의해 University College London에 창립되었으며 경제학과는 마샬(Alfred Marshall, 1842~1924)에 의해 1903년 St John's College, Cambridge에 창립되었다.

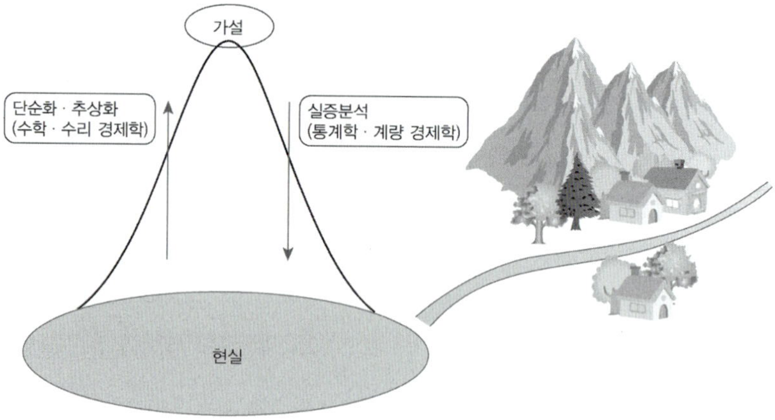

그림 2-2 수리 경제학과 계량 경제학

통계학은 자연과학에서도 매우 중요한 학문적 도구로 쓰이지만, 경제학을 비롯한 다른 사회과학(교육학, 경영학, 행정학, 사회학 등)에서도 마찬가지이다. 그러면 이제 통계학적 사고가 왜 중요한가를 생각해 보기로 하자.[15]

진리에 도달하는 길이 <그림 2-2>에서처럼 산을 정복하는 것과 비슷하다고 생각한다. 완전한 정상 정복이란 단지 정상에 오르는데 그치는 것이 아니라 무난히 하산하는 것까지를 의미한다. 아무리 높은 산에 올라갔다 하더라도 내려오지 못하면 의미가 퇴색되는 것이다. 산에 오르는 것은 현실 세계에서 점점 단순화(單純化) 및 추상화(抽象化)하는 논리의 세계로 접근하는 것으로 비유할 수 있으며, 하산하는 것은 점점 현실 세계에 다가와 현실을 실증적(實證的, empirical)으로 설명하는 것으로 비유할 수 있다.

산에 올라갈 때 우리는 되도록 꼭 필요한 물건만 가지고 올라간다. 중요하지 않은 물건들은 차례차례 내려놓는다. 이 과정은 논리적 완성을 위한 단순화 · 추상화 과정으로 비유할 수 있다. 또 정상에서는 전체적으로 가장 핵심적인 골격만 볼 수 있는데, 정상에서 본 광경을 하나의 가설(假說, hypothesis)에 비유할 수 있다. 마지막으로 하

15 경제학자들이 1920년대까지도 통계학적 방법을 적극적으로 활용하지 않았던 이유는 ① 경제 현상에 대해서는 실험이라는 방법을 사용할 수 없고, ② 경제 현상에 영향을 미칠 수 있는 변수들이 너무나 많으며, ③ 경제 현상은 시간적으로나 지리적으로 서로 이질적인 데다 ④ 측정오차 때문에 경제 데이터의 질이 낮았기 때문이었다. 특히 통제된 실험에서 얻은 데이터를 강조했던 R.A. 피셔의 주장이 통계학의 큰 흐름을 이루는 당시의 분위기에서 경제학 데이터에 확률, 통계학적 방법을 적용하기란 쉽지 않은 일이었다. 조재근, 앞의 책.

산한 후에는 정상에서 본 광경을 이야기하는데, 이 이야기가 현실과 반드시 부합하여야 한다. 만약 어느 사람이 산 위에서 본 광경을 설명하면서 남동쪽에 큰 강이 흐르고, 그 너머에 마을이 있으며, 그 마을에는 10개 정도의 가구가 사는 것으로 보인다고 말했다고 하자. 과연 그런가를 확인하기 위해서는 실제로 남동쪽으로 가서 강과 마을을 확인해야 할 것이다. 만약 맞으면 우리는 정상에서 본 광경을 사실로 인정할 것이고, 그렇지 않다면 사실로 인정하지 않을 것이다. 남동쪽으로 가서 강과 마을을 확인하는 일이 바로 실증분석이다. 이 작업을 자연과학에서는 실험(實驗, experiment)을 통해서 하지만, 실험이 불가능한 대상을 주로 연구하는 사회과학에서는 일반적으로 통계학에 의존하고 있다.[16]

다시 말해 이론 경제학에서는 가설을 만들어 갈 때는 논리 수단으로 수학을 이용하며(즉, 연역적 추론(演繹的推論, deductive conference), 가설을 현실에서 확인하기 위한 실증 수단으로 통계학을 이용(귀납적 추론(歸納的 推論, inductive conference) 하고 있다.[17] 수리 경제학(數理經濟學, Mathematical Economics)과 계량 경제학이 이론 경제학의 중요한 바탕을 이루고 있는 것이다. 따라서 계량 경제학에서는 다음과 같은 통계학의 방법론을 그대로 따르고 있다.[18] 즉

① 이론 또는 가설의 설정

② 경제 이론에 대한 수리모형 설정

③ 경제 이론에 대한 계량 경제모형 설정

16 최근 실험 경제학(實驗經濟學, experimental economics) 또는 행동 경제학(行動經濟學, behavioral economics)에서는 경제학적 문제에 대해 통계학에 의존하는 실증분석이 아닌 실험적 수법으로 연구를 하고 있다. 모여진 데이터는 주로 효과량의 추정, 이론의 타당성 검증, 혹은 시장 메커니즘의 해명 등에 적용되고 있다. 실험경제학에서는 통상, 현실의 인센티브를 재현하기 위해서는, 피험자에게는 현금에 의한 동기부여를 하고 있다. 실험은 시장이나 그 외 교환시스템이 왜 기능하는가에 대한 이해를 근원적으로 추구하고 있다. 행동경제학은 전통 경제학에서 전제로 삼고 있는 이성적이며 이상적인 경제적 인간(homo economicus)이 아닌 실제적인 인간의 경제 행동을 연구하는 분야이다. 실수도 하고 오류도 저지르는 현실 속의 인간 추론 능력과 의사결정 능력에 초점을 맞추고 있다. 제한된 능력을 가지고 있는 인간이 어떻게 행동하고 어떤 결과가 발생하는지를 규명하기 위한 경제학이다.

17 연역적 추론은 냉정한 논리 규칙들을 사용해 일반적 전제를 바탕으로 특정 결론을 끌어내는 방법이고 귀납적 추론은 특정한 사례를 토대로 일반적인 결론을 끌어내는 방법이다.

18 구자라티, 앞의 책.

④ 자료의 수집

⑤ 추정(推定)

⑥ 가설 검정(檢定)

⑦ 예측(豫測)

⑧ 통제 혹은 정책 목적을 위한 모형의 활용이라는 순서를 따르고 있다.

통계학적 방법을 통해 우리는 진리를 찾아내거나 그것을 확인할 수 있기 때문에 이 방법은 여러 학문 분야에서 널리 쓰이고 있다.

통계학과 다른 학문: 서로 주거니 받거니

앞 장에서도 소개했듯이 통계학이 응용되는 분야로 –경제학, 정치학, 생물학, 천문학, 보험학, 화학, 경영학, 인구학, 스포츠, 역학(疫學, epidemiology)– 등을 들었다.[19] 2019년부터 전 세계적으로 확산되고 있는 코로나19에 대한 통계를 –확진자 수, 누적 확진자 수, 백신의 효용성에 대한 검정– 통해 통계 처리 방법과 통계학의 유용성을 실감하였을 것이다. 과학자들만 "통계학, 그대 없이는 못 살아"를 넘어 보통 사람들도 "통계학, 그대 없이는 못 살아"로 확대된 시대에 살고 있다.

통계학이 다른 학문에 영향을 미쳤다는 사실 못지않게 다른 학문으로부터 영향을 받은 바도 간과해서는 알 될 것이다. 수학에 영향을 받은 바는 익히 알려진 사실이지만 생물학, 역학, 경제학, 보험학 등 영향을 주었던 학문으로부터의 피드백은 말할 것도 없다. 20세기 후반에 들어 컴퓨터과 인터넷의 눈부신 발전에 따라 융합학문으로 거듭나고 있다고 평가할 수 있다.

통계학의 성격과 활용성에 대한 조재근 교수의 견해를 소개해 보았다.[20]

19 통계학을 역사 데이터에 적용함으로써 역사적 사실에 더 과학적으로 접근할 수 있다. 예를 들어, 31운동 때 전국적으로 많은 참여자들이 지속적으로 항거했다는 사실을 추세선을 추정함으로써 보여주고 있다. 민족문제연구소, '민족문제', 2015.3. 참고하기 바람.

20 조재근, 앞의 책, p. 10와 p. 13.

"오랫동안 교회가 관리해오던 인구 데이터와 도박을 연구하던 수학자들이 발전시킨 확률이론이 만나면서 통계학이 근대의 학문으로 탄생했는데 그러고 보면 사회 데이터와 수학이 만나서 탄생한 통계학은 태생부터 융합적이었던 셈이다."

"통계학은 조사나 실험으로 얻은 데이터로 미지의 것을 추론하는 학문으로, 불확실한 상황에서 의사결정을 내릴 때 과학적 길잡이 역할을 한다. 지난 몇 세기 동안 통계학은 다양한 분야의 데이터를 분석하는 데 널리 활용되면서 자연과학뿐 아니라 사회과학과 인문학까지 아우르는 매우 융합적인 분야로 성장했다. 최근에는 특히 인공지능과 빅데이터 분석이 각광받으면서 통계학의 역할이 더욱 중요해지고 있다."

융합과 통섭의 시대의 대표 학문이 된 통계학은 크게 볼 때 데이터와 확률이론의 결합이라고 할 수 있다.

이야기 보따리 **역사 속의 통계와 통계의 날**

▲ 구약 민수기 제1장 2절과 3절에 보면 모세에게 이스라엘 자손의 수를 계수(計數)하라는 명령이 기록되어 있다.

▲ A.D 2년 중국 한나라 평제 때 '한서지리지(漢書地理志)'를 발간하였다. 195,702호에 682,468명이 살고 있는 것으로 기록되어 있다.

▲ 우리나라에서 근대 통계의 효시로 평가받고 있는 1896년 9월 1일 공포된 전문 7개 조의 「호구조사규칙」을 기념하기 위해 통계의 날(Statistics Day)이 지정되었다. 1995년 통계청에 의해 9월 1일이 통계의 날로 제정되었으며, 이후 2009년 4월 「통계법」에 따라 법정기념일로 격상되었다. 「통계법」 제4조의2(통계의 날)에서는 국가는 통계의 중요성에 대한 국민 의식 수준을 높이고 통계 이용을 활성화하기 위해 매년 9월 1일을 통계의 날로 정해 기념행사를 개최한다고 명시하고 있다. 한편, 국제연합(UN, United Nations) 산하의 유엔통계위원회(United Nations Statistical Commission, UNSD)는 2010년부터 매년 10월 20일을 '세계 통계의 날(World Statistics Day)'로 지정하고 기념하고 있다.

명언 보따리

"과학의 목표는 복잡한 사실을 가장 단순하게 설명하는 방법을 찾는 것이다. 단순함을 찾아라. 그리고 그것에 의혹(疑惑)을 품어라."

화이트헤드(A.N. Whitehead, 1861~1947), 영국의 철학자 · 수학자

04 이 말도 맞고, 저 말도 맞지만 그래도…

- 가정교육의 중요성에 대한 논쟁
- 평균적 진리로의 접근

생물학자들에 의하면 사람의 유전에 관한 부분만큼 연구하기 어려운 분야가 없다고 한다. 사람은 다른 동물과는 달리 지능을 가지고 있어서 같은 자극에 대해서도 사람마다 각기 반응이 다르며, 또 같은 사람이라 하더라도 언제, 어떻게 자극하느냐에 따라 반응이 다르기 때문이다. 환경에 영향을 받지 않는 동물은 없지만 사람만큼 많은 영향을 받는 동물도 없을 것이다. 그래서 쌍둥이라도 환경을 달리하면 전혀 다른 사람으로 자라며, 심지어 같은 부모 밑에서 똑같이 자라도 다른 성격과 행동을 보인다.

그렇기 때문에 인간의 행동과 그 결과를 담고 있는 사회통계 자료는 엄밀하게 일관성을 보이는 경우가 매우 드물고 다양한 모습으로 관찰되는 것이 일반적이다. 어떤 자료는 중구난방으로 나타나는 경우도 없지 않다.

이렇게 다양하게 표현되어 있는 자료에서 정보를 얻어내기 위해서는 과학적 도구가 필요한데, 이때 통계학적 도구나 방법이 동원된다. 통계학의 대상이 자연 현상이라면 매우 엄밀한 방법과 기준 및 판단이 필요하지만, 그 대상이 사회 현상인 경우에는 자연 현상 분석에서 요구하는 것보다는 덜 엄격하다. 그래서 평균적으로 보아 많은 사람에게 동의를 얻을 수 있는 사실을 얻는 것이 사회 현상을 통계학으로 분석하는 목적이다.

미국의 42대 대통령이었던 빌 클린턴(Bill Clinton)은 결손 가정 출신이지만, 당시 막강한 현직 대통령인 부시를 물리쳤으며 재선에까지 성공했다. 그는 사상 세 번째로 젊은 46세의 대통령이었으며, 민주당 대통령으로서는 프랭클린 루스벨트 이후 52년 만에 처음으로 재선에 성공했다. 오바마(Barack Obama) 대통령 역시 아프리카 흑인 아버지, 부모 이혼 등 정상적인 가정과는 거리가 있는 환경에서 자랐지만, 성공한 대통령으로 평가받고 있다. 가정교육과 화목한 가정의 중요성에 대해 이야기하다 보면, 어떤 사람은 클린턴과 오바마의 예를 들면서 가정교육이나 화목한 가정보다는 개인의 능력이 그 사람의 행복을 결정하는 요소라고 주장하기도 한다. 즉, 가정환경이 어떻든 본인이 하기 나름이라는 것이다. 또 어떤 사람은 이와는 반대로 결손 가정에서 태어났기 때문에 교육도 제대로 받지 못하고 저소득층으로 비참한 생활을 하는 사람의 예를 들면서 가정환경의 중요성을 역설하기도 한다. 여러분은 제삼자의 입장에서 이 두 사람의 주장을 어떻게 평가할 것인가?

가정환경이 자녀의 성공에 미치는 영향에 대해 싸우고 있는 친구에게 "그래, 자네 말도 사실에 근거한 것이고, 자네 말도 사실에 근거한 것이네. 그러나 우리는 보통 사람이 어떻게 행동할 것인가에 관심을 가져야지 아주 극단적인 사람의 예를 들어 우기면, 구성의 모순(構成의 矛盾, the fallacy of composition)[21]이라는 논리적 과오를 범하게 된다. 따라서 평균적으로 볼 때, 그리고 내 주변의 여러 친구들을 볼 때, 가정환경이 좋은 집의 자녀들이 사회에서 성공할 가능성이 크다고 할 수 있네"라고 답하는 것이 가장 좋을 듯싶다.

사회통계를 다루면서 우리가 얻으려고 하는 것은 평균적인 정보이다. 그렇기 때문에 통계 분석을 통해 얻는 사실은 언제나 누구에게나 적용되는 것이 아니라 대부분의 사람들이 이와 유사하게 생각하거나 행동하고 있지만 이와 다르게 생각하거나 행동하는 사람도 상당수 있을 수 있음을 유의해야 한다.

이와 비슷한 예는 우리 생활에서 얼마든지 찾아볼 수 있다. 골초에 주당인 친구의

21 부분적으로 진리라고 인정되는 것도 전체의 시각에서 보면 진리라고 할 수 없는 경우를 말한다(when what is true of a part, for that reason alone, thought also necessarily true for the whole).

건강이 염려스러워, “앞으로 담배와 술을 좀 줄이도록 해”라고 충고를 하면, 그 친구는 “우리 할아버지는 매일 소주 한 병과 담배 한 갑씩을 피셨는데도, 90세까지 장수만 하셨다”라고 항변하는 경우를 볼 수 있다. 그 친구는 사실을 근거로 말하고 있으나 아주 특수한 예(outliner)를 가지고 보편화시키는 어리석음을 범하고 있는 것이다. 그러나 대상을 수만 명으로 한다면 결론은 달라진다. “지나친 음주와 흡연은 폐암을 비롯한 각종 암을 유발시켜 당신의 생명을 위협하고 있다”라는 주장이 옳은 것이 된다. 따라서 표본의 수, 관측값의 수가 몇 개인가에 따라 결론을 해석하는 데 있어서 주의를 기울여야 한다.

‘통계 숫자의 함정’과 ‘통계 숫자의 위력’

통계는 개별 자료들을 분석해 전체적인 상태를 유추하고 이를 구체적인 숫자로 나타낸 것이다. 통계는 하나씩 따로 봤을 때는 복잡하고 혼란스러워 보이던 것들에서 어떤 흐름이나 패턴을 보여주기 때문에, 주식 차트부터 인구 분포까지 통계는 다방면으로 사용된다. 2021년 1월 31일 KBS1에서 “일터의 습격”이라는 제목으로 방영되었던 우리나라에서 발생하는 직업암을 다루는 프로그램은 ‘통계 숫자의 함정’과 ‘통계 숫자의 위력’을 동시에 보여주고 있다. 두 상반된 개념을 방송 내용을 통해 소개해 보았다.

우리나라에서 1년에 암으로 약 24만 명이 사망하고 있다. 그중 직업성 암으로 사망하는 노동자는 240명으로 0.1%에 불과하다. 세계평균은 4%이고, 미국은 2.4~4.8%, 영국은 5.3%, 스웨덴은 2.6%이라고 한다. 이 통계를 보면 “와, 우리나라 대단하다. 세계평균보다 낮을 뿐 아니라 복지국가의 대명사인 스웨덴보다도 낮다니!”, “헬(Hell) 조선이 아니라 헤븐(Heaven) 조선이네.”라고 생각할 수도 있다.

그러나 노동관계전문가들은 우리나라의 수치를 그대로 믿어서는 안 된다고 주장하고 있다. 심지어는 노동 관료들도 믿지 않는다고 한다. 그러면 왜 사실을 정확히 반영하는 수치가 얻어지지 않는 것인가? 먼저 직업성 암을 비롯한 직업병은 오랜 시간에

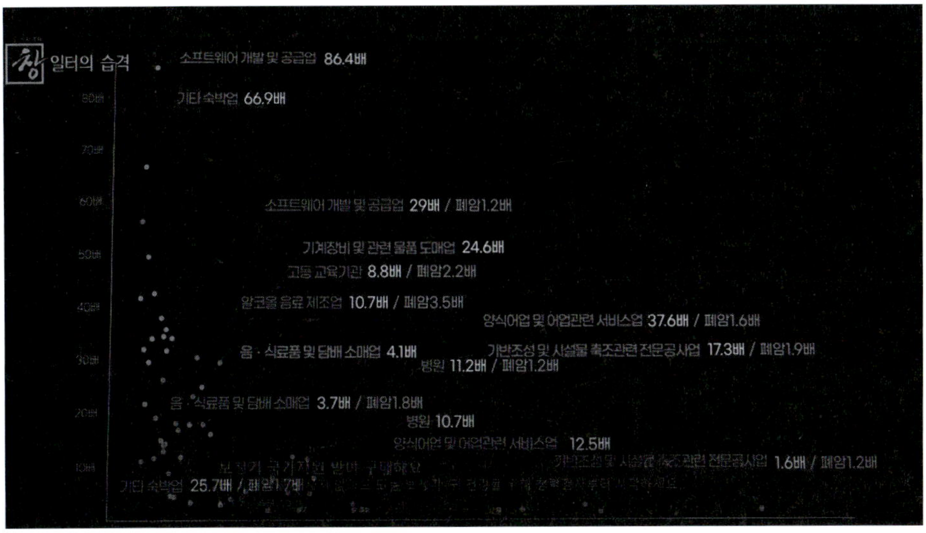

그림 2-3 직업과 직업암과의 관련성

자료: KBS1 시사기획 창「일터의 습격」, 2021.1.31. 방영

걸쳐 나타나는 현상이기 때문에 조기 발견, 전문적인 진단과 장기간 체계적인 대처가 필요한데, 우리 노동 현장에서는 그렇지 못하다는 것이다. 생산, 수출, 경제성만을 중시하는 기업문화도 한몫하고 있다. 노동자들이 직업병을 조기에 인식하지 못하고 병을 안고 지내다가 병이 악화된 후에 문제를 삼으면 '상당한 인과 관계'를 증명하는 것이 어렵고 사용자 측에서도 크게 관심을 가져주지 않고 있다. 노동자들은 목구멍이 포도청이라 혹 질병에 걸렸다는 사실이 본인에게 불리하게 작용될 거로 보고 병을 밝히지 않고 작업장에 가기 때문이다.

직업과 직업암과의 관련성을 보여주고 있는 <그림 2-3>에서 X 축은 혈액암 환자 수를 Y축은 평균 발병률보다 몇 배로 발병하는가를 나타내는 발병 배수를 나타내고 있으며 푸른색은 남자, 분홍색은 여자를 나타내고 있다. 이 그림을 보고 예방의학전문가인 윤진하 교수는 직업과 혈액암과의 인과적 관계를 확인할 수 있다고 말하면서, 특히 새롭게 알게 진 것은 양식업 및 어업 관련 서비스업 그리고 식품가공처리업에서 볼 수 있는 높은 암 발생률이라며 놀라고 있다. 이런 사실을 수산업 관계자들도 모르고 있었다. 윤 교수 역시 의외라고 말하면서 이 자료만 가지고 100% 신뢰를 할 수는 없지만, 직업과 직업암과의 관계를 규명해 볼 필요가 있음을 이 데이터가 알려주고 있다고 말하였다.

위에서 든 예는 '통계 숫자의 위력'과 '통계의 함정'을 동시에 잘 보여주는 좋은 예라고 생각한다. 직종과 직업암과의 상관성에 놀라 당황하는 데 그쳐서는 안 되는 것과 같이 통계 숫자를 못 믿겠다고 치부해서도 안 될 것이다. 과학적 분석을 통해 '좀 정확히 현실을 반영하는 수치'를 찾아내고 원인을 밝힌 다음 지혜를 모아 이 숫자를 줄여나갈 것인가, 즉 직업 암환자와 사망자를 줄일 것인가를 고민해야 할 것이다. 특히, 직종별로 조사 · 분석 · 대처의 필요성을 느끼게 하고 있다.

통계학의 고수처럼 생각하는 10가지 방법

엉터리 통계와 훌륭한 통계를 가려내는 3가지 기본질문으로 이 통계를 만든 주체, 이유와 방법에 한 번쯤은 의구심을 가져 봐야 할 것이다.[22] 마지막으로 현명한 통계학의 고수가 되고자 하는 이들에게 스피겔할터가 제안하는 10가지 방법을 소개해 보았다.

① 통계적 방법은 데이터가 과학적 질문에 답하게 해야 한다. 특정 기법에 초점을 두기보다 왜 이것을 하는지를 질문하자.

② 신호는 항상 잡음과 함께 나타난다. 그 두 가지를 구분하려는 노력이 통계학을 흥미롭게 만든다. 변동성은 피할 수 없고, 확률 모형은 추상적 개념으로 유용하다.

③ 미리, 정말로 미리 계획하라. 확증적 연구에선 연구자의 자유도를 피하기 위해 사전 설명서를 사용하자.

④ 데이터의 질에 신경 써라. 모든 것은 데이터에 달려 있다.

⑤ 통계 분석은 계산 그 이상이다. 이유를 알지 못한 채, 그저 데이터를 공식에 집어넣거나 소프트웨어를 실행하는 건 바람직하지 않다.

⑥ 단순함을 유지하라. 중요한 전달은 가능한 기초적이어야 한다. 괜히 복잡한 모

22 데이비드 스피겔할터 저, 권혜승 · 김영훈 역, '숫자에 약한 사람들을 위한 통계학 수업', 웅진지식하우스, 2020.

형화로 기량을 뽐내지 말자.

⑦ 변동성 평가를 제공하라. 오차범위가 일반적으로 주장되는 것보다 크다는 경고도 함께.

⑧ 가정을 점검하라. 그리고 이것이 언제 가능하지 않았는지 밝히자.

⑨ 가능하다면, 재현하라! 또는 다른 사람들이 그렇게 하도록 권장하자.

⑩ 분석이 재생산될 수 있게 만들어라. 다른 사람들이 당신의 데이터와 코드를 얻을 수 있어야 한다.

이야기 보따리 **'보통 사람'의 원조, 근대통계학의 아버지 케틀레 이야기**[23]

케틀레(Lambert Adolphe Jacques Quételet, 1796~1874)는 벨기에의 수학자, 천문학자, 통계학자, 사회학자이다. 사회 현상에 통계 및 확률론을 적용하는 업적을 보여줘서「근대통계학의 아버지」라고도 불린다.

그는 파리에서 천문학을 공부하면서 자연스럽게 통계에 대해 배우게 되었으며 귀국 후 1828년 브뤼셀의 왕립 천문대를 창설·감독하면서 벨기에의 천문학 발전에 기여하였다. 1835년 《인간과 능력 개발에 대하여 Sur l'homme et le developpement de ses faculte s, ou essai de physique sociale》을 통해 인구통계와 범죄통계를 연구하여 연구 현상 이외의 도덕 현상이나 범죄 현상같이 무질서해 보이는 사회 현상에 있어서도 일종의 규칙성이 존재한다는 것을 증명하였다. 또 월별·지역별·기온별·시간별 출생률과 연령·직업·지역·계절과 장소에 따른 사망률을 조사하며 신장과 체중·성장률·음주와 정신병력 여부, 자살·범죄 등도 변수에 넣어 계산한 끝에 어떤 사회에서의 출생률과 사망률, 자살자의 수 등이 매년 거의 일정하다는 사실을 발견하였다. 그리고 인간특질측정이 정규분포 확률곡선에 따라 그 값 주위로 나타나는 중간값을 기준으로 '보통 사람(average man)'의 개념을 나타내어 평균인의 개념을 도입하였다. 케틀레의 이 연구를 기점으로 범죄 같은 자발적 행위가 모순 없이 수로 표시되는 그의 연구로 '도덕 통계학'의 광범위한 연구와 자유의지설 대 사회결정론의 폭넓은 토론이 발전되었다. 기존에는 천문학 등 자연과학에 이용되던 통

케틀레 초상(1974년 그의 사후 100년 기념으로 발행된 우표)

23 통계청, '역사 속 통계 15' 요약을 참고하였음.

계학이 사회에도 적용이 가능하다는 사실이 밝혀지면서 근대통계학이 성립되어 간 것이다.

그는 이후 《사회체계(社會體系) Du syste me sociale et des lois qui le re gissent》(1848), 《사회물리학론(社會物理學論) Physique sociale:ou essai sur le de veloppement de faculte s de l'homme》(1869)을 발표하였고, 1853년 최초로 국제통계학회를 조직하면서 통계학 연구에 박차를 가하였으며, 1874년 사망하기까지 인류학 분야에 통계학을 도입하여 생물통계학을 개척하여 범죄 통계학도 연구하는 등 오늘날 '근대통계학의 아버지'로 평가받고 있다. 인체측정학에도 영향을 미쳤는데 오늘날에도 그가 개발한 체질량지수(Body Mass Index, BMI: 몸무게(㎏)/키(㎡))가 쓰이고 있다.[24]

명언 보따리

"사회에는 제대로 된 나침반이 필요하다. 통계청은 바로 제대로 된 나침반을 만드는 곳이다."

오종남, 전 통계청장

24 체질량지수를 기준으로 비만 정도를 판단하고 있다. 나라마다 다르고 시기에 따라 다르다. 대한비만학회 비만 진료지침(2018)에 따르면 BMI 23-24.9 kg/m^2: 비만 전 단계(과체중 or 위험체중), BMI 25-29.9 kg/m^2: 1단계 비만, BMI 30-34.9 kg/m^2: 2단계 비만, BMI $\geq$35 kg/m^2: 3단계 비만(고도비만) 비만학회 홈페이지(https://www.kosso.or.kr/) 참고하였음.

연습문제

1 오를까? 오른다면 얼마나 오를까?

1. 통계학이란 무엇인지 설명하시오.
2. 기술통계학과 추리통계학을 비교 설명하시오.

3 통계학, 내 곁에 있어줘…

1. 통계학이 여러 학문에 미치는 영향, 특히 경제학과 경영학 발전에 기여한 바를 쓰시오.
2. 통계학을 배우는 목적을 설명하시오.

4 이 말도 맞고, 저 말도 맞지만 그래도…

1. 아웃라이너란 무엇인지 설명하시오. 일상에서 볼 수 있는 예를 통해 아웃라이너가 있는 통계 분석에서의 유의점에 대해 적으시오.
2. 통계학의 고수처럼 생각하는 10가지 방법에 대해 서로 토론해 보시오.

제 3 장

통계 바로 알기

01 제대로 고르려고 했는데…

- 약주 한잔 걸친 아버지들의 수박 고르기
- 모집단과 표본

우리가 알고자 하는 집단에서 가장 정확하게 정보를 얻는 방법은 분석 대상 전체를 다 조사하는 것, 즉 전수조사(全數調査, census)이다. 통계청에서 5년마다 실시하고 있는 '인구 및 주택 총 조사'가 그 대표적인 예이다. '전수'라고 할 때 조사 대상 전체가 '전수'가 된다. 대상 수가 적거나 많을 수도 있고, 범위를 확정하기 쉽거나 어려울 때도 있다. 대상 수가 적다고 해서 꼭 조사하기 쉬운 것도 아니다. 예를 들어, 어린이집에서 발생하는 아동학대가 문제가 되어 전수조사를 한다고 할 때는 인구 주택조사나 총사업체 조사보다 대상이 적지만, 객관적인 자료를 얻기도 어렵고 숫자화하는 일도 쉽지 않아 소기의 목적을 달성하기가 쉽지 않다. 그래서 도입된 것이 CCTV의 설치다. 또 어느 요양병원에서 전염병 확진자가 발생한 경우, 그 병원 관련자(의사, 환자, 간호인력, 출입자, 기타 지원인력) 모두를 조사해야 한다.

'전수' 자체가 모호한 경우도 있다. 그래서 도입된 것이 출입대장(出入臺帳)을 만드는 것이다. 이렇게 CCTV 설치와 출입대장이 있으면 전수조사가 훨씬 쉬워질 것임은 자명하다고 하겠다. 2023년 7월, 소위 '순살 아파트' 부실 공사가 문제가 되자 LH가 무량판구조로 건립한 91개 아파트 단지를 전수조사하여 15곳에서 문제가 있음을 밝혔다. 이 경우는 비교적 확정하기도 쉽고 대상도 적은 편이다.

대부분의 전수조사는 많은 시간과 비용이 들기 때문에 조사 대상이 적고 확정하기 쉬운 소수의 경우를 제외하고는 거의 하지 않다. 그래서 전체를 잘 대표하는 일부분을 뽑아 이것을 과학적으로 분석하는데, 이렇게 통계 분석을 위해 뽑힌 일부분을 표본(標本, sample), 뽑는 과정을 표본추출(標本抽出, sampling)이라고 부른다. 또 이렇게 대상 집단(모집단)의 일부를 표본추출하여 조사하는 것을 표본조사(標本調査, sampling survey)라고 부른다.

전체에 대해 유용한 정보(특성)를 알고는 싶으나 전체를 조사하기가 너무 힘들고 비효율적이기 때문에 일부분을 뽑아 그것을 분석하여 전체의 특성을 유추하는 일은 통계학의 기본을 이루고 있다. 따라서 부분에서 얻은 정보를 전체에 확대 적용해야 하는 운명을 가지고 있기 때문에 가장 먼저 전체를 잘 나타내는, 즉 대표성을 갖는 부분을 뽑는 일의 중요성은 아무리 강조해도 지나치지 않다. 이렇게 일부분에서 얻은 정보를 기초로 전체의 특성을 알아보려는 노력은 아마도 매우 오래전부터 있었고 일상생활 어디에서건 쉽게 발견할 수 있다.

지금은 많이 사라진 광경이지만 길거리 수박 장수는 일부러 수박 하나에 세모난 구멍을 만들어 파는 것을 쉽게 볼 수 있었다. 이것은 수박 장수가 자기가 팔고 있는 수박 전체의 맛과 품질의 우수성을 보여주기 위한 것이지 구멍을 낸 수박 한두 개의 맛과 품질을 보여주기 위한 것이 아니다. 구멍을 낸 수박 한두 개의 맛과 품질의 우수성이 표본에서 구한 통계량(統計量, statistic)이며, 수박 전체의 맛과 품질의 우수성을 모집단의 특성인 모수(母數, parameter)라고 부른다. 소비자들 역시 표본인 수박의 품질을 보고 미루어 짐작해서 나머지 수박도 이것과 별 차이 없을 것으로 생각하며 수박을 산다(그림 3-1).

수박 장수는 되도록 품질이 좋아 보이는 수박을 표본으로 삼으려고 할 것이다. 그래서 약주 한잔을 하고 집으로 돌아오는 길에 오랜만에 식구들을 위해 수박을 사 오신 아버지는 "오는 길에 식구들 생각나서 수박을 사 왔다"라고 큰소리치지만 곧 부엌에서 "제대로 보고 골라 오셔야지요. 이거 화채로밖에 못 먹겠네요"라는 엄마의 원성이 들린다. 아버지는 "시식으로 내놨던 것은 너무 맛있어 보였는데…"라고 머리를 긁적이며 속으로 수박 장수를 타박할 것이다.

여기서 아버지는 술에 취해 표본 수박을 제대로 살펴보지 못했을 수도 있고, 수박 장수가 아버지의 취기를 이용하여 표본과는 달리 질이 떨어지는 수박을 팔았을 수도 있다. 그것도 아니면 아버지가 표본 수박을 제대로 파악하지 못하는 모습을 보고서 약삭빠른 장사꾼이 좋지 않은 수박을 권했을 수도 있다. 이런 사실을 너무나 잘 알고 있는 어머니들은 수박 장수가 표본으로 내놓은 수박 이외에도 다른 수박을 따보자고 제안한다. 이럴 때 수박 장수는 "이 아주머니, 속고만 살았나"라고 투덜대면서 다른 수박을 따는 일을 누구나 한 번쯤 보았을 것이다. 통계학을 본격적으로 배운 적이 없는 어머니들도 표본 수가 많아지면 모수를 더 정확히 추정할 수 있다는 통계학의 기본 원리를 몸소 실천하고 있는 셈이다. 그래서 물건을 살 때는 '맑은 정신에', ' 여기저기를 다녀보고', ' 여러 사람이 같이 가서' 사는 것이 현명하다. 여기저기 인터넷을 뒤져보거나 발품을 팔아 여러 자료를 수집하고 나름 정리, 분석, 판단하는 과정을 거치는 것이다.

이미 우리는 통계학을 기술 통계학과 추리 통계학으로 나눌 수 있음을 배웠다. 전체 집단을 모두 분석 대상으로 한다면 엄청난 시간과 비용이 소요되고, 어떤 경우에는 전체를 분석하는 일 자체가 불가능할 때도 있으며, 또 표본을 과학적으로 뽑아 모집단의 특성을 추측하는 것이 더 바람직할 때도 있기 때문에 추리 통계학이 통계학의 주류를 이루고 있다.[1] 이런 일을 귀납법 일반화라고 부른다.

위와 같은 사례를 통해 우리는 다음과 같은 사실을 배울 수 있다.

- 수박 장수가 내놓은 수박의 품질을 근거로 수박 전체의 품질을 추론한다.
  - 표본에서 구한 통계량을 근거로 모수를 추정(推定, estimation)한다.
- 표본 수박의 품질이 내가 사는 수박이나 전체 수박의 품질과 일치하라는 보장이 없다.
  - 통계량과 모수는 다르게 나타나는 것, 즉 오차(誤差)가 발생하는 것이 일반적이다.

1 표본을 잘 선정하여 쉽게 선거 결과를 예측한 예를 참조하기를 바란다. 임상일, '통계는 성공의 나침반이다', p. 52~57.

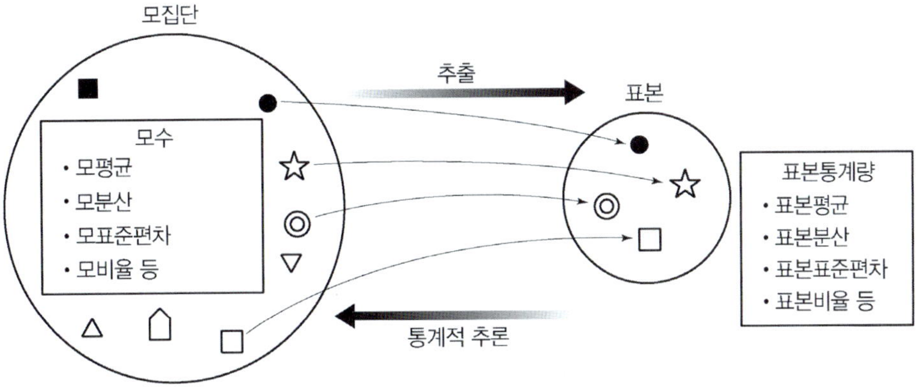

그림 3-1 모집단과 표본

- 표본 수박을 잘 뽑거나 여기서 얻은 정보를 잘 활용하면 내가 사는 수박이나 전체 수박의 품질을 추정할 수 있다.
  – 과학적 표본추출과 통계 분석이 중요하다.

앞으로 통계학을 공부하면서 무수히 만나게 되는 가장 중요한 개념을 정리해 보자.

① 모집단(母集團, population)[2]: 정보를 얻고자 하는 관심 대상의 전체집합으로 정의되며, 우리가 무엇을 알려고 하느냐에 따라 다르게 정의되기 때문에 모집단을 명확하게 정의하는 것은 매우 중요하다.

- 유한(有限) 모집단: 유한개의 개체로 이루어진 모집단
  예) 2022년 대통령선거 유권자 수, 대전광역시 거주 시민, 이승엽 선수의 23년간의 성적(홈런 수, 타율) 등
- 무한(無限) 모집단: 무한개의 개체로 이루어진 모집단

2 영어 'population'을 모집단이라고 번역하고 있다. 분석대상집합이 말 그대로 '집단'을 이루는 경우도 있지만 그렇지 않은 경우도 있다. 2022년 대통령선거 유권자 수에서와 같이 집단을 이룬다고 할 수 있지만, 불량품 발생빈도를 조사에서는 집단이라기보다는 오히려 '일정 비율로 양 · 불량 데이터를 발생시키는 구조'라는 표현이 더 가깝다고 볼 수 있다. 구라타 히로시 저, 김소영 역, 정석오 감수, '30분 통계학 도쿄대학교 기초 통계학 강의를 한 권에 담았다!', 길벗, 2018. 중국에서는 'population'을 총체(總體) 혹은 모체(母體)라고 번역하고 있는데, 집단이라는 표현에 대한 오해를 피하고 있다고 본다.

예) 타이어 공장에서 타이어의 공기압을 10번 실험하였다면 표본은 10개의 관측값으로 이루어지고 만약 측정을 무수히 많이 실시하였다면 여기에 대응하는 표본이 모집단이 된다. 모집단은 무한하며 추상적인 개념이다.

② 모수(母數, parameter)[3]: 모집단의 특성을 나타내는 수치로 정의된다. 하지만 표본이론과 확률분포론에서 그 본질적인 의미는 같으나 설명이 조금 다르다.

- 표본이론에서 모수는 모집단의 특성을 나타내는 수치로 정의된다. 표본을 이용하여 모수를 추론(추정 및 검정)하는 것이 표본이론의 목적이다.
- 확률분포론에서 모수는 각 확률분포의 형태를 결정하는 숫자로 정의된다. 예를 들어 정규분포의 모수는 모평균(μ)와 모분산(σ^2)이다.

③ 표본(標本, sample): 모집단에서 조사 대상으로 채택된 일부

④ 통계량(統計量, statistic): 표본의 특성을 나타내는 수치

⑤ 원소(元素, element): 모집단을 구성하고 있는 구성 개체원소

명언 보따리

"통계를 악용하는 경우가 많다. 통계란 구체적인 숫자로 표시되면 객관성을 얻는 것이 보통이다. 이점을 악용하는 것이다."

김진호, '우리가 정말 알아야 할 통계 상식 백가지'.

3 모수 혹은 파라미터란 그리스어로 '측정치와 거의 유사한(almost easurement)'이라는 뜻이다. 데이비드 살스버그 저, 최정규 역, '천재들의 주사위', 뿌리와 이파리.

02 호통과 무자료 vs 자료와 정보

- 삼류 토론과 선진 정치
- 자료의 중요성

소위 1987년 체제 이후 우리 사회의 민주화가 진척되면서 과거와는 비교가 되지 않을 정도로 토론이 활발하게 이루어지고 있다. 유익한 토론이 되기 위해서는 토론자들이 '사실(事實, fact)'에 근거하여 상식에 부합하는 판단을 내리고 이것은 바탕으로 자기의 주장을 해야 할 것이다. 또한, 상대방의 합리적 주장에 대해서는 수긍하는 자세도 반드시 필요하다. 통계적 자료를 체계적으로 정리 분석하여 설명함으로써 설득력을 얻는 토론자를 볼 수 있다. 단상을 주먹으로 치면서 장관에게 호통을 치는 국회의원과 차분히 근거자료를 바탕으로 대안을 제시하는 국회의원, 누가 더 국민의 신뢰를 얻겠는가?

국회의원들이 정확한 자료를 근거로 아동학대와 우울증에 대한 현재 상황을 진단하고 대안을 제시한 예를 소개해 보았다.

아동학대 문제 해결을 위한 자료와 대안 제시

2021년 1월 박 모 국회의원이 경찰청으로부터 제출받은 자료를 근거로 "최근 5년간 아동학대 신고 및 검거 건수는 2016년 10,830건이었으나 꾸준히 증가해 2020년(1~11월)에는 14,894건으로 5년 전보다 약 4,000건가량 증가한 것으로 나타났다. 가정폭력 · 아동학대 예방과 피해자 보호를 위해 2016년부터 운영되고 있는 학대전담경찰관(Anti-abuse Police Officer, APO)은 2020년 10월 기준, 전국에 669명 배치되어 있으며, 5년 전(349명)보다 약 320명 증원되었다. 하지만 계급별로는 전체 628명 중 70%가 넘는 467명이 경사 이하 하위 직급으로 구성되어 있으며, 경장 32%(203명) · 경사 31%(197명) · 순경 10%(67명) 순으로 경위 이상은 25%(161명)에 불과했다"라고 지적하면서 "사건이 터질 때마다 새로운 기구를 만들기보다 하나의 조직이라도 내실 있게 운영하는 게 중요하다"라고 주장하여 공감을 얻은 일이 있었다.

우울증에 빠진 대한민국, 점점 더 우울해지고 있어요!

지난 11년간의 우울증 환자와 자살자의 연령별 추이를 <표 3-1>에서 보여주고 있다. 먼저 2010년 142,335명이던 우울증 환자는 2020년 312,808명으로 약 1.62배 증가하였다. 전체적으로 증가세를 보이고 있는 가운데, 특히 10~39세의 비중이 11년간 2.2배로 증가하여 전체에서 차지하는 비율이 9.8%p 증가하였다. 우울증 환자증가는 자살률에도 영향을 미치고 있다. 지난 11년간 자살자는 2010년 15,566명에서 2021년 13,799명으로 감소하였으며 10~39세의 비중이 11년간 전체에서 차지하는 비율이 3.5%p 감소하였다. 이렇게만 보면 전체적으로 우울증 환자가 증가하고 있으며, 그중에서도 10~39세의 우울증 환자가 빠르게 상승하고 있다는 나쁜 소식을 접하면서도 전체 자살자의 수 감소와 10세~39세 자살률의 감소라는 다소 위안이 되는 사실을 접하게 된다. 그러나 2016년 초중고 학생들의 자살자는 108명(초등 3명, 중등 25명, 고등 80명)에서 2020년에는 148명(초등 6명, 중등 50명, 고등 92명)으로 증가세를 보이고 있다.

이 문제를 제기했던 정 모 의원은 "특히 대한민국 미래세대인 10대와 20대에서 우울증 환자 수가 급증하고 있는 만큼 교육부와 지자체의 적극적인 지원책이 필요한

표 3-1 우울증 환자와 자살자의 연령별 추이(2010년~2020년)

	분류	2010	2012	2015	2018	2020
10~39세	우울증	142,335	158,139	146,233	244,358	312,808
		27.5%	26.7%	24.3%	31.2%	37.3%
	자살	4,503	3,865	3,641	3,490	3,518
		29.0%	27.2%	24.1%	25.5%	25.5%
전체	우울증	517,142	591,276	601,152	751,930	837,808
	자살	15,566	14,160	13,513	13,670	13,799

자료: 대학지성, 2021.9.21[4]

상황"이라며 "코로나 블루와 같은 일상에서의 우울감이 우울증과 자살 등으로 더 심화되지 않도록 사전적인 예방책을 우선시하고, 학교·대학교 등에서의 대면상담을 비롯해 온라인 플랫폼을 이용한 상담을 확대하는 등 코로나 시대를 맞춰 보다 접촉면을 다양하게 지원해 나가야 할 것"이라고 말했다. 그의 설득력 있는 주장의 근거에는 전체 자료에 대한 정리와 이해뿐 아니라 미세한 자료까지 챙긴 결과라고 볼 수 있다. 다시 한번 강조하는 바이지만, 이러한 설득력은 '정확한 자료 정리, 이해와 분석'에서 나온다.

데이터: DIKW 피라미드의 시작점

DIKW 피라미드(혹은 위계)는 가장 밑바닥에 데이터(Data) 피라미드, 그 위에 정보(Information) 피라미드, 그 위에 지식(Knowledge) 피라미드, 최상층부에 지혜(Wisdom) 피라미드로 구성된다. 이 피라미드는 자료가 지혜의 시작점임을 보여주고 있다.

자료(資料, data)란 사람, 물건, 조건, 상황 등의 관찰단위를 나타내는 기본적인 사

4 정 모 의원이 건강보험심사평가원으로부터 제출받은 '연도별 연령대별 우울증 환자 현황' 자료와 교육부로부터 제공받은 최근 5년간 시도교육청별 학생 자살자 수 자료를 기초로 작성된 자료를 저자가 다시 정리한 것이다.

실 또는 숫자의 집합이라고 정의하며 일반적으로 정보로 가공되기 전의 상태를 지칭한다. 알려고 하는 목적에 맞게 자료를 수집하는 일이 첫걸음이다.[5] 수집 시점 기준으로 자료를 분류해 보면 (1) 횡단면자료(cross-sectional data): 연구대상 현상들을 하나의 시점에서 관찰(측정)한 결과물 (2) 종단면자료(longitudinal data): 연구대상 현상들을 여러 시점(즉, 일정 기간)에 걸쳐 관찰한 결과물이다. 이런 자료는

① 추세연구(trend study): 시간에 따른 집단의 변화를 조사하는 연구로서, 예를 들어 2000년도의 국내총생산과 2020년도의 국내총생산 연구를 들 수 있다.

② 코호트연구(cohort study) : 특정한 집단, 즉 코호트가 시간이 경과함에 따라 어떻게 변화하는지를 조사하는 연구로서, 예를 들어 2010년도의 대전시민 50대와 2020년의 60대 시민을 대상으로 연구하는 것을 들 수 있다.

③ 패널 연구(panel study): 동일한 사람을 대상으로 시간의 경과에 따른 변화를 분석하는 연구이다. 시청률 조사에서도 볼 수 있으며, D대학 2000년 경제학과 졸업생을 10년 동안 계속 대상으로 하는 연구를 예를 들 수 있다. 세월이 지남에 따라 대상자 수는 줄어들 것이고 여러 가지 의미 있는 변화가 조사될 것이다.

또한, 자료는 관찰대상의 속성을 어떻게 계량화되었는가에 따라 질적 자료(qualitative data)와 양적 자료(quantitative data)로 양분된다. 질적 자료는 학력, 성별, 종교, 거주지, 혈액형 등과 같이 수량화하기에 적합하지 않은 정성적인 성격을 가지고 있고, 양적 자료는 키, 몸무게, 나이, GDP, 수출액 등 수량화하기가 가능하고 의미를 가질 수 있는 성격을 가지고 있다. 양적 자료는 이산형(離散型, discrete data) 자료와 연속형(連續型, continuous data) 자료로 나누어진다. 연속형 자료는 얼마든지 세밀한 소수로 표현할 수 있으며 반드시 숫자로 관측되고 관측된 숫자의 크기가

5 대하소설 '태백산맥'과 '한강'의 작가 조정래는 소설을 쓰기 전에 가장 먼저 해야 하고 가장 중요한 작업이 자료수집이라고 말하고 있다. "작가는 여든의 나이에도 소년의 마음을 지녀야 한다." 괴테의 말입니다. 그런 마음으로 저는 앞으로 쓸 작품들의 **자료**를 차근차근 모아나가고 있습니다. 그리고 이 일이 끝나면 바로 다음 장편소설의 취재를 본격적으로 시작하게 됩니다. 조정래, '황홀한 글 감옥', 참언론 시사인북, 2020.

표 3-2 자료의 종류(척도 기준)

성격	종류	제공 정보	값의 의미	직접 할 수 있는 계산	예
질적 자료	명목 척도	범주의 구분	값은 구별과 분류하기 위해서만	도수 세기	주민등록번호, 성별, 국적, 혈액형, 직업 등
	순서 척도	범주의 구분, 순서	값의 대소관계에 의미 있음	> =	선호순위(불만 · 보통 · 만족), 학생의 반 석차 평정법(우수 · 양호 · 가능) 등
양적 자료	간격 척도	범주의 구분, 순위, 간격 비교	값의 간격이 일정함	+ −	온도, 지능지수 등
	비율 척도	범주의 구분, 순위, 간격 비교, 절대 크기 비교	원점(0)이 정해져 있음	+ − × ÷	몸무게, 키, 매출액, 국내총생산, 수출액 등

자료: 쿠리하라 신이치, 마루야마 아츠시 저, 김선숙, 정석오 감역, '통계학 도감', 성안당, 2018'을 기초로 작성

의미를 갖는 자료를 말한다. 반면, 이산형 자료는 주사위의 눈처럼 소수로 나타낼 수 없고 숫자로 표현해야 할 당위성이 없는 자료를 말한다. 숫자로 표현된다고 할지라도 그 숫자의 크기가 아무런 의미를 갖지 않는다.[6]

질적 자료는 범주형 자료(範疇形 變數, categorical data)라고도 부르며 둘 이상의 이산적 값을 취할 수 있는 변수, 순서를 매길 수도 있다. 이런 변수를 대상으로 구한 평균은 의미가 없다. 예를 들어, 100명을 대상으로 좋아하는 식사 유형을 조사하면서 설문지를 (1) 중식 (2) 한식 (3) 일식 (4) 양식으로 만든 후 조사해 보았더니 중식 15명, 한식 70명, 일식 10명, 양식 5명으로 조사되었다. 그런데 여기서 조사자가 중식은 1점, 한식은 2점, 일식은 3점, 양식 4점으로 부여하고 평균을 낸 결과가 2.05로 나왔다고 해서 한식이 평균이라고 말하는 것은 옳지 않다. 최빈수가 한식이고, 중식, 일식, 양식 순이었다고 말하는 것이 옳은 해석이다.

한편, 자료는 관찰단위의 속성을 분류하여 수치를 부여하는 척도에 따라 <표 3-2> 자료의 종류에서 볼 수 있듯이 4종류로 나눌 수 있다. 명목 척도(nominal scale)나 순서 척도(ordinal scale, 서열 척도)는 형식적으로 합이나 평균을 계산할 수 있지만, 그

6 이용구 · 김삼용, '통계학의 이해', 율곡출판사.

것이 반드시 의미 있다고는 할 수 없다. 비율 척도(ratio scale)는 가감승제의 각 연산이 가능하지만 간격 척도(interval scale)의 변수는 합과 차만 의미가 있다. 자료가 단순히 분류만 하는 것인지, 자료 사이의 순서가 있는지, 자료 사이의 거리 개념이 있는지 그리고 자료에 있는 의미 있는 원점이 존재하는지에 따라 분류된다. 체온 36.5 ℃, 키 175 ㎝, 연봉 6,000만 원, 입사 5년차 동종 업계 매출액 순위 1위 기업에 종사하고 있는 남자 사원(남자는 1, 여자는 2)이 있다고 하자. 체온은 간격 척도, 입사 연수, 키와 연봉은 비율 척도, 업계순위는 순서 척도, 남자(1)는 명목 척도로 구별된다.

이야기 보따리 '세 가지 거짓말'의 유래

세상에는 세 가지의 거짓말이 있다, 거짓말, 새빨간 거짓말, 그리고 통계다

"There are three kinds of lies: lies, damned lies, and statistics."

이 표현은 숫자의 설득력, 특히 약한 논증을 주장하기 위해 통계가 사용되고 있으며 또 상대가 자신의 의견을 증명하기 위해 쓰고 있는 통계를 의심할 때 쓰이고 있다. 영국의 총리 디즈레일리(Benjamin Disraeli, 1804~1881)가 처음 한 말이라고 알려져 있으나, 구체적인 증거가 없다고 한다. 정확하게 이 격언을 처음 말한 사람이 누구인지는 알려지지 않았으며 대중에게 널리 펴지게 된 것은 미국 작가 마크 트웨인(Mark Twain, 1835~1910)에 의해서라고 한다. 그는 자서전에서 디즈레일리가 한 말이라고 이 격언을 인용하면서 자신이 숫자에 속은 적이 많았다는 사실을 고백하였다고 했고, 이후 디즈레일리가 처음 한 말이라고 널리 알려지게 되었다고 한다.[7]

7 위키피디아, 'Lies, damned lies, and statistics' 참고하였음.

03 경제학 역선택 vs 여론조사 역선택

- 경제학자들의 불만
- 여론조사의 허와 실

최근 인터넷과 정보통신 매체가 다양해지고 생활화되면서 어떤 사안에 대해 그때그때 네티즌의 의견을 묻는 여론조사(輿論調査, public opinion poll)가 부쩍 늘어나고 있다. 여기저기에서 너무 많다고 할 정도로 어지럽다. 그러면서 무성의한 답변자와는 반대의 현상, 즉 너무 적극적으로 자신들의 생각을 밝히는 사람들도 증가하고 있다. 여론조사 방법(휴대전화인가 유선전화인가, 응답자와의 대면 여부, ARS인가 조사원조사인가)에 따라 왜곡의 가능성이 늘 존재하고 있다.[8]

여론조사는 표본조사의 대표적인 예이다. 표본조사는 모집단의 일부만을 대상으로 하여 모집단의 특성을 추론하기 때문에 틀릴 가능성이 늘 있게 마련이다. 이 틀릴 가능성을 표본추출 오차(標本抽出誤差, sampling error) 혹은 표집오차(標集誤差)라고 부른다. 예를 들어 우리나라 사람의 평균 키(모수)를 조사하기 위해 표본을 뽑는데, 뽑힌 표본이 농구선수로만 구성되어 있다면 분명 과대 평가된 결과가 나올 것이다. 이것이 바로 표출오차이다. 또 조사원의 미숙함, 설문지의 부정확한 표현, 응답자의 불성실한 응답이나 무응답 등으로 인해 조사 과정이나 집계 과정에서 나타나는 오차

8 일반적으로 조사원 조사일 때 ARS일 때보다 응답률이 높게 나타난다. 여론조사에 대한 실제적인 예에 대해서는 10장을 참고하기 바람.

가 있는데, 이를 비표본추출 오차(非標本抽出誤差, non sampling error) 또는 비표집오차(非標集誤差)라고 부른다. 응답자의 무성의하거나 거짓된 답변으로 인해 생긴 오차가 비표집오차의 좋은 예이다. 또 피면접자는 항상 질문을 하는 상대방의 마음을 즐겁게 해주려는 경향을 가지고 있는데, 이 점 역시 지적되어야 할 것이다.

전수조사를 한다면 표본추출 오차(표집오차)는 존재하지 않고, 비표집오차만 발생한다. 하지만 표본조사에서는 이 두 가지 오차가 모두 발생하게 된다.[9] 표본의 크기(n)가 커질수록 표집오차는 감소하지만 비표집오차는 증가한다. 표본의 크기가 증가하면 전체 오차는 줄어드는 경향을 보이지만, 어느 단계를 넘으면 오히려 다양한 이유로 인해 비표집오차가 늘어나기 때문에 전체 오차가 더는 줄어들지 않는다. 그러므로 표본의 크기가 무작정 커진다고 해서 정확한 정보를 얻을 수 있는 것은 아니다.

이러한 이유 때문에 표본에서 얻은 정보(통계량)와 모집단에서 알고자 하는 정보(모수)는 틀리게 나타나는데, 이것은 오히려 정상적인 현상이다. 따라서 같은 개념이라고 할지라도 모수와 통계량을 구별할 수 있도록 사전에 약속해야 한다. 통계학에서는 문자의 대소 혹은 로마자와 영어로 달리 표기함으로써 누가 보아도 한눈에 어느 것이 모수이고, 어느 것이 통계량인지를 구별할 수 있게 해 놓았다. <표 3-3>은 평균, 분산, 표준편차가 모집단에서 계산되었을 때(모수)와 표본에서 계산되었을 때(통계량) 어떻게 다르게 표기되고 있는지를 보여준다.

표 3-3 모수와 통계량의 표기와 명칭

	모집단		표본	
	표기	명칭	표기	명칭
갯수	N	모집단 원소수	n	표본수
평균	μ	모평균	$\overline{X}$	표본평균
분산	σ^2	모분산	S^2	표분산
표준편차	σ	모표준편차	S	표본 표준편차

9 무작위 표본은 다음 2가지 조건이 성립하여야 한다. (1) $X_1, X_2, \cdots, X_n$은 독립이다. (2) $X_1, X_2, \cdots, X_n$의 각 데이터는 같은 분포를 따른다. 만약 40대 대전시민의 키를 측정한다고 할 때 어느 성씨 집성촌 사람들이 대거 포함된다면 독립성이 훼손된다. 또 키의 분포가 다를 수 있는 20대 시민을 포함하면 안 된다.

역선택 유권자와 샤이 유권자

경제학에서 시장실패(市場失敗, market failure)[10]의 주요 요인으로 삼고 있는 '역선택(逆選擇, adverse selection)'이라는 용어는 거래 당사자 간에 존재하는 정보의 비대칭성, 예를 들어 중고차를 파는 사람은 차의 성능을 잘 알고 있지만 사는 사람은 잘 몰라서 싸게 나온 차를 구매했는데, 구매 후에 품질이 나쁜 차를 사게 되었다는 사실을 알게 되어 후회하게 되고 중고차 시장을 불신하고 외면하는 경우에 발생한다. 그 결과 시장 메커니즘이 효율적인 자원배분을 달성하지 못하는 지경에 이르게 된다.

최근 여론조사에서는 '역선택'이라는 용어가 자주 쓰이고 있다. 20대 대통령 후보를 선출하는 과정에서 모 정당의 후보 간에 다른 당 지지자를 여론조사 대상으로 할 것인가를 놓고 격론이 벌어질 정도로 당사자들은 심각하게 받아들이고 있다. 한마디로 다른 당 지지자가 훼방꾼 역할을 못 하도록 설문조사를 하자는 것이 역선택 방지조항을 주장하는 쪽의 주장이다. 결국은 역선택 금지조항을 넣지 않는 것으로 마무리되었다.

여론조사에서 말하는 역선택은 자기가 지지하는 정당이나 후보를 답하지 않고 다른 정당이나 후보를 지지하는 것으로 거짓 정보를 보내는 것이다. 영어로는 'party raiding(정당습격)'이라고 불리는 현상이다. 후보를 선출할 때 당원뿐 아니라 일반인에게도 참여의 기회를 주는 국민경선제(open primary)에서 나타날 수 있는 현상이다. 상대는 높아진 지지율에 현혹되어 안심하고 있는 반면, 자신이 지지하는 쪽은 분발하여 결과를 자신들에게 유리하게 만들려는 의도적인 행위이다. 이런 응답자가 많을수록 여론조사는 사실과 다른 예측을 낳는다는 것은 너무도 자명하다. 경제학에서 역선택은 의도적인 행위가 아니지만 여론조사에서의 역선택은 의도적인 행위라는 데 큰 차이가 있다. 따라서 여론조사에서 사용하고 있는 역선택이라는 용어는 '전략적 반대투표'라는 용어가 가장 적합하다고 본다.

---

10 시장실패란 시장이 효율적인 자원배분 상태를 가져다주지 못하는 경우로 불완전경쟁, 공공재, 외부효과, 및 정보의 비대칭성이 존재하는 경우 발생한다. 역선택은 정보의 비대칭성으로 인해 발생하는 현상이다.

여론조사에서 역선택으로 불리는 현상 역시 투표자와 정당 간의 비대칭성이 존재하기 때문에 정보의 비대칭이 작용하는 예로 볼 수 있다. 하지만 경제학에서 말하는 역선택과는 뚜렷한 차이가 있다. 여론조사에 참여하는 일반인들이 전략적으로 선택하는 후보는 사람마다 다르기 때문이다. 따라서 서로 간에 상쇄 효과가 나타날 가능성도 무시할 수 없다. 또 자발적으로 등록하는 국민경선도 아니고 걸려오는 전화를 받는 보통의 응답자들이 짧은 시간동안 전략적으로 거짓 정보를 흘린다는 것이 그렇게 쉬운 일은 아닐 것이다. 이렇게 보면 정당습격으로 보여지는 소위 여론조사에서의 역선택은 가능성은 있지만 결과를 바꿀 정도는 아닐 것으로 보는 것이 옳다고 본다.[11]

또 '샤이(shy)' 유권자가 많을수록 결과가 달라진다. 자신의 의사를 감추고 있다가 실제 선거에서 들어내는 유권자를 지칭한다. 2016년 미국 대선에서 부도덕하고 막말을 함부로 하는 트럼프를 공개적으로 지지하지 않고 있다가 선거 때 위력을 발휘하여 예상 밖의 트럼프의 승리를 안겨주었다는 평가를 받고 있다.

표본조사를 할 때 유의해야 할 사항으로는 다음과 같은 내용들이 지적되고 있다.[12]

① 표본이 합리적으로 추출되어야 한다.[13]
② 질문의 형식이 의도적으로 왜곡되어서는 안 된다.
③ 조사 방법에 따라 조사 결과에 차이가 날 수 있다.
④ 표본조사의 시점을 잘 고려해야 한다.
⑤ 조사 결과에는 오류가 있으므로 완전히 신뢰해서는 안 된다.

따라서 통계적 오류 조작을 감지하는 방법으로

① 통계의 출처를 알아봐야 한다.

11 한겨레신문, '오세훈 승 나경원 패, 역선택?' 2021.3.7.
12 이석훈, 김응환, '통계와 확률지도론', 경문사. 및 이용구, '통계학의 이해', 율곡출판사.
13 표본을 잘못 뽑아 낭패를 본 경우는 일일이 열거할 수 없을 정도로 많다. 그중에서도 가장 대표적으로 인용되는 사례가 1936년 당시 미국 대통령선거 결과이다. 반대로 2002년 대통령선거에서 보통 사람으로 표본을 잘 설정하고 결과를 정확히 맞춘 저자 친구의 예를 참조하기를 바람. 임상일, '통계는 성공의 나침반이다'.

② 조사 방법에 주의해야 한다.

③ 숨겨진 자료를 찾아봐야 한다.

④ 쟁점 바꿔 치기를 주의해야 한다.

⑤ 상식적으로 생각해 보아 맞는 말인지에 주의해야 한다.

우리나라 중앙선거여론조사심의위원회에서는 여론조사기관이 준수해야 할 사항을 공개하고 조사기관명, 조사의뢰자, 여론조사 명칭, 등록일, 지역, 결정 사항을 공개하고 있다.[14]

첫 출발, 첫 단추: 표본추출

그러면 어떻게 하면 표본을 잘 뽑을 것인가 하는 문제에 봉착하게 된다. 표본을 추출하는 방법에는 단순 무작위 추출법(單純無作爲抽出法, simple random sampling), 계통 추출법(系統抽出法, systematic sampling), 군집 추출법(群集抽出法, cluster random sampling) 그리고 계층화 추출법(階層化抽出法, stratified random sampling) 등이 있다.

단순 무작위 추출법은 쉽게 말해 '눈감고 막(random)'이라고 표현할 수 있다. 어쩌면 가장 무책임하고 비과학적인 방법 같은데, 통계학자들로부터 상당히 인정받는 방법이다. 어머니들이 국의 간을 보실 때를 생각해 보자. 어머니들은 국의 간기가 골고루 섞이도록 전체를 크게 휘저은 다음 지그시 눈을 감고 한 국자를 퍼 맛을 보는데, 이것이 바로 단순 무작위 추출법이다. 이 방법에 따르면 모집단에 속한 대상(원소)이 동일한 기회로 표본에 뽑힐 수 있으며 뽑히게 된다. 그러니 자연히 모집단이 가지고 있는 특성이 왜곡되지 않고 정확히 나타날 가능성이 커지는 것이다. 실제로 이 방법에 의해 표본을 뽑을 때는 주로 난수표(亂數表, random number table)를 사용하거나

14 중앙선거여론조사심의위원회, www.nesdc.go.kr

컴퓨터의 난수 발생 프로그램을 이용하고 있다.[15]

계통 추출법은 단순 무작위 추출의 변형된 형태이다. 이 방법은 1만 명인 모집단에서 50명의 표본을 뽑는다고 할 때, 200명씩 50개의 구간으로 나눈 후 200명에 대해 각각 일련번호를 부여한다. 첫 구간에서 101번째가 뽑혔다면 다른 나머지 구간 내에서도 101번째(두 번째 구간에서 101번째는 전체에서는 301번째, 세 번째 101번째는 전체에서는 501번째, …, 50번째 구간에서의 101번째는 전체에서는 9,901번째)를 뽑으면 된다. 전체를 일련번호를 매긴 후 구간을 나누고 처음 구간에서 한 번호가 선택되면 나머지 구간의 추출 번호는 자동으로 정해지기 때문에 표본추출 과정이 단순 무작위 추출보다 쉽다.

군집 추출법은 모집단을 몇 개의 군집으로 나눌 수 있고 각 군집 내에 있는 요소들에 일련번호를 부여할 수 있는 경우에 이용되는 방법이다. 예를 들어 대전시 대학생의 평균 키를 알고 싶은 경우, 약 10만 명에 가까운 학생을 대상으로 해야 한다. 이것은 비용과 노력이 상당히 소요되는 일이다. 그래서 13개 대학 중에 2개의 대학(A대학과 B대학)을 선정하고 이 두 대학을 대상으로 필요한 만큼의 표본을 추출한다. 대전시 내 대학은 최소한 5,000명 이상의 재학생을 보유하고 있으므로 편향되지 않은 정보를 가지고 있을 것이고, A · B 대학의 학생 키가 다른 대학 학생의 키보다 특별히 더 클 이유도, 작을 이유도 없다. A · B 대학이 비록 13개 대학 중에 하나기는 하지만 경우에 따라서는 모집단이 될 수 있을 만큼 충분한 크기를 가지고 있음을 유의하기를 바란다. 이 방법은 군집들 사이에 이질성이 적고 각 군집들이 전체의 특성과 비슷할수록 모집단의 특성을 올바르게 추정할 수 있다는 이점이 있으며, 무엇보다 비용을 절약할 수 있다는 점이 최고의 장점으로 꼽힌다.

계층화 추출법은 모집단의 성격에 따라 여러 층 또는 집단으로 나누고 각 층이나 집단에서 표본을 추출하는 방법이다. 계층이나 그룹 내의 원소들은 동질성이 강한 것들이 들어 있으나, 다른 계층이나 그룹과는 이질적인 성격을 가지고 있을 때 사용하는 법이다. 예를 들어 대전시의 땅값을 조사한다고 하자. 크게 중심가(10%), 부심권

15 난수표 이용 방법에 대해서는 김우철 외, '일반통계학', 영지문화사. 참고하였음.

(20%), 주택가(30%), 변두리(40%)로 계층화시켜 각 계층에서 표본을 뽑아 조사하는 것이 더 정확한 값을 얻을 수 있다. 만약 무작위로 표본을 뽑는다면 전체의 10%밖에 차지하고 있지 못하는 중심가의 땅값은 반영될 가능성이 적어지는 반면, 40%를 차지하는 변두리 땅값이 더 많이 반영되어 전체적으로는 과소 평가될 우려가 있다.

명언 보따리

"숫자는 거짓말을 하지 않지만, 거짓말쟁이는 숫자로 이야기한다."

서양 격언

04 귀 장사 말고 눈 장사하라

- 우리 속담
- 자료의 시각화

인간은 의사소통을 위해서는 원초적으로는 몸짓을 사용하고 문명화되면서 말과 글을 사용한다. 과학이 발전하면서 여기에 더해 수식, 그림, 도표, 사진 등을 이용하여 합리적인 판단을 하고 있다. 태생적으로 수학과 떼려야 뗄 수 없는 관계를 맺고 있는 통계학은 주로 수식과 도표를 사용하고 있다. 보통 사람들은 수식과 도표로 가득 차 있는 통계학책을 보자마자 골치 아픈 학문이라고 오해하기 쉽다. 중고등학교 수학책의 마지막 부분에 있어 그 중요성에 비해 홀대를 받고 있는 셈이다.

이러한 오해를 해소하기 위해 적극적으로 나선 학자가 통계 그래프 기법의 창시자로 인정받고 있는 윌리엄 플레이페어(William Playfair, 1759~1824, 스코틀랜드 출신의 엔지니어 겸 정치경제학자)이다. 그는 "젊은이에게는 드문 일이지만 마음과 상상의 나래를 펼 준비가 되어 있지 않거나 그 주제에 있어서 특별한 흥미가 없는 한 통계학보다 더 무미건조하고 지루하거니 덜 유혹적인 학문은 없다"라고 말하면서 이런 난점을 극복하기 위한 방법으로 여러 가지 통계 그래프를 발명하였다. 1786년 저서 『The Commercial and Political Atlas』에서 경제자료에 대해 선도표(line chart), 면(area) 그리고 막대그래프를, 1801년 『Statistical Breviary』에서는 파이차트와 원그래프를 처음으로 보여주었다(그림 3-2).

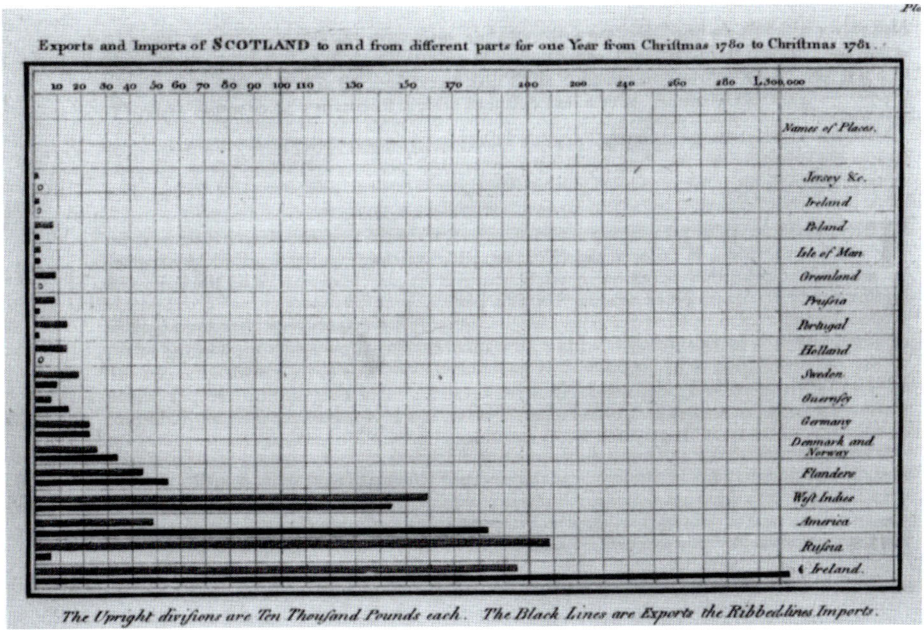

그림 3-2 윌리엄 플레이페어가 그린 막대그래프

자료: 위키피디아

많은 요소로 이루어진 데이터를 적당한 간격마다 빈도(頻度)로 나타내면, '백문(百聞)이 불여일견(不如一見)', '보는 것이 믿는 것이다'라고, 보기에도 좋고 분석에도 편리해 진다.[16] 이런 목적으로 흩어진 자료를 표로 정리해 보여주는 것이 도수분포표(度數分布表, frequency distribution table)이다. 이 표를 작성하는 순서는 첫째, 최댓값과 최솟값을 찾고 자료의 범위를 구한다. 둘째 계급(class, 데이터를 일정한 간격으로 나눈 구간)의 수를 정한다. 데이터 수가 많을수록 계급의 수도 많아지는 것이 일반적이다. 계급의 수와 폭(class width, interval)은 반비례하기 때문에 적절한 계급수를 설정해야 한다. 최곳값과 최솟값 사이의 구간을 적절하게 5~20개의 계급으로 나누는 것이 일반적이다. 계급을 대표하는 값을 계급값(class midpoint)이라고 부르며 보통 계급 구간의 '중앙값'이 사용된다. 셋째, 도수(度數, 계급에 들어가는 개수)를 세고 도수분포표를 만든다. 도수를 백분율(%)로 표시하는데, 이를 '상대도수(relative

16 그래프를 잘 이용하면 편리한 점도 많지만 보는 사람으로 하여금 착각과 실수를 유발하게끔 교묘하게 악용될 수도 있다는 점도 명심하여야 할 것이다.

frequency)'라고 부른다. 넷째, 도수분포표의 계급을 횡 축으로 삼고 해당 계급의 도수를 높이로 나타낸 '히스토그램(histogram)'을 그린다. 히스토그램은 전체 자료의 모양(대칭인지 아닌지, 한쪽으로 쏠려 있는지)을 쉽게 파악할 수 있는 장점이 있다. <표 3-4>에서는 D시민의 대중 교통비 도수분포표를, <그림 3-3>에서는 히스토그램을 보여주고 있다.

막대그래프(bar chart)와 히스토그램을 혼동하는 경우가 많다. 막대그래프는 명목형 자료를 대상으로 하기 때문에 막대들이 서로 떨어져 있게 그려야만 하지만 히스토그램은 숫자형 자료(양적 자료)를 그래프 형태로 나타낸 것이기 때문에 막대들을 서로 붙여서 그려야 한다.[17] <그림 3-2>의 막대그래프를 보면 스코트 랜드와 무역을 하고 있는 국가별로 수출액과 수입액을 그려 놓았다. 쉽게 크기를 알 수 있을 뿐 아니

표 3-4 D시민의 대중 교통비 도수분포표 (단위: 만 원)

계급	계급값	도수	상대도수(비율)	누적도수	누적상대도수
5 미만	2.5	84	0.084	84	0.084
5~10	7.5	134	0.134	218	0.218
10~15	12.5	237	0.237	455	0.455
15~20	17.5	305	0.305	760	0.760
20~25	22.5	104	0.104	864	0.864
25~30	27.5	85	0.085	949	0.949
30 이상	32.5	51	0.051	1,000	1.000
합계		1,000	1.000		

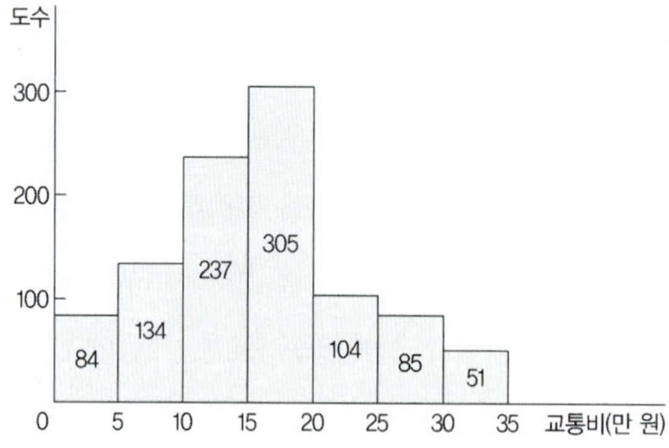

그림 3-3 히스토그램

17 히스토그램은 1891년 칼 피어슨이 historical diagram에서 창안한 개념이다.

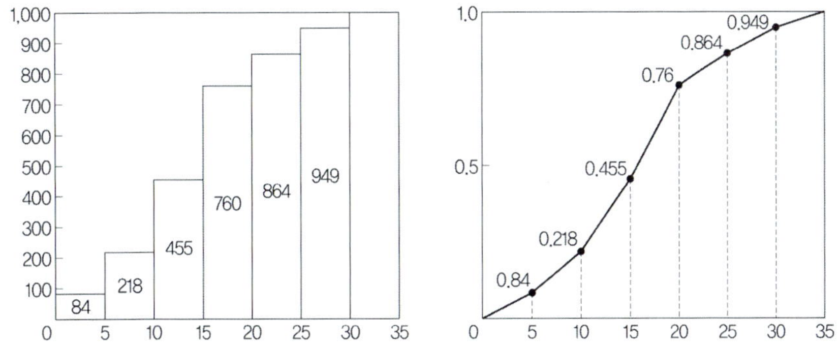

그림 3-4 누적도수곡선과 누적상대도수곡선

라 적자인지 흑자인지를 쉽게 파악할 수 있다는 장점이 있다.

누적상대도수를 그래프로 나타낸 것을 오자이브(ogive) 또는 누적백분율곡선이라고도 부른다. 누적도수와 누적상대도수를 이용하면 어느 경계보다도 큰(혹은 작은) 값을 갖는 도수를 알아보기 쉽다. D시민 중에서 대중 교통비로 20만 원 이상을 쓰는 사람은 240명(=1,000−760)이고 24%의 시민에 해당한다는 사실을 쉽게 알 수 있다. 또 어느 경계 비율에 해당하는 값을 찾는 데도 유용하게 쓰이고 있다. 대중교통비지출에서 적은 쪽부터 50% 위치(1,000명 중 500명)에 있는 시민의 지출액을 알려고 하면 누적상대도수 0.5에 해당하는 값을 찾으면 된다. 위의 예에서는 16만1천 원 정도로 계산된다.[18]

경제학자들은 오자이브를 활용하여 소득이나 재산 등에서 나타나는 불균등 정도에 대한 정보를 한눈에 볼 수 있게 만든 곡선이 로렌츠 곡선(Lorenz curve)이다. 이것을 바탕으로 수치화한 것이 지니계수(Gini's coefficient)이다.[19] 로렌츠 곡선을 그리려고 한다면, 계층별 소득 분포 자료에서 인구의 누적비율(X축) 소득의 누적점유율(Y축) 사이의 관계를 그림으로 나타내는 방법이다. Y축만 누적 백분율을 표시한 것

18 D시민의 대중 교통비 도수분포표에서 15만 원까지 지출자의 비율이 45.5%이고 20만 원까지의 비율은 76%이기 때문에 50%에 해당하는 지출액은 15~20만 원 사이에 있다. 보간법(補間法)을 이용하면 구할 수 있다. 76%와 45.5%의 차이인 20.5% 사이에서 앞쪽 4.5%(=50−45.5)에 해당하는 값을 구하면 (20.5:5=4.5:x) x=1.1을 구할 수 있고 이 값에 15만 원을 더하면 16.1만 원을 얻을 수 있다.

19 로렌츠 곡선과 지니계수는 소득뿐만 아니라 부동산, 금융자산, 이자소득 등 희소한 자원의 불균등한 정도를 나타내는 데 두루 이용되고 있다.

표 3-5 여러 가지 소득 분포(가상)

누적인구비율	누적소득비율		
	a	*b*	*c*
0~20	5	10	20
21~40	15	25	40
41~60	30	42	60
61~80	50	70	80
81~100	100	100	100

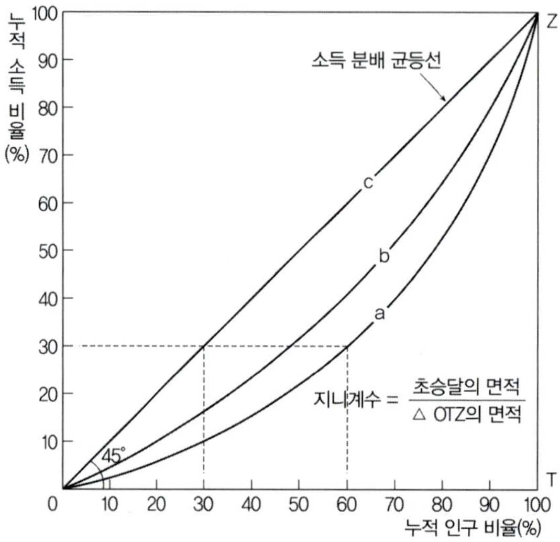

그림 3-5 로렌츠 곡선과 지니계수

이 아니라 X축도 누적 백분율을 표시하고 있음을 유의하기를 바란다.

<표 3-5>는 몇 가지 가상적인 예를 나타낸 것이고, <그림 3-5>는 각각에 해당하는 누적 백분율 곡선을 그린 것이다. X축에 저소득층부터 고소득층 순서로 인원 분포도를 그리고, Y축에는 저소득층부터 소득액 누적 백분율(소득 누적비율)을 그린다. <표 3-5>에서 알 수 있듯이 하위 20% 소득계층의 경우 a에서는 불과 5%를, b에서는 10%를, c에서는 20%를 차지하고 있는 반면, 상위 20% 소득계층의 경우에는 a에서 무려 50%를, b에서는 30%를, c에서는 20%를 차지하고 있는 것으로 예시되었다. a 경우보다는 b 경우가 더 균등하게 분포되어 있으며 c는 완전 평등인 상태를 나타내고 있다.[20] 소득 분배의 불평등도가 높을수록 로렌츠 곡선은 아래로 더 늘어지게 나타나

는 반면, 평등도가 높을수록 45도 선에 가깝게 나타난다. 전체적으로 고르게 분포되어 있는 경우에는 로렌츠 곡선도 누적 백분율 곡선에서처럼 비교적 완만하게 상승하며, 집중적으로 몰려 있는 부분에서는 가파르게 상승한다.

<그림 3-5>에서 45° 선인 소득분배 균등선과 *X*축, *Y*축이 이루는 삼각형 면적(△OTZ 면적)을 분모로 하고 소득분배 균등선과 로렌츠 곡선 사이의 면적(초승달 모양)을 분자로 하여 얻은 비율이 지니계수(Gini coefficient)이다.[21] 지니계수는 하나의 단순한 숫자로 표시되며, 0과 1 사이의 값을 갖는다. 이 값이 0에 가까울수록 소득 분배가 균등한 것이며, 반대로 1에 가까울수록 불균등이 심하다는 것을 의미한다. 보통 0.4가 넘으면 소득 분배의 불평등 정도가 심한 것으로 본다.

이야기 보따리 **한국의 지니계수 추이**

균등화 처분가능 소득[22] 기준으로 계산한 지난 9년간의 지니계수를 〈표 3-6〉에 보여주고 있다. 전체적으로 지니계수의 숫자가 감소하고 있어, 소득 분배가 개선되는 것으로 나타나고 있다. 일본보다는 불균등이 더 심하고 미국보다는 덜한 것으로 보인다.

표 3-6 한국의 지니계수 추이

연도	지니계수	연도	지니계수
2011	0.388	2018	0.345
2013	0.372	2019	0.339
2015	0.352	2020	0.331
2016	0.355	2021	0.333
2017	0.354	미국(2017년)	0.390
		일본(2015년)	0.339

자료: 통계청

20 45° 선은 x축의 값과 y축의 값이 같은 점을 이어 놓은 것이다. x가 20%라면 45도 선상에 있는 y의 값은 20%로 표시된다. x와 y의 값이 동일한 선을 나타내고 있다. 즉, 45° 선을 '소득분배 균등선'이라고 부른다.

21 코라도 지니(Corrado Gini, 1884~1965)는 이탈리아의 통계학자, 인구통계학자, 사회학자이다.

22 균등화 소득이란 가구원 수가 다른 가구 간의 후생(복지) 수준을 비교할 수 있도록 가구소득을 가구원 수의 제곱근으로 나눈 소득(OECD 방법)이다.

05 한눈에 확 들어오네요

- 경제학 문외한의 감탄
- 산포도 활용

그냥 보아서는 그 관계를 잘 파악할 수 없는 자료를 산포도(散布圖 scatter-plot)[23]로 그려보면 쉽게 관련 변수(變數, variables)[24] 간의 관계를 파악할 수 있다. <그림 3-6>은 물질적 조건의 수준과 삶의 질 간의 관계를 알아보기 위해 *X*축에는 물질적 조건의 수준을 *Y*축에는 삶의 질을 나타내는 지표를 OECD 국가별로 그린 산포도이다.[25] 45° 직선상에 있는 국가는 물질적 조건의 수준과 삶의 질에 대한 국민의 평가가 같은 나라이며, 이 직선 위쪽에 있는 국가(NOR: 노르웨이, NLD: 네덜란드, FIN: 핀란드 등)는 물질적 조건의 수준보다 삶의 질이 높다고 평가되는 나라이다. 반대로 아래쪽에 있는 국가(USA: 미국, AUS: 호주, KOR: 한국 등)는 물질적 조건의 수준보다 삶의

23 짝을 이룬 두 종류의 데이터 간의 관계를 조사하기 위하여 각 특성을 *X*축과 *Y*축으로 하고 짝을 이룬 데이터를 평면에 점으로 표시한 그림이다. 산점도라고도 부른다. 카테시안(Cartesian) 좌표를 사용한 예이다. 3차원으로도 그릴 수 있다.

24 변수란 다른 상황에서 다른 값을 취할 수 있는 임의의 측정값으로 정의된다. 데이터를 구성하는 모든 유형의 관측 기록을 아우르는 용어이다.

25 OECD는 가구소득과 부, 직업과 노동소득, 주거의 세 부문의 10개 지표를 집계하여 물질적 조건을 측정하고 있고 일-여가 균형, 건강, 교육과 능력, 사회적 관계, 정치참여와 정부, 환경, 안전, 삶의 만족 등 8개 부문의 15개 지표들을 집계하여 삶의 질을 측정하고 있다. 각 지표는 최하값을 0, 중간값을 5, 그리고 최대값을 10으로 표준화하여 측정되고, 이들의 평균치로 각 부문의 점수가 얻어지며 최종 집계는 부문별 점수의 평균치를 이용했다.

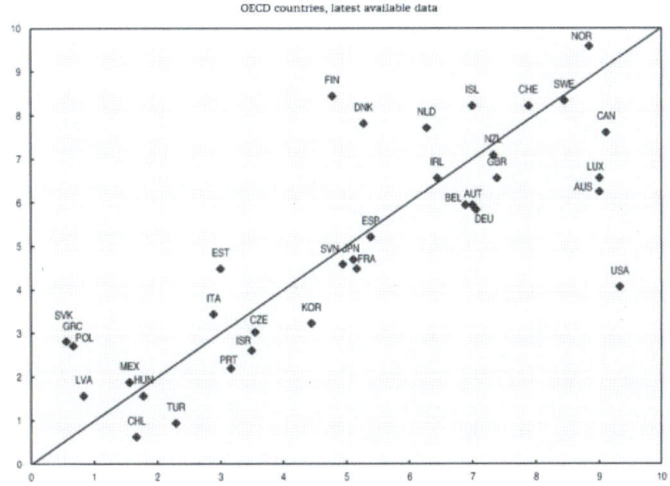

그림 3-6 물질적 조건의 수준과 삶의 질 간의 관계

자료: 주병기, '공정한 사회와 지속가능한 경제발전: 우리의 현실과 바람직한 정책 방향', 한국경제포럼, 한국경제학회, 2019.

질이 낮다고 평가되는 나라이다.

미국은 물질적 조건의 수준에 비해 삶의 질이 가장 낮다고 평가되는 나라인 반면, 핀란드는 반대로 물질적 조건의 수준에 비해 삶의 질이 가장 높다고 평가되는 나라임을 알 수 있다. 우리나라의 물질적 조건의 수준은 약 4.5지만 삶의 질은 약 3.2로 평가되고 있어 괄목할 정도의 빠른 양적 성장에도 불구하고 국민의 삶은 그에 못 따라가고 있다는 현실을 잘 반영하고 있다. 이 자료를 근거로 과거 고도성장 기간 국민의 삶을 향상시키지 못한 원인이 무엇인지 앞으로 어떤 정책을 펴야 국민의 삶을 향상시킬 수 있을 건지를 연구하게 될 것이다.

지난 25년간 근로자의 임금만족도추이를 <그림 3-7>에 나타내 보았다. 전체적으로는 만족도가 1998년 10.7%에서 2023년 28.2%로 25년간 17.5%p 상승하였음을 보여주고 있다. 구간별로 보면 1998년부터 2006년까지는 빠르게 상승하였으나 2011년까지는 하락하였다가 다시 상승하였음을 보여주고 있다. 특히 2011년부터 2021년까지는 빠르게 상승하였으나 이후에는 정체상태를 보이고 있다. 그림을 바탕으로 전체적으로 만족도 증가세의 원인, 구간별로 상승, 하락, 상승, 정체가 나타나는 원인에 대해 연구하게 될 동기를 얻을 수 있다.

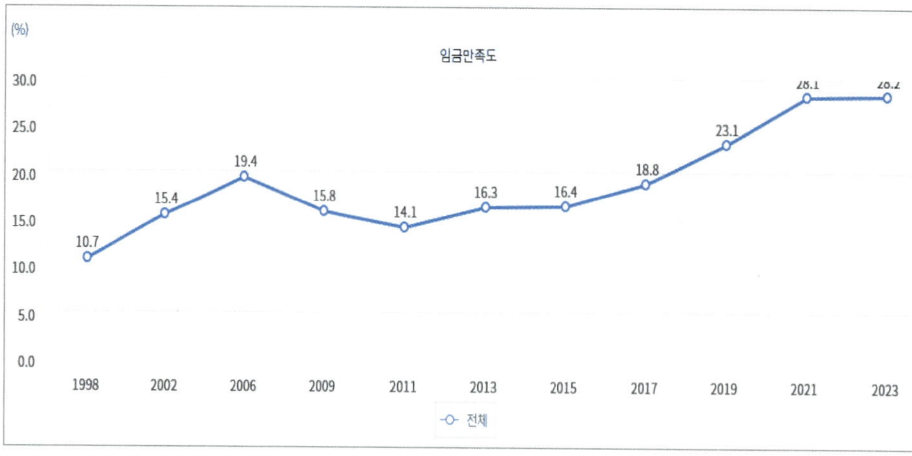

그림 3-7 임금만족도

자료: 통계청, '사회조사'

* 임금만족도는 지난 1주일 동안 임금근로자로 일한 적이 있는 사람들 중 현 직장에서 받는 임금에 대해 '매우 만족' 또는 '약간 만족'이라고 응답한 사람들의 비율임.

** 2009년까지는 15세 이상, 2011년부터는 13세 이상 인구를 대상으로 함.

도수 (frequency)	줄기 (stem)	잎 (leaf)				
1	0	9				
2	1	3	3			
4	2	1	4	6	7	
5	3	2	2	6	8	9
1	4	7				
2	5	4	6			

그림 3-8 줄기와 잎 그림(이승엽의 홈런 수)

또 줄기와 잎 그림(Stem-and-Leaf Plot)을 활용할 때도 있다. 이승엽의 홈런 수 자료를 대상으로 <그림 3-8>에 그려보았다. 30개 대를 5번 기록하였고 다음으로 20개 대를 4번 기록하였으나 의외로 40개 대를 한번 밖에 기록하지 못하였음을 한눈에 알 수 있다. 왼쪽이 긴 꼬리를 보이는 분포가 그려진다.

이야기 보따리 부전자전, 노벨 경제학 수상자 아버지 스티글러와 통계사학의 대가 아들 스티글러

스티글러(Stephen Stigler(1941~)는 조지 스티글러(George Stigler(1911~1991, 1982년 노벨경제학상 수상자)의 아들로 태어났다. 그는 통계사(統計史) 분야에서 두드러진 업적을 이루었다. "과학적 발견에서 언제나 최초 발견자의 이름이 붙여지는 것은 아니다"라고 수학, 물리학, 통계학, 천문학, 그리고 경제학 등에서 많은 예를 보여주고 있다. 심지어는 자신의 이름이 붙은 스티글러의 법칙도 잘못 이름 붙여진 예라고 소개하고 있다. 원래 이 아이디어는 사회학자 머턴*(Robert King Merton(1910~2003))이 원조라고 소개하고 있다.

아래 스티글러의 명명법칙(Stigler's law of eponymy)에서 대표적인 사례 13개를 추려보았다. 우리가 알고 있는 여러 정리나 법칙의 첫 발견자로 다른 사람이라는 사실에 놀람을 금하지 못하겠다. '밥 지은 사람 따로 있고, 먹는 사람 따로 있다'라는 우리 속담이 떠오른다.

스티글러의 명명법칙(Stigler's law of eponymy)

수학	• 벤 다이어그램(Venn diagrams), • 드모르간의 법칙(De Morgan's laws), • 피타고라스 정리(Pythagorean theorem)
통계학	• 체비세프 부등식(Chebyshev's inequality), • 가우스 분포(정규분포, Gaussian distribution) • 파스칼의 삼각형(Pascal's triangle), • 피어슨의 상관계수(Pearson's Coefficient of Correlation, • 심슨의 모순(Simpson's paradox)
경제학	• 그래샴의 법칙(Gresham's law), • 콥 다글러스 생산함수(Cobb-Douglas production function)
물리학과 그 외	• 해리혜성(Halley's comet), • 뉴턴의 제1 · 2 운동법칙(Newton's first and second laws of mechanics) • 스티글러의 법칙(Stigler's law)

* 그의 아들 로버트 머턴(Robert Cox Merton(1944~))은 Black-Scholes-Merton model로 1997년 노벨경제학상을 수상하였다.

명언 보따리

"수량화는 마음의 눈으로 보는 물체들의 모습을 더 선명하게 해준다. 이것은 외적 현상과 내적 개념 모두에 해당되지만, 옳은 것들이 시야로 들어가기 전까지는 아무 소용이 없거나, 오히려 더 해로울 수 있다."

제라드(R. W. Gerard, 1900~1974, 미국의 신경생리학자)

06 인구증가 때문인가 vs 대륙봉쇄 때문인가?

- 맬더스와 리카도의 논쟁
- 원인과 결과에 대한 이견

인과관계가 헷갈리는 것을 이야기할 때, 우리는 "닭이 먼저냐? 계란이 먼저냐"를 들고 있다. 이런 경우는 정답이 없는 끝없는 논쟁이 이어진다. 원인과 결과를 정확히 이해하고 대처하게 되면 사전에 사회적 비용을 많이 줄일 수 있을 것이고 그렇지 않고 원인과 결과를 반대로 본다면 처방도 달라지고 선택도 달라진다. 예기치 못한 피해를 낳을 수도 있다. 인간은 사물 간의 인과관계는 물론 인간 및 사회 간의 인과관계를 밝힘으로써 오늘날과 같은 문명사회를 이루었다고 본다. 원인과 결과는 시간의 변화에 따른 상태의 변화와 밀접하게 연관되기 때문에 어느 시점을 기준으로 하느냐에 따라 원인이 결과가 될 수도 있고, 결과가 원인이 될 수도 있다.

경제학에서 유명한 논쟁으로는 영국의 곡물가 상승의 원인을 두고 벌어진 맬더스와 리카도 간의 논쟁을 들 수 있다. 나폴레옹(1770~1821)이 영국산 공산품 수입을 막기 위해 내린 대륙봉쇄령(1806)으로 영국의 곡물가는 폭등하였고 지주들이 큰 이득을 보게 되었다. 나폴레옹이 몰락한 후 대륙봉쇄령이 해제되었으나, 영국 의회에서는 1815년 곡물조례(Corn Laws)를 제정하여 유럽산 농산물 수입을 막으려고 하였다. 이렇게 이상한 일은 당시 의회를 지주들이 장악하고 있었기 때문에 벌어진 것이다.[26]

인구론으로 유명한 맬더스(Thomas Robert Malthus, 1766~1834)는 인구증가 →

높은 지가 → 높은 생산비 → 높은 곡물가라는 인과관계를 설정하여 곡물조례를 옹호하는 주장을 폈지만, 리카도(David Ricardo, 1772~1823)는 대륙봉쇄 → 곡물 수입(輸入) 감소 → 높은 곡물가 → 높은 지가라는 인과관계를 설정하여 곡물조례를 반대하였다. 리카도는 지가(땅값) 상승은 곡물가 상승의 결과이지 원인이 아니라고 본 반면, 맬더스는 반대로 지가(땅값) 상승은 곡물가 상승의 원인이라고 본 것이다. 이렇듯 원인과 결과를 다르게 보면 처방도 달라지고 정책도 달라진다. 곡물조례는 1846년 폐지되었다.[27]

인과관계와 관련된 몇 가지 예를 살펴보자.

① 인과관계가 확실한 것[28]

– 코로나 유행으로 인한 자영업자의 영업 매출와 온라인 배달업 매출 증가

– 콩 심은 데 콩 나고 팥 심은 데 팥 난다.

– 남전생옥(藍田生玉, 부모가 훌륭하면 자식도 훌륭하다. 왕대밭에 왕대 난다)

– 아니 땐 굴뚝에 연기 나랴

– 충남 보령-원산도-안면도 해저터널과 연륙교 개통과 이 지역의 지역 경제

– 고교 내신 성적이 좋을수록 대학 진학 후 학점이 높다.[29]

– 부모의 소득수준이 높을수록 명문대 합격자가 많고 특목고 진학률도 높다.[30,31]

– 부모와 대화가 많을수록 성적이 오른다.[32]

---

26 임상일, '공자와 케인즈 맞장뜨기', 지필미디어, 2014.

27 이렇게 맬더스와 리카도는 학문적으로는 서로 대립하였지만 의외로 두 사람은 절친 관계였다. 주식중개인의 아들로 이재에 밝았던 리카도는 목사 아들인 맬더스에게 영국 국채를 증여한 적도 있으며 자신의 많은 유산 중 일부를 맬더스에게 남기기도 하였다.

28 "콩으로 메주를 쑨다 해도 안 믿겠다"라는 말은 분명한 인과관계라도 믿음이 가지 않는 상대방이 말을 하면 믿지 못한다는 표현이다.

29 교수신문, 2004.3.8.

30 한국장학재단 자료에 따르면 2020년 고려대 · 서울대 · 연세대 신입생의 55.1%가 소득분위 9~10구간의 고소득 가구 학생이다. 이 비율은 2017년 41%, 2018년 51%, 2019년 53%로 꾸준히 증가해 왔다. 2020년 다른 대학의 고소득층 신입생 비율은 25.5%이다. 미국 아이비리그 대학에서는 더 심각한데, 소득분위 최상위 1% 가정의 학생들의 입학생의 14%를 차지하고 있다. 교수신문, 2021.6.21.

31 부모의 학력과 재력이 높을수록 자녀의 특목고 진학률이 높게 나타나고 있다. 2021.11.2. 경향신문.

32 한국 교육과정 평가원은 초 · 중 · 고교생 1만 9,000명을 대상으로 학업 성취도 배경 요인을 분석해 발표

② 인과관계가 모호한 것

– S대 사회과학 연구소에서는 자기 대학 합격자 중 고소득층 자녀가 증가하고 있다는 통계를 발표하면서 고교 평균화가 그 원인의 하나라고 설명하였다. 그러자 너무 모호한 주장이라는 반론이 만만치 않게 제기되었다.

③ 우리가 보통 알고 있는 인과관계와 반대인 경우

– 흡연과 성적 불량과의 관계도 마찬가지다. 흡연이 성적 불량의 원인이라고 주장하는 것은 본말이 전도된 것이다. 성적이 불량한 학생은 학교생활에 취미가 없고 대신 다른 쪽에 더 관심을 둘 것이고 그런 과정에서 흡연을 하게 된 것이다.

④ 원인인 동시에 결과인 경우

– 이윤이 많으니까 미래를 위한 연구개발에 투자할 수 있고, 그 결과 특허를 얻고 독점력이 생기며 이윤이 증가한다. 이윤은 연구개발 투자의 원인인 동시에 결과이다.

– 광고 지출이 많으니까 매상과 이윤이 증가하고, 이윤이 증가하니까 광고를 더 잘해 더 많은 이윤을 얻는다.

– "돈이 돈을 벌어준다"라는 말이 있다. 돈이 있으니까 부와 관련되는 좋은 정보를 얻을 수 있고 그러니까 부자가 되는 것이다.

⑤ 견강부회 내지는 황당무계인 경우

– 일본 프로 야구 한신 타이거즈의 우승과 일본 경제의 회복[33]

– 오비이락(烏飛梨落), 발가락이 닮았네

– 미국 남부의 최고 휴양지인 플로리다주는 다른 주에 비해 사망률이 높은 곳으

하였다. 부모와 매일 대화를 나누는 학생은 초등학교의 경우 영어 26.4점, 수학 21.8점, 국어 17.7점이나 높게 나타났다. 한겨레신문, 2004.4.13.

33 한신(阪神) 타이거는 오사카(大阪)를 연고로 하는 프로야구팀이다. 오사카라는 대도시를 연고로 하는 팀이라 많은 팬을 가지고 있지만 라이벌 도쿄(東京)의 요미우리에 비해 늘 성적이 나빴으나, 묘하게도 한신이 리그에서 우승하던 해(1962년, 1964년, 1985년, 2003년)와 일본 경기 호황기와 겹치면서, 한신이 우승하면 경기가 좋아진다라는 가설이 설정되었다. 임상일, '통계는 성공의 나침반', 86~92p.

로 조사되고 있다. 단순히 사망률이 높게 나타났다는 사실을 근거로 플로리다주가 가장 건강하지 못한 주라고 얘기하는 것은 어불성설이다. 플로리다주는 휴양지가 많아 자연히 노인 인구 비율이 가장 높다. 그 결과 노인 사망률이 높게 나타나는 것은 당연한 일이다. 이 경우에는 인구 분포에 대한 정확한 이해가 선행되어야 한다.[34] 이렇게 볼 때 단순히 어떤 변수와 다른 변수와의 상관관계를 밝히는 것(유무와 고저)과 인과관계를 밝히는 것은 서로 다른 문제이며, 해석상에도 상당한 주의가 필요하다.

– 우리 역사상 최고의 거짓말(인과관계가 전혀 없는데 인과관계를 주장한 예)은 1987년 1월 고 박종철 군 고문치사사건에서 박 군의 사인에 대해 경찰의 해명이 아닐까 생각한다. "책상을 세게 두드리는 순간 의자에 앉은 채 갑자기 '윽' 하는 소리를 지르며 쓰러졌다" 책상을 두게 두드리는 행위는 원인이고, 사람이 쓰러지는 것은 결과로 인과관계를 주장한 것인데, 너무나도 황당한 주장(궤변)이라 공권력에 대한 불신과 국민의 공분(公憤)만 폭증시켰다.

인과관계가 확실한 경우 원인이 되는 변수를 X(독립변수, 獨立變數, independent variables), 결과인 변수를 Y(종속변수, 從屬變數, dependent variables)로 설정할 수 있다.[35] 독립변수와 종속변수의 관계는 자연과학에서 볼 수 있는 것처럼 엄밀하고 치밀한 관계로 나타나지는 않겠지만, 대강의 흐름으로 보아 두 변수는 함수(函數, function)로 나타낼 수 있다. 그렇다면 어떤 함수로 나타낼 수 있을까? 그리고 함수 모양이 달라지면 해석도 달라지고 대응도 달라진다. 하지만 어떤 변수가 원인도 되지만 결과도 되는 경우에는 연립방정식 형태로 접근해야 한다. 경제 변수에는 이런 성질을 갖는 것들이 많기 때문에 경제학에서는 통계학에 비해 연립방정식 모형(聯立方程式模型, simultaneousequation model)을 더 집중적으로 연구하고 있다.

34 병존의 오류 혹은 인과의 오류(post hoc fallacy)라고 부른다. Samuelson & Nordhaus, ibid,

35 독립변수와 종속변수에 대한 다양한 호칭은 8장 1절을 참고하기 바람.

5030정책과 교통사고

2021년 4월 17일부터 전국에서 안전속도 5030 정책, 도심지역 일반도로는 시속 50 km까지, 주택가와 같은 이면도로에서는 시속 30 km까지 속도를 제한하는 교통정책을 실행하고 있다. 시행 한 달간(4~5월) 경찰청 자료에 의하면, 안전속도 5030 시행 후 한 달간 전국 교통사고 사망자는 지난해 같은 기간 234명에서 216명으로 7.7% 감소했고, 보행 중 사망자는 73명에서 72명으로 1.4% 줄었다. 특히, 시행 지역이 많은 특별·광역시의 경우 교통사고 사망자는 66명에서 48명으로 27.2%, 보행 중 사망자는 31명에서 21명으로 32.2% 감소했다. 교통사고가 감소한 원인으로 누구도 '안전속도 5030 정책'의 효과임을 부정하지 못할 것이다. 저자 역시 100% 동의하고 있다. 이제 그러면 얼마나 줄었는가를 좀 더 과학적인 입증을 위해서는 코로나19로 인해 감소한 통행 수를 감안해야 할 것이다. 아마도 위에서 본 숫자보다는 약간 적지 않을까 추측해 본다.

명언 보따리

"상관성이 인과성을 뜻한다는 가정은 인간이 범하는 가장 빈번하고도 가장 심각한 오류 두셋 중 하나일 것이다."

굴드(Stephen Jay Gould, 1941~2002, 미국의 진화생물학자)

연습문제

1 제대로 고르려고 했는데…

1. 모집단과 표본의 차이를 설명하시오.
2. 모수와 통계량의 차이를 설명하시오.

2 호통과 무자료 VS 자료와 정보

1. 아래의 자료를 양적 자료와 질적 자료로 구분하여 비교 설명하시오.
   (온도, 연봉, TV 수명, 합계출산율, 성별, 직급, 주민등록번호, 축구선수의 등번호)
2. 이신형 자료와 연속형 지료를 예를 들어 비교 설명하시오.
3. 시계열 자료와 횡단면자료를 일상생활에서 볼 수 있는 예를 들어 설명하시오.
4. 명목 척도, 순서 척도, 비율 척도 그리고 간격 척도를 예를 들어 설명하시오.

3 경제학 역선택 vs 여론조사 역선택

1. 표본추출방법(단순 무작위 추출법, 계통 추출법, 군집 추출법, 그리고 계층화 추출법)에 대해 설명하시오.
2. 통계적 오류 조작을 감지하는 방법에 대해 토론해 보시오.
3. 표본추출 오차와 비표본추출 오차를 예를 들어 설명하시오.

4 귀 장사 말고 눈 장사하라

1. 본 도서에 있는 2020년 국어 수능점수와 2021년 국어 수능점수에 대해 로렌츠 곡선을 그려보시오.
2. 오자이브란 무엇인지 설명하시오.
3. 도수분포표를 작성하는 순서를 적으시오.

5 한눈에 확 들어오네요

1. 산포도란?

2. 아래 자료는 D대학교 경제학과 30명 학생의 평균 평점이다.

3.6	2.8	2.9	3.2	2.9	4.1	3.8	2.6	2.7	3.0	4.0	2.2	2.8	4.3	3.1
3.6	2.6	2.9	3.7	2.7	2.9	3.5	1.7	2.3	3.3	2.4	3.7	3.0	2.5	3.8

(i) 측정구간을 0.5로 하여 도수분포표를 그리시오.

(ii) 막대그래프를 그리시오.

제 4 장

대푯값 확실히 알기

1. 한 번도 홈런 31개를 친 적이 없는데…
2. 21번 자네가 임시 반장이야
3. 우열반으로 나누어야 하는가?
4. 아차 하는 사이에 '바보'됩니다
5. 마지막 한 명은 호명할 필요가 없다

01 한 번도 홈런 31개를 친 적이 없는데…

- 국민 타자 이승엽 선수의 의문
- 평균과 대푯값

경제학을 비롯한 사회과학은 '평균'을 지향하는 학문이라는 점을 앞에서 언급한 바 있다. 세상에는 다양한 사람이 모여 살기 때문에 갖가지 의견이 있을 수 있고, 이에 따라 여러 가지 다양한 자료가 관찰되기도 한다. 같은 사람을 대상으로 하더라도 오늘이 다르고 내일이 다르게 나타나는 경우도 있다. 그럼에도 불구하고 우리는 보통 사람이 어떻게 생각하고 행동하는가에 관심을 가장 많이 갖는다. 그래서 보통 사람들의 평균적인 생각을 알려고 하고 어떨 때는 그것을 바꾸려고 하기도 한다. '보통 사람'이란 부자도 빈자도 아닌 평균 정도의 소득을 가진 사람, 너무 자식이 많거나 너무 적지도 않은 평균 정도의 자식 수를 가진 사람, 지위가 아주 높지도 그렇다고 아주 낮지도 않은 평균 정도의 지위를 가진 사람이라고 추상적으로 상정할 수 있을 것이다.

우리가 흔히 쓰고 있는 평균이란 산술평균(算術平均, arithmetic mean)을 말한다. 이 산술평균은 관찰값을 모두 더한 후 관찰값 수로 나누면 쉽게 얻을 수 있다. 이것은 대상 집단의 성격을 함축하여 나타낼 뿐 아니라 계산하기도 어렵지 않아 가장 널리 쓰이는 대푯값이다. 예컨대 2019년 기준 19세 평균 키가 가장 큰 나라는 남녀 모두 네덜란드였다. 남자는 183.8 cm, 여자는 170.4 cm에 달했다. 우리나라 남자는 175.5 cm, 여자는 163.2 cm로 조사되었다.[1] 따라서 이러한 사실을 근거로 인구수가 작은 네덜란드와 우리나라가 스포츠 강국이 된 이유를 유추할 수 있다.

모집단의 평균(모평균, population mean, μ)을 구하는 공식과 표본의 평균(표본평균, $\overline{X}$)을 구하는 공식의 원리는 기본적으로 같지만, 구별을 위해 다르게 표기하고 있다. 평균은 일종의 무게중심으로 볼 수 있다. 각각의 관측값에서 평균을 뺀 편차(偏差, deviation)들의 합은 0이 된다.

$$\text{모평균}(\mu) = \frac{\sum_{i=1}^{N} X_i}{N}, \text{ 표본평균}(\overline{X}) = \frac{\sum_{i=1}^{n} X_i}{n}$$

$$\text{편차 } \sum_{i=1}^{N}(X_i - \mu) = 0 \text{ (모집단일 때)}, \sum_{i=1}^{n}(X_i - \overline{X}) = 0 \text{ (표본일 때)}$$

평균을 해석하는 데 있어서 오해해서는 안 되는 것이 있다. 그것은 계산된 평균값이 반드시 관측값에 있어야 하는 것은 아니라는 사실이다. 평균값이 관측값 중에 없는 경우가 더 많다. 즉, 일반적으로 평균값은 가상(假想)의 수로 나타난다. 예를 들어 1, 2, 3, 4, 5라는 관찰값이 있을 때 평균은 3이고 이 수치는 관찰값 안에 존재한다. 그러나 만약 1, 2, 3, 3, 5라는 관측값을 얻었다면 평균은 2.8이 되며, 이 값은 관찰값에서 찾을 수 없는 수치이다. 이와 같이 평균값이 관찰값 중에 있는 경우보다는 없는 경우가 더 많다.

국민타자 이승엽 선수의 홈런 기록을 대상으로 여러 통계량을 계산해 보기로 하자. <표 4-1>과 <표 4-2>가 정리되어 있다. 이승엽 선수는 1995년 KBO리그에 데뷔하여 2017년 은퇴하였다. 2004년에서 2011년 8년간 일본에서의 기록을 제외하면 2017년까지 KBO리그 15년 동안 1,906경기에서 15년간 467개의 홈런을 쳤으며, 평균 홈런 수는 31.13개인데, 반올림하여 31개로 친다면 정확히 31개를 친 해는 한 번도 없었다. 최저 홈런 기록은 데뷔 다음 해인 1996년 9개였고 최고 기록은 2003년 아시아 기록을 깬 56개였다. 또 타율을 보면 7,132타수 2,156안타를 쳐 통산 0.302의 타율을 기록하

1 1985년 남자 평균키 168.7 cm, 여자 평균키 157.1 cm로 전 세계 132위와 133위에 그쳤지만 2019년에는 남자는 68위, 여자는 60위로 상승하였다.

표 4-1 이승엽의 타격 성적(KBO)

연도	타율	경기	타수	안타	홈런	연도	타율	경기	타수	안타	홈런
1995	0.285	121	365	104	13	2012	0.307	126	488	150	21
1996	0.303	122	459	139	9	2013	0.253	111	443	112	13
1997	0.329	126	517	170	32	2014	0.308	127	506	156	32
1998	0.306	126	477	146	38	2015	0.332	122	470	156	26
1999	0.323	132	486	157	54	2016	0.303	142	542	164	27
2000	0.293	125	454	133	36	2017	0.280	135	472	132	24
2001	0.276	127	463	128	39	누계	–	1,906	7,132	2,156	467
2002	0.323	133	511	165	47	평균	0.302	127	475	144	31
2003	0.301	131	479	144	56	*2004~2011년 8년간 일본 생활					

표 4-2 이승엽의 타격 성적(일본 리그)

연도	타율	경기	타수	안타	홈런	연도	타율	경기	타수	안타	홈런
2004	0.240	100	333	80	14	2009	0.229	77	223	51	16
2005	0.260	117	408	106	30	2010	0.163	56	92	15	5
2006	0.323	143	524	169	41	2011	0.201	122	394	79	15
2007	0.274	137	541	148	30	누계	–	797	2,668	686	159
2008	0.248	45	153	38	8	평균	0.257	80	334	86	20

고 있다. 최고 타율을 기록한 해는 2015년으로 0.332였으며, 2013년에는 0.253으로 최저 타율을 기록했다. 15년 동안 평균 타율이 0.302보다 낮은 기록을 나타낸 해가 6회, 그 이상인 해가 9회이며, 정확하게 0.302를 기록한 해는 한 번도 없었다. 이 예에서 볼 수 있듯이 평균은 과거의 성과를 정리한 결과이고 앞으로 그 값이 기대된다는 뜻이지, 반드시 평균값이 나온다는 의미는 아니다. 다시 말해 매년 타율 0.302, 홈런 31개를 기록해야 한다는 의미는 아니다. 그저 과거의 기록(경험)을 근거로 여건의 변화가 없다고 가정하여 미래에 기대하는 값이다.

평균이 가지고 있는 장점은 관찰값 전부에 대한 정보를 담고 있다는 점이다. 그래서 어떤 관찰값이 없어지고 새로운 관찰값이 들어오는 등 무언가 관찰값에 변화가 생기면 평균값에도 변화가 나타난다. 이 점이 중앙값이나 최빈수에서는 볼 수 없는 평균의 장점이다. 단점으로는 극단적인 값이나 이질적인 수치에 쉽게 영향을 받아 전체를 잘 대표하지 못할 가능성이 있다는 점이다. 즉, 이상(異狀, outliner)값에 의해 왜곡될 가능성이 크다. 예컨대 관찰값이 1, 2, 3, 4, 5인 경우의 평균과 1, 2, 3, 4, 100인 경우의 평균은 상당한 차이가 난다. 불과 하나의 이상치(100) 때문에 평균이 3에서 22로 크게 변하는 것이다. 따라서 평균값을 해석할 때는 신중한 자세가 필요하다.

무거운 것은 무겁게, 가벼운 것은 가볍게

이제 가중평균(加重平均, weighted average)에 대해 생각해 보기로 하자. 이것은 각 자료값에 자료의 상대적 중요도(가중치)를 곱하여 합계한 값을 가중치의 합계로 나누어서 구한다. 산술평균은 각 자료의 가중치가 같기 때문에 상가평균(相加平均)이라고도 한다.

$$\text{가중산술평균}(\overline{X_w}) = \frac{w_1X_1 + w_2X_2 + w_3X_3 + \cdots + w_nX_n}{w_1 + w_2 + \cdots + w_n}$$

$(w_1, w_2, w_3 \cdots, w_n$ 은 각 자료의 가중치)

가중치가 반영되어 계산되는 대표적인 경제 통계의 사례로는 소비자물가지수(消費者物價指數, Consumer Price Index, CPI)를 들 수 있다.[2] <표 4-3>에 2020년도 기준 우리나라 소비자물가지수의 가중치와 물가지수를 보여주고 있다. 경제발전에 따라 소비 형태나 대상이 달라지기 때문에 중요도가 적은 상품이 제외되고 새로운 상품이 추가되며 가중치도 변하고 있다. 현재 우리나라에서는 12개 분류, 458개 품목을 대상으로 1,000을 기준으로 하여 가중치(w_i)를 부여하고 있다. 즉 $w_1 + w_2 + \cdots w_{12} = 1,000$ 인 셈이다.

식료품 · 비주류 음료(140개 품목)는 154.5, 주류 · 담배(7개 품목)는 16.5, 의류 · 신발(25개 품목)은 48.6, 주택 · 수도 · 전기 · 연료(15개 품목) 171.6, 가정용품 · 가

2 지수(指數, index number)란 시간의 흐름에 따라 수량이나 가격 등이 어떻게 변화되었는지를 쉽게 파악할 수 있게 만든 통계로서 통상 비교의 기준이 되는 시점의 수치를 100으로 하여 산출하고 있다.

표 4-3 우리나라 소비자물가지수의 가중치와 물가지수 (2020년 물가수준을 100으로 기준)

	총지수	식료품 · 비주류 음료	주류 · 담배	의류 · 신발	주택 · 수도 · 전기 · 연료	가정용품 · 가사서비스	보건	교통	통신	오락문화	교육	음식숙박	기타상품 · 서비스
품목수	458	140	7	25	15	50	34	33	6	47	20	44	37
가중치	1000	137.6	15.8	61.1	165.9	44.2	69.2	112.6	53.5	61.2	89.6	131.8	56.9
2010	86.4	76.2	62.0	81.2	83.7	83.2	91.6	100.3	110.0	96.2	90.5	80.9	85.0
2022	107.7	105.9	102.6	103.7	107.2	106.8	100.8	116.7	100.0	103.3	102.2	110.5	108.3

자료: 통계청, '2021년 소비자물가지수 연보 해설자료', 2023.

사서비스(50개 품목) 53.9, 보건(34개 품목) 87.2, 교통(33개 품목) 106.0, 통신(6개 품목) 48.4, 오락문화(47개 품목) 57.5, 교육(20개 품목) 70.3, 음식숙박(44개 품목) 131.3, 기타상품 · 서비스(37개 품목) 34.2가 부여되고 있다.

가장 높은 (하부)품목이 포함되어 있는 품목은 140개 품목이 포함되어 있는 식료품 · 비주류 음료이고 가장 높은 가중치가 부여된 품목은 주택 · 수도 · 전기 · 연료이다. 2020년 물가수준을 100으로 기준 삼았을 때 2010년 물가수준은 86.4이고 2022년 물가수준은 107.7이다. 12년간 물가수준이 가장 많이 오른 품목은 주류 · 담배이고 가장 적게 오른 품목은 통신이었다.

산술평균 이외에도 기하평균과 조화평균이 쓰이고 있다. 기하평균(幾何平均, geometric mean)은 등비수열(等比數列)의 형태와 같이 공비(共比, common ratio)에 해당하는 비율로 증가 또는 감소하는 현상인 물가상승률, 경제성장률, 인구 증가율 등 일정 기간에 걸친 평균 변화율을 산출하는 데 주로 이용하고 있으며 상승평균(相乘平均)이라고도 부른다. 다음과 같이 계산된다.

$$\text{기하평균: } G = \sqrt[n]{X_1 \times X_2 \cdots \times X_n}$$

일정기간동안의 평균 인구성장률을 구하는 예를 통해 기하평균의 유용성을 보도록 하자. 최초 연도 인구를 P_0라고 하고 다음 연도 인구를 P_1, 마지막 연도의 인구를 P_n라고 하자. 매년 인구 증가비율(r_i)은

$$r_1 = \frac{P_1}{P_0},\ r_2 = \frac{P_2}{P_1}, \cdots,\ r_n = \frac{P_n}{P_{n-1}}$$

로 구할 수 있다. 이 기간의 인구 증가비율은 $\frac{P_n}{P_0}$ 이다. 그런데

$$\frac{P_n}{P_0} = \frac{P_1}{P_0}\frac{P_2}{P_1}\cdots\frac{P_n}{P_{n-1}} = r_1 r_2 \cdots r_n$$

이므로 연평균 증가율을 r라 하면, $r^n = r_1 r_2 \cdots r_n$이고 이것은 $r = \sqrt[n]{r_1 r_2 \cdots r_n}$이 된다. 즉, 일정 기간의 평균 인구성장률은 매년 인구 증가율의 기하평균과 같다.

기하평균은 투자의 연평균성장률(compound annual growth rate, CAGR)을 구하는 데도 유용하게 쓰이고 있다. 연평균성장률은 시간이 지남에 따라 일정한 비율의 반환(수익)을 제공하는 등비수열 비율에 대한 비즈니스, 투자 용어이다. 지정된 기간에 걸친 성장률에서 1년간의 성장률로서 계산하는 기하평균이다.

$$V_0(1 + CARG)^{t_n - t_0} = V_t,$$

$V(t_0)$: 초깃값(가치), $V(t_n)$: 말기값(가치), $t_n - t_0$: 연수

$$CARG = \left(\frac{V_n}{V_0}\right)^{\frac{1}{t_n - t_0}} - 1$$

로 계산된다. 우리나라의 연평균 소비자물가상승률을 구해 보도록 하자. 2010~2020년 각 연도의 소비자물가지수가 <표 4-4>에 나타나 있다. 두 번째 열은 2015년이 기준일 때 각 연도의 소비자물가지수이고 세 번째 열은 상승률 값이다. 네 번째 열은 2020년이 기준일 때 각 연도 소비자물가지수이고 다섯 번째 열은 상승률 값이다.

2015년 기준 물가지수를 2010년 기준으로 전환하려고 하면 해당 연도 물가수준과 94.9(2020년 기준 2015년 물가지수)를 곱한 값을 100으로 나누어 주면 구할 수 있다. 예를 들어, 2015년 기준 91.1인 2010년 물가지수는 $86.4 = (91.1 \times 94.9)/100$를 구할 수 있다. 2015년 기준 101.0인 2016년 물가지수는 $95.8 = (101 \times 94.9)/100$를 구할 수 있다. 86.4는 2020년 기준 2010년 물가지수이고 95.8은 2020년 기준 2016년 물가

표 4-4 소비자 물가지수(2010~2020년)

<table>
<tr><th></th><th>소비자물가지수
(2015=100)</th><th>전년대비
상승률(%)</th><th colspan="2">소비자물가지수
(2020=100)</th><th>전년대비
상승률(%)</th></tr>
<tr><td>2010</td><td>91.1</td><td>-</td><td colspan="2">86.4</td><td>-</td></tr>
<tr><td>2011</td><td>94.7</td><td>4.1</td><td colspan="2">89.6</td><td>3.7</td></tr>
<tr><td>2012</td><td>96.8</td><td>2.2</td><td colspan="2">91.8</td><td>2.5</td></tr>
<tr><td>2013</td><td>98.0</td><td>1.2</td><td colspan="2">93.0</td><td>1.3</td></tr>
<tr><td>2014</td><td>99.3</td><td>1.3</td><td colspan="2">94.2</td><td>1.3</td></tr>
<tr><td>2015</td><td>100.0</td><td>0.7</td><td colspan="2">94.9</td><td>0.7</td></tr>
<tr><td>2016</td><td>101.0</td><td>1.0</td><td colspan="2">95.8</td><td>0.9</td></tr>
<tr><td>2017</td><td>102.9</td><td>1.9</td><td colspan="2">97.6</td><td>1.9</td></tr>
<tr><td>2018</td><td>104.5</td><td>1.6</td><td colspan="2">99.1</td><td>1.5</td></tr>
<tr><td>2019</td><td>104.9</td><td>0.4</td><td colspan="2">99.5</td><td>0.4</td></tr>
<tr><td rowspan="3">2020</td><td rowspan="3">105.4</td><td rowspan="3">0.5</td><td>2020</td><td>100.0</td><td>0.5</td></tr>
<tr><td>2021</td><td>102.5</td><td>2.5</td></tr>
<tr><td>2022</td><td>107.7</td><td>5.1</td></tr>
<tr><td>상승률산술평균</td><td>-</td><td>1.49</td><td colspan="2">-</td><td>1.48/1.86*</td></tr>
<tr><td>상승률기하평균</td><td>-</td><td>1.48</td><td colspan="2">-</td><td>1.47/1.85**</td></tr>
</table>

자료: 통계청, '2021년 소비자물가지수 연보 해설자료', 2023.

* 2022년까지의 물가상승률의 산술평균값 ** 2022년까지의 물가상승률의 기하평균값

지수이다.

다음으로는 10년간 평균 물가상승률을 구해보자. 2015년이 기준일 때 산술평균은 1.49%이고, 기하평균성장률은 1.48%로 계산된다. 2020년이 기준일 때 산술평균은 1.48%이고, 기하평균성장률은 1.47%로 계산된다. 지난 10년간이 물가수준이 비교적 안정이었기 때문에 산술평균과 기하평균의 차이가 별로 없지만, 변동이 큰 경우에는 산술평균성장률과 기하평균성장률이 상당히 크게 나타나는 경우도 적지 않다. 예를 들어 처음 연도인 2010년과 마지막 연도인 2020년에는 변화가 없고, 2011년에서 2019년 사이에 큰 변화가 있는 경우, 산술평균성장률은 변하지만 기하평균성장률은 변하지 않는다. 다음의 예제 1과 2를 통해 확인해 보기로 하자.

예제 1

- 2015년 기준 2012년 물가지수(96.8)는 2020년 기준으로는 얼마인가?

풀이

$$(96.8/94.9) \times 100 = 102.0$$

- 2020년 기준 2015년 물가지수(102.0)는 2015년 기준으로는 얼마인가?

풀이

$$(102.0/94.9) \times 100 = 96.8$$

예제 2

- 2020년 기준 2012년 물가지수가 85로 또 2016년 물가지수가 88로 바뀌었다고 하자. 연성장률의 산술평균과 기하평균을 구하시오.

풀이

연성장률의 산술평균은 1.61%로 변하지만 기하평균은 1.47%로 변화가 없다. 물가하락이 있는 2012년과 2016년에 각각 −5.1%, −7.3%를 보였으나 다음 해인 2013년과 2017년에 각각 9.4%와 10.9% 상승률을 나타나며, 이러한 기저효과가 반영되어 산술평균에 변화를 가져오기 때문이다.

조화평균(調和平均, harmonic mean)은 주어진 수들의 역수의 산술평균의 역수를 말한다. 평균적인 변화율을 구할 때 주로 사용된다. 실수 $X_1, X_2, \cdots X_n$이 주어졌을 때, 조화평균 $H = \dfrac{n}{(\frac{1}{X_1}+\cdots+\frac{1}{X_n})} = \dfrac{n}{\sum_{i=1}^{n}\frac{1}{X_i}} = \left(\dfrac{\sum_{i=1}^{n} X_i^{-1}}{n}\right)^{-1}$ 로 구해진다.

조화평균은 각 구간의 거리가 일정한 경우의 평균 속도에서 전 구간에서의 평균 속도를 구하는 데 이용되고 있으며 각 지불 금액이 일정한 경우의 평균 가격 등을 구할 때 쓰이고 있다. 예를 들어, 회사에서 출발하여 시속 6 ㎞로 걸어가 1 ㎞ 떨어진 집에

들렀다가 집에서부터는 자전거로 시속 12 ㎞의 속도로 달려 집에서 1 ㎞ 떨어진 회식 장소에 도착하였다고 하자. 산술평균을 구하면, 시속 9 ㎞($\frac{6+12}{2}=9$)가 구해지지만, 조화평균을 구하면 시속 8 ㎞($H=\frac{2}{\frac{1}{6}+\frac{1}{12}}=8$)를 구할 수 있다.[3]

산술평균 ≥ 기하평균 ≥ 조화평균의 관계가 성립한다.

최저임금 통계를 대상으로 하여 성장률에 대해 공부해 보기로 하자. <표 4-5>는 2013년부터 2022년까지의 (시간급)최저임금에 대한 자료를 보여주고 있다. 대통령에 따라 임금 인상률에 차이가 있기 때문에 최근 10년간 정권에 따라 최저임금 수준을 보여주고 있다.[4]

표 4-5 최저임금 추이

정권	연도	최저임금 (원)	인상률 (%)	평균인상률 (%)	정권	연도	최저임금 (원)	인상률 (%)	평균인상율 (%)
이명박	2013	4,860	6.10	5.2	문재인	2018	7,530	16.40	7.3
박근혜	2014	5,210	7.20	7.4		2019	8,350	10.90	
	2015	5,580	7.10			2020	8,590	2.87	
	2016	6,030	8.10			2021	8,720	1.50	
	2017	6,470	7.30			2022	9,160	5.05	

박근혜 정부 4년간 최저임금은 이명박 정부 5년차 값에 비해 1,610원(=6,470−4,860)이 인상되어 1.33배로 증가하였다. 상승률의 산술평균은 7.4%($=\frac{7.2+7.1+8.1+7.3}{4}$)이고 기하평균은 7.4%($=\sqrt[4]{(6,470/4,860)}-1$)이다. 문재인 정부 5년간 최저임금은 박근혜 정부 4년차 값에 비해 2,690원(=9,160−6,470)이 상승하여 1.42배로 상승하였다.

---

3 거리는 속도×시간이다($s=vt$). 처음 집까지 갈 때 $1=6t_1$, $t_1=\frac{1}{6}$이 구해진다. 다음 회식 장소까지 갈 때 $1=12t_2$, $t_2=\frac{1}{12}$이 구해진다. 전체적으로 보면 $2=\bar{v}\times t=\bar{v}\times(\frac{1}{6}+\frac{1}{12})=\bar{v}\times\frac{1}{4}$, 평균속도 $\bar{v}=8$㎞$/h$가 얻어진다.

4 고용노동부 장관은 매년 8월 5일까지 다음 연도 최저임금을 고시하고 효력은 다음 연도 1월 1일부터 발생한다. 박근혜 대통령이 2017년 초 탄핵을 당하였기 때문에 2018년 최저임금은 탄핵사태가 없었더라면 박근혜 임기 5년차에 결정되었을 텐데, 문재인 정권 초기에 결정되었다.

상승률의 산술평균은 7.3%(= $\frac{16.4+10.9+2.87+1.50+5.05}{5}$)이고 기하평균은 7.2%(= $\sqrt[5]{(9,160/6,470)}-1$)이다. 재임기간 내 1만 원을 목표로 했던 문재인 정부에서 박근혜 정권보다 산술평균으로는 0.1%p, 기하평균으로는 0.2%p 적은 인상률을 보이고 있다.

국민들이 문재인 정부 때 박근혜 정부 때보다 더 크게 인상되었다고 느끼는 것은 정권 초기에 1만 원 도달이라는 목표를 위해 2018년 16.4%, 2019년 10.90%이라는 높은 인상률을 보였기 때문이며 이후 인상률을 낮게 책정함으로써 비슷한 상승률을 보이게 된 것이다.

명언 보따리

"많은 사람들이 '평균적인 인간'의 관점을 취하는 사고방식에 곧잘 빠지는데, 이는 조심해야 하는 함정이다. …(중략)… 평균적인 인간을 바탕으로 삼아 설계된 시스템은 실패하기 마련이다"

토드 로즈 저, 정미나 역, 이우일 감수
'평균의 종말: 평균이라는 허상은 어떻게 교육을 속여왔나', 21세기북스, 2018.

02 21번 자네가 임시 반장이야

- 학년 초 중학교 1학년 담임 선생님의 대표 고르기
- 집중화 경향과 중앙값, 최빈수

통계적 분석을 하기 위해서는 자료를 수집하고 정리해야 한다. 또 한 걸음 더 나아가 자료로부터 정보를 얻어야 하는데, 그러기 위해서는 자료가 가지고 있는 특성을 분석해야 한다. 자료는 보통 다음과 같은 특성을 기준으로 파악한다.

① 집중화 경향(集中化傾向, central tendency): 자료들이 어느 위치에 집중되어 있는가

② 분산도(分散度, dispersion): 자료들이 어느 정도 흩어져 있는가

③ 비대칭도(非對稱度, skewness) : 대칭에서 얼마나 벗어나 있는가.

집중화 경향을 나타내는 것으로는 산술평균, 중앙값, 최빈값을 들 수 있다. 우리가 보통 관심을 가지고 있는 대상을 한마디로 숫자나 말로 표현하는 경우가 있는데, 이것이 바로 전체의 특성을 대표하는 값이다.

먼저, 중앙값(中央値 median, M_d)에 대해 생각해 보기로 하자. 타임머신을 타고 잠시 중학생 시절로 되돌아가 보자. 새 학기가 되면 제일 먼저 출석번호 정하기와 반장 선출을 한다. 복도에 학생들이 키 순서대로 쭉 서면, 선생님은 몇 사람의 위치를 바꾼

후 대충 키 순서대로 정렬되었다고 생각되면 키가 작은 순서대로 출석번호를 매기고 앉는 위치를 정한다. 이때 좀 더 크게 보이려고 뒤꿈치를 약간 드는 등 여러 가지 잔꾀를 부렸던 추억이 생각날 것이다. 학급 인원이 41명으로 구성되어 있는 어느 중학교 1학년의 경우를 예로 들어보자. 이 학급 학생들의 키를 잘 대표하는 학생을 당장 한 명 뽑아야 하는 상황이 되었다고 하자. 이런 경우에는 출석번호가 21번인 학생을 대표로 내세우면 일이 해결될 것이다. 이 21번 학생의 키를 중앙값이라고 한다. 중앙값이란 수치로 된 자료를 크기 순서대로 나열했을 때, 가운데에 위치하는 관찰값으로 다음과 같이 구한다.

$$M_d = \left(\frac{n+1}{2}\right)\text{번째의 관측값 }(n\text{이 홀수인 경우})$$

$$M_d = \frac{n}{2}\text{번째의 관측값과 }\frac{n}{2}+1\text{번째의 두 관측값의 산술평균}$$
$$(n\text{이 짝수인 경우})$$

1번에서 20번까지는 21번보다 키가 작고, 22번에서 41번까지는 21번보다 키가 크다. 학생 수가 홀수인 경우에는 쉽게 계산할 수 있지만, 짝수인 경우에는, 예컨대 $n = 40$인 경우에는 20번과 21번 학생의 키를 합친 후 2로 나눈 값을 중앙값으로 사용하면 된다. 어느 날 이 학급에 학생 한 명이 전학을 가고(22번 학생) 다른 학생이 전학을 왔다고 하자. 새로 전학 온 학생의 키가 41번에 해당한다고 하면, 학급 전체의 평균 키는 상승하지만, 중앙값에는 변화가 없다. 또 21번보다 작은 학생 중에서 이동이 있는 경우에도 평균키에는 변화가 있지만 중앙값에는 변화가 없다. 분명 사람이 바뀌고 자료에 변화(여기에서는 키)가 생겼는데도 대푯값은 변하지 않는 것이다. 이 점이 바로 중앙값이 갖는 단점이다. KBO리그(15년)에서 이승엽 홈런의 8번째 큰 수인 중앙값은 32개이다.

가장 눈에 많이 띄는 것: 유행을 따르자

다음으로는 최빈수(最頻數, mode, M_0)에 대해 알아보기로 하자. 대통령 선거를 비롯한 각종 선거를 예로 들어보자. 7명의 후보가 나와 A 37%, B 28%, C 19%, D 11%, E 6%, F 4%, G 3%를 득표했다고 하자. A가 비록 과반수에는 못 미치지만 당선자가 된다. 이 경우에는 득표수(율)가 가장 많은 후보를 당선자로 하기로 미리 약속하고 법에 규정했기 때문이다. A의 지지자가 가장 많다 혹은 A의 지지표가 가장 많이 관찰되었다고 표현할 수 있다. 이렇게 관찰값이 가장 많은 수를 최빈수라고 부른다.[5] 다시 말해 가장 흔한 값이다. 광화문 사거리에서 고급 승용차의 색상을 조사했더니, 검은색 58%, 흰색 31%, 파란색 8%, 노란색 2%, 빨간색 1%로 조사되었다고 하자. 이 경우에는 검은색이 최빈수가 된다. 우리는 고급 승용차는 검은색으로 대표되며, 검은색 고급 자동차가 최고로 유행하고 있다고 표현할 수 있다. 긴 줄을 서고 있는 맛집은 손님의 최빈수를 보이고 있다.

이대호 선수 혼자 너무 많이 받아요

앞에서 공부한 산술평균에 대해 다시 한번 생각해 보기로 하자. 산술평균은 모든 자료값을 반영하여 계산되기 때문에 자료 전체에 대한 정보를 가지고 있다는 큰 강점을 가지고 있으나, 이상한 수치(이상치)에 영향을 받는다는 약점을 가지고 있다. 예를 들어 2020년 프로야구 롯데팀 선수의 평균 연봉이 성적에 비해 높았다. 이대호 선수의 연봉이 25억 원으로 도드라지게 높았기 때문에 이런 왜곡 현상이 발생한 것이다.[6] 또 비슷한 예로 현대 중공업 회장인 정몽준 씨가 국회의원을 할 때 국회의원 평균 재산이 과대 평가된 적이 있다. 그래서 언론에서는 정 회장을 제외한 나머지 국회의원의 평균 재산을 별로로 계산하여 발표하기도 하였다.[7] 중앙값과 최빈수는 어떤 분포에도 사용

5 영어로 모드(mode)라고 하며 유행(fashion)과 동의어로 쓰인다.

6 2021년 프로야구 연봉에서 발생하는 왜곡 현상은 9장 8절을 참고하기 바람.

할 수 있지만, 이상치가 있어 좌우 비대칭 분포 자료에서는 평균은 부적합한 대푯값이다.

지금까지 공부한 산술평균, 중앙값, 최빈수에 대한 특징을 <표 4-6>에 보여주고 있다. 또 <그림 4-1>에서는 최빈수가 하나만 있는 자료의 분포 모양에 따른 평균, 중위수, 최빈수의 위치가 어떻게 나타나는가를 보여주고 있다. 이 중에서 산술평균이 가장 유용하여 대푯값으로 제일 많이 사용되지만, 이것만이 유일한 대푯값이라고 결론을 내려선 곤란하다. 목적에 따라 융통성 있게 선택해야 하는 것이다.[8] 일반적으로 산술평균이 가장 유용하지만, 이상한 수치에 영향을 받는다는 약점을 가지고 있음을 유념하여야 할 것이다. 따라서 산술평균에만 집착해서는 안 되며 다른 대푯값에 대해서도 관심을 가지고 알아두면 자료의 특성을 다양하게 파악할 수 있고 유용한 정보를 더 많이 얻을 수 있다.

표 4-6 산술평균, 중앙값, 최빈수에 대한 특징

평균(M)
1. 모든 관측값이 사용되며, 그 값이 유일하게 결정된다. 2. 몇 개의 이상치(매우 크거나 작은 값)에 민감한 영향을 받는다. 3. 수량으로 관찰된 값에만 적용된다. 4. 자료를 몇 개의 작은 집단으로 나누었을 때, 각 집단의 평균의 평균은 전체 자료를 이용해 얻은 평균과 같다.
중위수(M_d)
1. 중앙값으로 관찰값의 50%는 좌측에 나머지 50%는 우측에 존재한다. 2. 몇 개의 이상치에 영향을 받지 않고, 그 값이 유일하게 결정된다. 3. 수량으로 관찰된 값에만 적용된다. 4. 자료를 몇 개의 작은 집단으로 나누었을 때, 각 집단의 중위수의 중위수는 전체 자료를 이용해 얻은 중위수와 항상 일치하지는 않는다.
최빈수(M_0)
1. 자료에서 관측도수가 가장 많은 값으로 유일하지는 않다. 즉 하나 이상의 최빈수가 있을 수 있다.[9] 2. 몇 개의 이상치에 영향을 받지 않는다. 3. 양적 자료나 질적 자료 모두에 사용이 가능하다. 4. 자료를 몇 개의 작은 집단으로 나누었을 때, 각 집단의 최빈수에 의해 전체의 최빈수를 유도할 수 없다.

7 절단평균(trimmed mean) 혹은 절단 총점제를 적용한 예라고 볼 수 있다.
8 어떤 대푯값을 쓰는 것이 바람직한가에 대해서는 김진호, 앞의 책, p. 77~79. 참고하였음.
9 KBO리그(15년)에서 이승엽 홈런의 최빈수는 13과 32이며, 각각 2번씩 기록되었다.

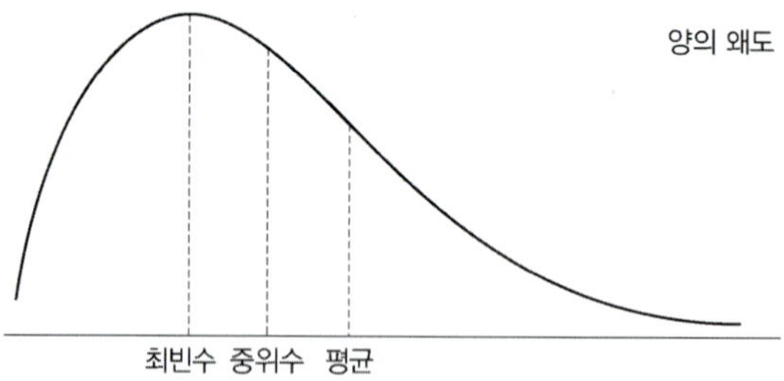

(a) 오른쪽 긴 꼬리 분포: 최빈수 < 중위수 < 평균

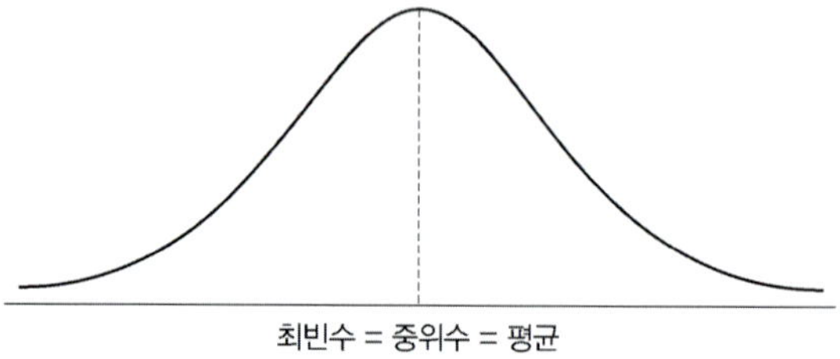

(b) 대칭인 분포: 최빈수 = 중위수 = 평균

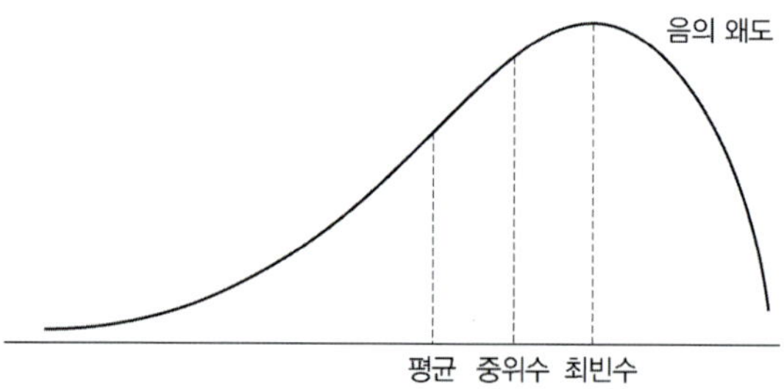

(c) 왼쪽 긴 꼬리 분포: 평균 < 중위수 < 최빈수

그림 4-1 자료의 분포 모양에 따른 평균, 중위수, 최빈수의 위치

이번에는 최댓값(maximum)이 우리 일상에서 어떻게 유용하게 쓰이는지를 알아보기로 하자. 전력 발전소를 짓는다고 생각해 보자. 어느 정도의 규모로 지을 것인가가 사업의 성패를 결정짓는 중요한 변수가 될 것이라는 데는 이견이 없을 것이다. 규모가 너무 크면 유휴설비 때문에 쓸데없는 경비가 들 것이고, 너무 작으면 성수기 수요를 감당하지 못해 낭패를 당할 것이다. 이런 경우 성수기를 대비해 최대로 규모로 건설하고 예비 전력을 충분히 확보하는 전략을 취하고 있다. 또 비성수기에는 갖가지 유인 정책을 통해 유휴시설을 활용하고 있다. 또 다중(多衆)이용시설인 공항, 버스 터미널은 물론이고 식당, 여관, 쇼핑센터, 공장, 영화관 등도 최댓값을 중시하여 규모를 결정하는 좋은 예이다. 특히 운동장이나 체육관과 같이 행사가 있을 때와 없을 때 이용자 수가 현저하게 차이 나는 건축물을 지을 때도 최빈수와 최댓값을 고려하고 있다. 북한

은 우리나라보다 인구가 적지만 최대 관중 15만 명을 수용하는 능라도 경기장을 자랑하고 있다. 체제선전과 과시를 위한 과잉 투자로 발생하는 비효율을 감내하는 북한 주민들이 측은하게 느껴지는 것은 저자만의 생각이 아닐 것이다.

비료의 아버지라고 불리는 독일의 화학자 유스투스 폰 리비히(Justus Freiherr von Liebig, 1803~1873)는 '최소의 법칙(law of minimum)'을 대중화시켰다. 이 법칙은 칼 스프렌겔(Carl Sprengel, 1787~1859)이 최초로 주장한 것인데, "식물이 자라는데 대부분 필수 영양분이 충분하다고 할지라도 하나가 부족하면 충분한 영양분의 양과는 관계없이 특정 부족 영양분에 따라 식물성장이 억제된다"라는 주장이다. 최솟값의 중요성에 대한 일깨워주는 법칙이라고 본다.

이야기 보따리 **가구소득 구간별 가구분포**

우리나라 가구소득의 분포를 아래 그림에 나타내 보았다. 오른쪽 긴 꼬리 분포를 하고 있으며, 2022년 중위소득은 5,362만 원이고 평균소득은 6,762만 원임을 알 수 있다. 각각 2021년보다 264만 원, 292만 원 증가하였음을 알 수 있다. 최빈값은 약 2,200만 원으로 추측된다. 이 그림은 오른쪽 긴 꼬리 분포를 하고 있으며 최빈수<중위수<평균의 관계를 확인할 수 있다.

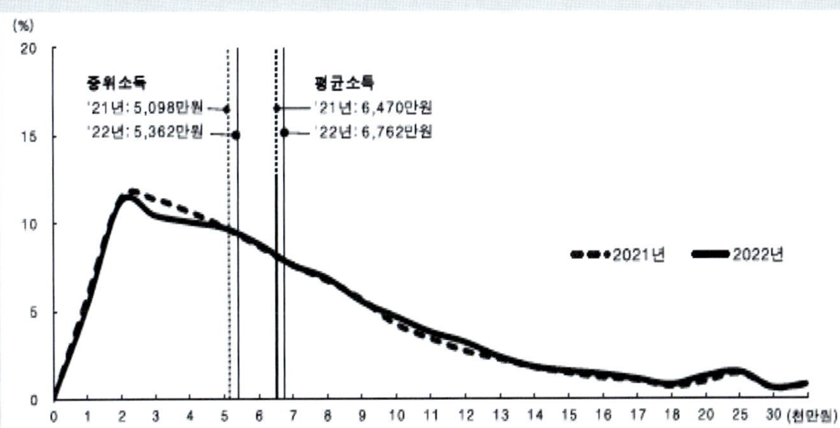

자료: 통계청, '2023년 가계금융복지조사 결과', 2023.

이야기 보따리 중위수로 본 한국의 상대적 빈곤율[10]

2018~2019년 기준 한국의 상대적 빈곤율은 16.7%로 경제협력개발기구(OECD) 37개국 중 4번째로 높았다. 상대적 빈곤율은 전체인구의 소득을 한 줄로 세웠을 때의 중간값인 중위소득의 50%에 미치지 못하는 계층이 전체인구에서 차지하는 비율을 말한다. 이 비율이 높다는 것은 그만큼 상대적으로 가난한 국민이 많다는 것을 의미한다. 올해 기준 중위소득 50% 기준은 1인 가구 91만4천 원, 2인 가구 154만4천 원, 3인 가구 199만2천 원, 4인 가구 243만8천 원이었다. 이에 미치지 못하는 소득을 버는 사람이 전체인구의 16.7%라는 것이다. 한국보다 상대적 빈곤율이 높은 나라는 코스타리카(20.5%), 미국(17.8%), 이스라엘(16.9%) 3개국뿐이다. OECD의 상대적 빈곤율 평균은 11.1%로 한국은 이보다 5.6%p 더 높다. 주요 선진국인 일본(15.7%), 이탈리아(14.2%), 영국(12.4%), 캐나다(11.6%), 독일(9.8%), 프랑스(8.5%) 등보다 높은 수치다. 핀란드(6.5%), 덴마크(6.1%), 아이슬란드(4.9%) 등 북유럽 국가와 비교하면 차이는 더 벌어진다.

우리나라의 높은 상대적 빈곤율 수준에는 고령 인구의 급격한 증가도 영향을 미친 것으로 해석된다. 2018년 기준 65세 이상 노인빈곤율은 43.4%로 OECD 평균(15.7%)의 약 3배에 달한다. 전체 고령자 중 노후 준비가 된 사람은 약 50%에 그쳤다. 특히, 혼자 사는 고령자는 3명 중 1명만 노후준비를 하는 것으로 조사됐다.

---

10 뉴스1코리아, 2021.10.25. 참고하였음.

03 우열반으로 나누어야 하는가?

- 어느 교수의 고민
- 표준편차와 분산의 중요성

'통계와 생활'의 중간고사 평균 점수가 용세네 반(80명)도 용미네 반(80명)도 모두 65점으로 같게 나왔다고 가정해 보자. 평균 점수만 보고 이 두 반이 거의 같은 학습 성과를 보이고 있다고 판단할 수 있을 것인가? 만약 이 두 반을 다시 학습 능력에 따라 우열반으로 구성하려고 하는 경우, 두 반의 평균 점수가 같다고 그냥 이대로 운영하는 것이 바람직하다는 주장을 아무런 비판 없이 받아들일 수 있는가?

두 반의 성적 분포를 살펴보니 용세네 반은 잘하는 학생은 아주 잘하고(최고 점수 100점), 못하는 학생은 아주 못하는(최저 점수 0점) 양극화 현상이 벌어지고 있었다. 반면, 용미네 반은 최고 점수도 80점에 불과했고, 최저 점수도 50점에 불과했다. 그러므로 용미네 반은 담당 교수가 평균점에 있는 학생의 수준에 맞추어 수업을 하면 되겠지만, 용세네 반은 잘하는 아이와 못하는 아이를 나누어 수업을 하는 것이 더 바람직할 것이다. 즉, 용세네 반은 두 반(우열반)으로 나누어 운영하는 것이 교육의 질을 올리는 방안이 될 수 있다. 이러한 사실은 점수가 퍼져 있는 정도, 즉 범위(範圍, range)를 계산하면 쉽게 알 수 있다. 범위란 관측치 중 가장 큰 수치와 가장 작은 수치의 차에 1을 더한 수치이다. 수치가 큰 경우에는 1을 더하지 않아도 무방하다. 범위는 이해하기 쉽고 계산하기도 쉬우나, 극단적인 끝값에 좌우되는 약점을 가지고 있다.

이런 약점을 극복하는 한 가지 방법으로 분산이라는 개념을 도입해 쓰고 있다. 분산(分散, variance)은 자료의 퍼져 있는 정도를 구체적인 수치로 알려주는 훌륭한 도구이다. 분산을 구하는 공식의 분자는 자료 관측값에서 평균을 뺌으로써 각 관측치가 평균으로부터 얼마나 벗어나 있는가, 즉 편차(偏差, deviation)를 계산한 후 제곱을 하며 더한 값으로 표시된다. 이렇게 구한 분산은 제곱을 한 값이기 때문에 단위상의 문제를 낳는다. 예를 들어 학생들의 키를 cm로 측정했다면, 분산은 cm^2로 표시된다. 분산이 가지는 단위상의 문제를 극복하기 위해 분산의 제곱근을 구하는데, 이것을 표준편차(標準偏差, standard deviation)라고 부른다. 모분산과 표본분산의 제곱근을 각각 모 표준편차, 표본 표준편차라고 부른다.

분산을 구하는 공식은 대상이 모집단이냐 표본이냐에 따라 달라진다는 사실에 유의할 필요가 있다. 먼저 모집단을 구성하는 관찰값의 수가 N개 있다면($X_1, X_2, \cdots, X_N$) 모집단의 분산(모분산, population variance, σ^2)과 모표준편차(σ)를 구하는 공식은 다음과 같다.

$$\sigma^2 = \frac{\sum_{i=1}^{N}(X_i - \mu)^2}{N}, \quad \sigma = \sqrt{\sigma^2} = \sqrt{\frac{\sum_{i=1}^{N}(X_i - \mu)^2}{N}}$$

또 표본을 구성하는 관찰값의 수가 n개 있다면 ($X_1, X_2, \cdots, X_n$) 표본 분산(sample variance, S^2)과 표본표준편차(S)을 구하는 공식은 아래와 같다.

$$S^2 = \frac{\sum_{i=1}^{n}(X_i - \overline{X}_i)^2}{(n-1)}, \quad S = \sqrt{S^2} = \sqrt{\frac{\sum_{i=1}^{n}(X_i - \overline{X}_i)^2}{(n-1)}}$$

모분산을 구하는 공식의 분모에는 N이 있으나, 표본분산을 구하는 공식의 분모에는 $(n-1)$이 있음을 유념하기를 바란다.[11]

KBO리그 15년간 기록한 이승엽 선수의 홈런 수에 대한 모분산은 다음과 같이 구할

11 $(n-1)$을 자유도(自由度)라고 부른다. 자유도의 개념에 대해서는 이후의 절에서 살펴보기로 한다.

수 있다.

$$\sigma^2 = \frac{\sum_{i=1}^{15}(X_i-\mu)^2}{15} = \frac{(13-31)^2+(9-31)^2+(32-31)^2+\cdots(24-31)^2}{15} = 191.4$$

$$\text{모표준편차}(\sigma) = \sqrt{191.4} = 13.8 \simeq 14$$

이승엽 선수가 KBO리그에서 기록한 홈런 수의 모분산은 191.4, 모표준편차는 13.8개, 약 14개로 계산된다. 8년간 일본 리그에서의 평균 홈런 수는 20개이고 표준편차는 12개이다. 두 리그에서의 평균 홈런 수와 표준편차를 비교해 보면 KBO리그에서 평균 홈런 수도 더 많고(12개 차이) 표준편차도 더 크게(2개 차이) 나타났다. 표준편차(분산)가 클수록 자료들이 이질성(異質性)이 커 넓게 퍼져 있고, 반대로 표준편차(분산)가 작을수록 동질성(同質性)이 높아 자료들이 집중되어 나타난다.

만약 표본 수를 5개로 하여 추출을 통해 얻은 관측값이라면 표본분산(S^2)은 99.5로, (표본)표준편치(S)는 10개로 계산된다.[12]

$$S^2 = \frac{\sum_{i=1}^{n}(X_i-\overline{X}_i)^2}{(n-1)} = \frac{(32-32)^2+(36-32)^2+(47-32)^2+(21-32)^2+(26-32)^2}{(5-1)}$$

$$= \frac{398}{4} = 99.5$$

$$S = \sqrt{S^2} = 10$$

공정한 심판 고르기

분산을 구하는 데 쓰이는 제곱합(Sum of Squares, $\sum_{i=1}^{n}(X_i-\overline{X})^2$)는 여러 분야에서 유용하게 쓰이고 있다. 여러분이 인사과 직원이고 시험채점위원을 선정해야 하는 과

12 1997년 32개, 2000년 36개, 2002년 47개, 2012년 21개, 2015년 26개가 추출되었다고 해보자.

제를 안고 있다고 해보자. 다른 사람들이 준 점수와 편차를 적게 보이는 사람을 선정하여야 할 것이다. 예를 들어, 다른 사람들이 만점에 가까운 점수를 주었는데 혼자 낙제점을 준다던가, 반대로 다른 사람들은 낙제점을 주는데 혼자 만점을 주는 사람은 채점위원으로 부적합하다. 이 말은 제곱합을 채점 대상자수로 나눈 평균제곱합의 값(평균제곱합, Mean Sum of Squares, $\sum_{i=1}^{n}(X_i - \overline{X})^2/n$)이 적은 사람이 더 유능한 채점위원이라고 말 할 수 있다.

왜도(歪度, Skewness)는 분포가 좌우대칭인지, 오른쪽 꼬리가 긴지(왼쪽으로 치우쳐 있는지), 왼쪽 꼬리가 긴지(오른쪽으로 치우쳐 있는지), 즉 분포가 좌우로 치우친 정도(비대칭성)를 나타내는 지표이다. 흔히 일상에서 "장사 되는 몇 집만 그렇지, 다른 집은…"이라든가 "팔리는 책만 그렇지 다른 책은…"이라는 표현에서 보듯 극단적인 불평등이 있을 때 왜도는 큰 값을 갖는다.

왜도를 계산하는 식은 $S_w = \frac{1}{n}\sum_{i=1}^{n}(\frac{X_i - \overline{X}}{S})^3$이다. 왜도가 양으로 계산되면 분포는 정규분포보다 분포의 뾰족한 부분이 왼쪽으로 치우쳐 있고 꼬리는 오른쪽으로 길어진다. 반대로 음으로 계산된 값이 나오면 정규분포보다 분포의 뾰족한 부분이 오른쪽으로 치우쳐 있고 꼬리는 왼쪽으로 길어진다(그림 4-2).

첨도(尖度, Kurtosis)는 뾰족한 정도를 나타내는 지표이다. 표본 데이터에서 첨도를 계산하는 식은 $S_k = \frac{1}{n}\sum_{i=1}^{n}(\frac{X_i - \overline{X}}{S})^4 - 3$이다. 첨도가 양으로 계산되면 분포는

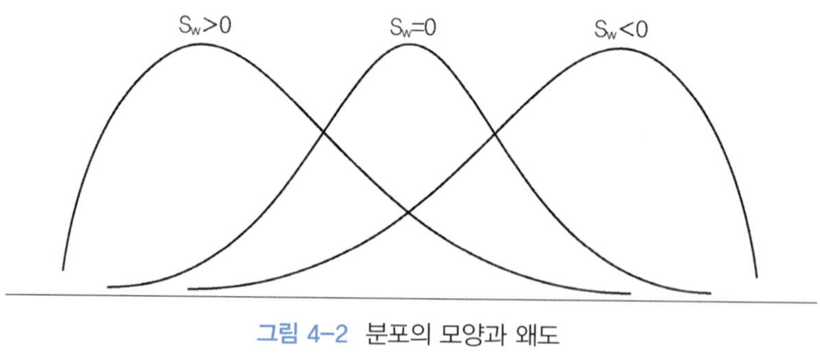

그림 4-2 분포의 모양과 왜도

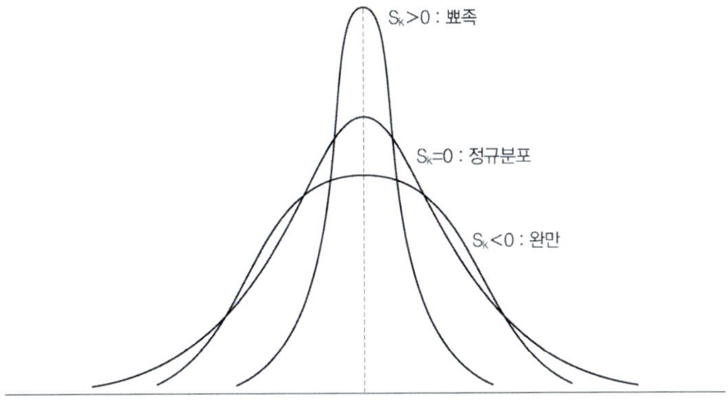

그림 4-3 분포의 모양과 첨도

표 4-7 입력 실수에 따른 왜도 · 첨도의 변화[13]

	자료						왜도	첨도
올바른 자료	131	140	134	124	137	132	−0.43	−0.60
입력이 잘못된 자료	131	140	1340	124	137	132	+2.46	+1.20

정규분포보다 분산이 급격히 분산이 작아지는 경향을 보이고 반대로 음으로 계산된 값이 나오면 분산이 완만하게 커지는 경향을 보이고 있다. 정규분포에서는 왜도도 첨도도 0이다(그림 4-3).

왜도나 첨도가 0에서 크게 벗어나는 값이 계산되는 경우, 극단적으로 값이 크거나 적은 수치가 섞여 있을 가능성이 크다. 왜도나 첨도를 계산해 보면 이상 값을 찾는 데 도움이 된다. <표 4-7>에서 134를 1340으로 잘못 입력한 경우, 왜도가 +2.46, 첨도가 +1.20으로 큰 숫자로 나타났다.

예제 1

이승엽 선수의 선수 생활(23년간), KBO리그(15년간), 일본 진출전(전기 KBO 9년간), 일본 선수 생활(8년간), 귀국 후(후기 KBO 6년간), 그리고 최솟값과 최댓값을 제외한 21년[14]을 대상으로 홈런 수, 평균 홈런 수, 표준편차, 왜도, 첨도

13 왜도는 엑셀 함수 SKEW.P로 계산하였으나 엑셀 함수 KURT는 표본을 대상으로 하고 있기 때문에 저자가 모집단 첨도를 계산한 값이다.

를 구하시오.

풀이

이승엽은 23년간의 프로 선수로 뛰는 동안 626개(평균 홈런 27개)를 기록했는데, KBO(15년) 467개(평균 홈런 31개)와 일본(8년) 159개(평균 홈런 20개)를 기록하였다. KBO(15년)를 일본 진출 전후로 나누어 보면 일본 진출 전(전기 KBO) 9년간 324개(평균 36개)와 복귀 후(후기 KBO) 6년 143개(평균 24개)를 기록하였다. 이렇게 보면 이승엽의 홈런 성적을 대상으로 볼 때 표준편차도 변동계수도 가장 적게 나타난 시기는 일본에서 귀국한 후 KBO 시절이라고 말할 수 있다.

이승엽 선수 홈런 수과 타율의 기술 통계

	연수	구분	평균*	표준편차	왜도	첨도	변동계수
전기 KBO	9	홈런 수	36 (324)	15	−0.51	−0.46	0.43
		타율	0.304	0.02	−0.08	−1.06	0.06
일본	8	홈런 수	20 (159)	12	0.49	−0.76	0.59
		타율	0.242	0.04	−0.01	0.77	0.18
후기 KBO	6	홈런 수	24 (143)	6	−0.58	1.28	0.25
		타율	0.297	0.02	−0.51	0.61	0.08
전체 KBO	15	홈런 수	31 (467)	14	0.20	−0.65	0.44
		타율	0.301	0.02	−0.56	0.34	0.07
극단 제외*	21	홈런 수	27 (565)	13	0.31	−0.64	0.47
		타율	0.289	0.03	−0.77	0.02	0.12
선수 생활 전체	23	홈런 수	27 (626)	14	0.33	−0.65	0.52
		타율	0.281	0.04	−1.08	1.21	0.15

* ( ) 안은 해당 기간의 홈런 합계

** 홈런 수는 최저 홈런 수를 기록한 1996년과 최고를 기록한 2003년을 제외한 수치이고, 타율은 최저 타율을 기록한 2010년과 최고를 기록한 1997년을 제외한 수치이다.

14 여러 명의 심사위원이 평가할 때 심사위원의 극단적인 평가(최고점과 최저점)가 영향을 발휘하지 못하게 하기 위해 극단의 값을 제외하고 나머지 성적만을 대상으로 평가하는 절단평균(trimmed mean)방법을 적용한 예이다. 산출평균의 단점인 이상치를 제외하는 발상에서 이런 방법이 탄생한 것이다. 체조, 피겨 스케이팅, 다이빙 등에서 주로 쓰이고 있다.

마지막으로 변동계수(變動係數, Coefficient of Variation, CV)에 대해 공부해 보기로 하자. 두 개 이상의 표준편차를 서로 비교하는 경우, 비교 대상의 차이 때문에(성인의 몸무게와 신생아의 몸무게, 대형 마켓의 매출액과 동네 편의점의 매출액) 평균의 차이가 상당히 크거나 측정 단위가 서로 다르기 때문(성인의 몸무게와 신생아의 키)에 표준편차의 비교가 무의미해질 수 있다. 이런 경우 표준편차를 평균으로 나눈 상대적 크기인 변동계수를 구한다.

$$CV = \frac{\text{표준편차}}{\text{평균}} = \frac{S}{X}(\times 100)$$

예제 2

1년 동안 A대형 마트와 B편의점 매출액의 움직임을 조사한 결과 A마트의 월평균 매출액은 4억 원이고 표준편차는 1억 원이었다. 반면, B편의점의 월평균매출액은 3천만 원원이고 표준편차는 9백만 원이었다. 어느 쪽 매출이 변동이 더 심한지 구하시오.

풀이

A슈퍼 마트 변동계수 $= \frac{100,000}{400,000} = 0.25$, B편의점의 변동계수 $= \frac{9,000}{30,000} = 0.3$

으로 계산된다. 매출액 변동 폭은 A슈퍼(1억 원)가 B편의점(9백만 원)보다 더 크지만, 변동계수(0.25)가 B편의점(0.3)보다 적어 B편이점보다 상대적으로 매출액이 적게 변동했음을 알 수 있다.

04 아차 하는 사이에 '바보'됩니다

- 소신 있는 바보의 주장이 갖는 비논리성
- 상관관계와 인과관계의 혼동

날씨가 추워지면 노약자들의 건강이 악화되어 사망자가 급증한다. 거리에서는 붕어빵이 날개 돋친 듯 잘 팔리고 있다. 붕어빵 판매량 증가와 노약 사망자 급증을 연결시켜 용세가 여러분에게 "노약 사망자 급증과 붕어빵 판매량 증가가 인과관계(因果關係, causal relationship, causality)가 있기 때문에 노약 사망자 수를 줄이기 위해서는 붕어빵 판매를 금지해야 한다"라고 주장하였다. 이 말을 듣고 난 여러분들은 아마 용세에게 "너, 바보 같은 소리를 하냐, 어디서 내 친구라고 하지마…"라고 점잖게 충고할 것이다. 용세는 붕어빵 판매량 추세와 노약 사망자 수 추세가 비슷하게 나타나는 것을 근거로 자기주장을 한 것이다. 두 변수 간에는 상관관계는 있지만 인과관계는 없는데 용세가 상관관계와 인과관계를 같은 개념으로 보고 주장한 것이다.

인과관계란 원인(原因, cause)이 있고 그에 따라 결과(結果, effect)가 나타나는 관계이다. 이 말은 결과를 바꾸기 위해서는 원인을 바꾸어야 함을 내포하고 있다. 날씨가 추워지면서 노약자의 건강 악화, 노약자 사망자증가, 붕어빵 매출 증가 현상이 동시에 나타나지만, 노약자 사망자증가는 노약자의 건강 악화를 거쳐 나타나는 현상이다. 반면 붕어빵 매출 증가는 추운 날씨로 인해 직접 영향을 받는 현상이다. 노약자 사망자증가와 붕어빵 매출 증가는 같은 시기에 나타나지만 다른 카테고리에 속하는 현상이다.

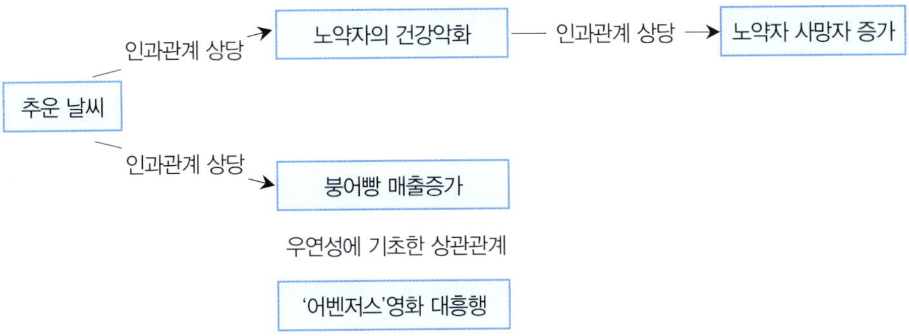

그림 4-4 추운 날씨의 영향

만약 같은 시기에 영화 '어벤저스'가 대흥행을 하고 있다고 하자. 이 흥행과 붕어빵 매출 증가와는 우연의 일치(coincidence)라고 말할 수 있다. 혹시 이 영화에서 주인공이 붕어빵을 먹는 장면이 명장면으로 평가받아 사람들이 너도나도 영화의 한 장면을 상기하면서 붕어빵을 먹는다면, 인과관계가 있다고 하겠지만 말이다(그림 4-4).

법에서도 인과관계가 매우 중요하다. 인과관계의 중요성을 보여주는 법원의 판단이 있었다. 2021년 1월 12일 법원은 가습기 살균제 사망사건에 내해 판결을 내렸다. 2011년부터 문제가 제기되어 2016년 옥시(PHMG/PGH 성분 사용) 사건에서는 회사 관련자에게 유죄를 선고했지만 선경케미컬과 애경산업이 판매한 제품(CMIT/MIT 성분 사용) 사건[15]에서는 회사 관련자에게 무죄를 선고하였다.[16] 무죄 판결의 핵심은 CMIT/MIT 성분과 PHMG/PGH 성분은 다르다는 것이다. 선경케미컬과 애경산업이 판매한 가습기 살균제 원료(CMIT/MIT 성분 사용)가 폐질환과 천식을 유발했다는 사실을 입증하기엔 증거 부족이라고 판시하였다. 가습기 살균제 성분이 유해하다는 의혹부터 입증에 실패했기 때문에 두 회사 관계자가 일부러 유해 사실을 숨겼는지를 따질 필요조차 없다고 판시하였다. 여기에서 핵심어는 인과관계(因果關係)이다. 이것을 증명해야 하는데 이 증명은 과학의 영역이다. 옥시 사건과 달리 회사의 손을 들어준 것이다.

15 SK케미컬과 애경산업이 피고이다. 835명의 피해자가 있고 12명이 사망하였다.

16 가습기 살균제 유해 사건은 두 개의 재판이 진행되었다. 옥시를 피고로 하는 사건과 SK케미컬, 애경산업이 피고인 사건으로 구별된다.

얼마나 같은 방향으로 움직일까?

우선은 인과관계를 생각하지 않고 오직 두 변수가 서로 관련이 있는가 없는가를 알아보는 것이 필요할 때가 있는데, 이때 쓰이는 개념이 공분산(共分散, covariance)과 상관계수(相關係數, correlation coefficient)이다. 공분산이란 두 변수(X와 Y)가 같은 방향으로 움직이는 관계인지, 아니면 반대 방향으로 움직이는 관계인지를 알려주는 개념이다. 두 변수의 편차를 곱하여 모두 합한 값을 자료 수로 나누어주면 얻을 수 있다. 공분산이 양수이면 상의 상관, 음수이면 음의 상관, 0이면 상관관계가 없다고 정의하고 있다.[17] 각 확률변수 X와 Y의 관측값과 그 평균과의 편차, $(X-E(X))$, $(Y-E(Y))$를 각각 구하고, 이 두 값(편차)을 곱한 $((X-E(X))(Y-E(Y))$에 대한 기댓값으로도 정의된다.

$$\text{모공분산: } \sigma_{XY} = \frac{1}{N}\sum_{i=1}^{N}(X_i-\mu_X)(Y_i-\mu_Y)$$

$$\text{표본공분산: } S_{XY} = \frac{1}{n-1}\sum_{i=1}^{n}(X_i-\overline{X})(Y_i-\overline{Y})$$

$$Cov(X, Y) = E[(X-E(X))\times(Y-E(Y))] = E(XY)-E(X)\times E(Y)$$

상관계수는 공분산을 두 변수의 표준편차의 곱으로 나누어 구할 수 있다. 공분산은 측정 단위에 영향을 받는다는 단점을 가지고 있지만 상관계수는 그렇지 않다. 모상관계수는 그리스 문자 rho(ρ)로, 표본상관계수는 영문자 r로 표기하고 있다. $-1 \le \rho(\text{혹은 } r) \le 1$이며 측정 단위나 수치 변환과 관계없다.[18]

$$\text{모상관계수(母相關係數, } \rho) = \frac{\sigma_{XY}}{\sigma_X \sigma_Y}, \quad \text{표본상관계수(標本相關係數, } r) = \frac{S_{XY}}{S_X S_Y}$$

---

17 X와 Y가 서로 독립이면($E(XY)=E(X)E(Y)$) 공분산은 0이지만, 그 역은 성립하지 않는다.

18 분석 대상의 단위에 영향을 받지 않는 개념과 수치를 개발할 필요가 있는데 무명수(無名數)는 이러한 필요를 위해 개발된 개념이다. 무명수란 숫자 뒤에 단위(예를 들면 10만 원)를 붙이지 않고 그냥 10과 같이 단위가 없는 수치이다. 경제학에서는 탄력도(彈力度, elasticity)가 대표적인 예이며, 통계학에서는 상관계수와 변동계수가 이에 해당한다.

위의 수식을 보면 복잡한 것 같지만, 그 기본적인 아이디어는 우리 생활에서 아주 쉽게 만날 수 있는 것들이다. 예를 들어, 보스(X)와 부하(Y)의 관계를 생각해 보자. 보스가 죽으면 부하도 죽고, 보스가 성공하면 부하도 성공하는 것처럼, 두 사람의 관계가 늘 같은 방향(+)으로 움직이는 경우가 있을 수 있다. 이와는 반대로 로미오 집안과 줄리엣 집안처럼 서로 천하에 없는 원수 관계와 같이, 한 집안이 하고자 하는 방향과 다른 집안이 하고자 하는 방향은 반대로 나타나는 경우(−)가 많을 것이다. 전자의 경우 공분산은 +로 나타날 것이고, 후자의 경우라면 공분산은 −로 나타날 것이다. 또 "아무리 좋은 부부 관계라 하더라도 헤어지고 나면 남보다 못하다"라는 말이 있는데, 이것은 바로 이혼 전에는 +였던 공분산이 이혼 후에는 상대에 대한 증오심 때문에 0을 넘어 −로 나타나는 것이라 할 수 있다.

Cov(보스, 부하)=+, Cov(로미오, 줄리엣)=−

Cov(남편, 아내)=+(이혼 전), Cov(전 남편, 전 아내)=−(이혼 후)

<표 4-8> 상관계수에 대한 해석에서 보는 바와 같이 일반적으로 상관계수가 0.7을 넘으면 강한 상관관계라고 평가하고 있다.

표 4-8 상관계수에 대한 해석

상관계수(r)	상관관계에 대한 해석
0~0.2	거의 무시할 정도의 상관관계
0.2~0.4	약한 상관관계
0.4~0.7	비교적 강한 상관관계
0.7~1	강한 상관관계

자료: 우치다 마나부 외 저, 오시현 역, '비즈니스 통계입문', 시그마북스, 2012.

이야기 보따리 칼 피어슨 이야기

그 스승에 그 제자 & 그 아버지에 그 아들

칼 피어슨(Karl Pearson, 1857~1936)은 영국의 통계학자이다. 현대 수리통계학의 창시자 가운데 한 사람이며, 골턴의 제자이며 이건 피어슨(Egon Sharpe Pearson, 1895~1980, 네이만과 함께 연구한 가설검정과 신뢰구간의 이론은 현대통계학의 중요한 바탕이 되고 있다. 1966년 왕립협회 펠로어로 선출됨)의 아버지이다. 케임브리지 대학을 졸업하고 독일 하이델베르크 대학에 유학하였다. 학교의 잘못으로 Carl이 Karl로 바뀌었고 그 후 고착화되었다. 1880년에 영국으로 귀국한 후 변호사였던 아버지를 따라 법학을 공부하였으나 1881년에 다시 수학으로 관심을 돌렸다. 1881년에 킹스 칼리지 런던에서 수학 조교수를, 1883년에 유니버시티 칼리지 런던에서 수학 교수를 맡았으며 다음 해 응용 수학 · 역학 석좌 교수가 되었다. 1901년 골턴과 같이 Biometrika라는 학술지를 창간하였다. 1911년 이 학교에 세계에서 처음으로 통계학과를 설립하였다. 상관계수를 만들었고, 히스토그램을 창안하였으며, χ^2검정법을 제시한 업적을 가지고 있다.

1910년의 칼 피어슨(자료: 위키피디아)

스승은 당대 최고의 통계학자이며 아들은 후대 최고 통계학자인 셈이다. "왕대 밭에 왕대 난다". 부전자전(父傳子傳), 남전생옥(藍田生玉)이 아닐 수 없다. 그는 1898년 다윈 메달을 수상하였다.

05 마지막 한 명은 호명할 필요가 없다

- 오디션 참가자의 떨림
- 자유도

통계학을 배우다 보면 '자유도'라는 요상한(?) 개념을 만나게 된다. 저자는 자유(自由, freedom)라는 말을 들으면, 제일 먼저 "자유가 아니면, 죽음을 달라"고 했던 1789년 프랑스 혁명의 구호가 떠오른다. 당시 프랑스 국민들이 목숨과도 바꾸려고 했던 숭고한 가치인 '자유'가 수식과 논리로 뒤범벅이 된 통계학에서 한가하게(?) 쓰이고 있다는 사실이 매우 의아스러웠다. 하지만 세월이 지나 통계학에 대한 이해력이 향상된 후부터는 통계학에서 '자유도'는 매우 적절하고도 중요한 개념이라는 사실을 알게 되었다. 자유도(自由度, degree of freedom, $d.f$)란 변수에서 자유롭게 선택될 수 있는 변수의 수 또는 자유로이 변할 수 있는 변수의 수, 즉 독립변수의 수를 말한다. n개의 표본 관측 값이 있을 때 제한된(restricted) 관측값의 수를 제외하고 자유로운 관측값의 수라고 정의한다. 예를 들어, 통계학 교수가 여러분에게 "학생 여러분, 5개 숫자를 임의로 골라보시오. 단 그 합은 0이어야 합니다"라고 말했다고 하자. 여러분은 아마도 4개 숫자까지는 마음대로 고를 수 있으나, 마지막 5번째 숫자를 고를 때에는 반드시 5개 숫자의 합이 0이 되어야 한다는 제약조건을 만족시키는 숫자를 찾아야만 할 것이다.

첫 번째 수를 100, 두 번째 수를 200, 세 번째 수를 300, 네 번째 수를 400으로 선택했던 김용세 군은 반드시 5번째 숫자는 −1,000을 선택해야 한다. 또 첫 번째 수를 1억, 두 번째 수를 −20억, 세 번째 수를 −5억, 네 번째 수를 10억으로 선택했던 이용미 양은 반드시 5번째 수로 14억을 골라야 한다. 다른 수치는 교수가 제시한 조건을 만족시킬 수 없다. 이 문제의 경우 용세와 용미의 자유도는 4이다. 즉, 5−1＝4이다.

자유도의 개념을 일상에서 만날 수 있는 예로 오디션 경연을 생각해 보자. 오디션 참가자가 10명이고 경연 순서를 정해야 하는데 순서가 적혀있는 종이를 뽑기로 하였다. 이때 8명이 차례로 뽑아 8장을 공개하여도 순서가 완전히 정해지지 않는다. 그렇다고 10장을 다 공개할 필요가 없다. 9장만 공개해도 열 사람의 순서가 정해진다. 공개되지 않은 순서는 나머지 한 명의 순서인 것이 자명(自明)하기 때문이다. 즉, 이 뽑기에서 자유도는 9이다. 오디션 참가자가 n명이라면 자유도는 $(n-1)$이 된다. 4명의 친구가 골프장 1번 홀에서 티업 순서를 정할 때 자유도는 얼마인가?

표본을 대상으로 분석한 통계량을 추정량(推定量, estimator)으로 사용하려면 자유도를 고려해야 한다. 자유도로 수정된 추정량이 더 이상적(理想的)인 성격을 갖기 때문이다.[19] 표본분산(표준편차)을 구하는 공식의 분모에 표본수(n)가 들어가지 않고 자유도($n-1$)가 들어가는 등 통계량의 성격에 따라 표본수(n)에서 1이나 2 혹은 그 이상을 감하는 경우를 흔히 볼 수 있다. 일부에서는 우리나라 대통령제의 폐단을 주장하면서 '제왕적 대통령'이라는 표현을 쓰고 있다. 이때 '제왕적 대통령'이란 개념은 아마도 그가 누구의 간섭도 받지 않고 자기 마음대로 국정을 운영할 수 있는 권력을 가졌다는 뜻일 것이다.[20] 또 영의정의 경우에는 '일인지하 만인지상(一人之下萬人之上)'이라는 표현을 쓰는데, 여기에서도 대충 임금 한 사람의 간섭만 있을 뿐 수많은 백성을 다스릴 수 있는 위치에 있음을 의미한다. 제왕의 자유도는 ∞, 영의정의 자유도는 $(\infty-1)$ 이라고 표현하면 어떨까 하는 생각이 든다.

의사결정을 할 때 늘 부인의 눈치를 보아야 하는 공처가는 그렇지 않은 남편에 비해

19 이에 대한 자세한 설명은 이 책의 수준을 넘는다. 불편(不偏) 추정량을 구하기 위해서이다. 이에 대해서는 이석훈 · 김응환, 앞의 책, p. 231.

20 사실 조선시대의 왕은 삼사(三司: 사헌부, 사간원, 홍문관)와 사관의 견제를 받았기 때문에 현대인들이 막연히 동경하는 무소불위의 권력을 지닌 것은 아니라고 한다. 다만 여기에서는 임금의 의사결정이 다른 사람에 비해 훨씬 더 자유롭다는 점을 강조하기 위해 이러한 표현을 썼다.

의사결정에 있어 자유도가 작다고 할 수 있을 것이다. 비슷한 이치로 조직 내에서 지위가 높을수록 의사결정의 자유도는 더 커진다고 할 수 있다. 물론 책임감도 증가하지만 말이다.

이야기 보따리 '자유도'의 탄생, 확산 그리고 피셔(Ronald Fisher)

자유도에 대한 개념은 독일 천문학자이자 수학자 칼 프리드리히 가우스에 의해 1821년 초에 인식되었지만, 현대적인 정의와 사용은 영국의 통계학자 윌리엄 실리 고셋이 1908년 Biometrika에 의해서였다. 그는 '자유도'라는 용어를 사용하지 않았지만, t 분포를 개발하는 과정에서 이 개념을 설명했다. 이 용어 자체는 1922년 영국의 통계학자이자 생물학자인 로널드 피셔(Ronald Fisher)가 카이제곱(χ^2) 분포를 개발하면서 대중화되었다.

1913년, 24세 때의 피셔
(자료: 위키피디아)

1890년 런던에서 태어난 피셔는 1909년에 케임브리지 대학교에 장학생으로 입학하였고, 당시 재조명되기 시작한 멘델의 유전학을 공부하였다. 대학 졸업 후 1919년부터 1933년까지 14년간 Rothamsted Experimental Station(로담스테드 농업 연구소)에서 연구원으로 일하면서 엄청난 실험을 하였고 이를 바탕으로 통계학을 발전시켰다. 이곳에서 피셔의 연구가 없었다면, 현대통계학은 물론 현대 진화유전학의 모습도 달라졌을 것이라는 평가를 듣고 있다.

1933년부터 1943년까지는 유니버시티 칼리지 런던의 우생학 교수를, 1943년부터는 1957년까지 케임브리지 대학교 유전학 교수를 지냈다. 은퇴 후 오스트레일리아로 거처를 옮겨 1962년에 애들레이드에서 사망하였다. Box-Jenkins 시계열 모형으로 유명한 통계학자 조지 박스의 장인이기도 하다.

그는 "자유도라는 새로운 개념을 이용해 서로 다른 저자들에 의해 관찰된, 서로 모순되고 이해할 수 없는 결과들을 하나의 통일된 틀 속에서 이해하고자 하는 시도였다"라고 밝히고 있다.[21]

* Box-Jenkins법: ARMA(자기회귀이동평균) 또는 ARIMA(자기회귀통합이동평균) 모델을 적용하여, 과거 시계열 값에 가장 적합한 시계열 모델을 찾는 통계적 방법이다.
* 박스(George E. P. Box, 1919~2013): 영국의 통계학자, 품질관리, 시계열 분석, 실험계획, 베이지안 추론에서 탁월한 업적을 남겼다.

21 데이비드 살스버그 저, 최정규 역, '천재들의 주사위', 뿌리와 이파리.

연습문제

1 한 번도 홈런 31개를 친 적이 없는데

1. 산술평균, 중앙값, 최빈수에 대한 특징에 설명하시오.
2. 최댓값이 중요하게 작용하는 예를 들어 설명하시오.

3 우열반으로 나누어야 하는가?

1. 모분산과 모표준편차, 각각을 정의하고 양자 간의 관계를 설명하시오.
2. 왜도와 첨도는 무엇인지 설명하시오.
3. 변동계수가 무엇인지 설명하시오.
4. 성인의 평균키는 171 ㎝이고 표준편차는 6 ㎝이다. 반면 중학생의 평균키는 135 ㎝이고 표준편차는 5.2 ㎝이었다. 키의 변동이 더 심한 쪽은 성인인지 중학생인지 설명하시오.

4 아차 하는 사이에 '바보'됩니다

1. D대학교 학생의 몸무게와 키와의 상관관계를 알아보려고 한다. 10명을 뽑은 자료가 (72,173), (59,165), (54,170), (76,180), (58,163), (68,172), (78,178), (58,166), (73,168), (82,186) 이었다. 몸무게의 평균과 표준편차, 키의 평균과 표준편차, 공분산과 상관계수를 구하시오. (*, $)에서 *는 몸무게(㎏)를, $는 키(㎝)를 나타내고 있다.

5 마지막 한 명은 호명할 필요가 없다

1. 자유도란 무엇인지 설명하시오.
2. 앞의 3장 5절의 2번 연습문제에서 주어진 D대학교 경제학과 30명 학생의 평균평점을 대상으로 하여
   (ⅰ) 평균, 중앙값, 분산, 표준편차, 왜도, 첨도를 구하시오.
   (ⅱ) 아래사분위수와 위사분위수를 구하시오.
   (ⅲ) 줄기와 잎 그림을 그리시오.
   (ⅳ) 상자그림(Box Plot: 최솟값, 아래사분위수, 중앙값, 위사분위수, 최댓값을 이용하여 자료를 요약정리하는 그래프적인 표현방식의 하나로 줄기와 잎 그림과 같이 쓰이는 경우가 많다)을 그리시오.

제 5 장

확률 정복하기

1. 운이냐 실력이냐, 그것이 문제로다
2. 어찌 이런 일이, 주민등록번호가 같다니!
3. 심지어 꿈속에서마저 해보고 싶은 도박
4. 엄마, 내 배가 아프면 엄마가 방귀 나와?
5. 똑게일까, 멍부일까
6. 좀 더 좋은 CCTV가 있었다면…
7. 허생원은 베이즈 정리를 활용하였다!
8. 믿어도 될까요? vs 그럼, 누구 말을 믿어

01 운이냐 실력이냐, 그것이 문제로다

- 로또 복권과 토토 복표 이야기
- 확률이론, 주관적 확률과 객관적 확률

확률(確率, probability)은 일반적으로 '어떤 상황이 발생할 가능성'이라고 정의되고 있다. 무작위성과 불확실성을 연구하는 데 있어 가장 핵심이 되는 개념이다. 대부분의 통계분석은 모집단 자료를 분석하는 것이 아니라 모집단으로부터 추출한 표본의 자료를 대상으로 하여 모집단을 추축하기 때문에 확률개념은 매우 중요하다.

먼저 표본공간(標本空間, sample space)과 사건(事件, event)에 대한 이해가 필요하다. 표본공간이란 확률적 실험을 통해 일어날 수 있는 모든 가능한 결과의 집합이고 사건 혹은 사상(事象)은 표본공간의 한 부분집합이다. 표본공간, 사건, 확률을 확률공간(確率空間, probability space)이라고 부른다. 예를 들어, 동전 한 개를 던질 때 표본공간 S={앞면, 뒷면}이다. 앞면이 나오는 사건은 A ={앞면}이 된다. 확률은 1/2이 된다.

확률은 여러 가지 방법으로 정의되고 있지만 여기서는 3가지를 소개해 보았다.[1]

① 수학적 확률(고전적 확률, 논리적 확률, 선험적, a priori probability)

1 6장 1절에서 소개할 영화 '증인'과 '은밀한 유혹'에서의 동전던지기 예에서 보듯 확률이 0인 사건과 확률이 아주 작은 사건은 전적으로 다르다.

프랑스의 수학자 라플라스(Laplace, 1749~1827)가 한 고전적 정의이다.

"일어날 수 있는 경우가 N 가지가 있고 각각의 경우가 모두 동등하게 일어난다고 할 때(전제조건), 어떤 사건 A가 m개의 원소로 이루어져 있다면 사건 A가 일어날 확률 $P(A)=\frac{m}{N}$이 된다." 예를 들어, 48장인 화투에서 '8광'이 뽑힐 확률은 $\frac{1}{48}$이고 '8껍데기'가 뽑힐 확률은 $\frac{2}{48}=\frac{1}{24}$이다. 이는 누구에게나 동일한 값으로 계산된다. 그러나 일어날 수 있는 경우가 모두 알려져 있는 경우에만 계산할 수 있다는 한계를 가지고 있다.

② 통계적 확률(확률의 상대도수적 정의, 경험적 확률)

N을 총시행횟수라고 하고 $n(A)$를 N회 시행 중 사건 A가 출현한 횟수라 할 때, 이를 수식으로 쓰면 $\frac{n(A)}{N}$이다. 동일한 확률실험을 무한히 반복할 때 한 사건에 대한 상대도수(相對度數, relative frequency)의 극한에 의해 얻어지는 수치 $P(A)=\lim_{n\to\infty}\frac{n(A)}{N}$를 확률이라 정의한다. 이 정의는 빈도주의(頻度主義, frequentist) 시각으로 가장 널리 쓰이는 정의이지만 실험을 무한히 반복할 수 없다는 한계를 가지고 있다. 즉, 이렇게 확률을 상대도수로 정의한다면 "어떤 사건이 나타날 확률은 실험을 무한에 가깝게 계속해서 반복했을 때, 전체 시행 횟수에서 그 사건이 나타나는 빈도수를 상대적으로 나타낸 것"이라고 할 수 있다. 이것을 대수의 법칙(大數의 法則 또는 큰수의 법칙, law of large numbers)이라고 부른다. 예를 들어, 윷놀이의 도구인 윷을 던졌을 때 평평한 면(앞면)이 나올 확률은 수학적으로 알 수 없다. 1,000번을 시행했을 때 앞면이 나오는 빈도는 $\frac{3}{5}$에 가까워진다.[2]

③ 주관적 확률(확률의 주관적 해석)

관찰자의 주관이 전혀 개입되지 않는 수학적 확률과 통계적 확률과는 달리, 관찰자가 가지고 있는 정보, 지식, 경험 등에 의해 어떤 사건의 가능성을 주관적 입장

2 윷놀이에서 발견할 수 있는 대수의 법칙은 6장 5절을 참고하기 바람.

(subjective view)에 따라 다르게 측정되는 확률을 말한다. 예를 들어, A자동차 회사가 수소차 시장에서 성공할 확률을 A회사 경영진은 70%로 보고 있지만, 제삼자들은 40%로 보고 있다. 이때 경영진의 성공에 대한 확률은 70%이고 제삼자의 확률은 40%로, 30%p 차이가 난다. 이 예는 베이지안 통계학에서 주로 다루고 있으며 확률을 '주장에 대한 신뢰도'로 해석하고 있다. 예를 들어, 동전 앞면이 나올 확률 50%를 빈도주의(頻度主義, frequentist) 입장에서는 "100번 던졌을 때 앞면이 50번 나온다"라고 보는 반면 베이지안 통계학에서는 "동전의 앞면이 나왔다는 주장의 신뢰도는 50%이다"라고 본다.[3] 베이지안 통계학은 경험에 기반한 선험적인 혹은 불확실성을 내포하는 수치를 기반으로 하고 있다. 추가 근거를 확보하면서 진리로 더 나아갈 수 있다는 철학을 기반으로 하고 있다.[4]

위의 3가지 정의 중에서 수학적 확률과 경험적 확률(empirical probability)은 객관적 확률(客觀的確率, objective probability)로 분류되고 있다. 세상에는 확률측정기는 없다. 어떤 가상의 양인 것처럼 확률에 수를 부여할 수는 있지만, 그것은 결코 직접 측정된 것이 아니다.[5] 따라서 객관적 확률에 대한 통일된 견해가 없다고 과언이 아니며 있다고 하더라도 제한적인 의미를 갖는다.

이와는 반대로 같은 일이라도 사람에 따라 다른 확률을 예상하는 경우가 있는데, 이것은 사람마다 경험, 지식, 태도, 가치관, 성격, 정보의 양과 질, 직감 등이 다르기

---

3 2020년도 대입 수능의 국어 시험에서 베이즈주의를 소개하는 지문이 출제되면서 대입 수험생들의 관심을 얻기도 했던 베이즈주의는 선거 결과를 예측한다거나 보험료를 산정하는 과정 등에서 이미 널리 사용되고 있다. 게다가 빅데이터의 확보와 함께 인공지능 연구에서 중요한 역할을 담당하게 된 베이즈주의는 최근에 더 많은 주목을 끌고 있다. 구글에서 지금 '베이즈주의(Bayesian)'를 검색하면 3,100만 개가 넘는 검색 결과가 나온다. 2018년에는 약 1,710만 개에 불과했고, 2004년에는 약 10만 개에 불과했는데 말이다. 교수신문, 2021.1.8. 신간소개를 참고하였음.

4 베이즈주의는 베이즈 정리에 기초하여 가설과 증거 사이의 관계를 확률로 분석하고 추론하는 과학적 방법이다. 여기서 말하는 확률은 동전을 1,000번 던지면 500번은 앞면이 나온다는 식의 빈도가 아니라 믿음의 정도이다. 어떤 사건이 발생할 것이라고 믿는 믿음의 정도, 예를 들어 트럼프가 미국 대통령 선거에서 승리한다는 가설이 참이 된다고 믿는 믿음의 정도가 확률이라는 것이다. 트럼프가 선거에서 몇 번 승리했고 몇 번 패배했는지 그 빈도를 따질 수 없는 이런 경우에는 더구나 확률을 믿음의 정도로 이해하는 것이 그럴듯하다. 미국 대선 여론 조사 결과 등의 배경지식에 기초할 때 트럼프가 선거에 이길 것이라는 가설을 믿는 믿음의 정도를 가늠할 수 있고, 그것을 확률로 부여할 수 있는 것이다. 여영서, '상식의 긴 팔', 집문당, 2020.

5 스피겔할터 저, 권혜승 · 김영훈 역, '숫자에 약한 사람들을 위한 통계학 수업', 웅진 지식하우스, 2020.

때문이다. 백인백색(百人百色)이라는 말이 이를 두고 하는 말이다. 이런 경우 우리는 주관적 확률(主觀的確率, subjective probability) 또는 개인적 확률이 다르다고 말한다. 처음부터 객관적 확률을 계산할 수 없는 경우는 물론 누구나 공감하는 객관적 확률이 있는 경우에도 사람마다 주관적 확률이 다르기 때문에 갖가지 일이 발생한다. 예를 들어 로또 1등 당첨 확률은 누구에게나 똑같은데, 전날 밤 돼지꿈을 꾼 사람은 주관적 확률을 그렇지 않은 사람보다 훨씬 높게 생각한다. 그래서 출근과 동시에 복권 판매점으로 달려가 로또를 구입한다.

비슷한 듯 다른 개념: 확률과 오즈(odds)[6]

확률개념과 비슷한 오즈에 대해 공부해 보기로 하자. 오즈는 사건이 일어날 확률을 사건이 일어나지 않을 확률로 나눈 값으로 정의된다. 실패가 b회 나타나고 성공이 a회로 나타나는 경우 a/b로 표시하는 방식이 오즈이고, 확률로는 $p=\frac{a}{(a+b)}$로 표현한다. 또 사건이 일어날 확률이 p이고 일어나지 않을 확률이 $(1-p)$라면 $\frac{p}{1-p}=\theta$로 표시한다. 확률과 같은 개념을 표현하는 대체개념이다. 모든 확률은 오즈로 계산되며, 반대로 모든 오즈는 확률로 계산된다.

$$\frac{p}{1-p}=\theta \text{라면 } p=\frac{\theta}{(1+\theta)}$$

$$0<p<1 \text{이고 } 0\le\theta<\infty$$

$$p=0 \text{이면 } \theta=0,\ p=0.5 \text{이면 } \theta=1,\ p=1 \text{이면 } \theta=0 \text{가 된다.}$$

예를 들어, 여자아이 1명당 남자아이가 몇 명 대응되는지를 나타내는 신생아 출생 시 성비(性比, sex ratio)는 1.08일 때가 바람직하다고 한다. 이것을 오즈로 나타내면 1.08 대 1.00 혹은 108 대 100으로 표현한다. 오즈를 확률로 나타내면 남자 신생아가

6 사건 1이 발생할 확률이 p_1이고 사건 2가 발생할 확률이 p_2라고 하면, 오즈비(odds ratio, OR)는 $p_1/(1-p_1)/p_2/(1-p_2)$이다. 의학 임상실험 결과를 나타내는 데 유용하게 쓰이고 있다.

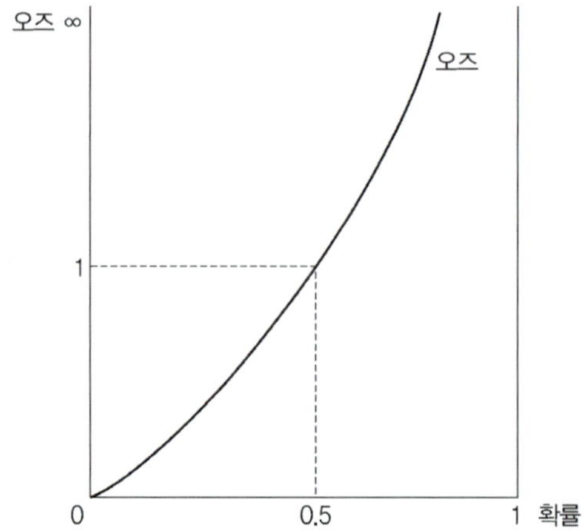

그림 5-1 확률과 오즈(odds)와의 관계

태어날 확률은 $\frac{108}{100+108} = 0.519 = 51.9\%$이다.

반대로 확률을 오즈로 바꾸기도 어렵지 않다. 신생아 중 남아의 비율이 51.9%라면 신생아 1,000명 중 남아가 519명이고 여자는 481명이 계산된다. 따라서 여아 1명당 남아 숫자를 보여주는 오즈는 $(519/481) = 1.08$이다.

확률은 비율(fraction)로 나타내면 0~1로, 백분율(percentage)로는 0에서 100 사이의 값이 된다. <그림 5-1>의 관계에서 볼 수 있듯이 확률이 0 경우 오즈는 0이 되고, 확률이 0.5인 경우 오즈는 1이 되며, 확률이 1인 경우 오즈는 무한대가 된다. 예를 들어 확률이 0.6이면 오즈는 $0.6 : 0.4$, 3대 2혹은 $(0.6/0.4) = 1.5$가 된다.

<표 5-1>을 통해 '조건부 오즈(conditional odds)'의 유용성을 공부해 보기로 하자. 학생 수가 1,000명인 어느 학교에 전염병 증상을 보이는 학생은 100명이고 그렇지 않은 학생은 900명이다. 전수 검사를 해본 결과 감염자는 50명이었다. 그중 30명은

표 5-1 증상유무와 감염 여부(가상)

	증상		합계
	있음	없음	
걸림(감염)	30	20	50
안 걸림(불감염)	70	880	950
합계	100	900	1,000

증상을 보인 사람이었고 그렇지 않은 사람은 20명이었다. 또 감염되지 않은 사람은 950명이었고 그중 70명은 증상을 보였고 나머지 880명은 증상을 보이지 않았다. 증상 유무에 대한 정보는 감염자를 찾아내는 데 도움이 됨을 증명해 보기로 하자.

증상만 있는 사람들만 대상으로 오즈를 구한다면, 즉 '조건부 오즈'를 구한다면 3 : 7 또는 $\frac{3}{7}$이 된다. 전체 집단에서 구한 오즈 $\frac{1}{10}$보다 훨씬 더 큰 값이다. 반면 증상이 없는 사람에 대한 조건부 오즈는 1 : 44 또는 $\frac{20}{880}=\frac{1}{44}$로 전체 집단에서 구한 오즈 $\frac{9}{10}$보다 훨씬 더 작은 값이다. 증상을 보이는 사람을 대상으로 유병여부를 조사하는 것이 증상을 보이지 않는 사람을 대상으로 유병여부를 조사하는 것보다 훨씬 합리적임을 조건부 오즈를 비교함으로써 알 수 있다. 대단히 상식적인 결론에 도달하는데, 이렇게 보면 코로나19의 유행 때 증상을 보이는 사람을 대상으로 확진여부를 검사한 것은 합리적인 대응이라고 평가할 수 있다. 하지만 무증상자 중에서도 감염자가 나오자, 일부에서는 전수조사를 하자고 주장하였다. 전수조사는 비용도 비용이지만 시차를 두고 조사해야 하기 때문에 5천만 국민을 대상으로 전수조사를 한다는 것은 실효성이 없다. 그래서 방역 당국은 증상자를 주 대상으로 삼는다는 대원칙을 전제로 증상자와 접촉한 사람까지 검사하였다. 또 증상자도 아니고 증상자와 접촉한 사실도 없다 할지라도 검사를 희망하는 사람까지 검사범위를 확대하여 검사의 실효성과 경제성을 동시에 추구하였다고 평가할 수 있다.

이야기 보따리 **케인즈의 확률론**

20세기 전반기 최고의 경제학자로 평가받고 있는 케인스(John Maynard Keynes, 1883~1946)의 박사학위논문은 경제학 논문이 아니라 '확률론(A Treatise on Probability'(1921년)이다. 그는 확률이란 주어진 문화적 환경 아래서 교육받은 사람들이 어떤 주어진 환경에 부여되는 불확실성의 척도이며, 어떤 개인이 속하는 문화의 산물이지 개개인에게 속해 있는 것은 아니라고 주장하고 있다. 그는 우리가 의사결정을 할 때 특정한 사건들에 대해 정확한 숫자로 표현되는 확률을 가질 필요가 없다고 이야기한다. 다만 일어날 가능성을 기준으로 사건들을 순서 지을 수 있다면 그것으로 충분하다는 것이다. 그에게 확률이란 부분적인 순서 매기기다.

데이비드 살스버그 저, 최정규 역, '천재들의 주사위', 뿌리와 이파리.

02 어찌 이런 일이, 주민등록번호가 같다니!

- 생년월일, 성별, 출생지가 같은 동네 동명이인의 놀람
- 확률계산

주민등록제도는 1960년대 후반 북한의 도발이 빈번하던 시절에 만들어져 긍정적인 역할도 하였지만, 정보화 시대가 도래하면서 개인정보 유출로 인해 부정적인 면이 크게 부각되었다. 2017년 5월 30일부터 주민등록번호를 변경할 수 있게 되었으며(대상자만), 2020년 10월 1일부터는 주민등록번호 부여 방식 체계가 변경되었다.

먼저, 종전의 부과방식에 의한 주민등록번호가 같을 확률을 먼저 계산해 보기로 하자. 앞의 6자리와 뒤의 7자리로 나누어진다. 앞 6자리 중 앞의 두 자리에는 생년이 들어가고, 나머지 4자리에는 월일이 들어간다. 뒤의 7자리에서 첫 자리에는 남녀를 표시하는 숫자가 들어가는데, 20세기 출생 남녀는 1과 2, 21세기 출생 남녀는 3과 4가 쓰이고 있다. 다음 4자리에는 출생지역 조합번호(3,563개)가, 6번째에는 출생지역의 같은 성 출생신호 순번이, 마지막 자리에는 오류검정번호가 들어간다. 20세기 출생자와 21세기 출생자가 같이 생존해 있기 때문에 주민등록번호가 같을 확률은 대상 기간에 따라 달리 계산된다.

만약 20세기 100년간을 계산한다면[7] $\frac{1}{100} \times \frac{1}{365(366)} \times \frac{1}{2} \times \frac{1}{3563} \times \frac{1}{100} =$

7 100년 동안 2월에 윤달이 나타나는 연도가 있기 때문에 생년월일을 나타내는 앞의 6자리의 확률은

$3.84 \times (\frac{1}{10})^{11} = \frac{1}{26,009,900,000}$ 로 계산된다. 이는 로또 1등 당첨 확률보다 약 3,193배 낮은 확률이다.[8]

만약 20세기와 21세기, 200년간을 계산하면 제일 첫 번째 값이 $\frac{1}{200}$ 로 줄어들게 되며 남녀를 나타내는 확률이 $\frac{1}{4}$ 로 변하기 때문에 위의 확률에 $\frac{1}{8}$ 이 곱해진 값이 확률로 얻어진다. 또 새 방식에 의하면 뒤의 둘째 자리에서 다섯째 자리 숫자가 임의로 부여되어 성별을 제외한 뒤의 6자리는 임의로 부여하게 되었다. 2020년 지역번호 폐지로 향후 80년을 대상으로 계산하면 $\frac{1}{80} \times \frac{1}{365(366)} \times \frac{1}{2} \times (\frac{1}{10})^{6} = 1.7 \times (\frac{1}{10})^{11}$ 이 된다. 이 확률은 제도 변경 전 100년을 대상으로 한 확률보다 약 2.25배 낮으며, 로또 1등 당첨 확률과는 비교할 수 없을 정도로 낮은 확률이다.

주민등록번호가 같은 일이 있을 수 있을까? 상식적으로는 있을 수 없는 일이고, 있어서는 안 되는 일이지만 실제로 그와 같은 일이 발생했다. 1970년대 후반 서울 어느 동사무소 직원이 같은 날 같은 동에서 태어난 여아에게 실수로 마지막 둘째 자리에 같은 수치를 부여한 것이다. 지난 2001년 서울시는 손해 배상액으로 500만 원을 피해 여성에게 주었다. 동사무소 직원의 실수가 생년월일, 성별, 출생지, 이름까지도 무려 6가지가 같은 동명이인(同名異人)에게 주민등록번호까지 같게 만들어 준 것이다.

같은 단어: 다른 해석과 느낌

통계학은 수학과 밀접하게 관련이 되어있기 때문에 사회과학 연구자가 이해하기 어려운 개념들이 상당히 많으며, 이것을 일상생활과 연계시키기가 쉽지 않은 경우도 많다. 예를 들면 표본공간과 (확률)실험(實驗, experiment)이라는 개념이 그렇고, 사건과 성공이라는 개념도 일상에서 쓰는 개념과는 사뭇 다르게 쓰인다. 표본공간은

실제로는 1/36,500보다 약간 더 작을 것이다. 따라서 주민증 번호가 같을 확률은 위에서 구한 확률보다 약간 더 적을 것으로 생각된다.

8 로또 1등 당첨 확률은 1/8,145,060이다.

'실험을 통해 나타날 수 있는 모든 예상되는 결과의 전체 모임'을 나타내며, 사건 또는 사상은 '표본공간의 한 부분집합'을 말한다. 실험이라는 단어를 들으면 하얀 가운을 입고 실험실에서 흰쥐를 대상으로 여러 가지 실험을 하는 모습이 떠오르는 사회과학도에게는 실험 운운하는 것이 좀 어울리지 않아 보이기도 한다. 그러나 주사위 던지기, 동전 던지기, 카드놀이, 전구 수명 조사 등은 흔히 이루어지는 실험의 대표적인 예이다. 일상에서 우리는 흔히 사건이라는 개념을 '문제가 되거나 관심을 끌만 한 일'이라고 정의한다. 그래서 유괴사건, 살인사건, 방화사건 등 대부분 좋지 못한 일을 상기하게 된다. 보통 아침 뉴스 시간에 앵커는 밤새 들어온 사건 사고 소식을 알아보자고 하면서, 경찰청에 나가 있는 기자를 부른다. 그러나 확률에서 사건이라고 함은 '관심의 대상이 되는 일'을 일컫는다. 그래서 주사위를 던졌을 때 1이 나오는 일, 동전에서 앞면이 나오는 일을 사건이라고 부른다.

마찬가지로 일반적으로 성공(Success)이라고 하면 '뜻을 이룸', '부(富)나 사회적 지위를 얻음'이라고 정의되며 출세와 비슷한 말로 쓰이고 있다. 즉, 성공한 사람이란 사회적으로 어느 수준 이상의 지위와 명성을 얻은 사람을 의미한다. 그러나 통계학에서의 성공이란 '관심의 대상이었던 일이 실제로 나타난 경우'를 말한다. 예컨대 주사위를 던지면서 3이 나올 것이라고 예상했었는데, 바로 3이 나오면 성공했다고 한다. 패륜아(?)로 오해받을 수 있는 어느 의사의 예를 들어 보기로 하자.

그의 아버지가 뇌졸중으로 쓰러져 6개월을 입원하고 있다. 그런데 의사 아들이 아버지의 상태를 보니 오늘 밤을 못 넘길 것 같은 생각이 들었고, 식구들에게 자기 생각을 알렸다. 그런데 불행하게도 그의 아버지가 아들의 예상대로 저녁 10시경에 숨을 거두었다고 하자. 이 경우 표본공간은 '오늘 중 사망'과 '오늘 이후 사망'으로 구성되며, '오늘 중 사망'이라는 사건이 나타났기 때문에 아들의 예측은 '성공'이라고 말할 수 있는 것이다. 유능한 의사가 아버지의 죽음을 '성공'이라고 말한다면 패륜아(?)로 오해받을 수 있지만, 통계학에서는 좋은 일이든 아니든 예측한 일이 일어났을 때 성공했다고 말한다. 자연과학적 사고가 중심인 통계학에서는 사실상 가치관을 배제하는 경우가 많기 때문에 우리 일상생활에서 말하는 성공이라는 개념과는 매우 다르다.[9]

파스칼 씨, 어떻게 나눠야 하나요?

파스칼(1623~1662)이 어느 날 친구 메레로부터 다음과 같은 편지를 받았다. "어느 게임에서 기술이 비슷한 A, B 두 사람이 금화 32개씩을 걸고 내기를 하였다. 승부에서 이길 때마다 상대방에게 1점을 주되, 먼저 3점을 얻는 사람이 64개 모두를 갖기로 하고 게임을 진행했다. 그런데 A가 2점, B가 1점을 딴 후 사정이 생겨 시합을 중단하게 되었다. 이런 상황에서 64개의 금화를 어떻게 배분하는 것이 합리적인가"라는 내용의 편지였다.

얼핏 생각하면 두 사람의 점수의 합이 3이고, 이미 A가 2점을 얻고 있어 A의 몫을 $64 \times \frac{2}{3} = 42.7$, B는 $64 \times \frac{1}{3} = 21.3$으로 나누면 합리적이라고 생각하기 쉽다. 하지만 만약 게임이 중지되지 않고 진행되어 4번째 게임에서 A가 승리하였다면(승리 확률: $\frac{1}{2}$), 또 4번째 게임에서는 A가 졌다 할지라도 5번째 게임에서 이긴다면(승리 확률: $\frac{1}{4}$) A가 64개 전부를 차지하였을 것이다. A가 현재까지는 승률이 $\frac{2}{3}$이었지만 앞으로 승리할 확률은 $\frac{3}{4}$이 된다. 반면 B는 4번째와 5번째 게임을 모두 이겨야만 하기 때문에 승리할 확률은 $\frac{1}{4}$이 된다. 그러므로 A의 몫은 $64 \times \frac{3}{4} = 48$, B의 몫은 $64 \times \frac{1}{4} = 16$이 된다.

이번에는 천재지변으로 챔피언 결정전을 끝까지 치르지 못한 상태에서 상금을 배분하는 문제를 생각해 보기로 하자. 이 챔피언 결정전은 7번의 경기 중 먼저 4승을 하는 팀이 우승자가 되고 우승상금은 8억 원, 준우승상금은 4억 원이라고 한다. A팀이 B팀을 상대로 3승 1패로 앞선 현 상태에서 상금을 나누는 문제를 생각해 보자.[10]

만약 시합이 계속된다면, B가 남은 세 경기를 모두 이겨야 우승을 하는데, 그 확률은

9 이와 같이 가치 판단을 배제하고 학문에 접근하는 방법을 가치자유(價値自由, Wertfreiheit) 또는 몰가치성(沒價値性, value neutrality)이라고 부르며, 이는 독일의 사회학자 M. 베버가 주장한 것이다.

10 1승 3패로 뒤지던 팀이 연속 3연승으로 우승을 한 경우(확률 0.125)는 41번 한국시리즈에서 한 번 있었고(2013년) 일본시리즈에서는 73번 중 3번 있었다. 3승 2패로 앞서던 팀이 2연패하여 우승을 내준 경우(확률 0.25)는 한국시리즈에서는 1984년과 1995년 두 번 있었고 농구 챔피언 결정전에서는 27년 동안 3번 있었다.

$(\frac{1}{2})^3 = \frac{1}{8}$이다. 반대로 A는 3게임 중 한 게임이라도 이기면 되는데, 그 확률이 $(\frac{7}{8})$이기 때문에 7억 원을 가져야 한다. 반면 A가 준우승할 확률은 $\frac{1}{8}$이므로 5천만 원을 받아야 한다. 합이 7억5천만 원이다. B는 우승할 확률이 $\frac{1}{8}$이기 때문에 1억 원이 예상값이 되고 준우승할 확률은 $\frac{7}{8}$이므로 예상 준우승 상금으로 3억5천만 원을 받아야 하며, 합은 4억5천만 원이다.

만약 이 문제에서 5게임을 치른 후 A팀이 3승 2패로 앞서 있는 상태에서 더는 경기를 할 수 없을 때 A, B의 예상 상금은 얼마인가? A의 예상 상금은 7억 원(예상 우승상금 6억 원 + 예상 준우승 상금 1억 원)이고 B의 예상 상금은 5억 원(예상 우승상금 2억 원 + 예상 준우승 상금 3억 원)이다.

이야기 보따리 **신화를 창조하는 한국 양궁: '로빈후드 화살'**

2020 도교 올림픽 때의 일이다. 올림픽 사상 처음으로 도입된 양궁 혼성전 한국과 멕시코의 준결승에서는 10점 과녁에 꽂힌 김제덕(17)의 화살을 뒤이어 쏜 안산(20)의 화살이 뚫고 지나가며 9점을 기록한 것이다. 이미 꽂힌 화살의 뒤를 명중시키는 화살을 '로빈후드 애로우'라고 부르며 확률은 0.0058%라고 알려져 있다. 70 m 떨어진 곳에서 쏜 화살이 앞서 꽂힌 지름 0.93 ㎝ 화살의 머리 부분을 맞추고 뚫고 지나간 것이다. 이 '로빈후드 화살'은 스위스 로잔에 있는 국제올림픽위원회(IOC) 올림픽 박물관에 전시된다.

03 심지어 꿈속에서마저 해보고 싶은 도박

- 도스토옙스키의 시련
- 도박사의 오류와 도박중독

도박으로 많은 시련을 겪었던 유명인으로 러시아의 문호 도스토옙스키 (Dostoevskii, 1821~1867)를 들 수 있다. 1867년 단편소설 '노름꾼(gambling)'을 발표하였는데, 자기 경험을 쓴 것이다. 도박중독(gambling addiction)에 빠진 주인공의 심리상태를 묘사한 대목을 소개해 보았다.

"물론 나는 한시도 마음 편하게 지낸 적이 없었다. 아주 작은 판돈의 도박을 하면서 무언가를 기다리고 예상을 하고 또 하루 종일 도박대 옆에 서서 도박을 관찰하고, 심지어는 꿈속에서마저도 도박하는 광경을 볼 정도였다. 하지만 그럴 때마다 왠지 몸이 굳어지는 것 같고 마치 수렁 속에 빠진 듯한 느낌이 들었다."

요즘 같으면 거의 볼 수 없는 일이지만, 우리 부모님 세대에는 딸만 7~8명인 딸부잣집이 흔히 있었다. 남편이나 부인에게 왜 그렇게 많이 낳게 됐냐고 물으면, "지금까지 계속 딸을 낳았으니, 다음에는 아들일 가능성이 크다고 생각해서 낳고, 또 낳고 하다 보니 딸 부자가 되었다"라고 대답한다. 무심코 들으면 그럴듯하게 들리지만, 부부의 희망 사항은 어디까지나 희망 사항일 뿐이다. 확률을 공부하고 나면 부부가 오류에 빠져 있다는 것을 금방 알게 된다. 사실 앞에 태어난 자식의 성별과 뒤에 태어날 자식의 성을 결정하는 일은 서로 독립적 사건이다. 그렇기 때문에 부모의 희망과는 달리 계속 딸이나 아들이 태어나는 경우를 흔히 볼 수 있는 것이다. 딸 부잣집 부모들은 늦게 난 딸에게 익남이, 귀남이, 막순이 등 남자 이름을 붙여 다음에는 사내아이를 얻기를 희망하기도 한다. 딸을 여럿 낳은 후에 아들을 얻으면 손위의 누나에게 '터를 잘 팔았다'라고 칭찬해주기도 한다. 과학적으로 보면 전혀 근거 없는 말이다. 이와 같이 독립적인 사건을 종속적인 사건으로 착각하여 행동하는 것을 '도박사의 오류(Gambler's fallacy)'[11]라고 부른다. 딸 부잣집이나 아들 부잣집의 부모들은 대수(大數)의 법칙을 믿는 사람들이다. 대수의 법칙(the law of large numbers)에 의하면 장기적으로 나타나는 비율이 확률이다. 계속 아이를 낳다 보면(무한 번 같은 일이 반복된다면) 결국에는 원하는 아들이나 딸을 얻을 수 있다고 보는 것이다. 그런데 대수의 법칙이 적용되기 위해서는 무한 번 반복적으로 실험이 일어나야 한다. 불과 8번은 무한 번이라고 할 수 없을 정도의 아주 적은 횟수이다.[12] 이런 '도박사의 오류'를 잘 알고 있고 또 이러한 오류에 빠지지 않으려고 나름대로 노력하고 있는 저자도, 가끔 같은 오류를 범하기도 하고 본의 아니게 이 오류를 선의로 써먹어야 할 때가 있다.[13] 이때 확률은 상대빈도(相對頻度, 특정 사건이 발생한 횟수/전체 사건 발생 수)로 정의된

11 '오류(誤謬)'의 사전적 의미는 "그릇되어 이치에 맞지 않는 일." 또는 "사유의 혼란, 감정적인 동기 때문에 논리적 규칙을 소홀히 함으로써 저지르게 되는 바르지 못한 추리"를 이르는 말이고 오차(誤差)는 참값과 근삿값의 차이 또는 실지로 셈하거나 측정한 값과 이론적으로 정확한 값과의 차이를 말한다. 또는 몬테카를로의 오류(Monte Carlo fallacy)라고도 부른다. 1913년 8월 18일 모나코 몬테카를로의 호화로운 보자르 카지노에서 벌어진 룰렛 게임에서 구슬이 20번이나 연거푸 검은색 위에 떨어지는 믿기지 않는 일이 벌어졌다고 한다. 게이머들은 이제는 붉은색 위에 떨어질 때가 되었다고 확신하고 벌떼처럼 몰려들어 붉은색 위에 돈을 걸었다. 그러나 이번에도 구슬은 또다시 검은색 위로 떨어졌다. 그러자 더 확신에 찬 많은 사람이 몰려들어 붉은색에 더 많은 돈을 걸었다. 그러나 이번에도 구슬은 검은색 위로 떨어졌다. 결국 27번째에 가서야 구슬은 붉은색에 멈추었다. 그때는 이미 대다수 게이머가 가진 돈을 다 잃고 난 뒤였다. 강준만, '감정독재', 2014. 네이버 백과 재인용하였음.

12 자식을 8명 낳는다는 것은 일반인의 관점에서 볼 때는 대단히 많은 숫자일지 모르지만, 수학자나 통계학자의 눈으로 보면 굉장히 작은 수에 불과하다.

13 '도박사의 오류'와 반대 현상으로 '뜨거운 손 오류(hot-hand fallacy)'가 있다. 이 오류는 도박이나 스포츠에서 한 번 성공적인 성과를 보인 사람이 이후에도 계속 성공하리라고 믿는 걸 말한다. 흔히 '발동이 걸렸다'라는 표현이 많이 쓰인다. 그래서 농구나 축구에선 그런 선수에게 패스가 집중되며, 야구에선 해설가들이 안타를 친 선수에게 다음 타석에서도 큰 기대를 거는 해설을 하기도 한다. 이 오류는 심리학자이자 행동경제학자인 에이머스 트버스키(Amos Tversky) 등이 1985년 '인지 심리학(Cognitive psychology)'에 발표한 '농구 경기에서 뜨거운 손(The Hot Hand in Basketball: On the Misperception of Random Sequences)'이라는 논문에서 처음 제시한 것이다. 강준만, '감정독재', 2014. 네이버 백과 재인용하였음.

것이다. 도박할 때, 특히 룰렛(roulette)이나 로또를 할 때 이런 오류에 빠지기 쉽다. 오랫동안 나오지 않은 숫자에 배팅하는 사람들이 있는데, 이들은 자주 나왔던 숫자는 앞으로 덜 나오고 덜 나왔던 숫자는 더 나올 것이라고 믿기 때문이다 이를 도박자의 오류라고 부르고 있다. 확률은 과거를 기억하지 못한다.

도박의 위험성에 대해 좀 더 부연 설명을 해보기로 하자. 도박(賭博, gambling)이란 돈이나 가치 있는 소유물을 걸고 결과가 불확실한 사건에 내기를 거는 행위를 말한다.[14] 도박은 경쟁을 포함하는 놀이이고, 금전을 추구하는 행위이며, 승패가 대체로 우연성에 의해 결정되기 때문에 그 결과가 언제나 불확실하다. 도박을 하는 동기로 크게 4가지를 들고 있다.

① 금전 동기: 쉽게 큰돈을 따고 싶거나 잃은 돈을 만회하고 싶은 욕구
② 흥분 동기: 스릴과 흥분, 짜릿함, 쾌감과 즐거움을 느끼고 싶은 욕구
③ 회피 동기: 현실 문제의 압박감, 우울감, 스트레스를 잊고 싶은 욕구
④ 사교 동기: 직장 동료나 친구들과 놀이 및 친목의 욕구

우리나라 인구 중 중위험도박자는 4.2%, 문제도박자는 1.1%로 파악하고 있다. 중위험도박자는 도박이 삶에 문제를 일으키고 있는 정도로 빠진 자로서 도박을 하는 시간과 돈을 제한하는 데 어려움이 있으며, 도박 행동 및 결과를 숨기기 시작하고 자신이나 가족, 친구, 동료 등 타인이나 지역사회에 사회적, 경제적으로 해로운 결과를 초래하는 정도에 이른 사람으로 정의되고 있다. 문제도박자는 내성, 금단증상, 통제력 감소가 나타나고 있으며 도박 행동을 조절하는 능력이 심각하게 상실되어 있으며 도박 때문에 중요한 활동을 포기할 정도에 이르렀으며 도박 때문에 일상생활과 역할에 심각한 손상을 경험한 사람으로 정의되고 있다.

보통 사람은 도박에 대해 "도박중독문제는 중년층의 남자에게만 나타난다"라는 편견을 가지고 있다. 많은 연구와 조사 결과, 도박중독 문제가 중년층의 남자에게서 주로 나타나는 것은 사실이지만 나이가 많거나 적다고 해서, 여성이라고 해서, 사회적으로

14 한국도박문제관리센터(www.kcgp.or.kr) 참고하였음.

명망이 높은 직업을 가지고 있다고 해서, 사회 경제적으로 안정된 계층에 속한다고 해서 도박중독의 문제로부터 완전히 안전하다고 할 수는 없다고 도박전문가들은 입을 모으고 있다. 나이, 성별, 직업, 계층에 상관없이 도박에 대한 기대가 높아서 반복적으로 도박을 하게 되면 뇌신경 회로에 변화가 생겨 도박중독이 될 수 있다고 경고하고 있다.

도박을 하는 사람들은 확률에 대한 잘못된 이해로 ① 도박을 해서 쉽게 돈을 벌 수 있다. ② 많이 잃었으니 이제 딸 때가 되었다. ③ 이번에는 지난번과 달리 이길 것이다. 라는 이유로 패가망신을 자처하고 있다.

이야기 보따리 **노름을 성공의 바탕으로 삼은 사나이**

확률에 대한 근대적인 연구는 이탈리아의 지롤라모 카르다노(Gerolamo Cardano, 1501~1576)가 도박에 확률을 적용하면서 시작되었다고 알려져 있다. 그의 아버지는 레오나르도 다빈치(Leonardo da Vinci, 1452~1519)의 절친이었으며 수학적 재능이 뛰어난 변호사였다. 그의 어머니는 이미 세 자식을 전염병으로 잃은 아픈 상처가 있기 때문에 그를 출산하지 않으려고 상당한 노력을 하였다고 한다.

카르다노의 초상화

그의 아버지는 그가 법학 공부를 하기를 희망하였으나, 그는 Pavia 대학 입학 후에 철학과 과학에 관심을 두었다. 이탈리아 전쟁(1521~1526)으로 인해 학교가 폐쇄되자 Padua 대학으로 가서 의학을 공부하였다. 그는 사교성도 없고 이기적인 성격 때문에 졸업 후에도 직장을 잡지 못하는 등의 어려움을 겪었다. 그 후 의사면허증이 없어도 일을 할 수 있는 소도시에서 의사로서 명성을 얻으면서 수학에 대한 재능도 빛을 보기 시작하였다.

그는 스스로를 도박사 혹은 체스 플레이어라고 불렀다고 한다. 자신의 경험을 살려 1564년경 '주사위 놀이에 대하여(Liber de ludo aleae, Book on Games of Chance)'라는 책을 썼는데, 출간은 1663년에 하였다. 이 책은 확률을 체계적으로 다룬 최초의 책이며, 책 내용에 효과적인 속임 방법도 적혀있다. 또 "도박꾼에게는 도박을 전혀 하지 않는 것이 최선의 관심사입니다"라는 말도 남겼다. 이후 확률론은 파스칼(Blaise Pascal, 1623~1662, 프랑스 수학자)과 페르마(Pierre de Fermat, 1607~1665, 프랑스 수학자)에 의해 발전하였다.

그의 본업은 의사였으나, 수학자, 점성술사, 도박사, 철학자 등 르네상스 시대의 박학다식자(polymath)의 한 사람이라고 평가할 수 있다.

이야기 보따리 아포페니아(apophenia) 현상

이 현상은 서로 무관한 현상들 사이에 의미, 규칙, 연관성을 찾아내어 믿는 현상을 일컫는다. 1958년 독일의 정신과 의사 클라우스 콘라드(Klaus Conrad, 1905~1961)가 만든 신조어이다. 'apo'는 그리스어로 '떨어진 곳'을 의미한다. 그는 "비정상적인 의미의 특정 감정과 함께 (동반되는) 연계성에 대한 무의식적인 보기"라고 정의했다. 이 용어는 응용영역이 확대되어 도박과 같은 무작위 정보에서 패턴을 찾는 인간의 성향(도박사의 오류)을 암시하는 경우에서도 언급되게 되었다.

명언 보따리

"진실은 '스스로 말하지' 않는다. 진실은 이론의 빛 아래서 해석될 수 있다."

스티븐 제이 굴드(Stephen Jay Gould, 1941~2002)

04 엄마, 내 배가 아프면 엄마가 방귀 나와?

- 버스 안에서 있었던 해프닝
- 독립사건과 조건부확률

초등학교 1학년 아이(용세)를 데리고 버스를 탄 엄마가 그만 방귀를 뀌었다. 많은 사람들 앞에서 방귀를 뀐 엄마가 창피를 모면하려고 아이에게 낮은 목소리로 점잖게 "용세야, 너 배 아프니?"라고 물었다. 그러자 용세는 "엄마, 내가 배 아프면, 엄마가 방귀 나와?"라고 대답했다고 한다. 순간의 창피를 모면하려던 엄마가 오히려 더 망신을 당하게 된 것이다.

아이는 자기 배가 아프지도 않았는데 엄마가 거짓말을 했다는 사실과 설령 자신의 배가 아파 방귀를 뀌면 자기가 뀌었지 왜 엄마가 뀌느냐는 항의성 발언을 한 것이다. 비록 모자지간이라고 할지라도 생리현상은 서로 독립적으로 일어나는 일인데, 엄마가 이런 간단한 상식을 무시한 채 아들이 배 아픈 것과 엄마가 방귀를 뀌는 것을 연관시킨 비논리성을 꼬집은 것이다.

사건 A가 발생했다는 조건하에서 B가 일어날 확률을 나타내는 조건부확률(條件附確率, conditional probability, $P(B|A)$)는 $P(B|A)=\dfrac{P(A\cap B)}{P(A)}$로 쓰며, 같은 이치로 B가 발생했다는 조건하에서 A가 일어날 확률을 나타내는 조건부확률은 $P(A|B)=\dfrac{P(A\cap B)}{P(B)}$로 나타난다. 이 정의식을 근거로 확률의 곱셈 법칙을 적용하

면 다음과 같다. $P(A \cap B) = P(A) \cdot P(B|A)$이고 $P(A \cap B) = P(B) \cdot P(A|B)$이다.

이제 위에서 예를 든 이야기에 적용해 보기로 하자. '아이가 배 아픈 것'을 사건 A라고 하고, ' 엄마가 방귀를 뀌는 것'을 사건 B라고 하자. 이 두 사건은 서로 독립(獨立, mutually independent)인 사건이기 때문에, 즉 아이가 배 아픈 것과 엄마가 방귀 뀌는 것은 완전히 별개의 일이기 때문에 A가 발생했다는 조건하에서 B가 일어날 확률을 나타내는 조건부확률($P(B|A)$)은 B만이 발생하는 확률로 표시된다. 즉, $P(B|A) = P(B)$로 나타난다. 같은 이치로 B가 발생했다는 조건하에서 독립인 사건 A가 일어날 확률을 나타내는 조건부확률은 $P(A|B) = P(A)$로 나타난다. 따라서 이 사건과 같이 서로 독립인 사건이 동시에 일어날 확률 ($P(A \cap B)$)은 $P(A \cap B) = P(A) \cdot P(B) = P(B) \cdot P(A)$로 표시된다.[15]

이런 일들은 우리 일상생활에서 쉽게 접할 수 있다. 오비이락(烏飛梨落)은 '까마귀가 날아간 사건'과 '배가 떨어진 사건'이 서로 독립인데, 사람들이 종속인 사건으로 취급하려는 어리석음을 꼬집는 말이다. 또 딸을 낳은 다음 아들을 낳으면 어른들은 딸을 안으면서 "터를 잘 팔았다"라고 칭찬해 준다. 이 말은 사실 과학적으로 볼 때 틀린 말이다. 남녀의 성별 결정은 형제의 구성과는 전혀 무관하다. 즉, 남자아이가 태어나고 난 다음의 동생의 성(性)은 앞의 아이 성별과 무관하게(독립적으로) 결정된다.

예제 1

토요일에 비가 올 확률($P(A)$)이 30%이고 토요일에 친구가 방문할 확률 ($P(B)$)은 20%라고 하자. 두 사건이 서로 독립일 때 비오는 토요일에 친구가 올 확률 ($P(A \cap B)$)은 얼마인지 구하시오.

풀이

$$P(A \cap B) = P(A) \cdot P(B) = P(B) \cdot P(A) = 0.2 \times 0.3 = 0.06$$

15 확률론에서 말하는 독립은 다른 분야에서의 독립성 개념과 구별하는 의미에서 확률론적 독립(stochastic independence) 혹은 통계적 독립(statistical independence)이라고 부르고 있다.

예제 2

52장의 카드에서 임의로 카드 한 장을 뽑는다고 할 때, 스페이드가 뽑힐 확률을 A라고 하고 에이스가 뽑힐 확률을 B라고 할 때 A와 B는 독립인지 설명하시오.

풀이

$P(A)=\frac{13}{52}$, $P(B)=\frac{4}{52}$이다. 또 스페이드이며 에이스인 카드는 한 장이므로 $P(A\cap B)=\frac{1}{52}$이다. $P(A\cap B)=P(A)\cdot P(B)=\frac{13}{52}\times\frac{4}{52}=\frac{1}{52}$이므로 A와 B는 독립사건이다.

예제 3

감염검사(B)를 실시한 결과 양성률이 0.4이고, 양성이면서 의료임상 결과 간경화(A)에 걸릴 확률이 0.2라면 간염검사가 양성인 조건하에 간경화가 걸릴 조건부 확률을 구하시오.

풀이

$$P(A|B)=\frac{P(A\cap B)}{P(B)}=\frac{0.2}{0.4}=0.5$$

ATM기 3대 앞 기다림과 3타자 연속안타

독립사건과 종속사건(從屬事件, dependence events)을 구별해 보기로 하자. 먼저 ATM기가 3대 있는 은행 창구를 생각해 보자. 현재 3대의 ATM기에서 고객들이 거래를 하고 있다. 통상적으로 ATM기 사용 때 2분 이상 기다리는 확률이 0.3이라고 알려져 있다고 하자. 뒤에서 차례를 기다리는 용세가 2분 이상 기다릴 확률은 얼마인가? ATM기를 사용하고 있는 고객은 옆의 고객을 의식하지 않고 자기 볼일을 보기 때문에 –즉, 서로 독립적인 행동을 하기 때문에– 용세가 2분 이상 기다릴 확률은

$\frac{3}{10} \times \frac{3}{10} \times \frac{3}{10} = 0.027$이다. A, B, C 3개 사건이 독립이라는 말은 ATM기 대기 예에서 보듯 이들 중에서 임의의 개수만큼 아무렇게나 뽑아도 이들이 동시에 일어날 확률은 각 확률의 곱이 된다는 뜻이다. 어떤 사건이 다른 사건과 일어나는 확률이 서로 무관할 때 이 두 사건으로 정의되는 독립사건(獨立事件, independence events)의 예이다. 주사위, 동전 던지기, 로또가 대표적인 예이다.

이번에는 야구에서 3할대 세 타자가 연속안타를 치는 경우를 생각해 보기로 하자. 앞의 ATM기 대기 문제와는 다른 일이 벌어진다. 실제 야구 시합에서 앞 타자가 안타를 치고 나가면 상대팀은 수비에서 여러 변화를 주고 있으며, 다음 타자 역시 주자가 없을 때와는 다른 배팅을 하기 때문에, 즉 서로 독립적인 행동을 하지 않기 때문에 단순하게 각 타자의 타율을 곱한 0.027이 아닐 수 있다. 독립이 아닌 경우는 종속사건이라고 부른다. 6연발 리볼버 권총에 실탄 1발을 장착한 후 순서를 정해 총을 발사하는 생명을 건 러시아 롤렛 게임은 종속사건의 대표적인 예이다.[16]

독립사건과 상호배반사건(排他的事件, mutually exclusive events)을 혼동해서는 안 된다. 상호배반이란 한 표본공간 내의 두 사건 A와 B가 동시에 발생할 수 없을 때, 즉 $A \cap B = \varnothing$ 의 조건이 만족할 때를 일컫는다. 즉, $P(A \cap B) = 0$이다. 동전을 두 번 던질 때 첫 번째 앞면이 나올 사건과 두 번째 앞면이 나올 사건은 통계적으로 독립이다. '통계적으로 독립'이라고 함은 '속하지 않는다' 또는 '겹치지 않는다'라는 의미가 아니라, '두 사건이 연관 지어 발생하지 않는다'라는 의미이다. 서로 배반인 사건은 동시에 일어나는 일이 없다. 예를 들어 어느 자연인이 남자(M)이면서 여자(F)인 경우는 존재하지 않는다. $(남자 \cap 여자) = \varnothing$ 이다. 배타적인 사건이기 때문이다. 대머리와 백발은 배타적이지 않기 때문에 대머리이면서 백발인 사람을 심심치 않게 볼 수 있다. $(대머리 \cap 백발) \neq \varnothing$ 이다.

두 사건이 상호배반적이라면 한 사건이 일어나고 나면 다른 사건이 일어날 확률이 0이 되어버렸음을 의미한다. 상호배반적인 두 사건이 독립인 경우는 두 사건이 적어도 하나의 확률이 0인 특수한 그리고 실제적이지 않은 상황뿐이다. 상호배반사건이라면

16 영화 '디어 헌터'를 보면 이건 게임이 아니라 자살행위라는 것을 소름 끼치게 알게 된다.

$P(A \cap B) = 0$임을 의미하는데, 이것이 성립하려면 $P(A) = 0$이거나 $P(B) = 0$일 때에만 두 사건이 통계적으로 독립이라는 것을 알 수 있다. 따라서 상호배반적인 두 사건은 각 사건의 확률이 0이 아닐 경우를 제외하고는 통계적으로 독립일 수 없다.

05 똑게일까, 멍부일까

- 새 장관을 맞는 공무원들의 예상
- 결합확률분포

지금까지의 경험에 의해 장관은 <표 5-2>에서와 같이 똑부(똑똑하고 부지런한 사람), 똑게(똑똑하지만 게으른 사람), 멍부(멍청하지만 부지런한 사람), 멍게(멍청하고 게으른 사람)의 4가지 유형으로 분류할 수 있으며 확률은 똑부 0.3, 똑게 0.4, 멍부 0.1, 멍게 0.2로 분류할 수 있다고 가정해 보자. 이 표와 같이 두 개 이상의 확률변수가 관련된 확률분포를 결합확률분포(結合確率分布, joint probability distribution)라고 부른다. 실제로 부하 입장에서는 똑게 타입을 제일 선호하고 멍부 타입을 가장 싫어한다고 한다. 똑똑한 사람은 I, 멍청한 사람은 S, 부지런한 사람은 H, 게으른 사람은 L로 표시하기로 하자. 똑부가 뽑힐 확률은 $P(I\cap H)$이고, 똑게가 뽑힐 확률은 $P(I\cap L)$, 멍부는 $P(S\cap H)$, 멍게가 뽑힐 확률은 $P(S\cap L)$로 표시할 수 있다. <표 5-4>에서 보는 바와 같이 임의로 장관을 뽑았을 때 그가 똑똑하든지 멍청하든지에 상관없이 부지런한 사람일 확률($P(H)$)은 0.4이다. $P(L)$은 0.6이고 $P(I)$는 0.7,

표 5-2 장관의 4가지 유형(가상)

	부지런함(H)	게으름(L)	주변확률
똑똑함(I)	똑부 $P(I\cap H)=0.3$	똑게 $P(I\cap L)=0.4$	$P(I)=0.7$
멍청함(S)	멍부 $P(S\cap H)=0.1$	멍게 $P(S\cap L)=0.2$	$P(S)=0.3$
주변확률	$P(H)=0.4$	$P(L)=0.6$	1.0

$P(S)$는 0.3이다. 일단 장관을 크게 게으름(L)과 부지런함(H)으로 나누기 때문에 두 확률의 합은 1이어야 하며, 같은 이치로 똑똑함(I)과 멍청함(S)을 기준으로 나눌 때도 두 확률의 합은 1이어야 한다. 이상에서 보듯이 어느 한 기준에 의한 각각의 확률분포는 자연히 결합확률분포표의 가장자리(주변)에 표시되는데, 이것을 주변확률분포(周邊確率分布, marginal probability distribution)라고 부른다.

개각이 단행되어 새 장관이 임명되었다고 하자. 각 부처의 공무원들은 신임 장관이 어떤 유형의 사람인가를 제일 궁금해 할 것이다. 내부 승진인 경우에는 신임 장관의 특성에 대한 정보를 잘 알 수 있지만, 외부인이 임명되는 경우에는 궁금하기 짝이 없을 것이다. 그런데 소문에 의하면 신임 장관이 게으른 성품을 가진 사람이라고 가정해 보자. 그러면 부하들은 새 장관이 똑게일까, 멍게일까가 궁금해질 것이다. <표 5-2>에 근거하여 판단해 보면 새 장관이 게으른 성품을 가진 사람이라면 그중에서 똑똑한 사람일 확률($P(I|L)$)은 0.67이고, 멍청한 사람일 확률($P(S|L)$)은 0.33이다. 따라서 똑게가 나타날 확률이 멍게가 나타날 확률보다 크기 때문에 비교적 기대감을 갖고 장관이 취임하기를 기다린다고 볼 수 있을 것이다.

$$P(I|L) = \frac{P(I \cap L)}{P(L)} = \frac{0.4}{0.6} = 0.67,\ P(S|L) = \frac{P(S \cap L)}{P(L)} = \frac{0.2}{0.6} = 0.33$$

이야기 보따리 **멍부가 낳는 비극**

독재국가에서는 멍부가 나타날 가능성이 크다. 왜냐면 다양한 가능성을 고려하지 않고 소수의 사람이 한정된 정보로 판단한(멍청함) 후, 강력하게 밀어붙이기(부지런함) 때문이다. 독재국가 멍부가 일을 그르친 대표적인 사례로 1958년 중국에서 벌어졌던 참새소탕전을 들 수 있다. 참새들 때문에 쌀 생산량이 감소하자, 최고 지도자 마오쩌둥(毛澤東, 1893~1976)은 참새 소멸령을 내렸다. 그러나 참새가 없어지자 이번에는 해충들로 인해 생산량이 더 크게 감소하였다. 자연에 존재하는 먹이사슬을 무시하고 결정을 내리고 강력하게 추진한 정책의 피해가 상상 이상으로 나타난 것이다. 마오쩌둥은 소멸령을 철회하여야만 했다.

"이러한 보이지 않는 건 모르는 것이라는 형편없는 지도자라면, 차라리 너무 게을러서 아무 일도 안 하는 편이 국민에게 이롭다." 멍부보다는 멍게가 낫다는 말이다.

오형규, '경제학, 인문의 경계를 넘나들다', 한국문화사, 2013.

06 좀 더 좋은 CCTV가 있었다면…

- 자동차 사장의 아쉬움
- 베이즈 정리

요즈음은 리콜이 자동차, 의약품, 식료품 등 여러 상품에서 매우 보편화되어 있다. 약 2만여 개에 달하는 부품이 여러 사람의 손을 거쳐 완성되는 자동차의 경우 우리가 일상에서 만나는 가장 흔한 리콜 대상 품목이다. 자동차 공장장이 사장에게 낡은 CCTV(Closed-circuit television)를 교체하자고 건의를 했지만, 사장은 조금 더 쓰고 교체하자고 교체를 미루었다. 교체를 미루는 사이에 리콜이 들어왔다. 어느 공정에서 발생하였는가를 알아보려고 하니, CCTV 화질이 나빠 제대로 알아볼 수가 없게 되었다. "좀 더 좋은 CCTV가 있었다면…", "공장장의 건의를 수용했더라면…" 이젠 할 수 없이 추론하는 수밖에 없게 되었다.

불량품이 발생한 것(사건)은 분명 과거 어느 시점에서 오늘 사이이고, 어느 공정에서 발생하였는지를 알려는 시점은 오늘이다. 사후(事後)에 나타난 결과가 어떤 요인에 의해 발생했는가를 알려고 할 때 이용되는 정리가 바로 '베이즈 정리(Bayes' theorem)'이다. 이 정리는 사후적 확률을 계산하는 데 유용하게 쓰인다. 공식을 보면 복잡하다면 복잡하다고 할 수 있지만, 가만히 그 원리를 생각해 보면 그리 어렵지 않게 터득할 수 있다.

자동차 생산 공장에는 3개의 생산 라인(A_1, A_2, A_3)이 있다. A_1 라인에서는 전체 생산량의 50%, A_2라인에서는 전체 생산량의 30%, A_3라인에서는 전체 생산량의 20%를 생산하고 있다. 과거의 경험을 통해 볼 때 A_1라인의 불량률은 5%, A_2라인의 불량률은 4%, A_3라인의 불량률은 2%이었다고 한다. 임의의 자동차 하나를 골랐을 때 그 차가 A_1라인에서 생산되었을 확률을 구해 보기로 하자.

1,000대를 생산하는 공장을 대상으로 이 문제를 풀어보기로 하자. 1,000대가 생산되었다면, A_1라인에서 생산된 차는 500대, A_2라인에서 생산된 차는 300대, A_3라인에서 생산된 차는 200대이다. A_1라인에서 생산된 500대 중에 불량품은 25대(A_1라인의 불량률 5%), 정상품은 475대(95%), A_2라인에서 생산된 300대 중에 불량품은 12대(A_2라인의 불량률 4%), 정상품은 288대(96%), A_3라인에서 생산된 200대 중에 불량품은 4대(A_3라인의 불량률 2%), 정상품은 196대(98%)로 나타날 것이다. 불량품은 총 41대(A_1라인에서 25대, A_2라인에서 12대, A_3라인에서 불량품은 4대)이고 임의로 한 대를 뽑았을 때, 그 불량품이 A_1라인에서 생산되었을 확률($P(A_1|B) = \frac{25}{41} = 0.61$이 계산된다.[17] A_2라인에서 생산되었을 확률($P(A_2|B) = \frac{12}{41} = 0.29$), A_3라인에서 생산되었을 확률($P(A_3|B) = \frac{4}{41} = 0.10$)을 쉽게 계산할 수 있다. 이번에는 역으로 A_1공정 제품을 뽑았는데, 그 차가 불량품일 확률($P(B|A_1)$을 구해 보면, $P(B|A_1) = \frac{P(B \cap A_1)}{P(A_1)}$ $P(B|A_1) = \frac{P(B \cap A_1)}{P(A_1)} = \frac{25}{500} = 0.05$이 된다.

불량품이 나왔을 때 A_1공정에서 생산되었을 확률 $P(A_1|B)$, 0.61(=61%)과 A_1공정에서 생산된 차를 골랐을 때 불량품일 확률 $P(B|A_1)$, 0.05(5%)를 혼동하기가 얼마나 쉬운지를 알 수 있다.[18] 두 개의 조건부확률 계산식 $P(A_1|B)$와 $P(B|A_1)$을 보면

17 1,000대 중 정상품은 959대이다. A_1라인에서 생산된 정상품 475대, A_2라인에서 생산된 정상품 288대, A_3라인에서 생산된 차 정상품은 196대의 합이다. 정상품($\bar{B}$)을 뽑았는데, A_1에서 생산되었을 확률($P(\bar{B}|A_1)$은 $P(\bar{B}|A_1) = \frac{475}{500} = 0.495$이다. $P(\bar{B}|A_1) + P(B|A_1) = P(A_1)$임을 쉽게 확인할 수 있다.

18 전 미식축구 선수 O. J. 심슨이 부인을 살해한 용의자로 재판을 받은 소위 O. J. 심슨사건은 이와 같은 혼동이 문제 있는 판결을 내릴 가능성이 있음을 보여준 대표적인 예이다. 정재승, '정재승의 과학 콘서트', 동아시아, 2003. 참고하였음.

분자는 같은데 분모가 다르다.

이제 보다 일반화하여 공부해 보기로 하자. 사상(事象, event) B의 출현을 알고 있거나 아니면 출현이 분명하다는 조건하에서 B와 상호 배타적이지 않은 사상 A가 나타날 조건부확률(條件附確率, conditional probability, $P(A|B)$)을 생각해 보기로 하자.[19] B가 나타날 확률은 $P(B)$이며, B가 나타난 것을 조건으로 A가 나타나는 것은 A 와 B의 중복된 부분($P(A\cap B)$)을 의미하므로

$$P(A|B)=\frac{P(A\cap B)}{P(B)}$$

이 식으로부터 $P(A\cap B)=P(A|B)\times P(B)$를 얻을 수 있으며 이것이 곱의 법칙이다.

일반적으로 의사결정자가 관찰할 수 없는 K 종류의 특성 $A_1, A_2, \cdots, A_K$가 있으며 각 사상의 확률은 $P(A_1), P(A_2), \cdots, P(A_K)$ 라고 하자. 이것들은 사전확률(事前確率, prior probability)이나. 그리고 관찰 가능한 M개의 사상 $B_1, B_2, \cdots, B_M$가 있으며 그중에서 $B_m, (m=1,2,\cdots,M)$이 나타난 전제하에서 특성이 $A_k, (k=1,2,\cdots,K)$사상이 나타났을 조건부확률 $P(A_k|B_m)$는 $P(A_k|B_m)=\dfrac{P(A_k\cap B_m)}{P(B_m)}=\dfrac{P(B_m|A_k)\times P(A_k)}{P(B_m)}$ 이다.

이 식의 분모 $P(B_m)$의 값은 B_m이 나타난 모든 배반적인 경우를 고려하고 계산해야 한다. B_m은 A_1이 나타난 후에도 나타나며, A_2가 나타난 후에도 나타나고, $\cdots$, A_K가 나타난 후에도 나타나기 때문이다. 이들 K개의 사상은 서로 배반적이기 때문에 아래와 같이 나타낼 수 있다. 베이즈 정리란 조건부확률을 단순하게 응용한 것에 지나지 않음을 알 수 있다.

$$\begin{aligned}P(B_m)&=P(A_1\cap B_m)+P(A_2\cap B_m)+\cdots+P(A_K\cap B_m)\\&=\sum_{j=1}^{K}P(A_j)P(B_m|A_j)\end{aligned}$$

19 케인즈는 모든 확률이란 조건부라고 주장했다.

$$P(A_k|B_m) = \frac{P(A_k \cap B_m)}{P(B_m)} = \frac{P(B_m|A_k) \times P(A_k)}{\sum_{j=1}^{K} P(A_j)P(B_m|A_j)}$$

이미 발생한 사건을 대상으로 언제, 누가, 어떻게 범행을 저질렀는가를 사후에 판단해야 하는 형사들은 수사선상에 올려놓은 용의자들과 그들의 전과 및 알리바이를 근거로 가장 유력한 용의자를 찾아가는 과정이 베이즈 정리와 유사하다.

다시 자동차 공장의 불량품 사건으로 돌아와 여러 가능성을 풀어보기로 하자. 이 공정의 생산 비중은 사전확률 $P(A_1)$=0.5, $P(A_2)$=0.3, $P(A_3)$=0.2로 쓸 수 있다. 또 불량품일 사건을 B라고 하고 A_1라인의 불량률 5%, A_2라인 불량률 4%, A_3라인 불량률 2%라는 조건은 $P(B|A_1)$=0.05, $P(B|A_2)$=0.04, $P(B|A_3)$=0.02로 쓸 수 있다.

임의의 자동차 하나를 골랐을 때 그 차가 A_1라인에서 생산되었을 확률은 A_1라인에서 생산된 불량품 수를 전체(A_1, A_2, A_3) 불량품 수로 나누면 얻을 수 있다.[20]

$$P(A_1|B) = \frac{P(A_1 \cap B)}{P(B)} = \frac{P(B|A_1) \times P(A_1)}{\sum_{i=1}^{3} P(B|A_i) \times P(A_i)}$$

$$= \frac{0.05 \times 0.5}{0.05 \times 0.5 + 0.04 \times 0.3 + 0.02 \times 0.2} = \frac{25}{41} = 0.61$$

A_2라인에서 생산되었을 확률은 0.29 그리고 A_3라인에서 생산되었을 확률은 0.10을 구할 수 있다. A_1라인은 전체 생산량의 50%를 차지하고 있는 데다가 불량률도 5%로 가장 높아, 임의의 차 한 대를 골랐을 때 A_1라인 불량품 확률(61%)은 더 가중되는 셈이다. 만약 A_1라인을 수리하여 불량률이 1%로 급감한 경우 A_1라인 불량품 확률은 0.24로 크게 줄어든다.

복잡한 문제를 그림으로 그려 쉽게 이해할 수 있게 한 것이 수형도(樹型圖, tree diagram)이다. 수형도는 말 그대로 나무 모양으로 독립사건이나 조건부확률에 유용하게 사용되고 있다. 이 문제를 <그림 5-2> 수형도로 나타내 보았다.

20 분자는 언제나 분모의 진부분집합이다.

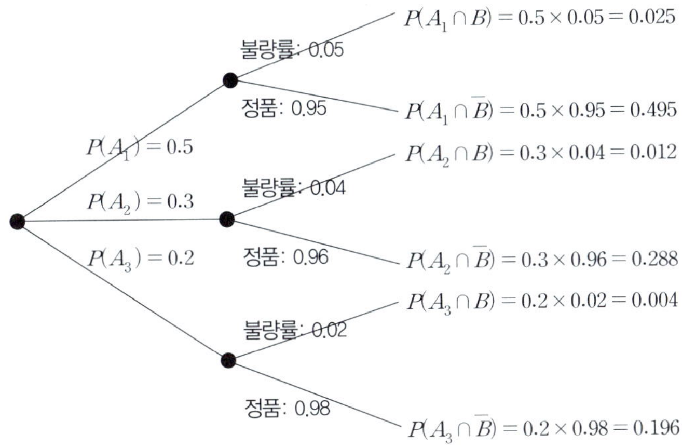

그림 5-2 수형도

이야기 보따리 **스타는 후학들에 의해 만들어진다. 토머스 베이즈 이야기**

토머스 베이즈(Thomas Bayes, 1701~1761)는 영국의 장로교 목사이며 통계학자다. 오늘날 베이즈 확률론의 시초가 되었다. 에든버러 대학에서 논리학과 신학을 공부하였다. 1742년 왕립협회 펠로우로 선출되었다. 생전에 두 권의 책을 남겼는데, 하나는 신학에 관한 책이고 다른 하나는 수학에 관한 책이다. 정작 그를 유명하게 만든 베이즈정리는 그가 죽은 지 3년 후인 1763년 리차드 프라이스(1723~1791, 영국의 도덕철학자, 비 성공회교회 목사, 수학자이며 생명보험의 개념을 창시한 인물)에 의해 발견되었다.

베이즈와 그의 아버지는 "우리의 신념이나 습관(결과)은 신이 창조한 것이 아니라 경험(원인)이다"라는 어느 철학자의 말에 상당한 충격을 받았다고 한다. 목사 부자가 신의 창조를 믿는 기독교 교리를 정면으로 부정하는 말을 들었으니 큰 충격을 받은 것이다. 그 후 그는 결과로부터 거슬러 올라가 원인의 확률을 수학적으로 밝힐 수 없을까를 진지하게 고민하기 시작하였다. 그 결과 "경험적인 값을 원인의 확률로 하고, 객관적인 정보를 얻는 시점에서 그 값을 수정하면 된다"라고 하는 베이즈 정리의 원형을 찾아내게 되었다.

베이즈의 초상화

또 세월이 지나 프랑스의 수학자이자 물리학자인 피에르 시몬 라플라스(1749~1827)가 이 유고(遺稿)를 재정리하고 중심이 되는 정리에 '베이즈의 정리'라는 이름을 붙였다.

* 위의 초상화는 1936년 출간된 '생명보험의 역사'라는 책에 수록된 초상화지만, 이것이 진짜 그의 초상화인지는 확실하지 않다. 다만 이전 자료에서는 그의 초상화를 찾을 수 없다고 한다.

07 허생원은 베이즈 정리를 활용하였다!

- 자식을 보고 부모를 찾는다
- 베이즈 정리

베이즈 정리를 이용한 확률 계산법을 '역확률(inverse probability)'이라고 부른다. 이는 확률을 계산하는 순서가 거꾸로 되어있다는 말이다. 여기서 말하는 순서란 원인과 결과의 순서로서 시간상 원인이 결과보다 앞서서 발생한다. 유전학으로 보면 부모는 원인이고 자식은 결과여서 "그 아비에 그 자식", "씨도둑은 못 한다", "왕대밭에 왕대 난다" 등으로 인과관계가 표현되고 있다. 하지만 역으로 자식의 특징(행동, 성격, 병, 지능, 운동능력 등)을 근거로 부모의 특징을 유추하는 경우도 흔히 있다.[21] 이효석의 '메밀꽃 필 무렵'은 이렇게 자식이 가진 정보를 조건으로 부모를 특정하는 예를 잘 보여주고 있는 소설이 아닐까 생각한다.

이 소설 마지막 장면에서 허생원은 아들뻘 되는 동이가 자신의 엄마 고향이 봉평이고 미혼모라는 사실, '동이'의 나이, 그리고 동이가 왼손잡이라는 사실을 근거로(조건으로 하여) 동이가 자신의 아들이라고 믿는 장면이 이 소설의 백미라고 할 수 있다.

동이가 허생원의 아들일 확률을 $P(S)$라고 하자. '동이'의 엄마 고향이 봉평일 사건을

21 슈퍼 스타급 축구선수의 출중한 기량을 처음 본 축구팬(용세)이 놀라자, 옆에 있던 친구(용기)가 "저 선수 아버지도 옛날에 꽤 유명한 축구선수였어…"라고 말한다. 용세가 "그러면 그렇겠지, 어쩐지…"라고 화답하는 가운데 결과(아들)를 근거로 원인(아버지)을 판단하는 베이즈 정리가 작용하고 있다.

B, 미혼모일 사건을 C, '동이'의 나이를 사건 D, 왼손잡이인 사건을 E이라고 해보자. 아마도 허생원이 동이를 처음 만났을 때 자신의 아들일 확률($P(S)$)을 0이라고 생각했을 것이다. 그런데 동이 엄마의 고향이 봉평이라는 말을 들었을 때 $P(S|B)$는 0보다 더 커졌을 것이다. 또 미혼모임을 알았을 때, 아들이라고 믿는 확률 $P(S|(B\cap C))$는 $P(S|B)$보다 더 컸을 것이다. 다시 '동이'의 나이를 아는 순간 아들이라고 믿는 확률 $P(S|(B\cap C\cap D))$는 $P(S|(B\cap C))$보다 더 컸을 것이다. 마지막으로 동이가 왼손잡이라는 사실을 안 순간 아들일 확률 $P(S|(B\cap C\cap D\cap E))=1$이 된 것이다.

이처럼 새로운 데이터를 얻을 때마다 그것을 반영하여 다시 추정함으로써 사후확률의 정밀도를 높여가는 일을 베이즈 갱신(update)이라고 부르는데, 허생원과 동이가 하나하나 문답이 이어지면서 부자 관계가 확인되는 과정이 그려지고 있다. 처음에 허생원의 아들일 확률 $P(S)$는 0이었지만 정보가 추가되면서 동이를 자신의 아들이라고 믿는 확률 $P(S|(B\cap C\cap D\cap E))=1$이 된 것이다. 허 생원이 베이즈 정리를 이용하여 자기 아들을 확인한 것이다. <표 5-3>에 이상의 과정을 그려놓았다.

여기에서 새로 얻은 데이터가 이 사건과 관련 없는 것이라든지 새로운 데이터가 없으면 그때까지의 추정으로 끝난다. 만약 마지막 정보, 동이가 왼손잡이가 아니고 오른손잡이였다면 혹시 아들일지 모른다는 독자들의 추측은 빗나가게 되고, 소설의 재미는 크게 반감되었을 것이다. 즉, 동이가 왼손잡이라는 추가 정보가 $P(S|(B\cap C\cap D\cap E))$를 1로 만들었다고 해석할 수 있고 이 장면이 화룡점정이다.[22] 이렇게 보면 베이즈 정리에 기초한 베이지안 추론이란 특별한 교육을 받지 않아도 인간은 유용한 정보를 획득하면

표 5-3 허생원의 추론(베이지안 정리)

사건	아들일 확률
처음 만남	$P(S)=0$
동이 엄마의 고향이 봉평(B)	$P(S|B)>P(S)$
동이 엄마가 미혼모(C)	$P(S|(B\cap C))>P(S|B)$
동이 나이(D)	$P(S|(B\cap C\cap D))>P(S|(B\cap C))$
동이가 왼손잡이(E)	$P(S|(B\cap C\cap D\cap E))=1$

22 동이가 허생원의 아들이라고 밝히지는 않고 있으나 정황으로 볼 때 아들이라고 믿어도 크게 틀리지 않을 것이라는 느낌을 갖게 된다.

서 자신의 주관적 확률을 갱신해 가고 있는 과정(업데이트)을 과학적으로 체계화하는 일이라고 본다. 사전확률을 전제로 하여 데이터를 근거로 사후확률을 구하는 일은 합리적인 추론의 과정이다.

베이즈 정리는 조건부확률 정의와 확률 공리로부터 쉽게 도출할 수 있다.[23]

$$P(\text{원인 } A|\text{결과 } B) = \frac{P(\text{결과 } B \cap \text{원인 } A)}{P(\text{결과 } B)} \quad \text{조건부확률 정의로부터}$$

$$= \frac{P(\text{원인 } A \cap \text{결과 } B)}{P(\text{결과 } B)} \quad \text{교환법칙 } P(A \cap B) = P(B \cap A)\text{에 따라}$$

$$= \frac{P(\text{결과 } B \mid \text{원인 } A) \times P(\text{원인 } A)}{P(\text{결과 } B)}$$

곱의 법칙 $P(B \cap A) = P(B \mid A) \times P(A)$에 따라

결과(데이터)에서 원인(가설)의 확률을 구한다. A를 '원인'이나 '가정'(Hypothesis)으로 B를 '결과'나 '데이터'(Data)로 표시한다.[24]

① $P(\text{원인 } A|\text{결과 } B)$: 사후확률(posterior probability)

결과로서 B가 관측되었을 때 원인이 A일 확률이다. 시간의 흐름에 역행하여 확률을 구하는 것이다.

② $P(\text{결과 } B|\text{원인 } A)$: 우도(又度, likelihood)

원인이 A일 때 결과로서 B라는 데이터를 관측할 확신의 정도를 나타내는 주관적 확률이다. 다만 이미 결과가 나와 있으므로 확률이 아니라 결과 B의 원인 A라고 생각하는 것은 그럴 만하다는 의미에서 우도라고 부른다.

③ $P(\text{원인 } A)$: 사전확률(事前確率, prior probability)

---

23 가설과 증거 사이의 관계를 분석하기 위해 일찍부터 이 정리에 주목해 온 과학철학자들은 가설을 나타내는 $P(\text{가설 } H \mid \text{증거 } E) = \frac{P(\text{증거 } E \mid \text{가설 } H) \times P(\text{가설 } H)}{P(\text{증거 } E)}$로 쓸 수 있다.
(H: Hypothesis 가설 혹은 어떤 사건이 발생했다는 주장, E: Evidence 새로운 정보, $P(H)$: 어떤 사건이 발생했다는 주장에 관한 신뢰도, $P(H|E)$: 새로운 증거를 얻은 후 갱신한 신뢰도)
여영서, '상식의 긴 팔', 집문당. 참고하였음.

24 사후확률과 우도는 조건부 확률이고, 사전확률과 전확률은 주변확률이다.

결과 B가 아직 관측되지 않은 단계에서 원인이 A라고 확신의 정도를 확률로 나타낸 것이다. 사전확률은 순전히 의사결정자의 주관에 의해서 혹은 통계나 과거 경험 등 객관적인 자료로부터 구한 것일 수도 있다.

④ P(결과 B): 전확률(全確率, total probability)

결과로서 B가 관측되는 확률이다. 원인이 여러 가지일 경우, 각 확률의 합이 된다. 만약 원인이 전염병 감염 여부와 같이 2가지인 경우 $P(B) = P(B|A_1) \times P(A_1) + P(B|A_2) \times P(A_2)$이며, 원인이 n개라면, $P(B) = P(B|A_1) \times P(A_1) + P(B|A_2) \times P(A_2) + \cdots P(B|A_n) \times P(A_n)$로 쓸 수 있다.

베이즈 정리에 대한 비판으로는 첫째, 사전확률 P(원인 A)를 어떻게 알 수 있는가? 주관적 확률, 과거 데이터로부터의 학습, 그리고 주관적 판단이 배제된 객관적 사전조건(objective priors) 등이 사전확률이나 분포를 얻기 위해 사용된다. 둘째, 전확률 P(결과 B)도 쉽게 알 수 있는 것이 아니다. 특히, 원인이 n개라면, $P(B) = P(B|A_1) \times P(A_1) + P(B|A_2) \times P(A_2) + \cdots P(B|A_n) \times P(A_n)$을 이용해야 하는데, 이 식을 이용하려면 결합 확률들, 혹은 조건부확률들과 가설의 사전확률들을 알아야 하는데, 그렇게 쉽게 알 수 없는 것이 현실이다.

베이즈 정리의 사전확률은 부족한 정보 속에서 어쩔 수 없이 추리하고 판단해야 하는 상황에서 인간이 최선을 다하는 방법을 제시하고 있다. 베이즈 정리는 다양한 곳에서 쓰이고 있다. 여기에서는 2가지 예를 들어 보고자 한다.

예제 1

어느 백화점 고객의 국적별과 대금결제 방식을 대상으로 임의의 한 사람을 선택하여 결제방식을 물었더니 현금이라고 답하였다. 그가 한국인일 확률을 구하고, 또 그가 일본인일 확률을 구하시오.

풀이

한국인 중에서 현금을 쓴 비율은 $P(C_1|K) = \dfrac{P(C_1 \cap K)}{P(K)} = \dfrac{5}{80} = 0.0625$로 6.25%

이지만 현금을 쓴 사람 중에서는 $P(K|C_1)=\frac{P(C_1\cap K)}{P(C_1)}=\frac{5}{15}=0.33$으로 33%에 이른다. 반면 일본인은 20명이면 10명이 현금을 쓰는데, 그 비율은 $P(C_1|J)=\frac{P(C_1\cap J)}{P(J)}=\frac{10}{20}=0.5$인 50%에 이르지만, 현금 쓴 사람 중에서 일본인의 비율은 $P(J|C_1)=\frac{P(C_1\cap J)}{P(C_1)}=\frac{10}{15}=0.67$로 67%나 된다.

예제 2

우리나라에서 에이즈 환자는 0.001%이라고 알려져 있다.[25] 결혼을 앞둔 용세가 에이즈 검사를 받은 결과 양성으로 판명되었다. 이 검진 방법은 에이즈 환자를 정확히 판정할 확률이 99.8%이고 정상인을 정상인으로 정확히 판정할 확률이 99.9%라고 한다.[26] 양성판정을 받은 용세가 정말 에이즈 환자일 확률을 구하시오.

풀이

$$\frac{0.00001\times 0.999}{0.00001\times 0.999+0.99999\times 0.002}=0.00497$$

실제로 감염되었을 확률은 0.5%도 채 되지 않으며, 이 검사방법은 꽤 믿을만한 검사방법이지만 용세가 감염되었을 확률은 불과 0.5%에 불과하다. 우리나라의 에이즈 감염률이 매우 낮기 때문이다. 기저률(基底率)을 무시하게 되면 판단을 잘못할 수가 있다. 기저율의 오류(base - rate fallacy)라고 부른다. 만약, 검사 결과 양성판정을 받았다면 양성판정을 받은 사람들 집단에 한정하여 판단하여야 하는데 전체 집단을 대상으로 함으로써 발생하는 오류이다. 전체 집단이 아니라 전체의 어떤 부분을 기준으로 구한 확률이 '조건부확률'이다. 외국에서 결혼을 얼마 남겨두지 않은 총각이 에이즈 검사에서 양성이 나오자, 자살한 사건이 있다고 한다. 양성판정, 그렇다고 극단적인 선택을 하는 것은 옳지 않다.

25 여영서, 앞의 책, 134~137p.

26 여영서는 1종 오류(비보균자가 감염되었다는 판정)와 2종 오류(보균자가 감염되지 않았다고 판정)로 표현하고 있다.

이야기 보따리 **베이즈 주의의 특징**[27]

① 확률과 믿음의 정도: 확률을 믿음의 정도로 해석한다.
② 확률 규칙과 일관성: 확률 규칙을 일관적인 믿음 체계를 지니기 위한 규범으로 삼는다.
③ 조건부 원리와 믿음 업데이트: 새로운 정보를 습득함에 따라 믿음을 업데이트하는 방법을 제시한다.

베이즈 주의는 결국 우리 인간이 좀 더 일관적인 사고방식을 지닐 수 있는 방법을 제시했다고 할 수 있다. 시간의 흐름 속에서도 믿음 체계를 업데이트하여 일관성을 지키게 된다면, 과거의 나와 현재의 나 그리고 미래의 나까지도 어떤 믿음 체계를 어떻게 가지게 되는지 정확하게 예측하고 분석할 수 있게 된다.

27 여영서, 앞의 책, 집문당, 2020, p.108~127.

08 믿어도 될까요? vs 그럼, 누구 말을 믿어

- 백신 접종을 앞둔 시민의 목소리
- 백신접종과 사망률

코로나19가 한창 유행하던 2020년 겨울 인플루엔자 백신 접종자 중에 사망자가 발생하자 백신 접종에 대한 불신(?)의 목소리가 있었다. 이 소식이 처음 알려지자 국민들은 예방을 위해 맞는 백신이 오히려 명을 재촉하는 어이없는 경우를 상상하고 백신 접종에 의문을 품은 것이다. 전문가들은 백신 접종과 사망 사이에 인과관계가 없다고 발표하였고, 2021년 2월 3일 질병관리청에서는 5년간 자료를 분석한 결과를 발표하였다.

일부 매스컴에서는 사망자 중에 백신을 맞은 환자 수(P(백신 접종자 | 사망자))를 발표하였다. 하지만 정확하게 인과관계를 분석하기 위해서는 반대로 백신 접종자 중에 사망자 환자 수, 즉 P(사망자 | 백신 접종자)를 계산해야 한다. P(백신 접종자 | 사망자) $\neq P$(사망자 | 백신 접종자)이다. 두 확률 간의 관계는 조건부확률에서 구할 수 있는데, <표 5-4>를 바탕으로 이 확률을 계산해 보기로 하자.

$$P(\text{사망자} \mid \text{백신접종자}) = \frac{P(\text{사망자} \cap \text{백신접종자})}{P(\text{백신접종자})}$$

$$= \frac{P(\text{백신접종자} \mid \text{사망자}) \times P(\text{사망자})}{P(\text{백신접종자})}$$

표 5-4 인플루엔자 백신 접종의 효과

연령대	시기	구별	대상자 수	사망자 수	사망률 (10만 명당)	비율(A/B)
65세 이상	2020년 10월15일~11월30일	접종자	6,519,817	13,583	208.3(A)	6.2
		미접종자	1,311,101	16,990	1,295.9(B)	
18세 미만	2020년 9월17일~11월10일	접종자	3,829,755	14	0.4	6.8
		미접종자	4,557,835	114	2.5	

자료: 질병관리청

먼저, 백신 접종자는 10,349,572명(65세 이상 6,519,817명+18세 미만 3,829,755명)이므로 전 인구의 $\frac{1}{5}$, 즉 $P(\text{백신접종자}) = \frac{1}{5}$로 대략 상정할 수 있다. 사망자는 31,101명(65세 이상 30,973명+18세 미만 128명)이므로 $P(\text{사망자}) = \frac{31,101}{50,000,000}$이다. 마지막으로 사망자 중에서 백신 접종자는 13,397명(65세 이상 13,583명+18세 미만 14명)이므로

$$P(\text{백신접종자} \mid \text{사망자}) = \frac{13,397}{31,101} = 0.43\text{이다.}$$

$$P(\text{백신접종자} \mid \text{사망자}) \times P(\text{사망자}) = \frac{13,397}{50,000,000} = 0.00062$$

$$\text{따라서 } P(\text{사망자} \mid \text{백신접종자}) = \frac{0.00062}{0.2} = 0.000124$$

따라서 백신 접종자가 사망할 확률은 약 0.0124%에 불과하다.

질병관리청은 "예방접종과 이상 반응, 특히 사망 등 중증의 이상 반응에 대한 인과성의 성급한 추정과 이로 인한 대중의 불안감은 백신 기피 현상을 야기, 전체 접종률에 심각한 영향을 미칠 수 있다"라고 지적했다.[28]

진단검사 결과를 <표 5-5>와 같이 4가지로 분류할 수 있다. ㉠ 유병자를 양성으로 판정(A), ㉡ 무병자를 양성으로 판정(B), ㉢ 유병자를 음성으로 판정(C), ㉣ 무병자를 음성으로 판정하는 것(D)이다. ㉠과 ㉣은 옳은 판정이지만, ㉡과 ㉢은 잘못된 판정

28 뉴스더보이스헬스케어(http://www.newsthevoice.com) 참고하였음.

표 5-5 환자의 유병유무와 검사 결과

		유병자	무병자(정상인)	합계
검사결과	양성	A	B (위양성)	$A+B$
	음성	C (위음성)	D	$C+D$
합계		$A+C$	$B+D$	$A+B+C+D$

이다.

이것을 바탕으로 다음의 4가지 확률을 구할 수 있다.

① 민감도(敏感度, Sensitivity): True Positive Rate(TPR)이다. 병을 가진 사람(유병자) 중 양성반응 결과를 보이는 비율이다. <표 5-5>에서 $\frac{A}{(A+C)}$로 구해진다. 이 값은 해당 검사가 병을 가지고 있는 사람을 얼마나 잘 찾아내는지를 보여준다. 민감도가 높은 검사는 유병자를 유병자라고 옳게 판단할 수 있는 능력을 가진 검사이다. 반대로 유병자를 실수로 음성이라고 판정할 가능성이 낮다.

② 특이도(特異度, Specificity): True Negative Rate(TNR)이다. 병을 갖지 않은 사람(정상인) 중 음성반응 결과를 보이는 비율이다. <표 5-5>에서 $\frac{D}{(B+D)}$로 구해지는데, 이 값은 해당 검사가 병을 가지고 있지 않은 사람을 얼마나 잘 찾아내는지 보여준다. 특이도가 높은 검사는 정상인을 정상인이라고 옳게 판단할 수 있는 능력을 가진 검사이다. 다시 말해 정상인을 실수로 양성이라고 판정할 가능성이 낮다.

③ 위음성(僞陰性, False Negative): 검사 대상자가 병을 가지고 있는데도 정상(음성)으로 판단하는 경우이며, 비율은 $\frac{C}{(A+C)}$로 구해진다.

④ 위양성(僞陽性, False Positive): 검사 대상자가 병을 가지고 있지 않은데도 비정상(양성)으로 판단하는 경우이며, 비율은 $\frac{B}{(B+D)}$로 구해진다.[29]

29 앞에서 말한 결혼을 앞두고 에이즈 양성반응을 받자 자살한 총각은 검사 결과가 위양성일 가능성이 있음을 알지 못한 어리석은 행동이라고 말할 수 있겠다.

예제 1

금지약물을 사용하는 운동선수의 비율은 5%이라고 하자. 민감도는 90%이고 특이도는 80%인 진단검사를 1,000명을 대상으로 실시하였다. 사용자의 수, 사용하지 않는 선수의 수, 사용자이면서 양성판정을 받은 선수의 수, 사용자이면서 음성판정을 받은 선수의 수, 비사용자이지만 양성판정을 받은 선수의 수, 비사용자이면서 음성판정을 받은 선수의 수를 구하시오. 또 양성반응을 보인 선수 중에서 정말로 약물을 사용한 선수의 확률을 구하시오.

풀이

금지약물 사용 선수의 수 = $1000 \times \dfrac{5}{100} = 50$ (그림의 N과 Q 넓이)

비사용 선수의 수 = 950 (그림의 M과 R 넓이)

사용자이면서 양성판정을 받은 확률:

$$P(A \cap +) = P(A) \times P(+ \mid A) = 0.05 \times 0.9 = 0.045$$

선수의 수=1000×0.45=45 (그림의 N 넓이)

사용자이지만 음성판정을 받은 확률:

$$P(A \cap -) = P(A) \times P(- \mid A) = 0.05 \times 0.1 = 0.005$$

선수의 수= 1000×0.05=5 (그림의 Q 넓이)

비사용자이지만 양성판정을 받은 확률:

$$P(\overline{A} \cap +) = P(\overline{A}) \times P(+ \mid \overline{A}) = 0.95 \times 0.2 = 0.19$$

선수의 수=1000×0.19=190 (그림의 R 넓이)

비사용자이면서 음성판정을 받은 확률:

$$P(\overline{A} \cap -) = P(\overline{A}) \times P(- \mid \overline{A}) = 0.95 \times 0.8 = 0.76$$

선수의 수=1000×0.76=760 (그림의 M 넓이)

양성반응을 보인 선수 중에서 정말로 약물복용 선수의 확률:

$$P(A \mid +) = \frac{P(+ \mid A) \times P(A)}{P(+)} = \frac{P(A \cap +)}{P(A \cap +) + P(\overline{A} \cap +)}$$

$$= \frac{45}{45 + 190} = \frac{45}{235} \times 100 = 19.1 \text{ (그림의 N /(N+R) 비)}$$

이렇게 보면 양성판정을 받은 선수는 235명이고 그중에서 정말 사용자는 45명이다. 양성반응을 보인 선수 중에서 정말로 금지약물사용 선수의 확률은 19.1%

이다.

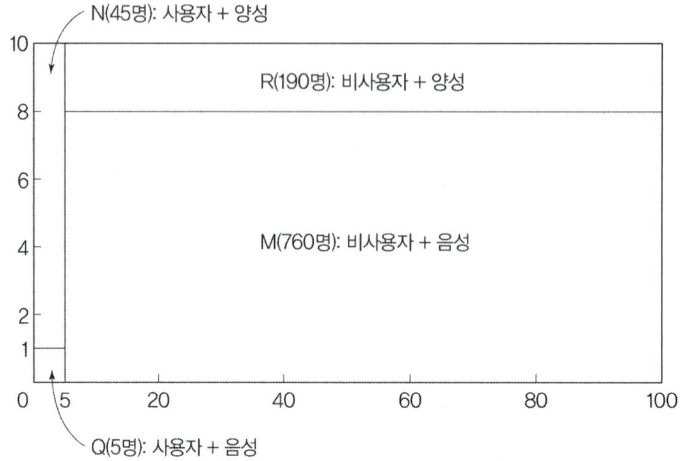

가짜가 병을 낫게 한다!

제약회사에서 신약을 개발하여 100명의 환자를 대상으로 하는 임상실험을 실시하였다. 50명에게는 신약을 투여하였고 나머지에는 가짜 약(위약, 僞藥)을 투여하였다. 그리고 100명 모두 신약이라고 믿고 있다고 가정한다. 일정 기간이 지나 검사를 해본 결과, 60명이 치료되었는데 다음과 같았다.

(경우 1) 진짜 약 복용자는 48명, 가짜 약 복용자는 12명이었다. 36명의 차이
(경우 2) 진짜 약 복용자는 40명, 가짜 약 복용자는 20명이었다. 20명의 차이
(경우 3) 진짜 약 복용자는 32명, 가짜 약 복용자는 28명이었다. 4명의 차이

가짜 약을 먹고 치료된 사람은 우연에 의한 효과라고(by chance) 평가할 수 있다. (경우 1)은 신약의 효과가 있다는 주장(가설)에 수긍이 갈 것인 반면, (경우 3)인 경우에는 신약의 효과가 있다는 주장(가설)에 수긍이 가지 않을 것이다. 차이가 클수록 신약 효과에 대한 믿음이 증가할 것이다.[30]

이렇게 가짜 약을 먹었는데도 환자의 증상이 치료된 경우가 있는데 이를 플라시보

효과(placebo, 위약 효과)라고 부른다. 의사가 환자에게 가짜 약을 투여하면서 진짜 약이라고 하면 환자의 좋아질 것으로 생각하는 믿음 때문에 병이 낫는 현상을 말한다. 의사의 선의의 거짓말이 치료 효과를 가져온 셈이다.

예제 2[31]

의사들은 환자들을 위하여 준비해 놓은 마약에 쉽게 접근하기 때문에 마약을 하기 쉬운 환경에 놓여있다. 따라서 수련의(인턴과 레지던트)들이 얼마나 마약을 하고 있는지 직접 조사하려 한다면 정확한 결과를 기대하기 어렵다. 이와 같이 사람들이 대답하기 꺼리는 민감한 문제를 조사할 때 답하기를 꺼리거나 거짓말을 할 것이므로 우회적으로 답을 얻는 방법을 사용한다. 우선 아무도 모르게 동전을 던지게 한다. 그리고 동전의 앞면이 나오면 마약을 하는지 하지 않았는지 '예'와 '아니요'로 답하게 한다. 동전의 뒷면이 나오면 본인의 생일이 홀숫날일 때 '예', 짝숫날일 때 '아니오'라고 답하게 한다. 이렇게 '예'와 '아니오'로 답을 얻으면 그 답이 마약을 하는 것에 대한 답인지, 생일날에 대한 답인지 모르므로 답한 사람의 프라이버시를 보장하면서 답을 얻을 수 있다. 각 수련의가 마약을 하는지 직접 조사를 하지 않지만, 전체적으로 얼마나 마약을 하는지 알 수 있다. 아래는 이 상황의 수형도(樹型圖, tree diagram)는 다음과 같다.

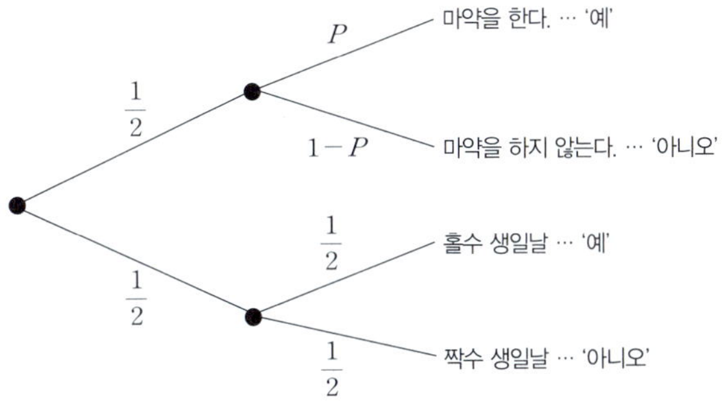

30 "신약이 효과가 없다"라는 가설을 귀무가설(null hypothesis)이라고 부르고 "신약이 효과가 있다"라는 가설을 대립가설(alterative hypothesis)이라고 부른다. 제약회사는 귀무가설이 기각되고 대립가설이 수락되는, 즉 신약의 약효가 입증되기를 희망할 것이다.

31 김재광 외 6인, '통계학 입문', 자유아카데미, 2009. 참고하였음.

만일 '예'의 비율이 0.32라면 수련의 중 마약을 하는 비율이 얼마인가? '예'의 비율은 동전 앞이 나와 마약을 하는 비율과 동전 뒤가 나와 홀수 생일일 때 '예'로 답한 비율의 합이다. 즉, $0.32 = \frac{1}{2} \times P + \frac{1}{2} \times \frac{1}{2}$ 이므로 수련의 마약을 하는 비율은 $P = (0.32 - 0.25) \times 2 = 0.14$를 구할 수 있다.

이야기 보따리 **플라시보(placebo) 효과 대 노시보(nocebo) 효과**

플라시보(placebo) 효과가 "나는 나을 거야(I shall please)"라고 믿음으로써 병이 낫는 현상이라면, 반대로 노시보(nocebo) 효과도 있다. 노시보 효과란 환자에게 실제로는 해가 없지만 해롭다는 믿음 때문에 "나는 나을 수 없어(I shall harm)"라고 생각하여 병이 낫지 않는 현상이다. 두 효과 모두 심리적인(psychogenic) 현상이다.

플라시보 효과나 관찰자 바이어스의 영향을 방지하기 위해 이중 눈가림법 혹은 이중 맹검법(二重盲檢法, Double blind test)이 사용되고 있는데, 이 방법은 특히 의학 시험이나 연구에서 쓰이는 검사법으로 대상인 약이나 치료법의 성질을 의사(관찰자)와 환자 알리지 않고 실시하는 검사방법이다. 이런 검사방법은 일반적인 과학적 방법으로서도 중요하다. 사람을 대상으로 하는 심리학, 사회과학이나 법의학 등에서도 응용되고 있다. 맹검화를 비롯한 랜덤화비교시험(RCT)은 객관적인 평가를 위해 자주 쓰이고 있다.

연습문제

1 운이냐 실력이냐, 그것이 문제로다

1. 3가지 방법으로 확률을 정의하시오.
2. 오즈란 무엇인가? 확률과 오즈의 관계를 설명하시오.
3. 남녀 각각 100명에게 전날 과음여부를 조사한 결과 남자는 80명이 여자는 25명이 '그렇다'라고 대답했다. 남성 과음자와 여자 과음자의 오즈를 각각 구하고, 여성 과음자에 대한 남성 과음자의 오즈비를 구하시오.

2 어찌 이런 일이, 주민등록번호가 같다니!

1. 주사위 던지기를 예로 들어 표본공간과 사건을 정의하시오.
2. 통계학에서 정의하는 '성공'과 일반적으로 말하는 '성공'을 비교하여 설명하시오.
3. 어느 음식점에서 손님들의 70%는 맥주를 추가 주문하고 80%는 소주를 추가 주문하는 것으로 조사되었다. 소주와 맥주 모두를 추가 주문하는 손님도 55%였다고 한다. 어떤 특정 손님이 두 주류 중 적어도 하나를 추가 주문할 확률은 얼마인지 구하시오.

3 심지어 꿈속에서마저 해보고 싶은 도박

1. '도박사의 오류'와 '뜨거운 손 오류(hot-hand fallacy)'란 무엇인가? 두 오류를 비교하여 설명하시오.
2. 도박을 하는 4가지 동기에 대해 토론해 보자.

4 엄마, 내 배가 아프면 엄마가 방귀 나와?

1. 조건부확률, 독립사건, 배타적 사건을 수식을 이용하여 간단히 설명하시오.
2. 50세 남자군에 대해 조사한 결과 다음과 같다. 비만(A)일 확률 $P(A)=0.4$, 고혈압

(B)일 확률 $P(B)=0.6$, 고혈압이면서 비만일 확률 $P(A\cap B)=0.1$로 주어져 있다. 비만(A)일 때 고혈압(B)일 조건부확률 $P(B|A)$를 구하시오.

3. (i) A와 B가 독립이고 $P(A)=0.4$, $P(B)=0.2$이면 $P(A\cap B)$와 $P(A\cup B)$의 값을 구하시오.

   (ii) 만약 A와 B가 상호배반이고 $P(A)=0.4$, $P(B)=0.2$이면 $P(A\cap B)$의 값을 구하시오.

4. 주사위를 던지는 실험에서 A는 1이 나오는 사건 B는 3이 나오는 사건이라고 하자.

   (i) 이 두 사건은 배반사건인가? (ii) 이 두 사건은 독립사건인가?

   (iii) 배반사건이 독립사건이 되는 때는 언제인가?

5. 커피점에서 아포가토 판매량의 비율

판매량	확률	판매량	확률
10잔 미만	0.05	13잔	0.20
10잔	0.10	14잔	0.12
11잔	0.15	15잔	0.09
12잔	0.25	16잔 이상	0.04

   (i) 아포가토를 11잔 이상 판매할 확률을 구하시오.

   (ii) 아포가토를 11잔 이상 판매하는 일을 사상을 A라고 정의할 때, 사상 A의 여사상(A^C)을 설명하고 확률($P(A^C)$)을 구하시오.

   (iii) 아포가토를 15잔 이상 판매하지 못할 일을 사상을 B라고 정의할 때, $A\cap B$를 설명하고 그 확률 $P(A\cap B)$를 구하시오.

6. 용세네 회사에서 지난 10년간 있었던 총 250건의 승진 건수를 남녀별로 정리한 표가 아래와 같다. 승진에 있어 남녀 간의 차이가 존재하는지 설명하시오.

	승진(U)	미승진(N)	합계
남성(M)	75	115	190
여성(F)	25	35	60
합계	100	150	250

5 똑게일까, 멍부일까

1. 고객의 국적별과 대금결제 방식

고객의 국적별과 대금결제 방식 교차표

	현금(C_1)	신용카드(C_2)	직불카드(C_3)	합계
한국인(K)	5	60	15	80
일본인(J)	10	8	2	20
합계	15	68	17	100

(i) 결합확률분포표를 만들어 보시오.

(ii) 한국인이면서 현금을 쓰는 고객의 비율을 구하시오.

2. 연구단지 주변 아파트에 사는 주민들의 구성을 나타내고 있는 표이다.

	퇴직연구원(R)	퇴직연구원이 아닌 거주자($\overline{R}$)	합계
남자(M)	100	300	400
여자(F)	50	450	500
합계	150	750	900

(i) 결합확률분포표를 작성하시오.

(ii) $P(R|M)$를 구하시오.

(iii) M과 R은 독립인가? 그 근거를 설명하시오.

(iv) M과 R은 상호배반적인가? 그 근거를 설명하시오.

(v) 상호 배반적이다. $P(R)+P(\overline{R})=1$. 이를 상식적으로 생각해 보면 어느 사람이 퇴직연구원인 동시에 퇴직연구원이 아니라는 말은 모순이다. 이에 대해 설명하시오.

(vi) 베이즈정리를 이용하여 구한 $P(R|M)$와 (ii)에서 구한 결과가 같음을 보이시오.

6 좀 더 좋은 CCTV가 있었다면…

1. 베이즈정리에 대해 설명하시오.
2. K자동차 회사는 같은 용도의 부품을 M사와 N사 두 곳으로부터 조달받고 있는데, OEN 방식이기 때문에 두 회사의 제품을 구별할 수 없다고 한다. M사의 점유율은 60%이고 N사의 점유율은 40%이다. M사 부품의 불량률은 20%이고 N사 부품의 불량률은 10%이다. 판매된 자동차가 부품결함으로 리콜이 들어왔다고 한다. 그 차가 M사가 생산한 부품일 확률을 구하시오.

3. 비가 아주 많이 올 사전확률 $P(A_1)$=0.4, 중간 정도로 올 확률 $P(A_2)$=0.3, 비가 아주 적게 올 확률 $P(A_3)$=0.3으로 알려져 있다. 풍년이 되는 사건을 B 라고 하고 흉년이 지는 사건을 $\overline{B}$라고 하자. 비가 많이 올 때 풍년이 들 확률은 $P(B|A_1)$=0.8, 비가 중간 정도 올 때 풍년이 들 확률은 $P(B|A_2)$=0.5, 비가 아주 적게 올 때 풍년이 들 확률 $P(B|A_3)$=0.1이라고 알려져 있다.

(i) 수형도를 그리시오.

(ii) 풍년이 되었을 때 비가 아주 적게 왔을 확률($P(A_3|B)$)을 구하시오.

(iii) 흉년이 되었을 때 비가 아주 많이 왔을 확률($P(A_1|\overline{B})$)을 구하시오.

7 허생원은 베이즈 정리를 활용하였다!

1. 우리나라에서 마약 복용자는 5%라고 알려져 있다고 하자. 마약 복용자가 마약 검사에서 양성반응을 나타낼 확률은 90%이다.[32] 마약 불복용자가 이 검사에서 음성 반응을 나타낼 확률은 80%이다.[33] A를 검사한 결과 양성반응이 나왔다고 한다.

(i) 수형도를 그리시오.

(ii) 그가 진짜 마약 복용자일 확률을 구하시오.

32 민감도 혹은 TPR(True Positive Rate)이다.

33 특이도 혹은 TFR(True False Rate)이다.

제 6 장

확률변수와 확률분포 가까이 가기

1. 나 참, 아버지도…
2. 기다리게 해 놓고, 오지 않는 사람아
3. 사건을 맡을까? 말까?
4. 죽느냐 사느냐, 그것이 문제로다
5. '걸' 나와라, 제발!
6. 어느 쪽이 어려운가?
7. 하필이면, 그 시간에 거기에
8. 정규야, 너는 대단한 아이야
9. 아코디언과 같은 표준화
10. 꼬리에 꼬리를 무는 게, 신기해요

01 나 참, 아버지도…

- 아버지의 꼼수에 대한 노총각 아들의 반응
- 확률변수

확률과 통계를 배울 때 제일 먼저 나오는 개념이 '경우의 수'이며, 이를 바탕으로 확률, 확률변수, 확률분포 등 어려운(그러나 매우 중요한) 개념으로 들어간다. 동전을 던지는 경우를 생각해 보자. 앞면만 또는 뒷면만 나오는 것이 아니라 앞면 혹은 뒷면이 나오고 확률은 각각 확률이 1/2이다. 동전던지기는 확률변수를 공부하는 데 있어 가장 기본적인 개념을 제공하고 있다.

배우 정우성이 노총각 변호사역을, 김향기가 자폐증 소녀 역을 맡아 열연한 영화 '증인'에는 확률변수와 관련된 재미있고 유익한 예가 나온다. 치매 초기 증상을 보이는 아버지(박근형 분)가 노총각 아들에게 맞선을 주선하는 장면이 나오고, 밤늦게 들어온 아들에게 맞선을 볼 여자 사진이 들어 있는 봉투를 3개나 주면서 그중 하나를 고르라고 한다. 여기서 관객들은 봉투에 각각 A, B, C 세 명의 여자 사진이 있을 것으로 상상한다.

아들이 처음 고른 봉투에서는 A의 사진이 나왔다. 그러자 아버지는 "이 여자와는 인연 중의 인연이니, 선을 봐라"라고 종용한다. 관객들도 순간적으로 "1/3의 확률로 뽑힌 여자니까 인연이겠구나"하는 생각이 순간적으로 든다. 그런데 아들이 다른 봉투를 열고 사진을 꺼내는 순간, 바로 방금 고른 여자의 사진(A)이 또 들어 있다. 아버지

표 6-1 영화에서 관객이 생각한 봉투와 아버지의 봉투

보통의 경우	사진 속 인물	A	B	C
	확률	$\frac{1}{3}$	$\frac{1}{3}$	$\frac{1}{3}$
아버지의 봉투	사진 속 인물	A	A	A
	확률	1	1	1

는 봉투 3장에 같은 여자의 사진을 넣은 것이다. 경우의 수가 3개인 확률변수가 아니라 실제로는 확률변수가 아니었다.[1]

통계학자들은 각 사건(예를 들어 동전의 앞면이나 뒷면, 봉투 3장 중의 하나)에 수치를 부여함으로써 연산을 가능하게 하였고 이를 바탕으로 새로운 정보를 알아내고 있다. 이렇게 정상적인 동전이나 보통의 봉투에서처럼 일정한 확률을 가지고 발생하는 사건에 수치를 부여한 것을 확률변수(確率變數, random variables)라고 부르며, 보통 X로 표시한다.[2] 우리는 늘 불확실성 속에 놓여 있고 이런 상황에서 합리적인 의사결정을 하기 위해 노력하고 있으며, 그 이론적 틀을 통계학이 제공하고 있다.

확률변수는 <표 6-2> 확률변수의 예에서 보는 바와 같이 이산확률변수(離散確率變數, discrete random variables)와 연속확률변수(連續確率變數, continuous random variables)로 나누어진다. 유한(有限, finite)개이거나 셀 수 있는 가능한(countable) 값을 갖는 확률변수를 이산 확률변수라고 정의한다. 반면 무한개의 셀 수 없는 가능한 값을 갖는 확률변수를 연속확률변수라고 정의하고 있다. 일반적으로 연속확률변수를 주로 다루고 특별한 경우에 이산확률변수를 다루게 된다.

의사결정은 대개 의사결정자의 행동과 사회 · 자연 상태(또는 놀이 등을 할 때는 상대가 취하는 작전)라는 두 가지 요인에 의해서 결정된다. 이 두 요인 중 후자, 즉

1 영화 '증인'에서와 같이 확률변수라고 생각하는 동전 던지기 사건을 비확률변수로 바꾸어 관중을 놀라게 하는 영화로, 로버트 레드포드와 데미 무어가 주연했던 1993년 영화 '은밀한 유혹(Indecent Proposal)'을 들 수 있다. 플레이보이이며 억만장자 로버트 레드포드는 두 면 모두를 같은 모양으로 만든 동전을 들고 다니면서, 마지막 순간에 동전을 던져 1/2의 확률을 보여주는 척하면서, 상대 여성과 관객을 속이고 있다. '은밀한 유혹'이라고 번역했지만 실은 은밀하게 행해진 유혹이 아니다. 남편 앞에서 억만장자가 대놓고 성매매를 제안하니, 영화의 영어 제목처럼 점잖지 못한(Indecent) 것이다.

2 확률변수를 함수 개념으로 설명하면, 정의역(定義域, domain)이 표본공간이고 치역(値域, range)이 실수 값인 함수라고 정의할 수 있다.

표 6-2 확률변수의 예

종류	실험 혹은 관찰	결과	확률변수(X)가 취하는 값
이산확률변수	주사위 던지기	(눈 한 개), (눈 두 개), … , (눈 여섯 개)	1, 2, …, 6
	담배 소비자	흡연자 혹은 비흡연자	흡연자: 1 비흡연자: 0
연속확률변수	국내총생산	원으로 계산된 금액	(0, ∞) 사이의 숫자
	지지율	0~100% 사이의 비율	(0, 100) 사이의 숫자

사회 · 자연 상태에 대해 정확한 예측을 한다면, 자신의 행동을 조정하여 합리적인 의사결정을 내릴 수 있을 것이다. 이때 사회 · 자연 상태에 대해서 의사결정자가 가지고 있는 정보의 정확성은 크게 4종류로 분류할 수 있다. 즉 ① 확실성(確實性, certainty) ② 리스크(risk) ③ 불확실성(不確實性, uncertainty) ④ 무지(無知)로 나눌 수 있다. '확실성'은 무엇이 일어날지 확정적으로 알고 있는 경우를 말하며, '리스크'는 무엇이 일어날지 확정적으로는 알 수 없으나 일어날 수 있는 상태는 알고 있고, 또 그 확률분포(確率分布)도 알고 있는 경우를 말한다. '불확실성'은 일어날 수 있는 상태는 알고 있으나 그 확률분포를 알지 못하는 경우를 말하며, '무지'란 무엇이 일어날지, 또 어떠한 상태가 일어날지를 전혀 예견할 수 없는 경우를 말한다. 경제학자 나이트(Frank Hyneman Knight, 1885~1972)는 측정할 수 있는 불확실성(a measurable uncertainty)을 '리스크'라고 불렀고 측정할 수 없는 불확실성(a unmeasurable uncertainty)과 구별하였다. 넓은 의미의 불확실성이란 '리스크'와 '불확실성'이 두 가지 모두를 가리키며 일반적으로 리스크라고 부르고 있다.

이야기 보따리 **도널드 럼스펠드가 말한 불확실성**

도널드 럼스펠드(Donald Rumsfeld, 1932~2021)는 두 번씩이나 국방부 장관을 역임한 인물이다. 처음 임명된 1975년(포드 행정부)에는 최연소 국방부 장관 두 번째 임명된 2001년(부시 행정부)에서는 최고령 국방부 장관이라는 특이한 경력을 가지고 있다. 이라크와 테러리스트 간의 전쟁이 한창이던 2002년 2월 12일, 미국 국방부 언론 브리핑에서 그가 말한 '아는 것과 모르는 것(Known and Unknown)'에 대한 이야기가 유명하다. 이 말로 더욱 유명세를 타게 된 그는 2011년 자신의 자서전도 'Known and Unknown: A Memoir'라는 제목을 붙였다.

"(이라크와 테러리스트 간의) 무언가 아직 일어나지 않고 있다는 보도는 항상 내게 흥미로운 것인데, 왜냐면 우리가 알다시피 세상에는 우리가 알고 있음을 알고 있는 것들이 있고(known knowns), 또한 우리는 모르고 있음을 알고(known unknowns) 있기도 하다. 하지만 세상에는 또한 우리가 모르는지도 모르는 것들(unknown unknowns)도 있다".[3]

어떤 사람이 모른다는 것을 아는 체하면서 엉뚱한 행동을 하여 문제가 되는 경우를 "모르면 중간이나 가지"라고 표현하는 경우와 대비해 보면 unknown unknowns를 known unknowns처럼 행동하는 경우와 비슷하다고 생각한다.

명언 보따리

"통계학은 과학의 문법이다(the grammar of science)."

칼 피어슨(Karl Pearson, 1857~1936)

---

3 that something hasn't happened are always interesting to me, because as we know, there are known knowns; there are things that we know that we know. We also know there are known unknowns; that is to say we know there are some things we do not know. But there are also unknown unknowns, the ones we don't know we don't know"

02 기다리게 해 놓고, 오지 않는 사람아

- 여자 친구를 기다리는 용세의 마음
- 연속형 확률분포

우리는 종종 친구를 기다리든가 맛집 앞에서 자기 차례를 기다리든가 시내버스나 지하철을 기다리는 등 기다리는 경우가 많다. 이때 막연하게 기다리기보다는 얼마를 더 기다려야 할지 알 수 있다면 좀 더 합리적으로 행동할 수 있을 것이다. 통계학 용어를 빌린다면 기다리는 시간을 확률변수로 하고 그 분포를 알면 더 시간을 효율적으로 쓸 수 있다는 말과 일맥상통한다.

통계학에서 유용하게 쓰고 있는 확률분포를 <표 6-3> 확률변수의 종류와 대표적인 분포에 정리해 보았다.

확률질량함수(確率質量函數, probability mass function)의 확률 조건은 이산점(離散点, discrete points)에서 0이 아닌 확률값을 가지며, 확률은 $0 \le P_i \le 1$,

표 6-3 확률변수의 종류와 대표적인 분포

확률변수	이산 확률변수	이산 확률분포	확률질량함수 $P(x)$	대표적 분포: 베르누이 분포, 이항분포, 초기하분포, 기하분포, 포아송 분포
	연속 확률변수	연속 확률분포	확률밀도함수 $f(x)$	대표적 분포: 균일분포, 지수분포, 정규분포, 표준 정규분포, t분포, χ^2분포, F분포

$i=1, 2, \cdots, n$으로 표현하며 합은 1이다($\sum_{i=1}^{n} P_i = 1$).

확률밀도함수(確率密度函數, probability density function)의 확률 조건으로는 연속확률분포에서 특정한 값 x가 발생할 확률, 즉 $P(X=x)=0$이다. 또 언제나 양의 값을 갖는다($f(x) \geq 0$). 확률밀도함수 아래에 있는 전체의 면적은 언제나 1이다. 즉, $\int_{-\infty}^{+\infty} f(x)dx = 1$이다. 확률은 구간 $[a,b]$ 사이의 확률밀도함수 $f(X)$와 X축 사이의 면적 $P(a \leq X \leq b) = \int_a^b f(x)dx$로 계산된다. 또 누적(累積)분포함수(cumulative distribution function, $F(x)$)는 $F(x) = \int_{-\infty}^{x} f(x)dx$로 정의된다. 이 정의는 $F'(x) = f(x)$라는 누적분포함수 $F(x)$와 확률밀도함수 $f(x)$의 도함수 관계를 보여준다.

예제 1

확률변수 X가 아래와 같은 확률밀도함수를 가질 때 상수 c를 구하고 그림을 그리시오.

$$f(x) = cx, \quad 0 \leq x \leq 5$$

풀이

$$\int_{-\infty}^{+\infty} f(x)dx = \int_0^5 (cx)dx = \left[\frac{1}{2}cx^2\right]_0^5 = 1, \ \frac{25c}{2} = 1, \ \therefore c = \frac{2}{25}$$ 이다.

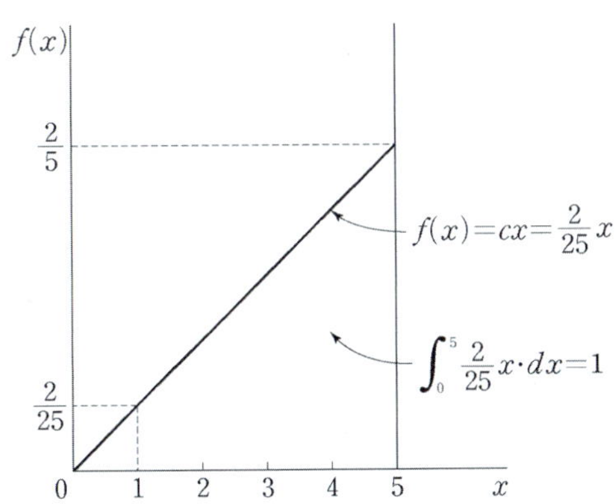

예제 2

확률변수 X가 아래와 같은 확률밀도함수를 가질 때

$$f(x) = e^{-x}, x \geq 0$$

(ⅰ) 이 확률밀도함수를 그려보시오.

(ⅱ) 확률밀도함수의 조건을 만족하는지 설명하시오.

(ⅲ) 0에서 1 사이의 ($[0, 1]$) 확률을 구하시오.

풀이

(ⅰ)

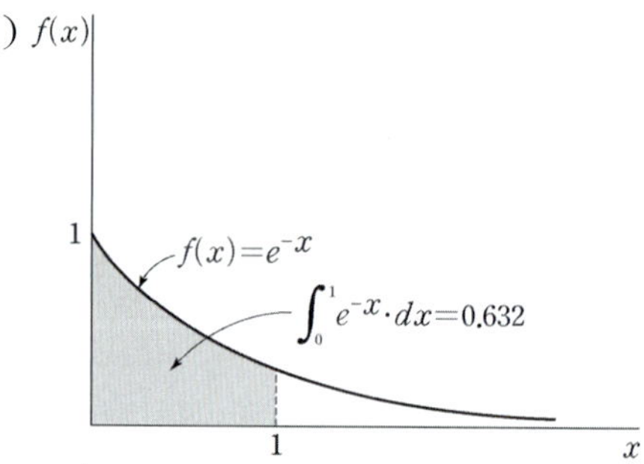

(ⅱ) $\int_{-\infty}^{+\infty} f(x)dx = \int_0^{\infty} e^{-x}dx = \left[-e^{-x}\right]_0^{\infty} = 1$이 되어 확률밀도함수의 조건을 만족한다.

(ⅲ) $P(0 \leq X \leq 1) = \int_0^1 f(x)dx = \int_0^1 -e^{-x}dx = \left[-e^{-x}\right]_0^1 = 1 - e^{-1}$
$= 1 - 0.368 = 0.632$이다.

먼저 균일분포(均一分布, uniform distribution, 일양분포(一樣分布))에 대해 알아보자. 균일분포는 모든 확률변수 값이 같은 확률을 갖는 분포이다. 이산균일분포와 연속균일분포가 있는데, 이산균일분포의 대표적인 예는 1에서 6까지 숫자가 균일한 확률로 나타나는 주사위 던지기이다. 이산균일분포에서 균일확률은 $p = \frac{1}{n}$, 평균은 $\mu = \frac{n+1}{2}$, 분산은 $\sigma^2 = \frac{n^2-1}{12}$이 된다.[4]

모든 연속확률분포 중에서 가장 간단한 것은 균일분포이다. a와 b 사이에 균일하게 분포되어 있고, 그 외의 영역에서는 분포를 이루고 있지 않기 때문에 연속균일분포에

4 본 절의 <증명 1> 참고하기 바람.

서 확률밀도함수는

$$f(x) = \begin{cases} \dfrac{1}{b-a} & a \le x \le b \\ 0 & \text{그 외} \end{cases}$$

로 쓸 수 있고, 평균은 $\mu = \dfrac{a+b}{2}$, 분산은 $\sigma^2 = \dfrac{(b-a)^2}{12}$ 이다.[5] 이 분포는 무작위 분포(random distribution)라고도 불린다.

만약 지하철이 10분 간격으로 운행한다는 사실만 알고 다른 정보는 모른다면 우리는 복불복이라고 생각하면서 재수가 좋으면 1분도 안 기다리고 타지만 반대로 재수가 없으면 도착하자마자 열차가 떠나서 10분을 기다릴 수도 있다. 이런 경우를 여러 번 반복하다 보면 기다린 시간의 평균이 5분 정도가 될 것이다($\mu = \dfrac{a+b}{2} = \dfrac{0+10}{2} = 5$).

다트 게임을 예로 들어 이산균등분포와 연속균등분포를 설명해 보자. 먼저 다트판을 10등분 하고 각 등분마다 1, 2, …, 10을 부여하는 경우, <그림 6-1>에서 보는 바와 같이 이산균등분포가 된다. 균등확률은 $p = \dfrac{1}{n} = \dfrac{1}{10} = 0.1$, 평균은 $\mu = \dfrac{10+1}{2} = 5.5$, 분산은 $\sigma^2 = \dfrac{n^2-1}{12} = \dfrac{99}{12} = 8.25$이 된다.

다음으로는 <그림 6-2>에서 보는 바와 같이 다트판의 정해진 위치(0시 기준)부터 다트가 있는 곳까지의 각도를 잰 값을 확률변수라고 생각하면, 이 확률변수는 0에

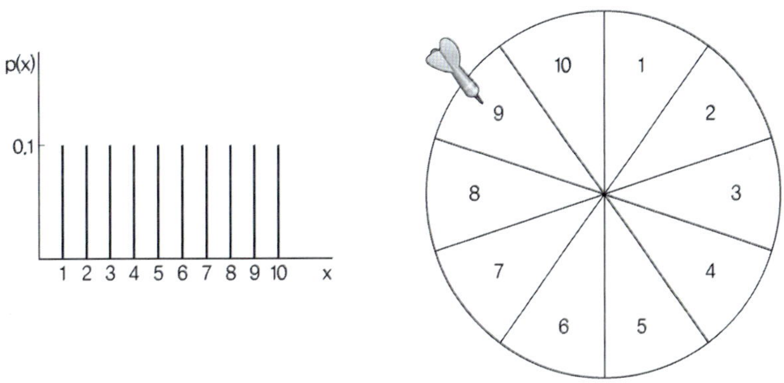

그림 6–1 다트 게임: 이산확률분포

5 본 절의 <증명 2> 참고하기 바람.

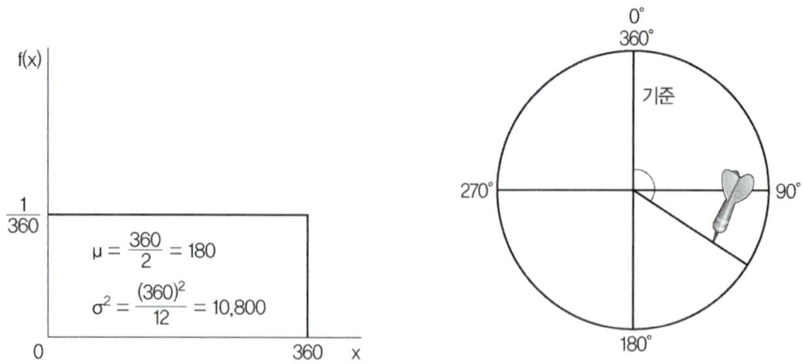

그림 6-2 다트 게임: 연속확률분포

서 360까지의 값을 연속으로 취하게 되며 연속균일분포가 된다. 이때 균일확률은 $p=\dfrac{1}{360-0}=0.0028$, 평균은 $\mu=\dfrac{360+0}{2}=180$, 분산은 $\sigma^2=\dfrac{(b-a)^2}{12}=\dfrac{360^2}{12}=10,800$이 된다.[6]

이번에는 대기시간분포(waiting time distribution)라고 불리는 지수분포(指數分布, exponential distribution)에 대해 알아보자. 지수분포는 예를 들어 전구의 수명, 수술 후 환자가 완전히 회복될 때까지 걸리는 시간, 다음 전화가 걸려올 때까지 걸리는 시간, 지정된 도로에서 발생하는 로드킬 사이의 시간처럼 매 단위당 일정한 확률로 나타나는 특정 이벤트가 발생하는 상황을 모델링하는 데 사용되고 있다.

포아송 분포는 주어진 단위시간 동안 발생하는 사건의 수를 나타내는 데 유용하게 사용되었다. 이제 거꾸로 지정된 시점으로부터 다시 이 사건이 발생할 때까지의 소요되는 대기기간(T)을 측정하는 확률분포가 지수분포이다.

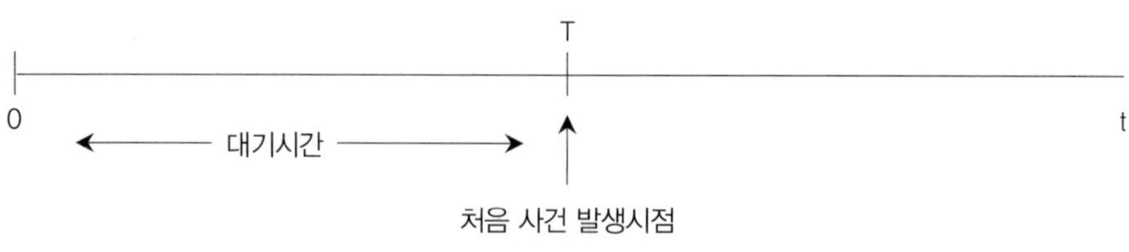

어떤 사건이 단위구간에서 평균 λ를 보이는 포아송 분포를 따른다면, t구간에서

6 평균은 확률분포의 무게중심위치를 말한다.

평균은 λt가 되고 확률변수 X가 t구간에서 발생하는 사건의 수를 나타낸다고 할 때 X는 평균 λt인 포아송 분포를 따르며, $P(X=x)=\frac{(\lambda t)^x}{x!}e^{-\lambda t}$, $x=0, 1, 2, 3, \cdots$ 이다. 확률변수 T(지정된 시간($t=0$)부터 다시 이 사건이 발생할 때까지 걸린 대기시간)의 확률은 지정된 시간($t=0$)에서 T 전까지는 이 사건이 한 번도 발생하지 않을 확률 $P(T>t)$로 표현할 수 있다. 이것은 포아송 분포에서 확률변수 X가 0임을 의미한다.

포아송 분포를 이용하면 $P(T>t)=P(X=0)=e^{-\lambda t}, t>0$으로 쓸 수 있다. 확률변수 T의 누적분포함수는 $F(t)=P(T\le t)=1-P(T>t)=1-e^{-\lambda t}$이고, 따라서 T의 확률밀도함수는 누적분포함수에 미분을 적용하여 얻을 수 있다.

지수분포의 확률밀도함수는 $f(t)=\lambda e^{-\lambda t}, t>0, \lambda>0$이고, 평균 $E(T)=\frac{1}{\lambda}$, 분산 $V(T)=\frac{1}{\lambda^2}$이고, 누적분포함수는 $F(t)=1-e^{-\lambda t}$이다.

단위시간 내에서 발생하는 평균 사건 수를 λ라고 할 때, 이 사건이 다시 일어날 때까지 소요되는 시간의 평균은 $\frac{1}{\lambda}$ 이고, 분산은 $\frac{1}{\lambda^2}$이다. 이것은 다음 사건이 발생할 때까지 걸리는 평균 시간은 $\frac{1}{\lambda}$(단위당 평균적으로 발생하는 시간의 수의 역(逆))이 되고 걸리는 시간의 표준편차는 걸리는 평균 시간과 같음을 의미한다.

<그림 6-3>에서 보는 바와 같이 $t=0$일 때 $f(t)=\lambda$이다. t가 커질수록 기하급수적으로 하락하는 모양을 보이게 된다. 시간당 사건의 평균발행횟수(λ)가 클수록 X는 작은 값을 가질 확률이 높다는 것을 알 수 있다. 즉, 자주 발생하는 사건일수록 사건과 사건 사이의 시간을 짧아진다는 것을 의미한다.

지수분포는 기하분포와 같이 무기억성(memoryless)이라는 특성을 가지고 있다. 연속형 확률변수 중에서 지수분포만이 이러한 성질을 갖는다. 예를 들어, 10년 동안 산재가 한 건도 발생하지 않은 경우 앞으로 산재를 당할 확률이나, 방금 산재를 당한 경우 앞으로 산재를 당할 확률은 같다고 할 수 있다. 따라서 산재를 당하는 데 걸리는 시간은 무기억성이고 연속성이므로 지수분포를 한다고 할 수 있다.[7]

7 김재광 외 6인, '통계학 입문', 자유아카데미, 2009.

예제 3

용세네 회사에서 제작하는 배터리의 수명은 평균 1,000시간으로 지수분포를 따른다고 알려져 있다. 이 회사가 제작한 배터리 100개 중에서 1,000시간 이상 사용할 수 있는 것은 평균 얼마인지 구하시오.

풀이

배터리의 수명분포 평균은 $E(T) = \frac{1}{\lambda} = 1{,}000$이므로 $\lambda = \frac{1}{1{,}000}$이다. 따라서 구하고자 하는 확률은 $P(T \geq 1000) = \int_{1000}^{\infty} \frac{1}{1000} e^{-1/1000x} dx = \left[-e^{-1/1000x}\right]_{1000}^{\infty} = e^{-1} ≒ 0.36$, 약 36개가 된다.

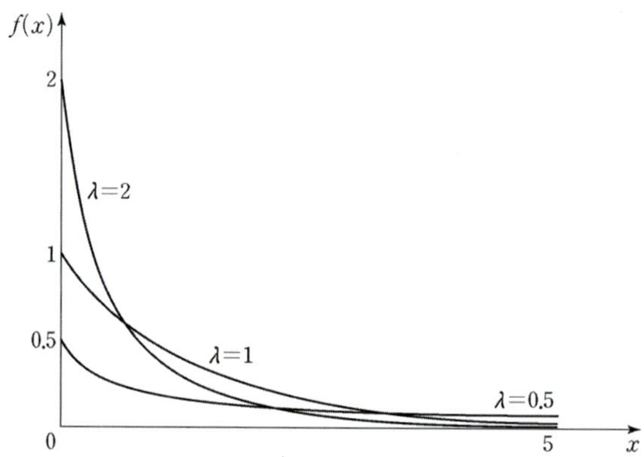

그림 6-3 지수분포 $\text{Exp}(\lambda), \lambda = 0.5, 1, 2$

예제 4

용세네 공장에서 산재는 평균 1년에 2번 발생하고 있다. 오늘 산재가 발생하였다. 다음에 산재가 발생할 때까지 걸리는 시간(T)의 평균은 얼마이며, 시간을 측정하는 분포를 구하시오. 3년 이내에 산재가 발생하지 않을 확률을 구하시오.

풀이

시간의 단위를 년으로 할 때, λ는 2이다. 오늘 산재가 발생하고 다음 산재가 발생하는 데 걸리는 시간은 $E(T) = \frac{1}{\lambda} = \frac{1}{2} = 0.5$, 즉 6개월이다. T는 평균 2인 지수분포를 따르며 $f(t) = 2e^{-2t}, t > 0$으로 구할 수 있다. 마지막으로

3년 내에 다시 산재가 발생하지 않을 확률은 1에서 3년 내에 발생할 확률(그림의 면적)을 빼면 얻을 수 있다. 따라서 $P(T>3)=1-P(T\leq 3)=1-\int_0^3 2e^{-2t}dt=1-(1-e^{-6})=e^{-6}=0.00248$이다.

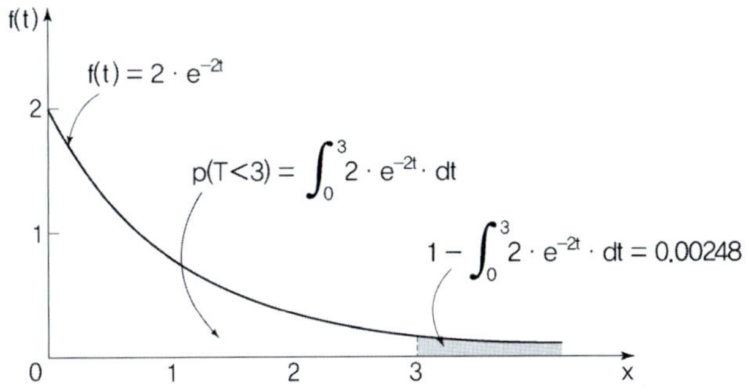

<증명 1> 이산균일분포에서 균일확률은 $p=\frac{1}{n}$로 쉽게 구할 수 있다.

평균은 $\mu=\sum_{i=1}^{n}px=\frac{1}{n}\sum_{i=1}^{n}x=\frac{1}{n}\frac{n(n+1)}{2}=\frac{n+1}{2}$

분산은 $\sigma^2=E(X^2)-(E(X))^2=\sum_{i=1}^{n}X^2p(X)-(\frac{n+1}{2})^2$

$=\frac{n(n+1)(2n+1)}{6}\frac{1}{n}-(\frac{n+1}{2})^2=\frac{n^2-1}{12}$

<증명 2> 연속균일분포에서 확률밀도함수는

평균은 $\mu=\int_a^b xf(x)=\frac{1}{2}[x^2]_a^b\times\frac{1}{(b-a)}=\frac{a+b}{2}$

분산은 $\sigma^2=\int_a^b X^2f(X)-(E(X))^2=\frac{2}{3}[X^3]_a^b\times\frac{1}{b-a}-(\frac{a+b}{2})^2=\frac{(b-a)^2}{12}$

명언 보따리

"과학에 있어서는 증명할 수 있는 것이 증명 없이 믿어져서는 안 된다."

리하르트 데데킨트(Julius Wilhelm Richard Dedekind, 1831~1916)

03 사건을 맡을까? 말까?

- 사건 수임여부를 고민하는 변호사의 고민
- 기댓값과 위험

어느 의뢰인이 사건을 의뢰하면서 법원판결에서 받는 보상액(J)의 20%를 변호사비로 주겠다고 제안하였다. 패소하면 변호사의 수입은 0이라고 하고, 승소할 가능성은 50%이다. 변호사가 이 사건에 투자하는 시간의 비용이 100만 원이라고 한다면, 변호사는 의뢰인이 받는 보상액(J)이 얼마 이상이어야 이 사건을 맡겠는가?

경제학은 기본적으로 '재화와 서비스'에 대한 선택을 분석대상으로 하고 있다. 선택으로 얻는 편익과 비용을 비교하여 편익이 비용보다 크면, −즉, 순 편익(=편익−비용)이 양수일 때− 그 대상을 선택한다. 이를 비용-편익의 원리(cost-benefit principle)라고 부르고 있다. 일반적으로 선택 대상이 주는 편익과 비용은 여러 가지 경우가 있으며 가능성도 다르다. 통계학 용어를 표현하면 편익과 비용은 확률변수이다. 자연스럽게 편익 · 비용의 기댓값과 편익 · 비용의 표준편차(위험도)를 계산할 수 있으며, 합리적인 사람은 순 기대 편익(=기대편익−기대비용)이 양수인 대상을 선택하려고 할 것이다.[8] 합리적인 의사결정은 의사결정 시점에서 활용할 수 있는 최선의 정보를 근거로

8 살인사건을 예를 들어 보자. 살인은 크게 우발적으로 일어나는 경우와 치밀하게 계획하에서 이루어지는 경우로 나누어 볼 수 있다. 후자인 경우 범인은 범행으로 인해 얻을 것으로 기대되는 이득과 비용(검거될 확률과 형량의 크기 등)을 계산하여 기대 이득이 크다면 범행을 저지를 것이다. 횡령, 사기 등과 같은

이루어져야 하며, 예측 데이터에 대한 불확실성을 충분히 고려하여 이루어져야 한다. 이렇게 결정하는 확률적인 의미에서의 합리적인 선택이 그렇지 않은 결정보다 더 좋은 결과를 가져다줄 수 있다는 뜻일 뿐이다,

먼저 기댓값(expected value)에 대한 학습을 해보기로 하자.

- 이산형 확률변수인 경우: 이산형 확률변수 X가 취하는 값이 $x_1,\ x_2,\ \cdots,\ x_n$이고, $P(X=x_i)=p_i,\ i=1,\ 2,\ \cdots,\ n$일 때 X의 기댓값 $E(X)$는 $E(X)=\sum_{i=1}^{n} x_i p_i$이다. 여기서 p_i는 크기가 N인 자료에서 상대도수 $\frac{f_i}{N}$에 대응하는 이론적인 값으로 이해할 수 있다.
- 연속형 확률변수인 경우: 연속형 확률변수 X이 확률밀도함수를 $f(x)$라고 할 때 X의 기댓값 $E(X)$는 $E(X)=\int_{-\infty}^{+\infty} xf(x)dx$이다.
- 기댓값의 특성은 아래와 같다.

  확률변수 $X,\ Y$, 상수 a,b라고 할 때 기댓값은 다음과 같은 성실이 있나.

  ① $E(a)=a$ 상수의 기댓값은 상수 그 자체이다.

  ② $E(aX+b)=aE(X)+E(b)=aE(X)+b$

  ③ $E(aX+bY)=E(aX)+E(bY)=aE(X)+bE(Y)$

앞에서 사건 수임여부를 놓고 망설이는 변호사의 고민을 기댓값 개념을 이용하여 풀어보기로 하자. 이 변호사의 순 기대이익은 $0.5\times\{(0.2)J-100\}+0.5\times(-100)$가 되며, 이 값이 +일 때 사건을 수임할 것이다. 따라서 위의 기대이익이 +이기 위한 조건은 $J>1000$이 된다. 보상액이 최소한 1천만 원이 되어야 이 사건을 수임하는 것이 합리적이다.

경제사범에서는 이런 부도덕하지만 합리적인 판단을 바탕으로 이루어졌을 것이라고 보는 것이 크게 틀린 추론이 아닐 것이다.

예제 1

소비자는 생산업자에게 100이라는 손해를 입었다고 주장하고 있다. 그러면서 소비자는 50에 화해를 해 주겠다고 제안하였다. 만일 생산업자가 이를 거절하고 소송에 들어가면 10만큼의 소송비용이 든다. 생산업자는 소송에서 지면 100을 배상하여야 하고 이기게 되면 소송비용만 감당하면 된다. 생산자로 하여금 화해에 임하게 할 최소한의 소비자(피해자)의 승률(P)을 구하시오.[9]

풀이

소비자가 승소할 확률을 P라고 하면 생산업자가 승소할 확률은 $(1-P)$가 된다. 생산자가 소송에서 기대되는 손실은 $(1-P)\times 10 + P\times(100+10)$ $= 10+100P$이다. $P=1$이면, 즉 생산자의 100% 패소가 기대되면 기대손실은 110(배상금과 소송비용의 합)이 든다. 반대로 $P=0$이면, 생산자의 100% 승소가 기대되면 기대손실(소송비용)은 10이다. 반면 화해를 하게 되면 50의 손해가 발생한다. 소송의 기대 손해가 50보다 크면 화해에 임하게 될 것이다. $10+100P > 50$, $P > 0.4$일 때 화해에 임하는 것이 현명하다.

다음으로 분산(variance)에 대해 학습해 보기로 하자.

- 이산형 확률변수인 경우: 이산형 확률변수 X가 취하는 값이 $x_1, x_2, \cdots, x_n$이고 $P(X=x_i)=p_i,\ i=1, 2, \cdots, n$일 때 X의 분산은 $Var(X)=E(X-E(X))$ $=\sum_{i=1}^{n}(x_i-E(X))^2 p_i$이다.
- 연속형 확률변수인 경우: 연속형 확률변수 X이 확률밀도함수를 $f(x)$라고 할 때 X의 분산 $Var(X)$는 $Var(X)=E(X-E(X))^2=\int_{-\infty}^{+\infty}(x-E(X))f(x)dx$이다.

9 Cooter & Ulen 저, 한순구 역, '법경제학', p.497.

$$Var(X) = E(X - E(X))^2 = E(X^2) - (E(X))^2$$

여기서 $E(X^2) = \sum_{i=1}^{n} x_i^2 P_i$ 이산형 확률변수

$= \int_{-\infty}^{+\infty} x^2 f(x)dx$ 연속형확률변수

- 분산의 특성으로는 아래와 같다.

확률변수 X, Y, 상수 a, b라고 할 때 분산은 다음과 같은 성질이 있다.

① $Var(a) = 0$ 상수의 분산은 0이다.

② $Var(aX + b) = a^2 Var(X) + Var(b) = a^2 Var(X)$

③ $Var(aX + bY) = Var(aX) + Var(bY) = a^2 Var(X) + b^2 Var(Y)$

예제 2

우리나라 평균적인 남자의 경우 자신의 몸무게에 100을 더한 값을 자신의 키와 같다고 주장하는 의사가 있다. 이 주장에 근거하여 키의 분산과 몸무게의 분산을 비교해 보시오.

풀이

$Var(키) = Var(몸무게 + 100) = Var(몸무게)$, 키의 분산과 몸무게의 분산은 같다.

예제 3

3점 슛의 성공률이 0.4인 농구선수가 있다.[10] 3점 슛 한 번의 시도에 대한 기댓값과 분산, 그리고 표준편차를 구하시오.

풀이

이 선수의 기대 득점은 $E(3X) = 3 \times E(X) = 3 \times 0.4 = 1.2$, 분산은 $Var(3X) = 9pq = p(1-p) = 9 \times 0.4 \times 0.6 = 2.16$, 그리고 기대 득점의 표준편차는 $\sqrt{V(3X)} = 1.47$ 점이다.

10 우리나라 프로 농구 리그(www.kbl.or.kr) 2022~2023시즌에서 정상급 선수의 3점 슛 성공률은 0.3~0.35이다.

예제 4

투자가 용세는 프로젝트 A와 B 중 어느 하나를 선택해야 하는 처지에 있다. 각 프로젝트의 수익률과 확률이 아래와 같다고 예측하고 있다. 어느 것을 선택할 것인가는 기대 수익률과 위험도(표준편차)의 크기 그리고 용세의 위험에 대한 태도에 따라 달라진다. 우선 각 프로젝트의 기대 수익률과 표준편차를 구하는 것이 출발점이다.

(i) 프로젝트 A의 기대 수익률과 표준편차를 구하시오.

(ii) 프로젝트 B의 기대 수익률과 표준편차를 구하시오.

(iii) 두 프로젝트를 평가하시오.

	프로젝트 A			프로젝트 B		
수익률(r)	5%	9%	16%	4%	9%	18%
확률(P)	0.3	0.5	0.2	0.4	0.3	0.3

풀이

(i) 프로젝트 A의 기대 수익률과 표준편차를 구해 보면

기대 수익률은 $P(r_A) = 0.3 \times 0.05 + 0.5 \times 0.09 + 0.2 \times 0.16 = 0.092$ 로 9.2%이다.

표준편차는 (σ_A)

$= \sqrt{0.3 \times (0.5 - 0.92)^2 + 0.5 \times (0.9 - 0.92)^2 + 0.2 \times (0.16 - 0.92)^2}$

$= 0.0382$로 3.82%이다.

(ii) 프로젝트 B의 기대 수익률과 표준편차를 구해 보면

기대 수익률은 $P(r_B) = 0.4 \times 0.04 + 0.3 \times 0.09 + 0.3 \times 0.18 = 0.097$ 로 9.7%이다.

표준편차는 (σ_B)

$= \sqrt{0.4 \times (0.4 - 0.97)^2 + 0.3 \times (0.9 - 0.97)^2 + 0.3 \times (0.18 - 0.97)^2}$

$= 0.0581$로 5.81%이다.

(iii) 프로젝트 A와 프로젝트 B를 비교해 보면 기대 수익률도 표준편차도 프로젝트 B가 크다. 더 높은 수익률을 얻기 위해서는 더 많은 위험을 감수해야 함을 보여주고 있다. 높은 위험-높은 수익(high-risk high-return) 원리를 보여주고 있다.

이번에는 시간이 지남에 따라 기대 현금흐름이 변하고 (추정)표준편차도 변하는 경우를 대상으로 투자 여부를 결정해 보기로 하자.[11]

예제 5

현재 5,000만 원을 투자하면 1년 후에는 2,000만 원, 2년 후에는 2,500만 원, 3년 후에는 4,000만 원의 수익이 기대되는 프로젝트가 있다고 하자. 각 연도의 추정 표준편차는 100, 150, 250, 300이라고 하고, 무위험 이자율은 5%이다.

(i) 이 프로젝트의 순 현재가치의 기댓값과 표준편차(위험도)를 구하시오.

(ii) 투자여부를 판단하시오.

기간	기대 현금흐름	추정 표준편차
0	−5,000	100
1	2,000	150
2	2,500	250
3	4,000	300

풀이

(i) 이 프로젝트의 순 현재가치의

기댓값은 $E(X) = -5,000 + \frac{2,000}{(1+0.05)} + \frac{2,500}{(1+0.05)^2} + \frac{4,000}{(1+0.05)^3}$

=2,628만 원이고,

분산은 $Var(X) = (100)^2 + \frac{150^2}{(1+0.05)^2} + \frac{250^2}{(1+0.05)^4} + \frac{300^2}{(1+0.05)^6}$

=148,986(만 원)^{2}이다.

분산의 특성 ㉢를 활용하면 각 기간의 분산은 분자에는 표준편차의 제곱이, 분모에는 $(1+0.05)^{2t}$이 계산에 쓰인다. 따라서 표준편차는

$\sigma = \sqrt{148,986} = 385$만 원이다.

11 현금지출은 현시점에서 하는 데 수입이 시간이 지난 미래에 발생한다면 미래의 수입은 오늘의 금액으로 환산해야 한다. 즉 현재가치화(現在價値化, presented value)하여야 한다. 현재 A는 1년(기간) 후에는 $\frac{A}{(1+r)}$, r : 할인율이 된다. t년(기간) 후 현재가치는 $\frac{A}{(1+r)^t}$가 된다.

(ⅱ) 순 현재가치의 기댓값은 2,628만 원으로 양수이다. 최악의 경우를 표준편차의 3배만큼의 불리한 쪽으로 현금흐름이 나타난다고 할지라도 순 현재가치의 기댓값은 1,474만 원(=2,628−385×3)으로 양수이다. 따라서 투자하는 것이 바람직하다.

이야기 보따리 핸드(Billings Learned Hand, 1872~1961) 판사의 공식

1944년 뉴욕항에서 선창에 매어 두었던 배가 밧줄이 느슨해져 움직이는 바람에 옆에 계류해 있던 다른 배들을 파손시킨 사건에서 핸드 판사는 가해 선박의 소유주의 주의 수준의 정도를 판단함에 있어 아래와 같이 기준을 제시하였다.

① 배가 풀려날 확률(The probability that she will break away, P)
② 풀려나온 배가 발생시킨 손해의 심각성(the gravity of the resulting injury, if she does; L)
③ 적절한 주의 수준의 부담(the burden of adequate precautions, B)

B 〈 PL : 주의 부담(B)이 기대 손해(PL)보다 작은 경우에 해당하며 피의자의 과실을 인정하였고, 반대로 B 〉 PL : 주의 부담(B)이 기대 손해(PL)보다 큰 경우에는 피의자의 과실을 인정하지 않는다.

예를 들어 100년에 한 번 정도 나는 희소한 사고가 있다. 한 번 나면 피해가 커 1,000원 정도의 막대한 손해가 발생한다. 이 사고 예방에 매년 20억 원이 든다고 한다. 사고가 발생했을 때 사고 예방을 하지 않은 관계자에게 책임을 물을 수 있겠는가? 사고의 기대손실은 $PL = \frac{1}{100} \times 1{,}000 = 10$억 원, 사고 예상에 소요되는 비용은 $B = 20$억 원이다.

일년에 예상되는 손해 10억 원을 예방하기 위해 매년 20억 원을 써야 하고, 사고 예상을 하지 않았다는 책임을 묻지 않는 것이 옳다.

* 이 기준이 공식화되기 이전부터 미국의 판례나 법이론 등에서 사실상 묵시적으로 사용 되어왔다. 박세일 , '박세일 법경제학', 재개정판, p.315

04 죽느냐 사느냐, 그것이 문제로다

- 햄릿의 유명한 독백
- 베르누이 시행, 이항확률변수와 확률분포

'동전 던지기'에서는 '앞면' 혹은 '뒷면'으로 둘 중 하나가 나타난다. 복잡다단한 세상일은 두 가지로 압축하여 분석한다면, 처음에는 수긍하기 어렵다. 하지만 실제 여러 가지 사건(일)이 발생하지만, 우리가 관심을 갖는 일과 관심을 갖지 않는 일로 나누어 보면 두 가지 경우로 축소하여 볼 수 있다.

확률변수란 취할 수 있는 값이 확률에 의해 정의되어 있는 변수를 말한다. 확률변수가 취하는 값과 그 값이 실현하는 확률의 관계를 나타낸 것이 확률분포(確率分布, probability distribution)이며 모집단을 수학적으로 표현한 것이다. 확률변수는 이산확률변수와 연속확률변수로 나눌 수 있기에 확률분포도 이산확률분포와 연속확률분포로 나누어진다. 균등분포, 이항분포, 포아송 분포 등이 이산확률분포이고, 균등분포, 정규분포, 표준정규분포, χ^2분포, F 분포, 그리고 t분포 등이 연속확률분포이다.

가장 기초적인 분석의 시발점은 베르누이 시행(試行, Bernoulli trials)이다. 이 시행은 ① 각 시행의 결과는 상호배타적인 두 사건으로 구분된다. 이때 하나의 경우를 성공(Success)이라고 부르고 배타적인 다른 사건을 실패(Failure)라고 부른다. 성공할 확률은 p, 실패할 확률은 $q=(1-p)$이다. ② 각 시행은 서로 독립적이다. 한 시행의 결과는 다음 시행의 결과에 아무런 영향을 주지 않는다.

표 6-4 베르누이 분포표

k	0	1	합계
$P(X=k)$	p	$q=(1-p)$	1

동전 던지기(앞면 혹은 뒷면)와 성별(남자 혹은 여자)과 같이 태생적으로 발생확률이 반반이고 독립인 사건인 베르누이 시행의 대표적인 예이다. 확률 자체가 반반은 아니지만 두 가지 경우로만 나눌 수 있고 각 경우가 독립인 사건을 베르누이 시행으로 분류할 수 있다. 예를 들어, 제품의 불량유무(불량품 혹은 정상품), 정치가에 대한 지지(지지하느냐 혹은 지지하지 않느냐), 새로운 아이디어에 대한 찬반여부(찬성 혹은 반대), 득점여부(득점 혹은 무득점), 합격여부(합격 혹은 불합격) 등에서 볼 수 있다. 또한 두 가지 이상의 경우가 발생하지만 두 가지 경우로 나누고 각 경우가 독립적으로 발생하는 경우이면 베르누이 시행으로 전환이 가능한 사건도 흔히 볼 수 있다. 주사위 던지기에서 특정 숫자(예를 들어 5)가 나오는 확률은 $\frac{1}{6}$이고 다른 숫자가 나오는 확률은 $\frac{5}{6}$이며, 이는 독립적으로 나타나기 때문에 베르누이 시행이 된다.

먼저 시행 횟수가 1인 경우 베르누이(Bernoulli) 분포라고 부른다. 이 분포의 모양은 확률 p 값에 의해 결정되므로 모수는 p이다(표 6-4).

$$\text{확률함수: } P(X=k) = p^k(1-p)^{1-k},\ k=0,1$$

$$\text{기댓값과 분산: } E(X)=p,\ V(X)=pq=p(1-p)$$

예제 1

어느 신혼부부가 자녀를 딸 1명만 낳기로 약속하였다고 한다. 딸을 낳으면 '성공', 아들을 낳으며 '실패'라고 생각하고 있다. 기댓값, 분산, 그리고 표준편차를 구하시오.

풀이

기댓값 $E(X)=0.5$ 명, 분산 $V(X)=pq=p(1-p)=0.5\times0.5=0.25$명, 표준편차 $\sqrt{V(X)}=\sqrt{0.25}=0.5$명이다.

3점 슛 도사의 성공률

여러 번 독립적으로 반복되는 베르누이 시행을 이항실험(二項實驗, Binomial experiment)이라고 부르고 있다. 성공확률이 p인 베르누이 시행을 n번 반복 시행했을 때 성공 횟수를 확률변수 X를 이항확률변수라고 하고 X가 따르는 분포를 이항분포(二項分布, Binomial distribution)라고 부른다.

$X \sim B(n, p)$로 정의하며, 확률함수는 $P(X=k) = {}_nC_k\, p^k(1-p)^{1-k}, n = 0, 1, 2, \cdots, n$ ${}_nC_k = \dfrac{n!}{k!(n-k)!} = \dfrac{{}_nP_k}{k!}$, 기댓값과 분산은 $E(X) = np$, $V(X) = npq = np(1-p)$, 표준편차(σ)는 $\sqrt{npq} = \sqrt{np(1-p)}$이다.

이항분포에서의 모수는 각 시행에서 성공이 나타날 확률 p와 시행 횟수 n이다. 이 분포의 모양과 확률 등 여러 정보는 시행 횟수(n)와 성공확률(p)만 알면 더 이상의 정보가 필요하지 않음을 의미한다. B는 이항분포(二項分布, Binomial distribution)이 영어 첫 글자를 나타내며 <표 6-5> 이항뷴포표로 나타낼 수 있다.[12]

이항분포의 확률함수는 시행회수 n과 성공확률 p에 따라 다양하게 나타난다. $B(10, p)$와 $B(n, 0.1)$의 이항확률함수의 모양을 <그림 6-4>(a)와 (b)에 보여주고 있다. 이항실험의 횟수가 적을 때에도 p가 0.5일 때 확률분포는 대칭을 이루며, 실험 횟수가 클 때는 p가 0.5가 아니더라도 대칭을 이룬다는 사실을 알 수 있다. 성공확률이 0.5보다 적은 $p = 0.3$일 때는 분산이 적어지면서 오른쪽 꼬리분포를 가진 비대칭분포를 이룬다.[13] 다시 말해 $p = 0.5$일 때, 시행 횟수와 관계없이 대칭을 이루며, n이 충분히 클 때는 p값에 상관없이 대칭분포에 가까워진다. 이를 이항분포의 정규근사라고 부르며, 이는 6장 8절에서 공부하게 될 것이다.

표 6-5 이항분포표

k	0	1	…	k	합계
$P(X=k)$	${}_nC_0 p^0(1-p)^n$	${}_nC_1 p^1(1-p)^{n-1}$	…	${}_nC_k p^k(1-p)^{n-k}$	1

12 엑셀의 BINOM.DIS 함수를 이용하면 쉽고 정확하게 구할 수 있다.

13 반대로 성공확률이 0.5보다 큰 경우(예를 들어, $p = 0.7$)일 때는 분산이 적어지면서 왼쪽 꼬리분포를 가진 비대칭분포를 이룬다.

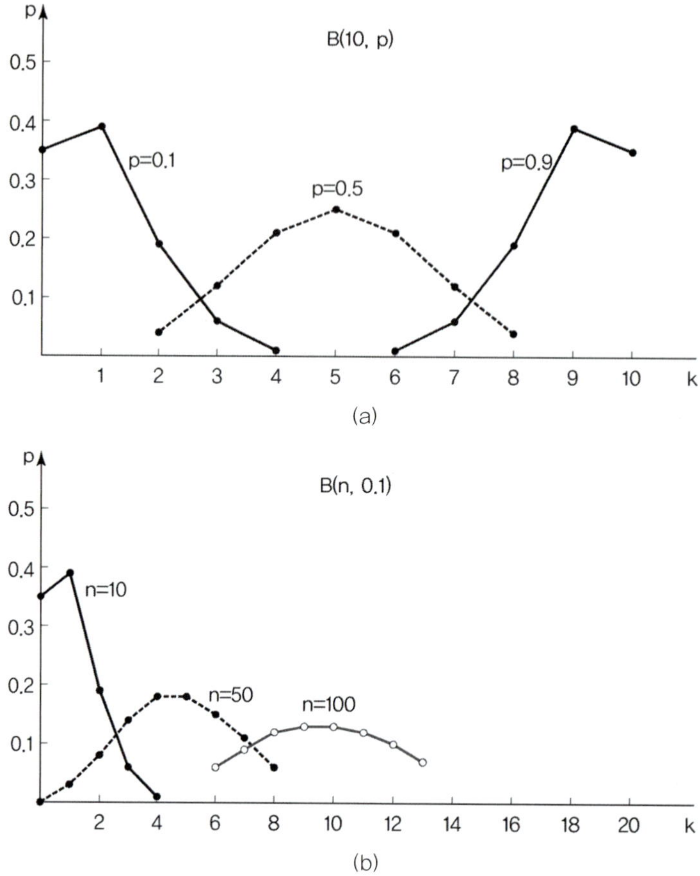

그림 6-4 $B(10, p)$와 $B(n, 0.1)$의 이항확률함수의 모양

예제 2

3점 슛 성공률이 0.4인 농구선수가 3점 슛을 5번 던졌을 때,

(i) 1번도 성공하지 못할 확률을 구하시오.

(ii) 3번 성공할 확률을 구하시오.

(iii) 5번 모두 성공할 확률을 구하시오.

(iv) 4번 미만으로 성공할 확률을 구하시오.

풀이

(i) ${}_5C_0(0.4)^0(0.6)^5 = (0.6)^5 = 0.0776$, 7.76% 이다.

(ii) ${}_5C_3(0.4)^3(0.6)^2 = 0.23$, 23% 이다.

(iii) ${}_5C_5(0.4)^5(0.6)^0 = (0.4)^5 = 0.0102$, 1.02% **이다.**

(iv) 1에서 4번과 5번 성공할 확률을 빼면 구할 수 있다.

$$1-\left\{{}_5C_4(0.4)^4(0.6)^1+{}_5C_5(0.4)^5(0.6)^0\right\}=1-(0.0768+0.0102)$$
$$=0.087,\ 8.7\%$$

매번 시행에서 성공이 나올 확률이 p이고 실패가 나올 확률이 $q=1-p$인 베르누이 시행을 독립적으로 반복 시행한다. 확률변수 X가 k번 시행 후, 첫 번째 얻을 성공이 나올 때까지의 시행 횟수라고 하면(k-1번까지는 실패를 하다가 k번째에 비로소 성공이 나온다), X는 기하분포(幾何分布, geometric distribution)를 따르며 $X \sim$ Geometric(p)로 표현하고, 확률은

$$P(X=k)=(1-p)^{k-1}p,\ k=1,\ 2,\ 3,\ \cdots$$

와 같이 계산된다. 기하분포의 모수는 성공확률 p이다. 기하분포의 평균은 $\frac{1}{p}$, 분산은 $\frac{(1-p)}{p^2}$, 누적분포(CDF) $1-(1-p)^k$으로 계산된다.

이항분포도 기하분포도 그 뿌리는 베르누이 시행에 있음을 알 수 있다. 이항분포가 정해진 수만큼의 베르누이 시행에서 성공의 횟수가 갖는 분포였다면, 기하분포는 성공의 횟수를 1로 정해놓고 그 성공 때까지 반복해야 하는 베르누이 시행의 수가 갖는 분포다.

이제 기하분포의 평균에 대해 생각해 보기로 하자. 예를 들어 동전 던지기를 한다면 처음 앞면이 나오는 사건을 확률적으로 볼 때 2번에 한번은 나오지 않겠느냐 하는 기대가 된다. 주사위를 던질 때 임의의 수(예를 들어 5)가 확률적으로 볼 때 6번에 한번을 안 나오겠다는 기대가 든다. 기하분포의 평균은 $\frac{1}{p}$임을 직감적으로 알 수 있다.

예제 3

매주 발행되는 복권의 당첨 확률이 10%라고 한다. 용세가 매주 복권을 하나씩 계속 살 때, 5주째에 처음 당첨될 확률을 구하시오.

풀이

$$P(X=5)=(\frac{9}{10})^4(\frac{1}{10})=0.066$$

예제 4

100년에 한 번 오는 재해가 5년 이내에 올 확률을 구하시오.

풀이

$1-(0.99)^5=0.049$, 즉 약 5%임을 계산할 수 있다.

기하분포는 성공이 발생하는 경우가 드문 사건에 자주 이용된다. 어느 생리학자가 모집단에서 어떤 병의 비율에 대해 연구를 한다고 해보자. 두 가지 방법을 설정할 수 있다. 일정한 수의 사람을 검사하여 유병자의 비율을 계산하는 방법이 있고 병에 걸린 사람을 찾을 때까지 검사하는 방법이다. 전자는 이항분포를 후자는 기하분포를 이용하게 된다. 만약 이 병이 매우 희귀하여 일정한 수의 사람 중에 유병자가 발견되지 않는다면 전자는 병에 대해 아무런 정보를 주지 못하게 된다. 이런 경우를 배제하기 위해서 후자의 방법이 이용되는 것이다. 예를 들어, 유병률이 5%였다면 병에 걸린 사람을 처음 발견할 때까지 $(1/0.05)=20$명을 조사하게 되리라 예상할 수 있다.

05 '걸' 나와라, 제발!

- 역전승을 노리는 용세의 바람
- 베르누이 분포와 이항분포

설날이 되면 온 가족이 둘러앉아 윷놀이를 한다. 어떤 날은 윷 패가 잘 나와 많이 이기는 때가 있는가 하면, 반대로 패가 잘 나오지도 않고, 잘 나와도 말이 상대에게 잡혀서 진 경험이 있을 것이다. 통계학적으로 보면 어떤 패가 나오느냐는 완전히 운이다. 하지만 말을 어떻게 움직이느냐는 실력이 작용한다. 그래서 운 7, 기 3이라는 말이 윷놀이에서도 통할 것 같다. 윷을 던지는 일은 누구나가 하지만 말을 놓은 것은 경험이 많은 어른이 하는 경우가 많다. 윷놀이는 성격상 로또보다는 화투, 스포츠 복표, 증권과 유사하다고 할 수 있다.

윷놀이의 도구가 되는 윷은 동전이나 주사위와는 달리 물리적으로 한쪽은 평평한 면으로 다른 쪽은 둥글게 만들어 놓았기 때문에 윷을 던졌을 때 결과에 대해 정확하게 확률을 확정할 수 없다. 경험적으로 볼 때 '도'보다는 '개'가 더 자주 나오는 것을 보면 분명 앞면(평평한 쪽)이 나올 확률이 뒷면이 나올 확률보다 높다는 생각이 든다. 아래 <표 6-6>에서 볼 수 있듯이 '대수의 법칙'을 활용하여 구해 보면 시행 횟수(n)의 값이 커짐에 따라(대수가 됨에 따라) 윷의 평평한 면이 나오는 상대도수는 대략 0.6에 가까워짐을 알 수 있다.

표 6-6 윷놀이에서 발견할 수 있는 대수의 법칙

시행 횟수(n)	100	200	300	500	800	1,000
평평한 면이 나온 횟수(r_n)	58	123	177	297	482	598
상대도수(r_n/n)	0.580	0.615	0.590	0.594	0.603	0.598

자료: 우정호 외, 수학 I, 대한교과서 주식회사, p. 256.

표 6-7 윷놀이에서의 확률(앞면 확률: $\frac{3}{5}$일 때)

도[14]	개	걸	윷	모
${}_4C_1(\frac{3}{5})^1(\frac{2}{5})^3 = (\frac{96}{625}) = 0.154$	${}_4C_2(\frac{3}{5})^2(\frac{2}{5})^2 = (\frac{216}{625}) = 0.346$	${}_4C_3(\frac{3}{5})^3(\frac{2}{5})^1 = (\frac{216}{625}) = 0.346$	${}_4C_4(\frac{3}{5})^4(\frac{2}{5})^0 = (\frac{81}{625}) = 0.130$	${}_4C_4(\frac{3}{5})^0(\frac{2}{5})^4 = (\frac{16}{625}) = 0.026$

이 사실을 근거로 윷놀이에서 앞면이 나올 확률이 3/5, 뒷면이 나올 확률이 2/5라고 설정하고 <표 6-7>에서와 같이 각 패의 확률을 구해 보았다. 개나 걸이 비슷하게 나오고 도, 윷, 모의 순서로 나오는데, 우리가 실제로 윷놀이에서 경험했던 것과 매우 유사함을 확인할 수 있다. 사실 윷놀이의 묘미는 상대의 말을 잡는 데 있다. 상대는 마지막 말이 결승점 바로 앞에 있고 용세의 말이 그 뒤를 바짝 따라가는 상황이라고 해보자. 여기에서 용세가 '걸'이 나오면 상대의 말을 잡을 수 있고 그렇지 않으면 지게 된다고 할 때, 용세는 윷을 던지면서 "걸이요!"라고 외칠 것이다.

이때 용세의 입장에서 보면 '걸'이 나오면 성공이고, 그 외가 나오면 실패인 두 가지 경우로 좁혀지고, 상대의 입장에서는 완전히 반대로 생각하면 된다. 꼭 '걸'을 필요로 하는 상황에서 윷을 던지는 일은 전형적인 '베르누이 시행(Bernoulli trial)'이고 나오는 패는 이항확률변수이고 이항분포(二項分布, binomial distribution)를 한다.

다시 윷놀이로 돌아가 보자. 꼭 '걸'이 나와야 하는 기회를 10번 맞이했는데, 성공할 확률을 <표 6-8>에서 보여주고 있다. 3번 나올 가능성은 0.257로 가장 높으며, 4번 나올 확률은 0.235 정도이다. 5번 성공할 확률은 0.149에 불과하다. 일반적으로 이항분포는 n과 p가 주어지면 성공 횟수에 따라 확률을 계산할 수 있다. 대부분의 통계학

14 소위 'Back 도'가 나올 확률은 '도'가 나오는 확률의 $\frac{1}{4}$이 되기 때문에 0.0385, 즉 3.85%가 된다.

표 6-8 윷놀이에서 걸이 나올 확률(시행회수 10회)

결과 횟수	확률	결과 횟수	확률
0	${}_{10}C_0(\frac{216}{625})^0(\frac{409}{625})^{10}=0.014$	4	0.235
		5	0.149
1	${}_{10}C_1(\frac{216}{625})^1(\frac{409}{625})^9=0.076$	6	0.065
		7	0.019
2	0.180	8	0.004
		9	0.000
3	${}_{10}C_3(\frac{216}{625})^3(\frac{409}{625})^7=0.257$	10	${}_{10}C_{10}(\frac{216}{625})^{10}(\frac{409}{625})^0=0.000$

표 6-9 윷놀이에서의 확률(앞뒷면 확률: 같을 때)

도	개	걸	윷	모
${}_4C_1(\frac{1}{2})^1(\frac{1}{2})^3$ $=(\frac{4}{16})=0.25$	${}_4C_2(\frac{1}{2})^2(\frac{1}{2})^2$ $=(\frac{6}{16})=0.375$	${}_4C_3(\frac{1}{2})^3(\frac{1}{2})^1$ $=(\frac{1}{4})=0.25$	${}_4C_4(\frac{1}{2})^4(\frac{1}{2})^0$ $=(\frac{1}{16})=0.0625$	${}_4C_4(\frac{1}{2})^0(\frac{1}{2})^4$ $=(\frac{1}{16})=0.0625$

도서에는 시행 횟수(n)는 5~20, 또 확률(p)은 0.1~0.5까지에 해당하는 확률을 표로 만들어 보여주고 있다. 예를 들어, 확률이 0.35인 이항확률변수가 10번 시행에서 3번 나올 확률은 0.2522이다. 우리가 계산한 값과 불과 0.0051의 차이가 있을 뿐이다.

만약 앞뒤가 나올 확률이 같게 만들어졌다면(예 동전), <표 6-9>에서 보는 바와 같이 '도'와 '걸'의 확률이 0.25로 같고, '윷'과 '모'의 확률이 0.0625로 같게 나온다. 앞면 확률이 $\frac{3}{5}$일 때 윷놀이는 다섯 가지 경우가 나타나는 게임이지만 앞면 확률이 $\frac{1}{2}$일 때는 도와 걸의 확률, 윷과 모의 확률이 같게 되어 실질적으로는 경우의 수가 세 가지로 축소되면서 윷놀이의 흥미가 반감된다. 앞면과 뒷면을 다르게 만들어 윷놀이의 묘미를 높인 조상들의 지혜에 찬사를 보내고 싶다.

06 어느 쪽이 어려운가?

- 노름에 관심 많은 아저씨의 궁금증
- 초기하분포

2002년 12월 2일부터 판매되기 시작한 로또의 1등 당첨 확률을 구해 보자. 로또복권은 1에서부터 45까지 총 45개의 숫자 중에서 구매자가 선택한 6개의 숫자를 추첨일에 뽑힌 6개의 숫자와 비교하여 몇 개가 같은지에 따라 등위가 결정되는 방식이다.

로또복권에서 특정한 속성은 구매자가 선택한 6개의 숫자가 되고, 이 숫자가 포함된 모집단은 총 숫자 45개로 유한모집단이 된다. 이어서 추첨일에 추출한 6개의 공의 숫자는 표본이 되며 동시에 표본의 숫자와 구매자가 선택한 숫자가 일치하는 개수 X는 0, 1, 2, 3, 4, 5, 6 중 하나가 된다. 따라서 1등에 당첨될 확률은 초기하분포에서 $N=45$, $n=6$, $D=6$, $X=6$일 경우와 같다.

$$P(X=6)=\frac{{}_6C_6 \times {}_{39}C_0}{{}_{45}C_6}=\frac{1}{8,145,060}=0.0000001227$$

1등 당첨 확률은 814만 분의 1로 벼락을 연속 두 번 맞을 확률과 같다고 한다.[15] 단순하게 생각하면 800만 번 구입했을 때 단 한 번 당첨되는 정도이다.

15 미국국립번개안전연구원(NLSI)은 벼락에 맞을 확률을 1/280,000으로 추정하고 있다.

2등 당첨 확률은 당첨 번호 중에서 5개의 숫자가 일치하면서 2등 보너스 숫자가 일치해야 한다.

$$P(X=5)\times\frac{1}{39}=(\frac{{}_6C_5\times{}_{39}C_1}{{}_{45}C_6})\times\frac{1}{39}=\frac{1}{1,357,510}=0.0000007$$

3등 당첨 확률은 2등 보너스 숫자를 제외한 당첨 번호 5개의 숫자가 일치해야 한다.

$$P(X=5)\times\frac{1}{39}=(\frac{{}_6C_5\times{}_{39}C_1}{{}_{45}C_6})\times\frac{38}{39}=\frac{1}{35,724}=0.000028$$

4등 당첨 확률은 2등 보너스 숫자를 제외한 당첨 번호 4개의 숫자가 일치해야 한다.

$$P(X=4)=(\frac{{}_6C_4\times{}_{39}C_2}{{}_{45}C_6})=\frac{1}{783}=0.00128(0.128\%)$$

5등은 6개의 숫자 중 3개의 숫자를 맞추면 되므로 당첨 확률은 다음과 같다.

$$P(X=3)=\frac{{}_6C_3\times{}_{39}C_3}{{}_{45}C_6}=\frac{20\times9139}{8,145,060}=\frac{1}{45}=0.0224(2.24\%)$$

이렇게 로또복권(lotto)에 당첨될 확률에서 보듯 로또 복권에서는 객관적인 확률을 계산할 수 있지만 구매자의 기댓값은 계산할 수 없다. 매 회수마다 당첨금이 판매액의 50%로 일정하게 정해져 있는 상태에서 매회 차 판매액과 당첨자 수가 다르기 때문이다. 2021년 판매액은 5조1,371억 원, 회차 평균은 98조 원이었다. 2022년 복권판매액은 5조4,468억 원이고 회차 병균은 104억 원으로 약 6% 정도 증가하였다. 우리나라에서는 기획재정부 산하에 제2차관을 위원장으로 하는 복권위원회(www.bokgwon.go.kr)를 두고 있고 건전한 복권문화와 공익적인 수익금 운영을 꾀하고 있다.[16] 2023년 5월, 18년째 동결되어 있는 로또 구매가격(1,000원)을 소비자들의 특성과 복권 수요 등을 고려하여 1,270원으로 인상하는 것이 적절하다는 주장이 있어 화제가 되었다.[17]

16 기획재정부, '2022년 복권인식도 조사' 참고하였음.

17 정다운, '복권(로또 6/45) 가격의 결정', 재정포럼 4월호 참고하였음.

보다 과학적으로 고스톱 치기

이번에는 속칭 '고스톱' 게임[18]에서 여러 확률을 구해 보자. 특정한 속성을 가진 것이 D개 포함된 크기 N인 유한모집단에서 n개의 표본을 임의로 추출했을 때(비복원 추출)[19] 표본 중에서 속성 D의 개수를 확률변수 X라고 하자. 이 경우 X가 따르는 확률분포를 초기하분포(超幾何分布, Hypergeometric distribution)라고 부른다. 이산형 확률분포이다. 이항분포나 초기하분포에서는 표본크기 n을 미리 정해놓고 표본을 택하여 이 중에서 몇 회의 성공이 나왔는지에 관심을 두었다. 초기하분포는 표본크기 n을 미리 정해놓지 않고 표본을 계속 택하다가 우리가 원하는 수만큼의 성공이 나타나면 표본추출을 멈추는 경우이다.

확률함수 $P(X=k) = P(k) = \dfrac{{}_{D}C_{k} \times {}_{N-D}C_{n-k}}{{}_{N}C_{n}}$

기댓값과 분산[20]: $E(X) = np,\ V(X) = \left(\dfrac{N-n}{N-1}\right)pq = \left(\dfrac{N-n}{N-1}\right)p(1-p)$ 단, $p = \dfrac{D}{N}$

예제 1

이 게임에서 고도리[21] 패가 들어오는 장수를 확률변수 X로 놓았다.

(i) 확률분포표를 작성하시오.

(ii) 평균 몇 장의 패가 손에 들어오는지 구하시오.

(iii) 분산을 구하시오.

---

18 보통 48장의 패를 가지고 게임을 하는데, 3인이 7장씩을 손에 들고 플레이를 시작한다.

19 복원추출법(復元抽出法, sampling with replacement)은 표본을 하나씩 추출할 때 한 번 추출된 원소를 다음 표본추출대상에 포함시키는 방법이고 비복원추출법(非復元抽出法, sampling without replacement)은 한 번 추출된 원소를 다음 표본추출대상에 제외시키는 방법이다. 복원추출법은 각 시행의 사건이 서로 독립이지만 비복원추출법은 서로 독립이 아니다.

20 $\left(\dfrac{N-n}{N-1}\right)$를 유한모집단 수정계수(finite population correction factor)라고 부른다.

21 '고도리'란 참새, 동박새, 종다리 등과 같은 작은 새(小鳥(ことり))를 이르는 일본어이다. 우연히도 해당 패의 새 숫자의 합이 다섯 마리이기 때문에 五鳥(ごとり)로 오해하고 있다.

풀이

(ⅰ) $P(X=k) = P(k) = \dfrac{{}_{D}C_k \times {}_{N-D}C_{n-k}}{{}_{N}C_n}$

패가 48장이고 처음 경기자에게 나누어주는 패가 7장, 그리고 고도리 패가 3장이기 때문에 $N=48,\ n=7,\ D=3$이 된다.

k	0	1	2	3	합계
$P(X=k)$	0.616330	0.33187	0.04978	0.00202 $=2.024\times10^{-3}$	1

(ⅱ) $E(X) = np = 7\times\dfrac{3}{48} = \dfrac{21}{48} = 0.44$

(ⅲ) $V(X) = (\dfrac{N-n}{N-1})npq = (\dfrac{48-3}{48-1})\times7\times\dfrac{3}{48}\times\dfrac{45}{48} = 0.35780$

마지막으로 광이 들어오는 장수를 확률변수 X로 놓았다.

예제 2

[예제 1]에 이어서 마지막으로 광이 들어오는 장수를 확률변수 X로 놓았을 때,

(ⅰ) 확률분포표를 작성하시오.

(ⅱ) 평균 몇 장의 광이 손에 들어오는지 구하시오.

(ⅲ) 분산을 구하시오.

(ⅳ) 고도리 패를 가질 확률을 로또 1등 당첨 확률과 비교해 보시오.

풀이

초기하분포를 이용하여 구한다.

(ⅰ) $P(X=k) = P(k) = \dfrac{{}_{D}C_k \times {}_{N-D}C_{n-k}}{{}_{N}C_n}$

패가 48장이고 처음 경기자에게 나누어주는 패가 7장, 그리고 광 패가 5장이기 때문에 $N=48,\ n=7,\ D=5$가 된다.

k	0	1	2	3	4	5	합계
$P(X=k)$	0.43765	0.4140	0.13074	0.01676	0.00084	1.23×10^{-5}	1

(ii) $E(X) = np = 7 \times \frac{5}{48} = \frac{35}{48} = 0.73$

(iii) $Var(X) = (\frac{N-n}{N-1})npq = (\frac{48-5}{48-1}) \times 7 \times \frac{5}{48} \times \frac{43}{48} = 0.5698$

(iv) 앞에서 구한 고도리 패 3장을 모두 잡을 경우는 2.024×10^{-3}이었고, 5광 패를 잡을 확률은 1.23×10^{-5}이었다. 다음으로 로또 1등 당첨 확률은 1.23×10^{-7}이다. 어려운 순서, 즉 확률이 낮은 순서로 보면 로또 1등 당첨이 가장 어렵고 5광을 들기가 그다음이고 고도리 패 3장 들기 순이다. 가장 확률이 높은 고도리 패 3장 들기의 가능성을 1로 상정한다면 5광 들기는 165배 어렵고, 로또 1등 당첨되기는 16,500배 어렵다.

	고도리 패 3장 들기	고스톱 5광 들기	로또 1등 당첨되기
확률	$P(X=3) = \frac{{}_3C_3 \times {}_{45}C_4}{{}_{48}C_7} = 2.024 \times 10^{-3}$	$P(X=5) = \frac{{}_5C_5 \times {}_{43}C_2}{{}_{48}C_7} = 1.23 \times 10^{-5}$	$P(X=6) = \frac{{}_6C_6 \times {}_{39}C_0}{{}_{45}C_6} = 1.23 \times 10^{-7}$
배수	1	1/165	1/16,500

07 하필이면, 그 시간에 거기에

- 사고 피해자 가족의 탄식
- 포아송 분포

우리가 세상을 살다 보면, 정말 너무나도 가능성이 낮은 사건이 코앞에서 벌어져서 아연실색하는 경험을 하게 된다. '머피의 법칙(Murphy's law)'으로 대변되는 일로[22] "세상에 이런 일이…", "재수가 없어지려면, 접싯물에도 코 빠트려 죽는다", "왜 하필 그 시간에, 그곳에서", "가는 날이 장날이다."라는 말로 표현한다.

가슴 아프게도 2023년 7월 15일 청주시 오송 지하차도를 지니던 차들이 무너진 제방에서 쏟아지는 범람수로 인해 14명이 죽거나 다친 사고가 있었다. 모두 1분만 먼저 가던가, 늦게 왔더라면, 화를 면했을 텐데 하고 아쉬워하면서, 사고의 불예측성에 다시 한번 경각심을 갖게 되었다. 이와 유사한 일이 한두 번이 아니다. 멀리는 삼품백화점 붕괴사고, 성수대교 붕괴사고, 세월호 사건(2014년 4월 16일), 광주재개발 아파트 붕괴사고(2021년 6월 10일), 이태원 사건(2022년 10월 29일) 등이 연이어 발생하면서 사고 공화국이라는 불명예를 얻기도 하였다.

22 '잘될 수도 있고 잘못될 수도 있는 일은 반드시 잘못된다(If anything can go wrong, it will)'로 요약되는 이 법칙은 세상이 우리에게 얼마나 가혹한지를 말해주는 법칙이 아니라, 우리가 그동안 세상에 얼마나 많은 것을 무리하게 요구했는가를 지적하는 법칙이었다. 자료: 정재승, '정재승의 과학 콘서트', 동아시아.

이와 같이 매우 확률이 낮은 사고를 통계학에서는 포아송 분포(Poisson distribution)를 이용해 분석하고 있다. 관심의 대상이 되는 단위 공간 또는 단위시간에 매우 가능성이 적게 발생하는 사건에 적용된다. 이 분포를 희귀분포(稀貴分布)라고 부른다. 포아송 분포는 아래와 같은 식으로 나타낼 수 있다. 우선 이 분포는 두 가지 사건만이 발생하는 경우에 해당된다. 즉, 이항분포의 특별한 경우이다.[23]

$$P(X=x)=\frac{\lambda^x}{x!}e^{-\lambda}$$

($x=0, 1, 2, 3\cdots$, 즉 사건 발생 횟수, $x!$는 x의 계승, $x! = x\times(x-1)\times\cdots 2\times 1$), λ는 주어진 기간에 발생한 사건들의 평균값이다.[24] $e \simeq 2.718$이다.

평균은 시행 횟수와 발생확률의 곱이다($\lambda = n\times p$). 이 분포의 특징으로 평균과 분산이 같다. 평균 $E(X)=\lambda$, 분산 $Var(X)=\lambda$이다. 그렇지만 평균은 위치를 대표하는 값이고, 분산을 변동이나 퍼짐을 대표하는 값이므로 같은 값이라고 할지라도 그 의미는 다르다는 것을 명심해야 할 것이다. 포아송 분포가 이용되는 예로

- 어느 일요일 저녁 대전에서 발생한 교통사고 사망자의 수
- 어느 보험회사의 주말 동안의 보험 클레임 건수
- 어느 하루 동안 지정된 생산 라인에서 발생한 불량품의 개수
- 전국에서 조류독감 '리' 단위 발생지역 수
- 서비스 계산대(주유소, 병원, 슈퍼마켓 등)에서 단위 시간당 도착하는 고객들의 수
- 새로 구입한 전기차나 냉장고에 흠집은 몇 개나 있는가?
- 119 교환대에 1분당 걸려오는 응급 전화의 통화 수
- 어느 지역에서 벼락이 떨어지는 수 등을 들 수 있다.

---

23 실제로 이항분포 $B(n, p)$를 갖는 이항분포 변수 X는 n이 무한히 크고 p가 상대적으로 작다면 모수 $\lambda=n\times p$인 포아송 분포로 근사한다. 경험적인 연구에 의하면 $n>30$ 이고 $p\le 0.05$일 때 이항분포는 포아송 분포에 의해 근사적으로 계산해도 된다. 즉, $n\to\infty, p\to 0, np\to$고정일 때 $B(n, p)\to P(np)\to P(\lambda)$가 성립한다.

24 그리스 문자 λ(lambda: 람다)라고 읽는다. 영어로는 L에 해당한다.

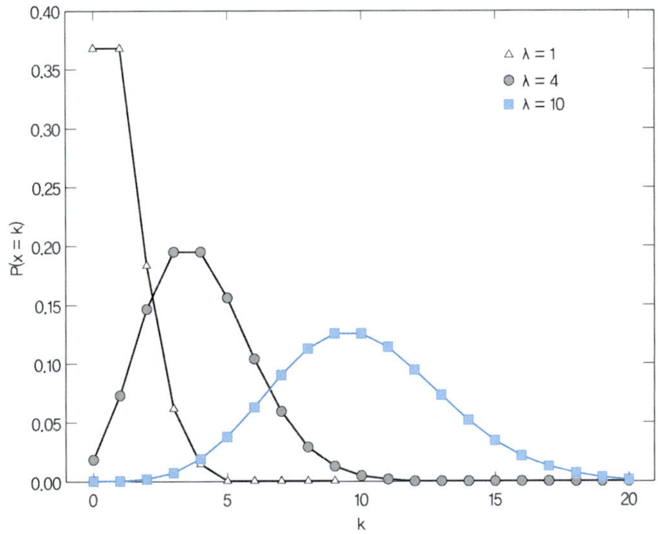

그림 6-5 포아송 분포

이상의 예와 같이 시간, 구간, 면적 등의 측정 단위는 연속적이지만 발생 건수는 이산적이다. 이렇게 발생하는 특정한 사건의 횟수를 확률변수로 하는 분포가 포아송 분포이다. 이 분포에 따르는 확률변수가 취하는 값에는 제한이 없지만 이항분포를 따르는 확률변수는 최대 표본의 크기만큼, 즉 베르누이 시행의 횟수만큼 제한되는 점이 다르다.

<그림 6-5>에 포아송 분포를 그려 놓았다. 평균이 매우 적은 경우(고작 몇 개, $\lambda = 1$) 포아송 분포를 한다. λ가 커지면(n 이나 p가 커지면, $\lambda = 10$) 분포곡선을 오른쪽으로 이동하며, 분산이 점점 커지며 정규분포에 가까워짐을 알 수 있다. 그림에서는 발생 횟수가 x가 아닌 k로 표기되어 있다.

올림픽대로 교통 순찰대에 소속된 경찰관은 자신이 담당하고 있는 구역이 매우 안전하여 평소에 사고가 거의 없다는 사실을 경험적으로 알고 있었다. 특히, 오전 10시에서 12시까지는 교통사고가 1시간당 평균 0.1건 정도였다. 이 사실을 익히 잘 알고 있던 그는 안일하게 생각하고 이 시간대에 근무를 하지 않고 사우나에 다녀왔다. 그런데 불행하게도 그날따라 무려 2시간에 4건의 교통사고가 발생하였다. 경찰서장으로부터 심한 문책을 받은 그는 아마 이렇게 중얼거렸을 것이다. "오는 날이 장날이라고, 하필이면 오늘 이런 일이 일어날 게 뭐람? 평소에는 잘 일어나지도 않던 사고가 하필

이면 내가 잠깐 한눈판 사이에….”

위의 예처럼 평소에는 1시간에 0.1건 발생하던 사고가 무려 2건(2시간에 4건)이나 발생한 확률을 포아송 분포표를 이용해 알아보면 0.0045라는 사실을 알 수 있다. 불과 0.45% 정도의 가능성이 있던 일이 자신이 잠깐 한눈파는 사이에 발생했으니 본인으로서는 좀 억울하다(?)는 생각이 들 법도 하다.

예제 1

D대학 주차장에 10분 단위로 평균 1대의 차가 주차를 위해 들어온다고 한다. 한 시간 동안 들어온 차의 숫자와 3대 이하일 확률을 구하시오.

풀이

10분에 한 대이니까 한 시간에는 6개가 되고 $\lambda = 6$이다. 기댓값도 분산도 $E(X) = Var(X) = \lambda = 6$이다. 따라서 다음과 같다.

$$\begin{aligned} P(X \le 3) &= P(X=0) + P(X=1) + P(X=2) + P(X=3) \\ &= 0.0025 + 0.0149 + 0.0446 + 0.0892 = 0.1512 \end{aligned}$$

예제 2

월요일마다 육체적, 정신적 피로를 느끼는 증상을 일컫는 소위 ‘월요병’ 때문에 용세네 회사에서는 월요일 결근자 수는 평균 3명이라고 알려져 있으며 포아송 분포를 한다고 가정하자.

(i) 월요일 결근자의 수(X)의 평균과 표준편차를 구하시오.

(ii) 어느 특정 월요일에 결근자 수가 5명일 확률을 구하시오.

(iii) 어느 특정 월요일에 결근자가 한 명도 없을 확률을 구하시오.

(iv) 어느 특정 월요일에 결근자가 4명 이상일 확률을 구하시오.

풀이

(i) 포아송 확률변수의 평균은 $\mu = \lambda = 3$, 표준편차는 $\sigma^2 = 3$, $\sigma = \sqrt{3} = 1.732\cdots$이다.

(ii) 포아송 확률변수식 $P(X=x)=\dfrac{\lambda^x}{x!}e^{-\lambda}$에 $\lambda=3, x=5$, 그리고

$e^{-3}=0.049$이므로 $P(X=5)=\dfrac{3^5}{5!}e^{-\lambda}=0.1$이다.

(iii) 포아송 확률변수식 $P(X=x)=\dfrac{\lambda^x}{x!}e^{-\lambda}$에 $\lambda=3, x=0$, 그리고

$e^{-3}=0.049$이므로 $P(X=0)=\dfrac{3^0}{0!}e^{-\lambda}=0.049$이다.

(iv) 4명 이상 결근자 수를 구하기 위해서는 결근자 4명 이상의 확률을 구해 합해야 할 것이다. 하지만 계산이 불가능하다고 해도 과언이 아니면 틀릴 가능성마저 있다. 정확하고 쉬운 방법으로는 배반사건의 성질을 이용하여 결근자 0, 1, 2, 3명일 확률을 구한 후 1에서 빼주면 된다.

$$P(X=0)=\frac{3^0}{0!}e^{-\lambda}=0.049,\ P(X=1)=\frac{3^1}{1!}e^{-\lambda}=0.149,$$
$$P(X=2)=\frac{3^2}{2!}e^{-\lambda}=0.2237,\ P(X=3)=\frac{3^3}{3!}e^{-\lambda}=0.2237$$

구하려는 확률은 $1-\{\Pr(X=0)+\Pr(X=1)+\Pr(X=2)+\Pr(X=3)\}=0.3539$이다.

이야기 보따리 **에펠탑에 새겨진 스승과 제자, 라그랑주와 라플라스 그리고 포아송**

포아송(Poisson, 1781~1840)은 프랑스의 물리학자, 공학자, 수학자이다. 1798년 에코 폴리 테크니크에 입학하여, 라그랑주(Lagrange, 1736~1814)와 라플라스(Laplace, 1749~1827)에게 대수학을 배웠다. 1818년에는 런던 왕립협회 외국인 회원으로 선출되었고, 1821년에는 남작을 수여받았다. 1889년 완공된 에펠탑에는 당대 최고의 과학자, 공학자, 수학자 72명의 이름을 새겨져 있는데, 그의 이름은 스승인 라그랑주, 라플라스와 같이 새겨져 있다.

포아송 초상화

"Life is good for only two things: doing mathematics and teaching it."

인생에서 아름다운 것은 단 두 가지다. 하나는 수학을 하는 것(배우고 연구하는 것)이고 다른 하나는 수학을 가르치는 일이다.

08 정규야, 너는 대단한 아이야

- 수학 선생님의 칭찬
- 정규분포의 특성

우리는 확률밀도함수의 종류와 그 분포에 대해 정확히 알고 있으면 보다 효율적인 판단과 행동을 알 수 있음을 알 수 있었다. 그래서 보편적으로 쓸 수 있는 확률밀도함수와 그 분포에 대한 이해가 필요하다. 여러 가지 확률밀도함수 중에서도 가장 유용하게 쓰이는 것이 정규분포(正規分布, Normal distribution)이다. 이 분포는 주로 물리학자들이 오차를 계산하는 과정에서 도입된 것이다. 통상 가우스(Karl Friedrich Gauss, 1777~1855)에 의해 도입되었기 때문에 '가우스 분포'라고도 부르며, 오차분포(誤差分布)라고도 부른다. 그 당시에는 모든 자료의 분포가 이 곡선에 가까운 것이어야 정상이고 그렇지 않은 경우에는 자료 수집 과정에 이상이 있다고 생각했기 때문에 이 분포에 '정규(正規)'라는 이름을 붙이게 되었다고 한다.

확률변수 X가 평균(μ)과 분산(σ^2)를 갖는 정규분포를 따른다면

$$X \sim N(\mu, \sigma^2)$$

이라고 표현하며, X의 확률밀도함수는

$$f(X)= \frac{1}{\sqrt{2\pi}\ \sigma}\ e^{-\frac{1}{2}\left(\frac{X-\mu}{\sigma}\right)^2}\ (-\infty < X < \infty)$$

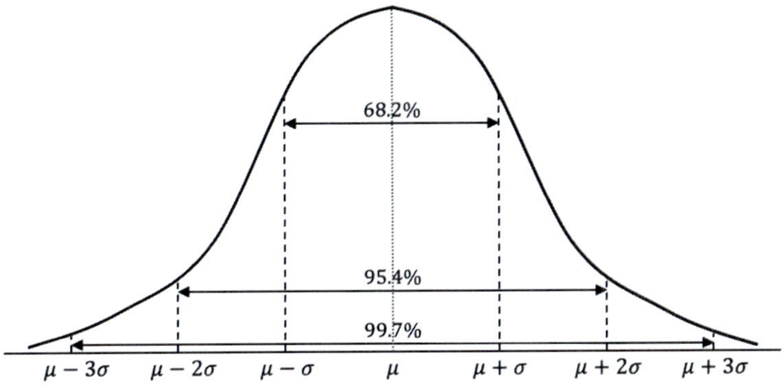

평균=최빈수=중앙값

$$P(\mu-\sigma \le X \le \mu+\sigma) = 0.683$$
$$P(\mu-2\sigma \le X \le \mu+2\sigma) = 0.954$$
$$P(\mu-3\sigma \le X \le \mu+3\sigma) = 0.997$$

그림 6-6 정규분포

이다. 여기서 e는 자연대수의 밑수로서 값은 2.71829이다. N은 정규분포(Normal distribution)의 영문 첫 글자를 나타낸다. <그림 6-6> 정규분포 그림에서 보듯 좌우대칭이며 종 모양(bell-shaped)을 하고 있다. 분포의 형태는 평균(μ)과 분산(σ^2)에 의해 결정된다.

이 분포는 규칙적인 법칙을 갖는 대부분의 자연 현상에서 발견된 분포로서 가장 많이 관찰되는 값(최빈수)이 중앙값인 동시에 평균값이 된다. 그리고 그 값을 중심으로 일정 범위만큼 큰 값이 나타날 확률은 일정 범위만큼 작은 값이 나타날 확률과 같게 나타날 것이다. 자연히 평균을 중심으로 좌우 대칭이 될 것이다. 또 평균값 주변에 나타날 확률은 평균값에서 멀리 있는 값이 나올 확률보다 크다. 따라서 종 모양을 이루게 될 것이다. 사회 현상에서도 과연 정규분포와 같은 이상적인 분포가 있을까 하는 의문이 드는 것도 사실이다. 하지만 사회 현상에 대한 분석은 어느 정도 오차를 용인하고 있기 때문에 엄밀하게 수학적으로 정규분포를 하지 않는다고 하더라도 전체의 윤곽이 정규분포의 특성과 많이 일치한다면 정규분포를 써도 무방하다고 본다.

이 분포의 특징을 요약해 보자.

① 모양과 위치는 평균(μ)과 표준편차(σ)에 의해 결정된다.

② 평균(μ)을 중심으로 좌우대칭인 종 모양(bell-shaped)을 하고 있다.

③ 평균값, 중앙값(중위수), 최빈수가 일치한다.

④ 확률변수(X)가 취할 수 있는 값의 범위는 $-\infty$에서 $+\infty$까지이다.

⑤ X축과 정규곡선 사이의 면적은 1이다.

⑥ 평균값으로부터 표준편차의 배수 정도에 따라 확률은 <그림 6-6>에서와 같다.

각 확률분포마다 특정 짓는 모수가 다르다. 예를 들어, 이항분포는 모수인 시행 횟수(n)와 확률(p)을 알면 특정 지을 수 있고, 포아송 분포도 모수인 평균(λ)을 알면 분포를 알 수 있다. 정규분포에서는 평균(μ)과 표준편차(σ)에 대한 정보를 얻으면 더 이상의 정보를 알 필요가 없다. 그래서 $X \sim N(\mu, \sigma^2)$이라고 표기하고 있다. 생후 1주일 된 신생아 A를 구별하기 위해서는 엄마 이름과 아이의 성별이면 충분하듯이 정규분포도 이와 비슷하게 모평균과 분산만 알면 특성을 파악할 수 있다. 정규분포식은 자연로그(e), 원주율(π), 제곱근($\sqrt{\ }$)도 있어 복잡하게 표현되지만, 이 확률분포는 일상에서 쉽게 볼 수 있는 것이다.

예1: A소주 회사의 1번 생산 라인에서 생산되는 360㎖ 소주에서 임의로 추출된 1개의 무게 X는 확률변수가 되고, 그 확률분포의 확률밀도함수는 정규분포가 되는 것이 일반적이다.

예2: 동전을 100회 던졌을 때 앞면이 나올 횟수 X는 확률변수가 되고, 그 확률분포의 확률밀도함수는 정규분포에 가깝다(이항분포의 정규분포 근사).

예3: 대전시 소재 초등학교 6학년 학생 약 13,000명 중 100명을 무작위로 추출해 그 평균 키를 측정하였다. 추출된 100명마다 평균 키의 값은 다르지만, 그 확률밀도함수는 정규분포가 된다(중심극한정리).

예제 1

$X \sim N(2,9)$일 때 $P(1 \le X \le 4)$의 값을 구하시오.

풀이

$$
\begin{aligned}
P(1 \le X \le 6) &= P(\frac{1-2}{3} \le \frac{X-2}{3} \le \frac{6-2}{3}) \\
&= P(-0.33 \le Z \le 1.33) \\
&= P(-0.33 \le Z \le 0) + P(0 \le Z \le 1.33) \\
&= 0.1293 + 0.4082 = 0.5375
\end{aligned}
$$

이제 이항분포의 근사적 정규분포로의 접근(normal approximation to binormal distribution)에 −이항분포의 시행 횟수(n)가 충분히 크면, 정규분포는 이항분포의 훌륭한 근삿값을 제공한다− 대해 공부해 보자. 정규분포를 하는 확률변수는 표준화를 통해 표본의 크기나 분산의 정도와 관계없이 하나의 표준정규분포로 변환할 수 있다. 그러나 이항분포에서는 모집단의 비율(p)와 표본의 크기(n)에 따라 무수히 많은 분포가 나오기 때문에 정규분포에서처럼 표준화하여 나타낼 수는 없다. 하지만 표본의 크기를 크게 하여 중심극한정리를 이항분포에 적용하여 얻어지는 분포를 정규분포로 간주하여 정규분포표를 사용하면 얻고자 하는 확률값을 쉽게 구할 수 있을 것이다. 그래서 n이 큰 경우에는 p의 값의 크기에 따라 표준정규분포 또는 포아송 분포를 이용한다. 실제로 n이 크고 p가 1/2에 가까우면 X의 분포는 정규분포 $N(np, npq)$와 근사적으로 같다고 할 수 있다.

예제 2

용세네 회사에서 전 종업원의 40%는 노동조합 조직화에 찬성한다고 알려져 있다. 20명을 대상으로 노동조합 조직화에 대한 찬반을 물었을 때 찬성하는 종업원의 수를 확률변수 X라고 하자.

(ⅰ) 찬성하는 종업원의 수(X)의 평균과 표준편차를 구하시오.

(ⅱ) $X=8$인 확률을 이항분포로 이용하여 구하고, 근사적 정규분포로의 접근으로 구한 값과 비교해 보시오.

(ⅲ) 이 문제에서 이항분포의 근사적 정규분포로의 접근을 확인해 보시오.

풀이

(ⅰ) 찬성하는 종업원의 수(X)는 이항분포 $B(20, 0.4)$를 따르게 된다. X의 평균은 $np=20\times0.4=8$, 표준편차는 $\sqrt{npq}=\sqrt{20\times0.4\times0.6}=2.2$이다.

(ⅱ) $X=8$인 이항분포확률은 엑셀 함수(BINOM.DIST(8,20,0.4,FALSE)를 이용하면 0.180을 구할 수 있다. $np=20\times0.4=8>5$, $n(1-p)=20\times0.6=12>5$이기 때문에 이항분포의 정규근사를 이용할 수 있다. 정규분포 엑셀 함수(NOM.DIST(8,8,2.2,FALSE)를 이용하면 0.182를 구할 수 있다. 정확하게 차이는 0.00239에 불과하다.

(ⅲ) 이항확률값과 정규분포확률값과의 차이는 무시할 만하다. 실제 $X=6$일 때 0.004에 불과하였다.

X	이항분포확률	정규분포확률	X	이항분포확률	정규분포확률
3	0.012	0.013	8	0.180	0.182
4	0.035	0.034	9	0.160	0.164
5	0.075	0.071	10	0.117	0.120
6	0.124	0.120	11	0.07	0.07
7	0.165	0.164	12	0.04	0.04

*X가 2 이하인 경우와 13 이상인 경우 확률은 0에 가깝기 때문에 무시하였다.

예제 3

우리나라 성인의 40%는 한 달에 한 번 이상 알코올 성분의 주류를 마시는 것으로 조사되었다고 한다. 우리 국민 1,000명을 임의로 추출하여 조사하였을 때 한 달에 한 번 이상 알코올 성분의 주류를 마시지 않는다고 답한 사람의 수가 380명보다 작을 확률을 구하시오.

풀이

확률변수 X를 1,000명 중에서 한 달에 한 번 이상 알코올 성분의 주류를 마시는 사람의 수라고 하면, 이항분포 $B(1000, 0.4)$를 따르게 된다. X의 평균은 $np = 1000 \times 0.4 = 400$, 표준편차는 $\sqrt{npq} = \sqrt{1000 \times 0.4 \times 0.6} = 15.5$이다. $np = 1000 \times 0.4 = 400 \geq 5$, $n(1-p) = 1000 \times 0.6 = 600 \geq 5$이기 때문에 이항분포의 정규근사를 이용하면

$$P(X < 380) = P(X \leq 379.5) = P\left(\frac{X-400}{\sqrt{240}} \leq \frac{379.5-400}{\sqrt{240}}\right)$$
$$\approx P(Z \leq -1.38) = 0.5 - P(0 \leq Z \leq -1.38) = 0.0838$$

이항분포는 이산형 분포이고 정규분포는 연속형 분포이기 때문에 연속성 정정(訂正) 계수(correction coefficient for continuity)를 사용해야 한다. 위의 문제에서 380 미만을 대상으로 하기 때문에 0.5를 뺀 379.5를 사용하였다. 만약 380 이하를 묻는 질문이라면 0.5를 더한 380.5를 사용해야 한다.

이야기 보따리 여기도 가우스, 저기도 가우스, 가우스가 없는 세상은 상상할 수도 없다! 범접할 수 없는 천재 가우스[25]

애덤 스미스의 국부론이 출간된 다음 해인 1777년 독일에서 가난한 노동자(정원사·벽돌공) 아버지와 문맹인 어머니 사이에서 태어난 가우스(Johann Carl Friedrich Gauss, 1777~1855)는 수학, 천문학, 측지측량(geodetic surveying) 등 여러 과학 분야에 큰 공헌을 한 '고대 이후 최고의 수학자'로 칭송받고 있다.

25 위키피디아 참고하였음.

그의 아버지는 매우 성실하고 정직한 사람이었지만 아들이 가문의 직업을 배워 계승하기를 기대하면서 학교에 가는 것을 탐탁지 않게 보았다. 어머니는 자신의 생일을 정확히 기억하지 못하였고 그저 예수승천(Ascension of Jesus) 8일 전 수요일에 태어났다는 사실만 기억할 정도였다. 하지만 천재성을 알아본 사람은 그의 어머니였고 아버지의 반대에도 삼촌과 어머니의 덕에 교육을 받을 수 있었다. 또 브라운슈바이크 공작의 지원으로 1792년부터 1795년 사이에 카롤링 학교(브라운슈바이크 공과대학교(Technische Universität Braunschweig))라고 불리는 곳에서 공부할 수 있었다. 후에는 브라운슈바이크 공작의 도움을 받아서 괴팅겐 대학교로 옮겨가 1798년까지 머물렀다.

List of things named after Carl Friedrich Gauss

From Wikipedia, the free encyclopedia

Carl Friedrich Gauss (1777–1855) is the eponym of all of the topics listed below. There are over 100 topics all named after this German mathematician and scientist, all in the fields of mathematics, physics, and astronomy. The English eponymous adjective *Gaussian* is pronounced /ˈgausiən/ *GOWSS-ee-ən*.[1]

Carl Friedrich Gauss (1777–1855)

Contents [hide]

Statistics [edit]

- Gauss–Kuzmin distribution, a discrete probability distribution
- Gauss–Markov process
- Gauss–Markov theorem
- Gaussian copula
- Gaussian measure
  - Gaussian correlation inequality
  - Gaussian isoperimetric inequality
- Gauss's inequality

Gaussian function and topics named for it [edit]

- The normal distribution, also known as the Gaussian distribution, the most common bell curve in statistics
- The Gaussian function, the function used in the normal distribution, but also used elsewhere
- The exponentially modified Gaussian distribution or function, used for description of peak shape in many techniques
- Gauss error function
- Gaussian process
- Gaussian filter
- Gauss iterated map (dynamical systems)
- Additive white Gaussian noise
- Gaussian beam
- Gaussian blur, a technique in image processing
- Gaussian fixed point
- Gaussian random field
  - Gaussian free field
- Gaussian integral
- Gaussian variogram model
- Gaussian mixture model
- Gaussian network model
- Gaussian noise
- Gaussian smoothing
- The inverse Gaussian distribution, also known as the Wald distribution

가우스의 이름이 들어간 토픽

그가 1809년에 집필한 '천체 운행론'에는 측정오차가 정규분포가 된다고 했다. 정규분포를 '오차분포'라고 부른 게 연유이다. 정규분포를 '가우스 분포'라고 부르고 있지만, 정규분포를 최초로 발견한 사람은 프랑스의 수학자 아브라함 드무아브르(de Moivre, 1667~1754)이다. 이는 가우스가 태어나기도 전인 1733년의 일이다. 그 후 라플라스는 1810년 정규분포의 이론적 중요성을 강조하는 중심극한정리를 제시하였다. 칼 피어슨은 '정규분포'라는 용어를 대중화시켰으며, 1915년 피셔가 오늘날과 같은 함수 형태로 발전시켰다.

표준정규화(standard normal)는 1950년대 들어 대중화되기 시작하였다.

최소제곱법은 1795년 발견한 것으로 알려져 있다. 1801년 이탈리아의 천문학자, 주세페 피아치에 의해 발견된 세레스(Ceres)가 행방불명되었을 때 24세였던 가우스는 세레스의 궤도를 계산하였고, 세레스는 그가 예측한 지점에서 다시 발견되었다. 이 일을 계기로 그는 과학계에 유명세를 타게 되었다. 1807년 괴팅겐 천문학 관측소의 박사 겸 괴팅겐 대학교 천문학과 교수로 임명되어서 재정적으로는 안정되었다.

그는 완벽주의자였으며 일도 매우 열심히 한 학자였다. 하지만 개인적으로 상당히 불행했다. 첫 부인과 사별하고, 둘째 부인은 병약하고, 아버지와 자식과도 대립하였다. 프랑스 혁명 시기였기에 어수선한 사회 분위기 속에서 같이 연구할 연구자도 없었다.

그의 업적은 수학과 과학, 전 분야에 나타나고 있다. 위키피디아 사전에는 가우스 이름이 들어간 토픽들의 리스트(List of things named after Carl Friedrich Gauss)가 있는데, 각 분야에 골고루 있으며 총 100개를 넘고 있다.

그의 업적을 기념하는 일은 지금도 계속되고 있다. 1989년부터 2001년까지 통용되었던 독일의 10 마르크화에는 그의 초상화와 정규분포 곡선(Gaussian distribution) 그리고 그가 발명한 측량기계인 회조기(回照器, heliotrope)가 그려져 있다. 또 독일수학협회와 국제수학연맹에서 2006년부터 수학 이외의 분야에서 특별한 의미가 있는(significant) 응용에 기여한 자에게 4년에 한 번 '가우스상'을 수상하고 있다. 2006년 1회 수상자는 일본의 이토 기요시(伊藤 清, 1915~2008)였는데, 그가 발전시킨 확률미적분학은 블랙-숄즈 방정식(Black-Scholes equation)의 토대가 되었다.

09 아코디언과 같은 표준화

- 통계학도의 말
- 표준 정규분포

용세가 지난달에 본 TOEIC 시험에서 800점을 받았다. 전체 수험생의 평균 점수는 650점, 표준편차는 120점이었다. 용세는 자신의 성적이 전체에서 차지하는 위치가 어디에 해당하는지 알고 싶다. 통계학과 친구 용수를 찾아갔다. 용수는 수험생들의 시험점수가 정규분포를 이룬다고 가정하고 용세의 성적은 하위로부터 계산하면 89.44%에 해당하며 상위로부터 계산하면 10.56%에 해당하는 성적이라고 답하였다.

용세는 어떤 근거로 이런 대답을 하였을까? 이 방법이 과학적이라면 530점을 받은 용기는 하위 몇 %에 들어갈까? 550점에서 700점 사이의 성적을 받은 수험생의 비율은 얼마일까? 몇 점 이상이면 상위 5%에 해당하는가?(상위 5% 성적에 들려면 몇 점을 맞아야 하는가?) 몇 점 이하이면 하위 10%에 해당하는가?(하위 10% 성적의 기준 점수는 얼마인가?)를 계산할 수 있을 것이다.

통계학자들은 평균이 다르고 표준편차가 다른 정규분포를 보이는 함수를 인위적으로 조작하여(표준화하여) 평균을 0으로, 표준편차를 1로 변형한다면 편리성과 정확성이 훨씬 제고될 것으로 생각했다. 단위에 영향을 받지 않고 변수 간의 비교를 할 수 있다. 이러한 아이디어를 반영한 것이 표준정규분포(標準正規分布, standard normal distribution)이다.

표준정규분포에 따르는 확률변수(표준화변량(standardized variables))를

$Z = \dfrac{X-\mu}{\sigma}$ 라 표기하고, 그 확률함수는

$$\varnothing(z) = \frac{1}{\sqrt{2\pi}} \exp\left(-\frac{1}{2}z^2\right) \quad (-\infty < z < +\infty)$$

가 된다. $Z \sim N(0, 1)$로 쓰고 있다.

<그림 6-7>에 (1) 표준편차는 같으나 평균이 다른 경우 (2) 평균은 같으나 표준편차가 다른 경우 (3) 평균도 표준편차도 모두 다른 경우를 그려 놓았다. (1)과 같이 평균만 다른 경우라면 확률변수 X에서 평균을 빼주면 두 곡선의 원점은 0이 된다. 이렇게

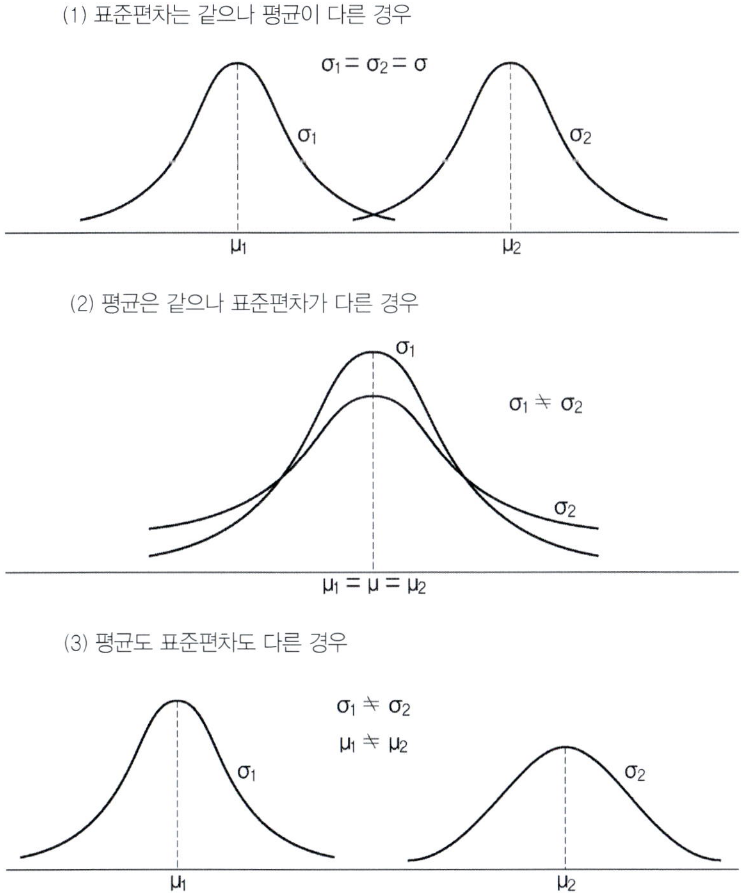

그림 6-7 정규분포의 여러 가지 형태

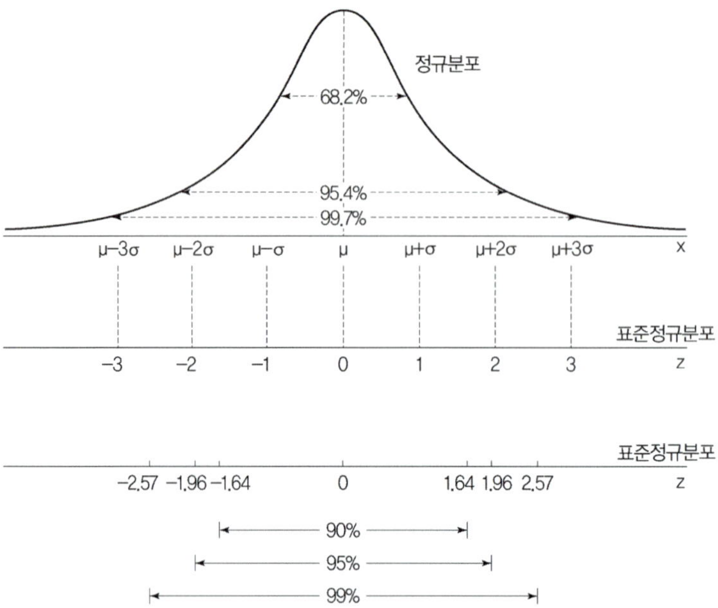

그림 6-8 정규분포와 표준 정규분포의 대응

평균을 0으로 만들면 두 곡선은 똑같은 것으로 취급될 수 있다. (2)와 같이 표준편차만 다른 경우에는 표준편차로 조정해 주어, 변환된 확률변수의 표준편차가 1이 되게 하면 두 곡선은 똑같은 것으로 취급될 수 있다. (3)과 같이 평균도 표준편차도 다른 경우에는 평균만큼 빼주는 일과 표준편차로 조정하는 일을 동시에 해 주어야 하는데, 이렇게 하면 어떤 정규분포도 평균 0, 표준편차 1인 표준 정규분포로 변환되게 된다.

정규분포를 표준 정규분포로 바꾸어 확률을 계산하는 과정을 아코디언 연주에 비유할 수 있을 것 같다. 필요에 따라 아코디언을 이리저리 늘이고 줄이고 하여 아름다운 소리를 내듯이 정규분포를 표준 정규분포로 바꿈으로써(평균으로 위치를 옮기고 표준편차로 모양을 바꾸어) 손쉽게 확률을 구할 수 있다. <그림 6-8>에서 볼 수 있듯이 평균으로부터 좌우로 σ만큼, 2σ만큼, 또 3σ만큼 떨어져 있는 구간의 확률은 Z값으로 치면 1, 2, 3에 해당하기 때문에

$$P(\mu-\sigma \le X \le \mu+\sigma) = 0.683\text{는 } P(-1 \le Z \le +1) = 0.683$$

$$P(\mu-2\sigma \le X \le \mu+2\sigma) = 0.954\text{는 } P(-2 \le Z \le +2) = 0.954$$

$$P(\mu-3\sigma \le X \le \mu+3\sigma) = 0.997\text{는 } P(-3 \le Z \le +3) = 0.997$$

로 계산할 수 있다. 또 추론통계학에서 자주 쓰이는 신뢰수준에 해당하는 Z값을 적어 놓았다.

$$P(-1.64 \le Z \le +1.64) = 0.90,$$
$$P(-1.96 \le Z \le +1.96) = 0.95,$$
$$P(-2.57 \le Z \le +2.57) = 0.99$$

예제 1

앞에서 본 용세와 용기의 토익 점수의 상대적 위치를 용수가 어떻게 찾아냈는가를 알아보기로 하자. 그 시험의 점수는 정규분포를 하고 평균은 650점, 표준편차는 120점이었다.

(i) 용세의 성적은 상위 몇 %인지 구하시오.

(ii) 530점을 받은 용기는 하위 몇 %에 들어가는지 구하시오.

(iii) 550점에서 700점 사이의 성적을 받은 수험생의 비율은 얼마인지 구하시오.

(iv) 몇 점 이상이 상위 5%에 해당하는지 구하시오. (상위 5% 성적에 들려면 몇 점을 맞아야 하는가?), 몇 점 이하가 하위 10%에 해당하는지 구하시오. (하위 10% 성적의 기준 점수는 얼마인가)

풀이

(i) 토익점수를 확률변수 X라고 하면 $X \sim N(650, 120^2)$로 나타낼 수 있다. 이를 표준화하면 $Z = \dfrac{\text{각 데이터값} - \text{평균}}{\text{표준편차}} = \dfrac{X - 650}{120} \sim N(0, 1)$이다. 여기에 용세의 점수 800점을 적용하면 $\dfrac{(800-650)}{120} = 1.25$이다. 표준정규분포표에서 표준화 값 1.25에 해당하는 확률은 0.3944임을 찾을 수 있다. 이는 0~1.25에 들어가는 데이터 비율이 0.3944라는 말이다. 용세의 성적은 하위로부터 계산하면 0.8944(=0.5+0.3944), 즉 89.44%에 해당하며 상위로부터 계산하면 $(1-0.8944) = 0.1056$ 혹은 $(0.5-0.3944) = 0.1056$을 구할 수 있다. 용세의 점수는 상위 10.56%에 해당하는 성적이다.

(ii) 530점을 표준화하면 $Z=\dfrac{(530-650)}{120}=-1.00$이고, 이에 해당하는 확률은 0.3413임을 찾을 수 있다. 표준정규분포가 좌우대칭이기 때문에 표준화 값 −1.00에 해당하는 확률과 표준화 값 1.00에 해당하는 확률은 같다. 0.3413은 표준화 값 0에서 1까지의 확률 (0.5)이기 때문에 용기의 성적은 하위로부터 계산하면 $0.1587=(0.5-0.3413)$, 즉 15.87%에 해당하는 점수이다.

(iii) 550점은 $\dfrac{(550-650)}{120}=-0.833$, 700점은 $\dfrac{(700-650)}{120}=0.417$이다. 표준정규분포표에서 표준화 값 0.833에 해당하는 확률은 0.2767이고, 표준화 값 0.417에 해당하는 확률은 0.1591이다. 두 확률을 합하면 0.4358을 얻을 수 있다. 43.6%가 이 구간에 속한다.

(iv) 상위 5%라면, 표준정규분포표에서 0에서 표준화 값까지의 확률이 0.45에 해당하는 것을 의미한다. 이에 해당하는 표준화 값은 1.64이다. $Z=\dfrac{(X-650)}{120}=1.64$를 풀면 $X=846.8$을 구할 수 있다. 상위 10%라면 표준정규분포표에서 0에서 표준화 값까지의 확률이 0.4에 해당하는 것을 의미한다. 하위 10%에 해당하는 표준화 값은 −1.28이다. $Z=\dfrac{(X-650)}{120}=-1.28$를 풀면 $X=496.4$을 구할 수 있다.

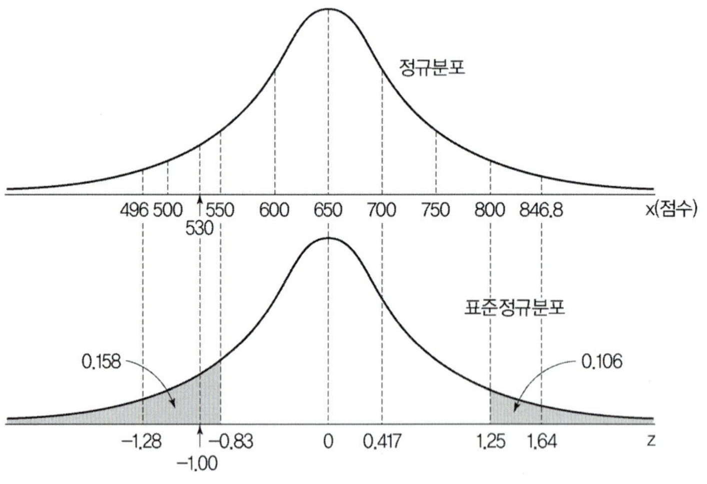

예제 2

D대학교 학생들의 몸무게는 평균 70 kg이고 표준편차는 5 kg인 정규분포를 따른다고 가정할 수 있다.

(i) 임의의 학생 한 명을 선택했을 때, 그 학생의 몸무게가 75 kg을 넘을 확률을 구하시오.

(ii) 임의의 학생 한 명을 선택했을 때, 그 학생의 몸무게가 67 kg보다 낮을 확률을 구하시오.

(iii) 이 대학에서 상위 10%에 들려면 몸무게가 몇 kg 이상이어야 하는지 구하시오.

풀이

(i) 학생들의 몸무게(X)는 $X \sim N(70, 5^2)$이다. 75 kg이라면 $Z = \frac{(75-70)}{5} = 1$이다. 이에 해당하는 값은 $P(0 \leq Z \leq 1) = 0.3413$이다. 따라서 임의로 뽑힌 한 학생(75 kg은 전체에서 약 84%에 해당한다. $0.5 + 0.3413 = 0.8413$

(ii) 67 kg라면 $Z = \frac{(67-75)}{5} = -1.6$이다. 이에 해당하는 값은 $P(0 \leq Z \leq -1.6) = 0.4452$이다. 따라서 임의로 뽑힌 한 학생(67 kg)은 전체에서 약 3.6%에 해당한다. $0.5 - 0.464 = 0.036$

(iii) 상위 10%라면, 표준정규분포표에서 0에서 표준화 값까지의 확률이 0.4에 해당하는 것을 의미한다. 이에 해당하는 표준화 값은 1.28이다. $Z = \frac{(X-70)}{5} = 1.28$을 풀면 $X = 75 + 5 \times 1.28 = 81.4$을 구할 수 있다. 약 81 kg 이상인 학생들이 상위 10%, 전체에서 90%에 해당하는 학생들이다.

고마워요 체비셰브 아저씨

러시아의 수학자 체비셰프(Chebyshev, 1821~1894)가 발견한 부등식인 체비셰프 부등식(Chebyshev's inequality)을 적용하면 집단의 분포 모양에 상관없이 일정한 표준편차 내에 관찰값이 포함될 확률을 구할 수 있다.

체비셰프 부등식: $P\{|X-\mu| \geq k\sigma\} \leq \frac{1}{k^2}$ 또는 $P\{|X-\mu| \leq k\sigma\} \geq 1-(\frac{1}{k^2})$

어떤 자료의 집단에서도 관찰값(X)이 평균보다 $k\sigma$ 이상 떨어져 있을 확률은 $\frac{1}{k^2}$ 이하이다. 또는 관찰값(X)가 k시그마 범위 $\mu-k\sigma \leq X \leq \mu+k\sigma$에 들어갈 확률은 $1-(\frac{1}{k^2})$ 이상이다.

① $k=1$일 때, 어떤 관찰값도 1배의 표준편차 범위에 존재하지 않을 가능성이 있다. 모든 관찰값이 1배의 표준편차 범위에 존재할 가능성이 100%일 가능성도 있다.

② $k=\sqrt{2}$ 일 때, 관찰값이 $\sqrt{2}$ 배의 표준편차 범위에 존재할 확률은 어떤 분포이든 1/2 이상이다. (벗어날 확률: 1/2 이하)

③ $k=2$일 때, 관찰값이 2배의 표준편차 범위의 확률은 존재할 확률은 어떤 분포이든 3/4 이상이다. (벗어날 확률: 1/4 이하)

④ $k=3$일 때, 관찰값이 3배의 표준편차 범위의 확률은 존재할 확률은 어떤 분포이든 8/9 이상이다. (벗어날 확률: 1/9 이하)

정규분포에서 68-95-99.7 규칙이 유용하게 사용되고 있다. 체비셰프 부등식은 정규분포가 아닌 분포에서도 적용되어 2배의 표준편차 범위 75%, 3배의 표준편차 범위에서는 88.89% 규칙으로 사용되고 있다.

예제 3

우리나라 대졸 이상 근로 소득자의 월평균 급여는 164.5만 원, 표준편차는 6만 원인 것으로 조사되었다. 전체 조사대상자 중에서 월 급여가 146.5만 원 이상 182.5만 원 이하인 대졸 근로자는 최소한 몇 %인지 구하시오.

풀이

$$164.5\text{만원} - 146.5\text{만원} = 18\text{만원} = 3 \times 6\text{만원},$$
$$182.5\text{만원} - 146.5\text{만원} = 18\text{만원} = 3 \times 6\text{만원}$$

$k = 3$이다. 체비셰브 부등식을 이용하면 이 범위에 해당하는 대졸 근로자는 $1 - \frac{1}{3^2} = \frac{8}{9} = 88.89(\%)$가 된다.

명언 보따리

"천둥이 잦으면 비가 올 가능성이 있다"라는 우리 속담처럼 통계학에 대한 멋진 설명이 또 어디에 있을까? 이것이야말로 삶의 경험 속에서 터득한 추측통계학이나 확률론의 이론이 아니겠는가?

신기영, '수학은 자유다', p.100

10 꼬리에 꼬리를 무는 게, 신기해요

- 초보 통계학 수강생의 발견
- 확률분포 간의 연계성

확률밀도함수를 배울 때 저자가 제일 먼저 놀란 것은 정규분포의 유용성이다. 또 놀란 것은 표준정규분포, χ^2 분포, t 분포, F 분포 등 여러 유용한 분포들이 정규분포에 뿌리를 두고 있다는 사실이다. 마치 고구마를 캘 때마다 주렁주렁 달려 나오는 것을 보고 무척 신기해하는 아이의 기분이었다. 표준정규분포에 대해서는 앞에서 학습하였으므로 χ^2 분포, t 분포, F 분포를 차례차례 공부해 보자.

χ^2(카이제곱, chi-square) 분포

확률변수 $Z_1, Z_2, \cdots, Z_n$이 서로 독립인 표준정규분포를 따를 때, Z_i의 제곱(Z_i^2)은 자유도 1인 χ^2 분포를 따른다. 또 Z_i의 제곱합으로 만들어진 새로운 확률변수를 $X^2 = \sum_{i=1}^{n} Z_i^2$으로 정의하면 X^2은 자유도 n인 χ^2 분포를 따른다. 평균은 n이고 분산은 $2n$이다. 정규분포나 t 분포는 $-\infty$에서 $+\infty$까지의 모든 실수 구간이 가능한 값의 영역이지만, χ^2 분포는 정의에서 알 수 있듯이 정규분포 확률변수의 제곱에서 출발하기 때문에 양의 실수값에서만 정의된다.

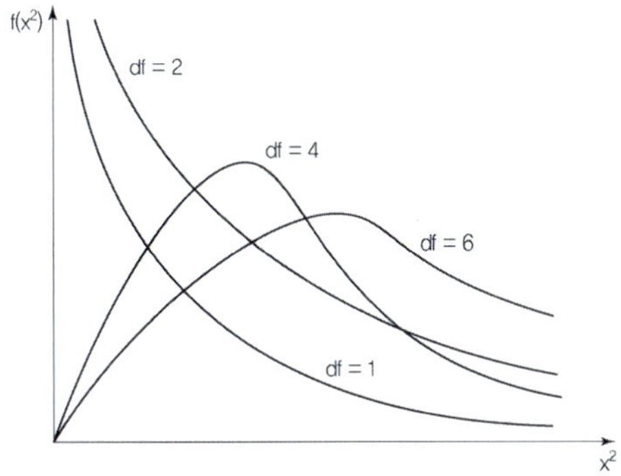

그림 6-9 여러 가지 자유도와 χ^2 분포

$Z_i \sim N(0,1)$이고 $Z_i^2 = (\frac{(X_i-\mu)}{\sigma})^2 \sim \chi_1^2$이고 $X^2 = \sum_{i=1}^{n} Z_i^2 \sim \chi_n^2$로 표현할 수 있다. 이 분포의 모수가 자유도이기 때문에 자유도의 크기에 따라 <그림 6-9>에서 보는 바와 같이 분포의 형태가 달라진다. χ^2 분포도 자유도가 클수록 정규분포와 근사한 분포 형태를 나타낸다.

이 분포는 모분산 σ^2에 대한 추정 및 가설검정을 위한 표본분산 S^2의 분포를 구하기 위한 통계적 도구로 쓰이고 있으며, 질적변수 간의 독립성 검정 및 적합도 검정 등에도 매우 유용하게 쓰이고 있다.

$(X_1, X_2, \cdots X_n)$을 정규분포를 하는 모집단 $N(\mu, \sigma^2)$으로부터 추출된 확률표본이라고 하고, 표본분산을 $S^2 = \frac{1}{n-1}\sum_{i=1}^{n}(X_i - \overline{X})^2$으로 정의할 때 확률변수 X^2을 $X^2 = \frac{(n-1)S^2}{\sigma^2} = \frac{\sum_{i=1}^{n}(X_i-\overline{X})^2}{\sigma^2}$으로 정의하면 이 확률변수는 자유도 $(n-1)$인 χ^2 분포를 따른다. χ^2 분포에서는 표준정규분포나 t 분포와는 달리 유의수준 α가 왼쪽에 나타나 있다는 사실에 주의해야 한다.

t 분포(Student's t-distribution)

확률변수 Z가 표준정규분포 $N(0,1)$을 따르고 확률변수 X^2은 자유도 v인 χ^2 분포를 따르며 서로 독립이면, 즉 $Z \sim N(0,1)$과 $X^2 \sim \chi_v^2$일 때 두 확률변수를 결합한 새로운 확률변수 $T = \dfrac{Z}{\sqrt{\dfrac{X^2}{v}}}$는 자유도 v인 t 분포를 한다. 즉, $T = \dfrac{Z}{\sqrt{\dfrac{X^2}{v}}} \sim t_v$이다.

t 분포는 자유도에 따라 분포의 모양이 달라진다. 자유도 v인 t 분포는 t_v 라고 표기한다. t 분포의 평균은 0이고 분산은 $\dfrac{v}{v-2}$, $v > 2$로 1보다 크다. <그림 6-10>에 자유도에 따른 t 분포의 모양을 그려 놓았다.

t 분포는 정규분포를 하는 모집단의 평균과 분산을 알 수 없는 경우와 표본의 크기가 작은 경우에 평균을 추정하는 경우에 이용되고 있으며, 또 두 평균값의 차이의 통계적유의성을 검토하는 검정에 이용되고 있다.

$\overline{X}$의 표준화변량 표준정규분포(Z 분포)를 하며 $Z_{\overline{X}} = \dfrac{\overline{X} - \mu}{\dfrac{\sigma}{\sqrt{n}}}$를 이용하여 추정이나 검정을 실시한다. 하지만 모표준편차(σ)를 알 수 없을 때는 t 분포를 따르는 스튜던트화변량 $t_{\overline{X}} = \dfrac{\overline{X} - \mu}{\dfrac{S}{\sqrt{n}}}$를 이용해야만 한다. 이 확률변수는 자유도 $n-1$(=관찰값−1)인 t분포를 따른다. 이 경우에도 자유도가 30 이상이면 표준정규분포(Z분포)를 그대로 적용한다.

t 분포의 특징으로는 첫째, 표준정규분포와 같이 평균이 0이고 평균을 중심으로

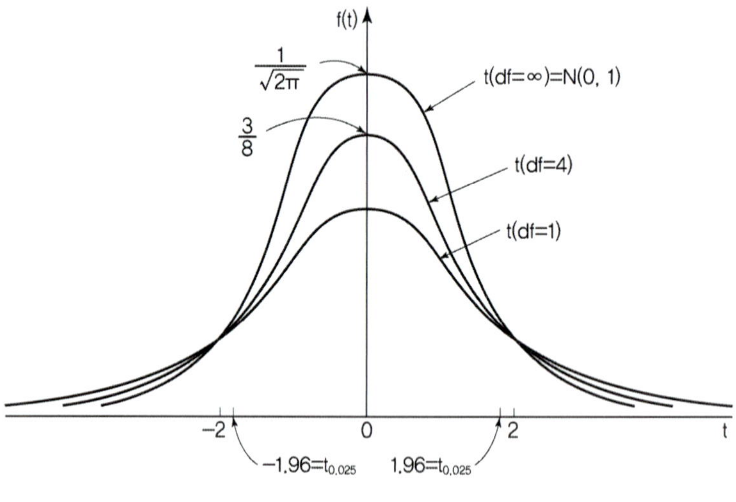

그림 6-10 여러 가지 자유도와 t 분포

좌우대칭인 분포를 한다. 둘째, 분산이 $\frac{v}{v-2} > 1$이어서 표준정규분포보다 완만한 봉우리를 보이고 있다. 만약 $n \geq 30$이면 정규분포와 일치하게 된다. 표본의 크기가 30개 미만인 경우 소표본을 사용해서도 모수의 추측이 가능하게 되었다.

F 분포

F 분포는 서로 독립인 두 개의 χ^2 확률변수를 각각의 자유도로 나눈 후 그 비를 취하여 얻어진 확률변수이다. 두 확률변수 U와 V가 서로 독립이고 각각 자유도 u와 v인 χ^2 분포를 따를 때, 확률변수 $F = \frac{U/u}{V/v}$는 자유도 (u, v)인 F 분포를 따른다. <그림 6-11>에 여러 가지 자유도와 F 분포를 그려 놓았다.

$$F = \frac{U/u}{V/v} \sim F_{(u,v)}$$

F 분포의 모수는 분자의 자유도(u)와 분모의 자유도(v)이며 분자의 자유도(u)를 앞에 쓰고 분모의 자유도(v)는 그 뒤에 쓴다. 이 분포는 두 모분산 비율의 검정과 추정 그리고 분산분석(Analysis of Variance, ANOVA) 등에 유용하게 쓰이고 있다. 연속확률분포로서 확률변수 F는 항상 양의 값만 갖는다. 비대칭형이며 분포의 형태는 분모의 자유도와 분자의 자유도에 의해 정해진다.

두 모분산을 비교할 때 주로 그 비율을 이용하여 이루어지고 있다. 이를 위해서는 표본분산의 비율의 분포를 알아야 할 것이다. $X_1, X_2, \cdots, X_n$이 $N(\mu_1, \sigma_1^2)$으로부터 얻은 확률표본이고 표본분산은 $S_1^2 = \frac{1}{n_1 - 1}\sum_{i=1}^{n_1}(X_i - \overline{X})^2$이고 $Y_1, Y_2, \cdots, Y_n$이 $N(\mu_2, \sigma_2^2)$으로부터 얻은 확률표본이고 표본분산은 $S_2^2 = \frac{1}{n_2 - 1}\sum_{i=1}^{n_2}(Y_i - \overline{Y})^2$이라고 하자. 또한 $(X_1, X_2, \cdots, X_n)$와 $(Y_1, Y_2, \cdots, Y_n)$는 서로 독립이라고 하면, $\frac{(n_1-1)S_1^2}{\sigma_1^2} \sim \chi^2_{(n_1-1)}$ $\frac{(n_2-1)S_2^2}{\sigma_2^2} \sim \chi^2_{(n_2-1)}$이 되고, 따라서 F 분포의 정의에 의하면 $F = \frac{\{(n_1-1)S_1^2/\sigma_1^2\}/(n_1-1)}{\{(n_2-1)S_2^2/\sigma_2^2\}/(n_2-1)} = \frac{S_1^2/\sigma_1^2}{S_2^2/\sigma_2^2} \sim F_{(n_1-1, n_2-1)}$을 구할 수 있다. 만약

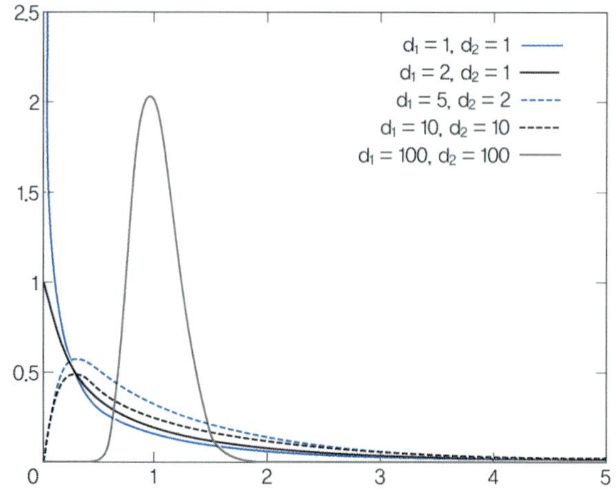

그림 6-11 여러 가지 자유도와 F 분포

두 표본이 추출된 모집단이 같다고 즉 $\sigma_1^2 = \sigma_2^2$이라고 가정할 때 표본분산의 비 S_1^2/S_2^2은 자유도 $(n_1 - 1)$과 $(n_2 - 1)$을 갖는 F 분포를 따르게 된다.

t 분포와 F 분포와의 관계를 보자. $T = \dfrac{Z}{\sqrt{\dfrac{X^2}{v}}} \sim t_v$ 임을 활용해 보기로 하자. 양변에 제곱을 하면 $T^2 = \dfrac{Z^2}{X_{(v)}^2/v}$가 된다. 이 식에서 분자 Z^2은 자유도 1인 χ^2 분포를 한다. 따라서 $T^2 = \dfrac{X_{(1)}^2/1}{X_{(v)}^2/v}$로 쓸 수 있으며 확률변수 T^2은 자유도 $(1, v)$인 F 분포를 하게 된다. 즉, $T^2 = \dfrac{X_{(1)}^2/1}{X_{(v)}^2/v} \sim F_{(1,n)}$가 된다.

이상에서 본 정규분포, 표준정규분포, χ^2 분포, t 분포, F 분포 간의 관계를 정리하면 다음과 같다.

정규분포 $X \sim N(\mu, \sigma^2)$ —*표준화*→ 표준정규분포 $Z \sim N(0,1)$ —*제곱*→ χ^2 분포 $\sum_{i=1}^{n} Z_i^2 \sim \chi_n^2$ —*비율화*→ F 분포 $F = \dfrac{U/u}{V/v} \sim F_{(u,v)}$

—*소표본*→ t 분포 $T = \dfrac{Z}{\sqrt{\dfrac{X^2}{v}}} \sim t_v$

이야기 보따리 기네스 흑맥주를 마시면서 생각나는 그 사람, 고셋[26]

t 분포는 아일랜드 맥주회사 기네스(Guinness)에 근무하던 화학자이자 통계학자인 고셋(William Sealy Gosset, 1876~1937)이 발전시킨 분포로 소표본(小標本) 분석에 매우 유용하게 쓰이고 있다. 그는 1908년 「평균치의 오차의 확률분포」(The probable error of a mean)를 시작으로, 많은 논문을 수리통계학전문학술잡지인 "Biometrika"에Student라는 필명으로 발표하였다. 작은 표본을 이용하여야 하는 처지에 있었기에 소표본에서의 정확한 추론에 대한 필요성을 느꼈을 것이고 또 실험자료가 회사 비밀과 관련이 있기 때문에(회사에서 금지하였다고 함) 자신의 이름으로 논문을 쓰지 않고 학생(Student)이라는 필명을 썼다.*

고셋의 사진과 기네스 맥주회사에 있는 고셋 기념 명판

그는 당대 최고의 통계학자인 칼 피어슨(Karl Pearson, 1857~1936)과 같이 연구도 하였고 논문도 피어슨이 주재하는 "Biometrika"에 발표하였으나 정작 t 분포의 중요성을 인정해 준 학자는 젊은 로놀드 피셔(Sir Ronald Aylmer Fisher, 1890~1962)였다고 한다. 그와 피셔는 150통 이상의 편지를 주고받았으면서 인간적인 교분도 깊어졌으며 t 분포가 확고한 자리를 잡게 되었다. 칼 피어슨도 로놀드 피셔도 이기적이고 비사교적인 성격의 소유자였으며 서로 논적(論敵) 관계였는데, 고셋은 두 사람 모두와 원만한 관계를 유지할 만큼 평온한 성격의 소유자라고 전해지고 있다.

* 우리나라에서는 생전에 벼슬하지 아니한 사람에 대한 존칭으로 '학생(學生)'이라고 부르는데, 고셋이 'Student'라고 필명을 썼다고 하니 '학생'이라는 단어는 동서양을 막론하고 겸손과 배움을 같이 표현하는 단어라고 생각이 든다.

26 위키피디아 참고하였음.

연습문제

1 나 참, 아버지도…

1. 확률변수란 무엇인지 설명하시오.
2. 이산확률변수와 연속확률변수를 정의하고 예를 들어 보시오.

2 기다리게 해 놓고, 오지 않는 사람아

1. 어느 카페의 요일별 매출액은 아래와 같다. 하루 매출액을 확률변수 X로 정의하고 확률분포표를 작성하시오. 평균과 분산을 구하시오.

(단위: 만 원)

요일	월	화	수	목	금	토	일	계
매출액	50	52	30	44	30	38	56	300

2. 학교행 버스는 15분 간격으로 운행되고 있다. 임의 시간에 정류장에 도착했을 때 대기 시간을 확률변수 X라고 하면 확률밀도함수, 평균과 분산을 구하시오.
3. 확률변수 X가 $f(x) = cx,\ 0 \le x \le 3$으로 나타나는 확률밀도함수를 가질 때 상수 c를 구하고 그림을 그리시오.
4. 확률변수 X가 $f(x) = \begin{cases} e^{-x}, & x \ge 0 \\ 0 & \text{그 외} \end{cases}$ 일 때 누적분포함수를 구하고 그래프를 그리시오.
5. 용세네 사무실에는 오전 근무시간에 평균 10분에 4번꼴로 전화가 걸려온다.
   (i) 전화가 한 번 걸려온 때부터 다음 전화가 걸려올 때 걸린 시간을 측정하는 확률분포를 구하시오.
   (ii) 전화가 한 번 걸려온 때부터 다음 전화가 걸려올 때까지의 평균 시간을 구하시오.
   (iii) 전화가 한 번 걸려온 때부터 다음 전화가 걸려올 때까지 시간이 3분 이내일 확률을

구하시오.

(iv) 전화가 한 번 걸려온 때부터 다음 전화가 걸려올 때까지 시간이 5분 이상일 확률을 구하시오.

3 사건을 맡을까? 말까?

1. 기댓값의 특성에 대해 설명하시오.
2. 포장된 피자 한 판의 무게를 확률변수 X라고 하자. 같이 배달되는 콜라 한병의 무게를 확률변수 Y라고 하자. X의 평균 무게는 850g이고 표준편차는 5g이다. Y의 평균 무게는 650g이고 표준편차는 3g이다.
   (i) 피자 2판을 주문할 때 전체 무게의 평균과 분산을 구하시오.
   (ii) 피자 2판과 콜라 5병을 주문할 때 전체 무게의 평균과 분산을 구하시오.
   (iii) 피자 4판과 콜라 10병을 주문할 때 전체 무게의 평균과 분산을 구하시오.
3. 어느 지방자치단체가 즉석 복권 50만 매를 발행하기로 하였다. 발행 내역은 아래와 같다.

1등 1매 1억 원, 2등 5매 4천만 원, 3등 100매 1백만 원, 4등 1만 매 1천 원, 등 외 489,894매 0원

   (i) 기대 당첨금을 구하시오.
   (ii) 지자체는 1매에 천원에 발행하였고 발행 경비 등을 포함하여 2천만 원의 경비가 들었다. 발매된 50만 매가 다 팔렸다면, 지급된 상금은 얼마이며 지자체가 얻는 수익은 얼마인지 구하시오.
4. 결합분포표가 아래와 같을 때 물음에 답하시오.

Y X	−1	1	Y의 주변확률
0	0.3	0.2	0.5
2	0.1	0.4	0.5
X의 주변확률	0.4	0.6	1

   (i) $P(X=-1|Y=2)$을 구하시오.
   (ii) $E(X)$, $Var(X)$, $E(Y)$, $Var(Y)$를 구하시오.
   (iii) X와 Y의 공분산 값을 구하시오.
   (iv) X와 Y의 상관계수 값을 구하시오.

5. 용세는 A, B 두 회사의 주식을 가지고 있다. 주식수익률은 경기에 따라 변하며 호황 가능성이 0.3, 횡보 가능성이 0.5, 하락 가능성이 0.2라고 한다. 각 경우에 해당하는 A, B기업의 주식수익률은 아래와 같다.

미래 경기 예측	A	B	확률
호황	10%	30%	0.3
횡보	0%	0%	0.5
하락	−5%	−25%	0.2

(i) 두 회사의 주가수익률의 결합확률분포표를 그리시오.

(ii) $E(A)$, $Var(A)$, $E(B)$, $Var(B)$를 구하시오.

(iii) A와 B의 공분산 값을 구하시오.

(iv) A와 B의 상관계수 값을 구하고, 두 회사 주식수익률의 성격에 대해 설명하시오.

(iv) 만약 A의 주식이 호황일 때 −10%, 하락일 때 +5%라면 위의 결과는 어떻게 변하는가? 위의 결과를 바탕으로 추측해 보시오.

4 죽느냐 사느냐, 그것이 문제로다

1. 베르누이 시행이란 무엇인지 설명하시오.
2. 이항분포의 특성에 대해 설명하시오.
3. 기하분포의 특성에 대해 설명하시오.
4. 주사위 1개를 5가 나올 때까지 던진다고 할 때,

(i) 6번째에 5가 나올 확률을 구하시오.

(ii) 5가 나올 때까지의 평균 실행 횟수를 구하시오.

5 '걸' 나와라, 제발!

1. 어느 축구선수의 페널티 킥 성공률은 80%라고 한다.

(i) 5번의 페널티 킥을 한 경우 5번 모두 성공할 확률과 실패할 확률을 구하시오.

(ii) 5번의 페널티 킥을 한 경우 4번 성공할 확률을 구하시오.

(iii) 5번의 페널티 킥을 한 경우 4번 이하로 성공할 확률을 구하시오.

6 어느 쪽이 어려운가?

1. 초기하분포의 특성에 대해 설명하시오.
2. 통계학 개론 수강생이 20명이다. 이 중 여학생이 12명이고 남학생이 8명이다. 임의로 5명을 선택했을 때 여학생이 2명, 남학생이 3명 뽑힐 확률을 구하시오.

7 하필이면, 그 시간에 거기에

1. 포아송 분포의 특성을 설명하시오. 이항분포와의 관계는 어떠한지 설명하시오.
2. 대형 자동차 조립공장에서 한 달에 불량품은 1,000대당 2대(0.2%)가 발생하는 것으로 알려져 있다고 하자.
   (i) 이 공장의 평균 불량품 수(λ)를 구하시오.
   (ii) 한 달에 불량품이 하나도 발생하지 않을 확률을 구하시오.
   (iii) 한 달에 불량품이 1,000대당 두 대가 발생할 확률을 구하시오.
   (iv) 한 달에 불량품이 1,000대당 두 대 이하로 발생할 확률을 구하시오.
   (v) 한 달에 불량품이 1,000대당 세 대 이상 발생할 확률을 구하시오.

8 정규야, 너는 대단한 아이야

1. 정규분포의 특성을 설명하시오.
2. $X \sim N(10, 16)$일 때 $P(5 \leq X \leq 20)$의 값을 구하시오.

9 아코디언과 같은 표준화

1. 표준정규분포의 특성에 대해 설명하시오.
2. $X \sim N(\mu, \sigma^2)$에서 유도된 표준화 변량($Z = \dfrac{X-\mu}{\sigma}$)가 $Z \sim N(0,1)$함을 증명하시오.
3. 다음의 조건에 해당하는 Z값을 찾으시오.
   (i) 0에서부터 Z까지의 면적이 0.4750
   (ii) Z의 왼쪽 부분의 면적이 0.853
4. 종업원 수가 1,000명인 기업이 있다. 이 기업 종업원들의 평균 근무연수는 10년이고 표준편차는 6년으로 정규분포를 이루고 있다고 한다.

(i) 20년 이상 근무한 노동자는 약 몇 명인지 구하시오.

(ii) 약 10년쯤 근무한 노동자는 약 몇 명인지 구하시오. (약 10년이란 9년 반과 10년 반 사이를 의미한다)

(iii) 근무연수로 볼 때 상위 10%의 노동자는 이 회사에서의 근무연수가 얼마나 되는지 구하시오.

5. 어느 택배회사에서 고객들이 부치는 물건에 대해 제한을 두기로 하였다. 무거운 물건 상위 5%에 해당하는 무게 이상은 접수하지 않기로 하였다. 고객이 부치는 물건의 무게는 평균 10 kg이고 표준편차는 2 kg인 정규분포를 따른다고 가정할 수 있다. 이 택배회사는 몇 kg 이상인 물건을 취급하지 않는지 설명하시오.

6. 어느 은행에서 대출을 받은 500개 기업의 유동비율(유동자산에서 유동부채가 차지하는 비율)을 조사해 본 결과 평균 104%, 표준편차 4.5%였다. 임의로 25개 기업을 비복원 추출하여 유동비율을 조사하는 경우 표본평균이 106%를 초과할 확률을 구하시오.

10 꼬리에 꼬리를 무는 게, 신기해요

1. X_1, X_2, X_3, X_4, X_5 가 서로 독립이고, 모두 정규분포 $N(0, 1)$을 따를 때, $X_1 + X_2 + X_3 + X_4 + X_5$ 는 어떤 분포를 나타내는가? 또 $X_1^2 + X_2^2 + X_3^2 + X_4^2 + X_5^2$ 는 어떤 분포를 나타내는지 구하시오.

2. 정규분포, 표준 정규분포, χ^2 분포, t 분포, F 분포 간의 관계를 개략적으로 설명하시오.

3. 다음 각 분포의 값 α를 표에서 찾으면 얼마인지 구하시오.

(i) 표준정규분포에서 $P(Z \leq \alpha) = 0.975$

(ii) 자유도 15인 t분포에서 $P(t \geq \alpha) = 0.025$

(iii) 자유도가 10인 카이제곱분포에서 $P(\chi^2 \geq \alpha) = 0.05$

(iv) 자유도가 $(u, v) = (15, 10)$인 F 분포에서 $P(F \geq \alpha) = 0.05$

4. 다음 각 분포의 확률 α를 표에서 찾으면 얼마인지 구하시오.

(i) 표준정규분포에서 $P(Z \geq 1.96) = \alpha$

(ii) 자유도 15인 t분포에서 $P(t \geq 2.131) = \alpha$

(iii) 자유도가 10인 카이제곱분포에서 $P(\chi^2 \geq 18.31) = \alpha$

(iv) 자유도가 $(u, v) = (15, 10)$인 F 분포에서 $P(F \geq 2.98) = \alpha$

제 7 장

추정과 검정론 따라잡기

1. 신도 저렇게는 못 쓴다
2. 수제비 반죽을 여러 번 하는 이유
3. 음, 새벽 2시경에 어디에 계셨지요?
4. 성인 흡연율은 얼마일까?
5. 천당과 지옥의 갈림길: 혈중알코올농도 0.03%
6. 오늘은 찬성, 내일은 반대
7. 1개월에 5kg, 다이어트 책임
8. 이번 신약은 과거 약과는 달라요
9. 효과가 있기는 한 건가?
10. 다다익선이긴 할 텐데…

01 신도 저렇게는 못 쏜다

- 양궁 금메달의 비밀
- 바람직한 추정량의 성질

우리나라는 자타가 공인하는 양궁 강국이다. 1984년부터 올림픽 정식종목으로 채택된 양궁에서 우리나라 선수들이 2024년 파리 올림픽까지 획득한 메달을 보면 남자 개인전에서 금메달 3개, 은메달 2개, 동메달 2개, 단체전에서 금메달 6개, 은메달 1개, 동메달 1개를 차지하였다. 여자 개인전에서 금메달 10개, 은메달 6개, 동메달 5개, 단체전에서 금메달 10개를 획득하였다. 올림픽 10연패라는 신화를 썼다. 2020년 도쿄에서 처음 채택된 혼성단체전에서도 금메달을 따, 단일 대회에서 3관왕 탄생이 가능해졌다.[1] 우수한 양궁선수는 어떤 선수일까? 어떤 조건을 만족시켜야 할까?

<그림 7-1>을 보면 세 선수의 화살이 10점(모수)에 다 들어와 있어 점수의 평균은 10점이고 분산은 0이다. 이런 실력이니 우승을 못 하는 것이 이상할 정도이다. 과녁의 한 중앙을(10점) 모수(母數)로 화살을 추정량(推定量, estimator)으로 화살을 쏘는 일은 추정(推定)하는 행위에 비유할 수 있다. 이렇게 보면 바람직한 추정량이란 추정량의 평균이 모수가 되고, 분산은 적을수록 좋으며, 이런 추정이 여러 번 계속되어도 이런 바람직한 결과를 계속해서 낳는 방법이라고 말할 수 있다.

1 한국인 최다 메달리스트는 금메달 4개, 은메달 1개, 동메달 1개, 총 6개의 메달을 목에 건 양궁의 김수녕이다.

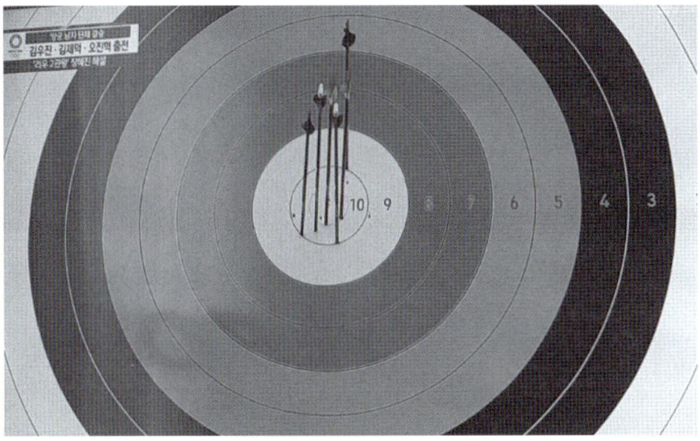

그림 7-1 한국 남자 단체전 성적

추정에는 점추정(点推定, point estimation)과 구간추정(區間推定, interval estimation)이 있다. 점추정은 확률분포의 정보를 이용하여 모수에 대한 특정 값을 지정하는 방법이다. 점추정은 양궁 혹은 사격에서 화살이나 총을 쏘는 것과 비슷하다. 아무리 특등사수라도 매번 쏠 때마다 과녁의 중심을 맞힐 수는 없다. 오차는 늘 숙명처럼 따라다닌다. 구간추정은 확률로 표현된 믿음의 정도하에서 모수를 특정 구간으로 나타내는 것으로 항상 추정량의 분포가 전제되어야 한다. 추정구간에 모수가 포함되어 있을 확률을 신뢰수준(信賴水準, confidence level)이라고 부른다. 보통 신뢰수준은 90%, 95%, 또는 99%의 확률을 이용하고 있다. 각각의 신뢰수준[2]하에서 구간추정을 통해 얻어지는 구간을 신뢰구간(信賴區間, confidence interval)이라고 부른다.

통계적 추정론에서 중요한 여러 개념을 살펴보기로 하자.

추정량(推定量, estimator)은 표본에서 구한 통계량 중에서 모집단의 모수를 추정하는 통계량이라고 정의되고 모수를 추정하기 위한 규칙이나 방법을 말한다. 추정된 값이 아니라 데이터에서 모수를 추정하기 위한 식으로 나타난다. 추정량도 특정한 확률분포를 갖는다. 아래 4가지 조건(불편성, 효율성, 일치성, 충족성)을 만족하는 추정량을 바람직하다고 평가하고 있다. 특정 모수에 대한 여러 가지 추정량 중에서 가장 바람직한 추정량을 선택하여야 한다. 선택된 추정량이 이 4가지 조건을 모두 충족한

2 신뢰도라고도 부른다. 95%를 사용하는 것이 일반적이다. 신뢰수준 95%라고 하면, 추출과 구간추정을 100번 실시한 경우에 모수가 추정구간에 95번 정도 들어가는 것을 의미한다.

다면 다행이지만, 그렇지 못하다면 불편성에 가장 큰 비중을 두고 선택해야 한다.

- 불편성(不偏性): 확률변수인 추정량($\hat{\theta}$)의 기댓값이 모수(θ)와 일치하는 성질을 말하며 $\hat{\theta}$은 θ의 불편추정량(unbiased estimator)이라고 부른다.

$$\hat{\theta}\text{이 } \theta\text{의 불편추정량이면 } E(\hat{\theta}) - \theta = 0 \text{ 이고,}$$

$$\hat{\theta}\text{이 } \theta\text{의 불편추정량이 아니면 } E(\hat{\theta}) - \theta \neq 0 \text{ 이다.}$$

  여기서 $E(\hat{\theta}) - \theta$를 편의(偏倚, B, bias)라고 부르며[3] 불편추정량은 편의 값이 0이다. 즉, $E(\hat{\theta}) = \theta$ 이다. 불편추정량의 성질을 <그림 7-2>에서 확인할 수 있다.
- 효율성(效率性): 확률변수인 추정량의 분산은 최소(최소분산)라는 성질을 말하며 최소분산을 갖는 추정량을 효율성(efficiency)을 갖는다고 정의한다.[4] 효율적 추정량의 성질은 <그림 7-3>에서 확인할 수 있다.
- 일치성(一致性, consistency): 표본의 크기가 커짐에 따라 추정량의 값이 모수에 가까워진다는 성질을 말한다. 일치성 추정량의 성질은 <그림 7-4>에서 확인할 수 있다.

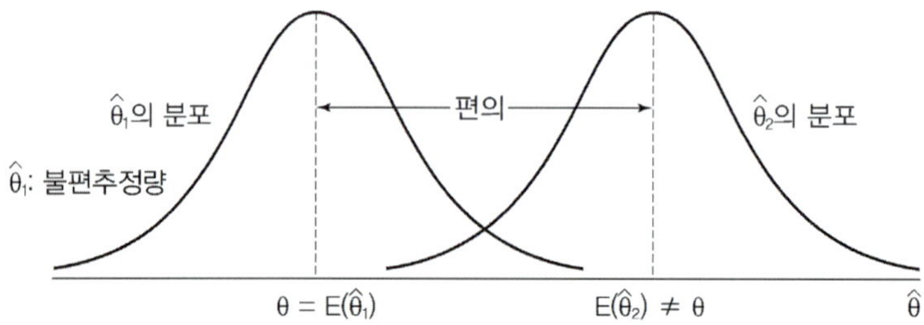

그림 7-2 점추정량의 불편성

3 편향(偏向)이라고 부르고 있다. 편의란 측정 결과가 한쪽으로 일관되게 나타나는 오차이다. 편의가 있는 경우 반복측정을 해도 체계적인 오차는 상쇄되지 않는다. 예를 들어, 주유기를 조작하여 1% 정도 적게 주유되도록 한다면 그 주유기는 편의가 있다고 한다.

4 불편성과 유효성이 두 조건을 다 만족시키는 추정량을 최소분산불편추정량(minimum variance unbiased estimator)이라고 부른다.

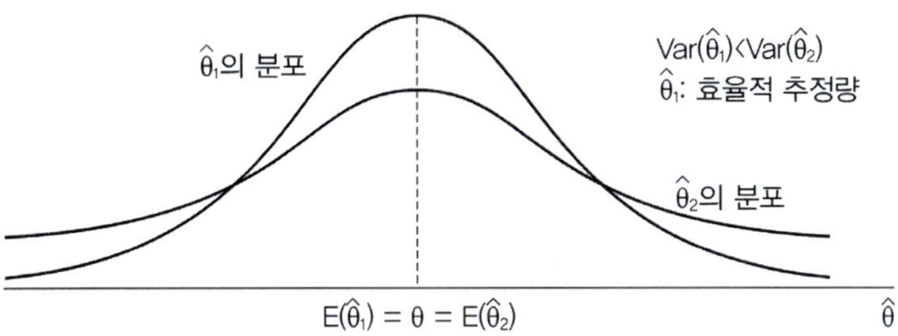

그림 7-3 점추정량의 효율성

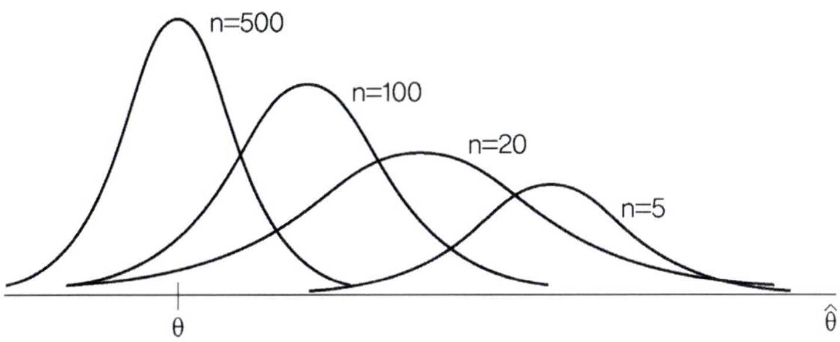

그림 7-4 점추정량의 일치성

표본평균과 같이 이 세 조건을 모두 만족하는 추정량도 있지만, 그렇치 않는 경우가 대부분이다. 따라서 점추정을 할 때 여러 가지를 고려하여 모평균추정에는 표본평균을, 모분산(표준편차)추정에는 표본분산(표본표준편차)을, 모비율추정에는 표본비율을 이용하는 것이 일반적이다(표 7-1).

- 충족성(充足性, sufficiency): 같은 표본으로부터 얻는 추정량($\hat{\theta}$)이 다른 추정량보다 모수(θ)에 대한 가장 많은 정보(충분한 정보)를 제공하여야 한다. 예를 들어, 표본평균($\overline{X}$)은 모평균(μ)의 충족 추정량이지만 표본의 중앙값(M_d)은 충족 추정량이 아니다. 표본평균($\overline{X}$)은 표본에 있는 자료 전부가 이용되어(충분한 정보) 구해지는 값이지만 중앙값(M_d)은 표본에 있는 자료를 순서대로 나열할 때 단지 가운데 위치한 값을 나타내기 때문이다.

표 7-1 모수와 점추정량

모수	점추정량	모수	점추정량
모평균(μ)	표본평균($\overline{X}$)	모표준편차(σ)	표본표준편차(S)
모분산(σ^2)	표본분산(S^2)	모비율(p)	표본비율($\hat{p}$)

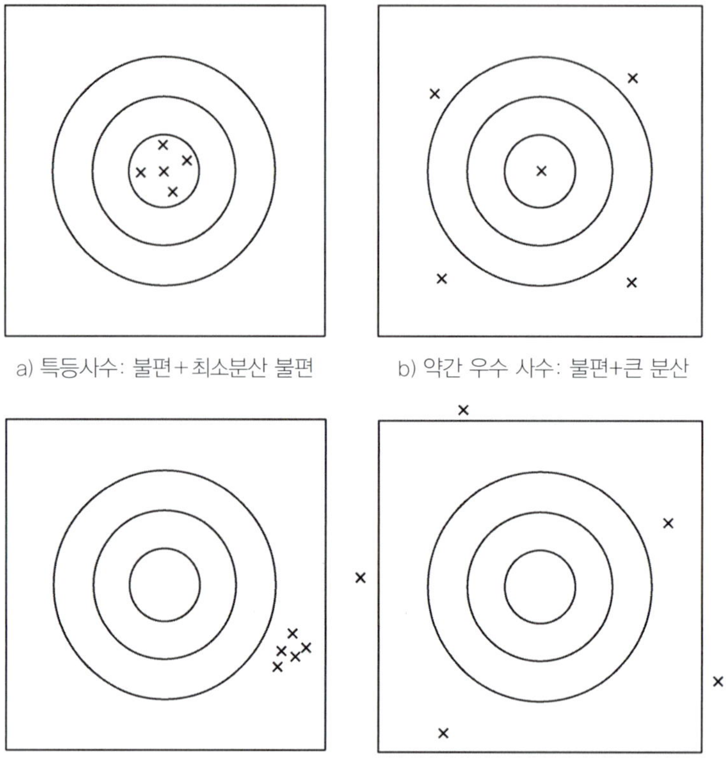

a) 특등사수: 불편+최소분산 불편

b) 약간 우수 사수: 불편+큰 분산

c) 클리크 수정 사수: 불편성 없음+최소분산

d) 엉터리 사수: 불편성 없음+매우 큰 분산

그림 7-5 4가지 종류의 사수

추정치(推定値, estimate)는 특정 표본으로부터 구한 추정량의 구체적인 값을 말한다. 추정량에 데이터를 대입하여 얻은 값이다.

네 사람이 사격한 결과를 <그림 7-5>처럼 나타났다고 하자.[5] a처럼 쏜 사수는 특등사수라고 불리며, 불편성(탄착점(彈着群)의 중심이 중앙에 위치)과 최소분산(最小分

5 이용구, 앞의 책, p. 280.

散, minimum variance), 탄착군 형성)을 나타내고 있다. d처럼 중구난방으로 쏜 사수는 당장 기합을 받을 것이다. c는 비록 정 중앙에 맞히지는 못했지만 탄착군이 형성되어 있기 때문에 교관은 오른쪽으로 몇 클릭만 이동하면 좋은 사수가 될 것이라고 지적하고 약간의 기합만 줄 것이다. b 사수는 중심은 중앙에 있으나 분산이 커 좀 더 안정되게 쏘라는 조언을 들을 것이고 약간의 기합을 받을 것이다.

주어진 추정량과 모수와의 차이를 그 추정량의 오차(誤差, error)라고 부른다. 이것은 표본추출 오차(標本抽出誤差, sampling error) 혹은 표집오차(標集誤差)와 비표본추출 오차(非標本抽出誤差, non sampling error) 또는 비표집오차(非標集誤差)로 나누어진다. 전자는 모집단의 일부인 추출된 표본만을 대상으로 하여 모집단의 특성을 추론하기 때문에 틀릴 가능성이다. 예를 들어, 우리나라 사람의 평균 소득(모수)을 조사하기 위해 표본을 뽑는데, 뽑힌 표본에 재벌가 고소득자들이 다수 포함되어 있다면 분명 과대 평가된 결과(큰 오차값)가 나올 것이다. 반면, 후자는 모집단을 다 조사해도 발생할 수 있는 오차로 조사원의 미숙함, 설문지의 부정확한 표현, 응답자의 불성실한 응답이나 무응답, 또는 자료 입력의 오류 등 여러 가지 원인으로 인해 나타나는 오차이다.

이야기 보따리 **진품명품에서 인형 부자! 추론의 달인**

KBS 1TV에서 일요일 오전 10시에 방영되고 있는 '진품명품(珍品名品)'이라는 프로그램을 보면 세 사람의 패널이 출연하여 의뢰품 3개의 가치(가격)를 추정한다. 의뢰품의 정확한 진가(眞價)는 아무도 알 수 없지만, 감정전문가들이 제시하는 값을 진가(모수)로 간주하고 그 값에 가장 가까운 값을 제시한 출연자가 상품으로 주어지는 인형을 가져가는 방식이다. 오차 없이 정확하게 맞추는 출연자가 없을 때는 가장 오차가 작은 값을 제시한 출연자가 인형 1개를 가져가고, 전문가의 감정가와 정확하게 일치하는 경우 인형을 2개 받아 간다. 편차가 0인 경우에 보너스를 주는 셈이다. 가끔 3문제 모두를 오차 없이 맞추는 출연자가 있어서 그 추론력에 감탄할 때가 있다.

이야기 보따리 엄청난(?) 오차를 인정한 뉴턴과 경도 위원회

1707년 영국 역사상 최대의 해상사고 실리제도(Scilly) 해상사고[6]의 원인이 배의 위치를 정확히 알지 못했기 때문이라고 판단한 영국 의회는 1714년 경도 위원회를 구성하였고, 이 위원회는 요즈음 기준으로 보면 엄청난 오차인데도, 그 수모(?)를 인정하면서까지 거액의 포상금을 걸고 경도(經度, longitude)를 정확하게 측정할 수 있는 방법 찾기에 나섰다. 경도 위원회 구성원 면면을 보면 이삭 뉴턴, 핼리 혜성의 발견자 해리 등 당시 최고의 과학자들이 오차범위에 따라 다른 포상 조건을 내걸었다.

- 110 km(69마일) 이내로 정확하게 경도를 측정할 수 있는 방법에 대해서는 £10,000 (2019년 환산 £1,500,000이며 1£ 당 1,600원을 적용하면 우리 돈 약 24억 원에 이른다).
- 74 km(46마일)이내로 정확하게 경도를 측정할 수 있는 방법에 대해서는 £15,000 (2019년 환산 £2,200,000이며 1£ 당 1,600원을 적용하면 우리 돈 약 35억2천만 원에 이른다).
- 56 km(35마일) 이내로 정확하게 경도를 측정할 수 있는 방법에 대해서는 £20,000 (2019년 환산 £2,900,000이며 1£ 당 1,600원을 적용하면 우리 돈 약 46억4천만 원에 이른다).

이렇게 수십 마일이나 목표를 벗어날 수 있는 오차를 인정하면서도 영국 의회는 실행 가능하고 유용한 방법이라면서 그런 거금을 선뜻 내놓기로 했다는 것, 이 사실만으로도 18세기 초의 항해술이 얼마나 한심한 지경이었으며 영국이 얼마나 필사적이었는지 짐작하고도 남는다.

이 과제를 성공한 사람은 천문학자가 아닌 시골의 시계공 존 해리슨(John Harrison 1693~1776)이었다. 뉴턴도 불가능하다고 생각한 일을 정식교육을 받은 적도 없을 뿐 아니라 어느 시계공에게서도 도제 수업을 받은 적이 없는 해리슨이 마찰이 거의 없는 시계를 만들어 해결한 것이다. 그것도 위원회가 요구했던 기준보다 3배나 정확하였다. 대서양을 왕복하는데, 불과 2분밖에 차이가 나지 않았다.

Dava Sobel 저, 김진준 역, '경도이야기', 웅진씽크빅, 2012.
위키피디아 참고하였음.

6 약 1,400명~2,000명이 사망하였고 부상자 13명, 구조된 사람 13명에 불과하였다고 전해지고 있다.

02 수제비 반죽을 여러 번 하는 이유

- 맛깔스러운 수제비 솜씨의 비결
- 표본분포와 중심극한정리

표본을 잘 뽑아야 모수에 대한 정확한 추론이 가능하다는 것은 이미 앞에서 설명한 바 있다. 우리가 뽑은 표본의 특성에 대해서는 통계분석을 통해 알 수 있다. 요는 모집단의 특성에 대해 알아야 하는데, 모집단과 표본과의 관계를 알려주는 연결고리가 있다면, 표본에서 얻은 정보를 활용하여 모집단에 대한 정보를 얻는 것이 훨씬 쉬워질 것이다. 또 반대로 모집단에 대한 정보를 바탕으로 우리가 구한 표본에 대한 정보도 알 수 있을 것이다. 표본분포(標本分布, sampling distribution)와 중심극한정리(中心極限定理, central limit theorem)가 이러한 역할을 도와주고 있다.

표본분포란 표본에서 구한 통계량의 분포를 말하며, 그 종류로는 평균의 표본분포, 분산의 표본분포 등이 있다. 우리가 입수한 표본이란 수없이 가능한 많은 표본 중 하나일 뿐이라는 사실에 유의할 필요가 있다. 장님이 코끼리를 만졌을 때 여러 가능성 중의 하나를 잡은 것과 마찬가지이다.

1, 2, 3, 4, 5로 구성되어 있는 균일분포를 모집단의 경우, 모집단의 수(N)는 5이고, 모평균(μ)은 3이며, 모분산은 2(표준편차는 $\sqrt{2}$)이며, 최솟값은 1, 최댓값은 5이다. 이 모집단에서 표본을 뽑는 경우, 표본 관측값의 수(n) 2인 경우와 3인 경우만을 생각해 보기로 하자. $n = 2$일 때도 $n = 3$일 때도 표본은 10가지가 가능하다(표 7-2, 표 7-3).[7]

표 7-2 $n=2$일 때 표본평균과 분산

표본번호	표본관찰값	표본평균($\overline{X}$)	표본번호	표본관찰값	표본평균($\overline{X}$)
2-1	1,2	1.5	2-6	2,4	3.0
2-2	1,3	2.0	2-7	2,5	3.5
2-3	1,4	2.5	2-8	3,4	3.5
2-4	1,5	3.0	2-9	3,5	4.0
2-5	2,3	2.5	2-10	4,5	4.5

$n=2$, 가능한 표본수: $10({}_5C_2=10)$

최저값 1.5, 최고값 4.5, 표본평균의 평균 3.0, 표본평균의 분산 0.83, 표본평균의 표준편차 0.91

표 7-3 $n=3$일 때 표본평균과 분산

표본번호	표본관찰값	표본평균($\overline{X}$)	표본번호	표본관찰값	표본평균($\overline{X}$)
3-1	1,2,3	2.0	3-6	1,4,5	3.3
3-2	1,2,4	2.3	3-7	2,3,4	3.0
3-3	1,2,5	2.7	3-8	2,3,5	3.3
3-4	1,3,4	2.7	3-9	2,4,5	3.7
3-5	1,3,5	3.0	3-10	3,4,5	4.0

$n=3$, 가능한 표본수: $10({}_5C_3=10)$

최저값 2.0, 최고값 4.0, 표본평균의 평균 3.0 ,표본평균의 분산 0.37, 표본평균의 표준편차 0.61

앞의 내용을 다음과 같이 정리할 수 있다. 모집단은 <그림 7-6>에서와 같이 균등분포를 하고 있지만, 표본수가 2인 경우(그림 7-7)와 3인 경우(그림 7-8) 표본평균의 분포는 다른 모양을 하고 있다. 표본수에 관계없이 표본평균의 평균은 모평균과 같지만, 평균의 표준편차는 표본수가 커짐에 따라 점점 줄어드는 경향, 즉 평균을 중심으로 모이는 경향을 보인다. 표본수가 2일 때 표본평균의 분산은 0.83이었지만 표본수가 3일 때는 0.37로 감소하였다. 이런 현상은 이 경우에만 해당되는 특수한 현상인가, 아니면 일반화시킬 수 있는 현상인가? 이것은 모집단의 분포가 어떤 모양을 갖든 일반화시킬 수 있는 현상이며, 이를 중심극한 정리라고 부른다.

7 비복원추출인 경우이다. 복원추출을 시행한다면 $n=2$일 때는 표본이 25개, $n=3$일 때는 표본이 125개이다.

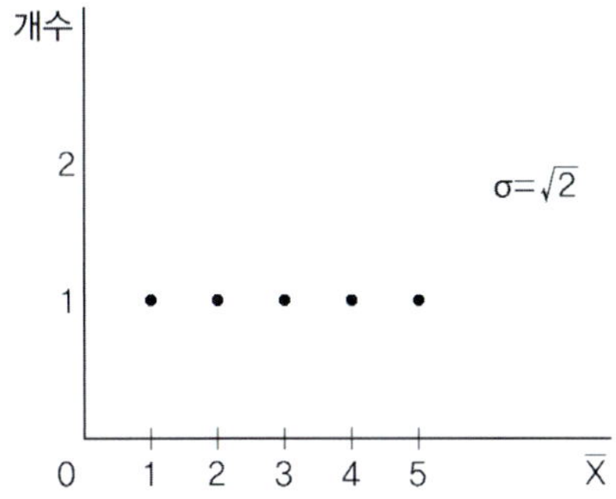

그림 7-6 균일분포($N = 5$)

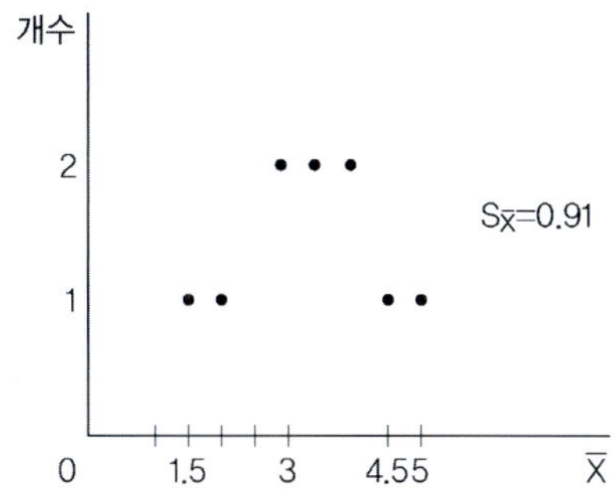

그림 7-7 표본평균의 분포($n = 2$)

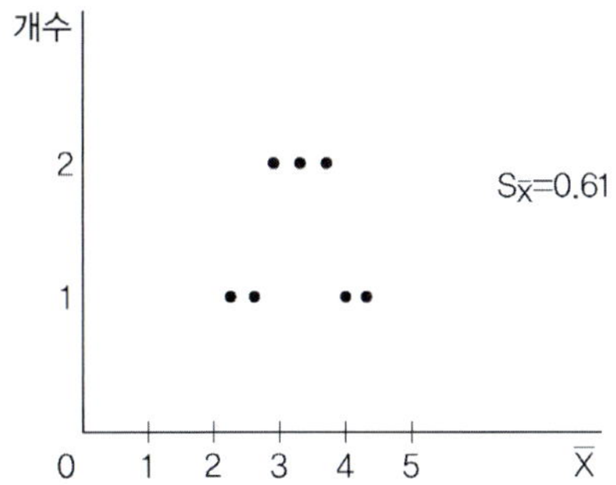

그림 7-8 표본평균의 분포($n = 3$)

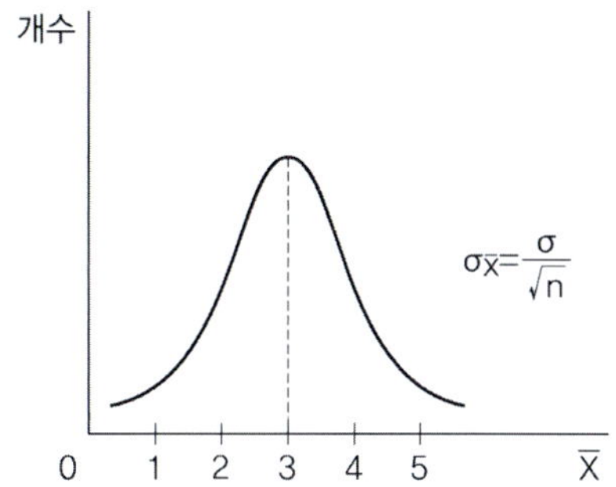

그림 7-9 표본평균의 분포($n > 30$)

중심극한정리란 모집단의 분포 모양과는 상관없이[8] 평균 μ, 분산 σ^2인 모집단에서 크기 n인 선택 가능한 모든 표본을 뽑을 때, 평균의 표본분포는 n을 증가시킬수록 ($n > 30$) 근사적으로 평균 μ, 분산 $\frac{\sigma^2}{n}$인 정규분포를 한다. 즉, 표본분포의 평균($\overline{X}$)의 분포는 아래와 같이 표현하며, <그림 7-7>과 같이 나타낼 수 있다.

$$\overline{X} \sim N(\mu, \frac{\sigma^2}{n})$$

표본평균을 구할 때 극단적인 값들이 서로 상쇄되어 평균값으로 모이는 경향이 있게 마련이다. 이렇게 평균값으로 모이는 경향을 가진 수치를 다시 평균을 내니 더 평균

---

8 모집단이 정규분포를 하는 경우에는 재론할 여지도 없이 이 정리가 성립하며, 모집단이 위의 예처럼 균등분포를 하는 경우에도 이 정리가 성립함을 유의하기 바란다.

으로 집중되는 현상을 보이게 되는 것이다. 표본관찰값의 수가 많을수록 모평균을 중심으로 집중화하는 종 모양으로 나타나게 된다. 이것은 마치 수제비를 만들려고 할 때, 한 번 반죽하는 것보다 다시 여러 번 더 반죽하면 수제비가 더욱 쫀득쫀득해지는 현상과도 비슷하다고 할 수 있다.

표본평균의 기댓값(평균)은 모 평균값과 같아진다. 분산은 표본의 크기에 반비례하여 $\frac{\sigma^2}{n}$ 으로 작아진다. 표본분산의 제곱근인 표준편차 $\frac{\sigma}{\sqrt{n}}$ 를 표준오차(標準誤差, standard error)라고 부른다.[9]

$$\text{표본평균의 평균}(E(\overline{X})) = \text{모평균}(\mu)$$

$$\text{표본평균의 분산}(Var(\overline{X})) = \frac{\text{모분산}}{\text{표본 수}}\left(\frac{\sigma^2}{n}\right)$$

$$\text{표본평균의 표준오차}(\sigma_{\overline{X}}) = \sqrt{\frac{\text{모분산}}{\text{표본 수}}} = \frac{\text{모표준편차}}{\sqrt{\text{표본 수}}}\left(\frac{\sigma}{\sqrt{n}}\right)$$

표본평균처럼 어느 통계량의 기댓값과 모수가 일치하는 통계량을 그 모수의 불편추정량이라고 정의하고 있다. $\mu = \frac{\sum_{i=1}^{N} X_i}{N}$ 이고 $\overline{X} = \frac{\sum_{i=1}^{n} X_i}{n}$ 이며 $E(\overline{X}) = \mu$ 가 성립한다. 모평균을 구할 때나 표본평균을 구할 때, 관측값의 합을 모집단수나 표본수로 나누어 구한다. 하지만 표본 분산의 불편추정량을 계산할 때는 표본의 크기(n)에서 1을 뺀 자유도로 나누어서 계산해야 불편추정량을 구할 수 있다. 즉, 모분산(σ^2)은 $\sigma^2 = \frac{\sum_{i=1}^{N}(X_i - \mu)^2}{N}$ 이지만 $S^2 = \frac{\sum_{i=1}^{n}(X_i - \overline{X})^2}{(n-1)}$ 으로 계산해야 한다. 이렇게 구해야만 $E(s^2) = \sigma^2$ 이 성립한다.

불편성을 갖는 분산을 구하기 위해서는 편차의 합을 자유도 $(n-1)$로 나누어야 하는데, 이때 분산의 분자는 $(X_1 - \overline{X})^2 + (X_2 - \overline{X})^2 + \cdots + (X_n - \overline{X})^2$ 이다. $\overline{X} = \frac{\sum_{i=1}^{n} X_i}{n}$

9 모분산의 제곱근(σ)는 표준편차라고 부르고 있으며, 표본에서 얻은 추정량의 분산의 제곱근, $\sigma_{\hat{\theta}} = \sqrt{Var(\hat{\theta})}$ 은 표준오차라고 부른다.

이고, 즉 $\sum_{i=1}^{n} X_i = n\overline{X}$에 의해 $(X_1-\overline{X})+(X_2-\overline{X})+\ \cdots\ +(X_n-\overline{X})=0$이다. 이 식은 분산 분자의 각 항에 대해 구속조건으로 작용한다. 따라서 자유롭게 움직일 수 있는 것은 $(n-1)$이다.

요약하면, 표본평균 $\overline{X}$의 기댓값을 구하면 모평균과 일치한다. 따라서 표본평균 $\overline{X}$는 모평균(μ)에 대한 불편추정량이다. 표본분산 S^2을 정의할 때 표본수 n으로 나누지 않고 $(n-1)$로 나누는 이유는 $(n-1)$로 나누어야만 불편추정량이 되기 때문이다.

앞에서 공부한 이승엽 선수의 홈런 수를 대상으로 공부해 보자. KB0리그에서 15년간 연평균 홈런 수 31개, 표준편차 14개임을 알고 있고, 여기서 표본을 뽑아 모수들을 추정해 보자. <표 7-4>에 표본수와 추출 가능한 표본의 총수, 그리고 하나의 자료(임의 연도의 홈런 수)가 추출되는 횟수를 정리해 보았다.

만약 표본수를 5년으로 한다면 추출 가능한 표본의 총수는 3,003개가 되며, 임의 한 해 홈런 수는 1,001번 추출되게 된다.[10] 임의의 5개년의 홈런수로 평균($\overline{X}=32$)과 표준편차($S_{\overline{X}}=10$)를 구했다고 하자.[11] 이론적으로는 각 표본에서 표본평균과 표준편차를 구한다면 3,003개의 표본평균과 표준편차를 구할 수 있다. 이제 표본평균의

표 7-4 표본 수와 추출되는 횟수와의 관계(모집단 수: 15)

표본수	가능한 표본의 총수	추출되는 횟수*	표본수	가능한 표본의 총수	추출되는 횟수
1	15	1	8	6,435	3,432
2	105	14	9	5,005	3,003
3	455	91	10	3,003	2,002
4	1,365	364	11	1,365	1,001
5	3,003	1,001	12	455	364
6	5,005	2,002	13	105	91
7	6,435	3,003	14	15	14

* 하나의 자료가 추출되는 횟수=(가능한 표본의 총수×표본수)/15

10 ${}_{15}C_5=\frac{{}_{15}P_5}{5!}=3{,}003$이다. 모든 표본에 나타나는 자료의 수는 15,015개($=3{,}003\times5$)가 된다. 따라서 임의 한 해 홈런 수는 1,001번($=\frac{3{,}003\times5}{15}$) 추출되게 된다.

11 1997년 32개, 2000년 36개, 2002년 47개, 2012년 21개, 2015년 26개가 추출되었다고 해보자.

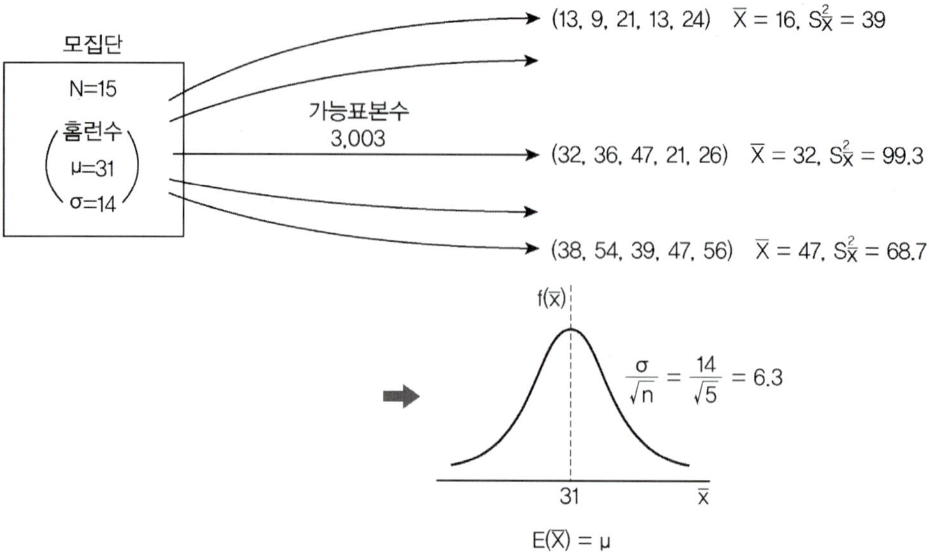

그림 7-10 이승엽 선수의 홈런에 대한 모집단과 표본($n=5$)

평균(기댓값)과 표준오차를 구해보기로 하자. 표본평균도 표본분산도 확률변수이기 때문에 표본평균 홈런 수의 기댓값은 $E(\overline{X})=\mu=31$이 되며 표본평균의 표준오차는 $S_{\overline{X}}=\dfrac{\sigma}{\sqrt{n}}=\dfrac{14}{\sqrt{5}}=6.3$을 얻을 것이다. 기댓값이 모수와 같다는 것은 형제나 자매가 외형은 달라도 같은 부모를 두고 있기 때문에 DNA가 같은 것과 유사하며, 또 표준오차가 표준편차보다 작아지는 것은 반죽을 여러 번 할수록 수제비가 쫀득해지는 원리와 유사하다.

표본수가 5개인 표본 3,003개 중에는 홈런 수가 적었던 하위 5년 자료가 뽑힐 수 있지만 반대로 상위 5개년의 자료가 뽑힐 수도 있다.[12] 나머지 3,001개 표본에서의 평균은 모평균 31개보다 클 때도 있을 수 있고 적을 때도 있지만 3,003개 표본에서 얻은 평균의 기댓값(평균)은 31개가 될 것이다. 같은 이치로 표준오차는 6.3($=\dfrac{14}{\sqrt{5}}$)으로 모표준편차 14보다 적은 값을 구할 수 있다.

12 하위 5년 자료는 (1995년 13개, 1996년 9개, 2012년 21개, 2013년 13개, 2017년 24개: 평균 16개, 표준편차 6.24개, 분산 39)이고 상위 5년 자료는 (1998년 38개, 1999년 54개, 2001년 39개, 2002년 47개, 2003년 56개: 평균 46.8개, 표준편차 8.3개, 분산 68.7)이다.

03 음, 새벽 2시경에 어디에 계셨지요?

- 형사의 용의자에 대한 질문
- 신뢰구간

<조선명탐정 시리즈: 각시 투구꽃의 비밀(2011년, 478만 명)>, <조선명탐정 시리즈: 사라진 놉의 딸(2015년, 378만 명)>, <조선명탐정 시리즈: 흡혈괴마의 비밀(2018년, 244만 명)> 등이 크게 인기를 끌어 화제가 되었다. 조선 시대를 배경으로 탐정 영화를 만들었고 큰 히트를 했다는 점에서 추리 · 탐정이라고 하면 애거사 크리스티(Agatha Christie, 1890~1976)의 추리소설이나 '형사 콜롬보', '셜록 홈스', 'CSI(미국 과학수사대(Crime Scene Investigation)' 등과 같은 서양의 소설이나 드라마를 연상하는 저자와 같은 사람에게는 상당한 충격이었다.

최근에는 비디오 게임에서도 등장하고 있다. 사건의 진실 혹은 진범을 모르는 상태에서 탐정이나 주인공들은 증거자료를 모르고 분석하고 합리적으로 추론함으로써 사건의 진실을 밝히거나 진범을 찾아내는 것이다. 사건의 진실 혹은 진범은 모수(모르는 값)이고, 수사와 재판과정은 그 모수를 찾아가는 과정이고, 최고 완전한 상태는 수사관련자들이 추측한 값과 모수가 일치하는 것이다. 작가와 독자가 펼치는 두뇌싸움이 추리소설의 묘미라고 할 수 있다.

살인 사건을 예로 들어 설명해 보기로 하자. 살인 사건을 다룬 영화나 TV 프로에서는 물론이고 현실에서도 우리가 제일 관심을 갖는 것은 누가 범인이냐는 것이다. 범인을 알아내기 위해서는 여러 가지 중요한 단서들이 필요하다.

사건 현장에서 제일 중요하게 다루어지는 것이 초동 수사에서 발견되는 여러 가지 증거와 정황이라고 한다. 사건 현장을 잘 보존하고 정보를 추려내고, 그것을 근거로 사건의 발생 시간, 범인에 대한 증거 등을 확보한다. 그리고 이를 토대로 용의자 수배 및 범인 체포가 이어진다. 이 과정에서 사건 발생 시간을 추론하는 일은 매우 중요하다. 그 시간을 전후해서 목격자를 찾고, 용의자의 알리바이도 체크할 수 있는 등 수사의 실마리를 제공하기 때문이다. 수사관들이 여러 물증과 정황을 근거로 사건 시간을 새벽 2시경이라고 추정했다고 하자. 그리고 이 시간을 근거로 사건 시간을 폭넓게 잡을 경우에는 밤 12시에서 새벽 4시까지, 좀 좁게 잡으면 새벽 1시에서 3시 사이로 잡을 것이다. 이때 새벽 2시를 기준으로 잡는 일은 점 추정의 기본 원리와, 자정에서 새벽 4시 혹은 새벽 1시에서 3시라는 식으로 사건 발생 시간을 구간으로 잡는 것은 구간추정과 비슷하다. 자정에서 새벽 4시 혹은 새벽 1시에서 3시는 신뢰구간이라고 부를 수 있다. 구간추정을 할 때는 먼저 점추정치를 기준으로 사건이 이 시간 이전에 발생할 확률과 후에 발생할 확률을 동일하게 생각하고, 이 시간을 기준으로 앞뒤로 일정 시간을 더하고 빼 사건 발생 시간의 범위를 잡는다. 이때 수사관들은 사건이 꼭 이 구간에서 발생한 것이 틀림없다고 자신하는 믿음의 정도가 있을 것이며, 반대로 이 구간에서 발생하지 않았을 가능성도 염두에 둘 것이다. 이 구간에서 발생하지 않을 가능성은 $\alpha \times 100\%$이며, 이 구간에서 발생한 것이라고 자신하는 믿음의 정도는 $(1-\alpha) \times 100\%$가 된다. 수사관들이 그의 상관인 수사반장에게 "95% 자신합니다"라고 말한다면, 이 95%가 신뢰수준(信賴水準, confidence level)이 된다.

우리가 관심을 가지고 있는 모수에는 자동차 평균 연비(평균), 가구당 평균 사교육비 지출액(평균), 대통령 지지도(비율), 감염률(비율), 불량률(비율), 정당지지율(비율) 등과 같이 매우 다양하다. 가장 많이 쓰이고 있으며 중요한 모평균과 모 비율에 대한 구간추정부터 알아보기로 하자.[13] 형사들이 하는 사건 발생 시점과 구간을 추정

13 모분산, 모상관계수, 모회귀계수 등 여러 추정대상이 있지만, 기본 원리는 모평균이나 모비율 추정을 할 때와 같다.

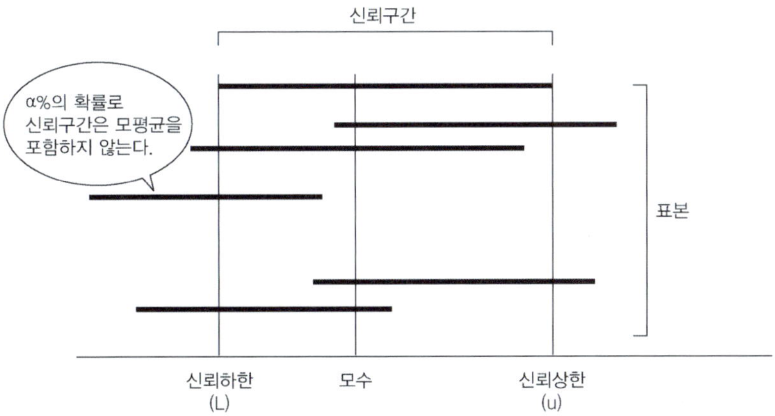

그림 7-11 신뢰하한과 신뢰상한

하는 방법과 대동소이하다.

어떤 경우라도 기본적으로 신뢰구간을 구하는 식은 <그림 7-11>에서 보는 바와 같이 P(점 추정치－허용 오차≦모수≦점 추정치＋허용 오차)＝$(1-\alpha)\times 100\%$로 표시된다. 추정구간을 신뢰도 $(1-\alpha)\times 100\%$인 모평균(모비율)의 신뢰구간이라 부른다. 하지만 모평균(모비율)이 $(1-\alpha)\times 100\%$의 확률로 이 구간에 들어간다는 것을 의미하는 것은 아니다. 위의 식이 95%의 확률로 성립한다는 것을 의미한다. 점 추정치에서 허용 오차만큼 더하고 빼면 신뢰구간을 구할 수 있다. 허용 오차는 모수가 무엇인지, 분산을 알고 있는지, 표본수가 몇 개인지, 신뢰구간을 얼마로 할 것인가에 따라 매우 복잡하게 구해진다. 여러 경우가 있기 때문에 통계학을 처음 배우는 사람은 고문을 당하는 느낌이 들 정도이다. 그럼에도 불구하고 기본적인 원리는 위의 식을 크게 벗어나지 않는다.

미지의 모평균 μ가 신뢰수준 95%하에서 표본으로 정해진 통계량 L(신뢰하한) 과 U(신뢰상한) 사이에 있을 확률은 $P(L \leq \mu \leq U) = 0.95$로 나타낸다. L과 U은 표본으로만 정해지는 통계량이다. 같은 이치로 모비율 p가 신뢰수준 95%하에서 표본으로 정해진 통계량 L(신뢰하한)과 U(신뢰상한) 사이에 있을 확률은 $P(L \leq p \leq U) = 0.95$로 나타낸다. L과 U은 표본으로만 정해지는 통계량이다.

수사반장이 추정 범행 시간이 몇 시냐고 물었을 때, 부하 형사가 "어제 이맘때부터 지금 이 시각 사이에 발생했습니다."라고 말한다면, 수사반장의 반응은 어떠하겠는가? 그 말이 사실이긴 하지만 정보로서의 가치는 전혀 없는 말이 된다. 반대로 "2시 5분 전에서 5분 후까지입니다"라고 말한다면, 이 말 역시 문제가 있다. 따라서 구간을 넓게 잡을수록 진실에 가까워지지만 정보로서의 가치는 떨어지게 되고, 반대로 구간을 너무 좁게 잡는 것도 바람직하지 않다. 추정의 결과가 주는 정보의 효과와 추정구간의 크기는 상충관계(相衝關係, trade-off)에 있다고 할 수 있다. 그렇기 때문에 사실에 가까우면서도 정보의 효과를 손상시키지 않는 추정구간을 잡는 일이 매우 중요하다. 수사반장은 자네 지금 하는 말이 "말이냐 막걸리야"라고 핀잔을 듣지 않으려면 과학적으로 추정구간을 잡아 보고해야 한다.

'유능한 형사는 통계적 추론에 능숙하다.', '유능한 독자도 통계적 추론에 능숙하다.', '완전 범죄를 저지르는 범인은 유능한 형사의 추론을 넘어서야 한다.', '추리소설 베스트셀러 작가는 유능한 독자의 추론을 넘어서야 한다(표 7-5).'

모평균(μ)에 대한 신뢰구간을 추정은 모분산값을 아는 경우는 Z 분포를 모분산값을 모르는 경우에는 t 분포를 이용하여야 한다. 전자보다는 후자가 일반적이다.

먼저 모분산값을 아는 경우 모평균(μ)에 대한 $100(1-\alpha)\%$ 신뢰구간은

$$P(\overline{X}-Z_{\sigma/2}\times\frac{\sigma}{\sqrt{n}}\le\mu\le\overline{X}+Z_{\sigma/2}\times\frac{\sigma}{\sqrt{n}})=100\times(1-\alpha)$$

표 7-5 살인 사건 수사와 여론조사(예시)

	살인 사건 수사	정치 여론조사
알고자 하는 대상 (모수)	범행 시간	지지율
근거(추정량)	국립과학수사원 및 형사의 판단, 정황증거, CCTV	표본조사
신뢰수준	형사들의 판단	보통 95%
점추정치	새벽 2시(예시)	60%(예시)
신뢰구간	자정에서 새벽 4시(예시)	57%~63%(예시)

모분산값을 모르는 경우 모평균(μ)에 대한 $100(1-\alpha)\%$ 신뢰구간은

$$P(\overline{X}- t_{\sigma/2,n-1} \times \frac{S}{\sqrt{n}} \le \mu \le \overline{X} + t_{\sigma/2,n-1} \times \frac{S}{\sqrt{n}}) = 100 \times (1-\alpha)$$

만약 이때 표본수가 30 이상인 대표본일 때는 t 분포를 이용하지 않고 Z 분포를 이용하여 구한다. 이렇게 보면 t 분포를 이용하는 경우는 모분산을 모르고, 표본수가 30 이하인 소표본을 대상으로 추정할 때 주로 쓰이게 된다.

이승엽 선수의 KBO리그(15년)에서 기록한 홈런 수를 대상으로 구간추정을 해보기로 하자. 우리는 모평균이 31개, 모 표준편차가 14개로 알고 있다. 하지만 하위 5년이나 상위 5년이 아닌 보통 표본(평균 32개, 표준편차 10개)을 대상으로 하여 추론해 보기로 하자.

먼저 모분산값을 아는 경우 모평균(μ)에 대한 95% 신뢰구간은

$$P(32 - 1.96\frac{14}{\sqrt{5}} \le \mu \le 32 + 1.96\frac{14}{\sqrt{5}}) = 95\%$$

표본수가 5이기 때문에 표준오차는 $\frac{\sigma}{\sqrt{n}} = \frac{14}{\sqrt{5}} = 6.3$을 얻을 수 있다. 19.73~44.27개, 약 20~44개가 구간추정값이다.

이번에는 모분산값을 모른다면 모평균(μ)에 대한 95% 신뢰구간은

$$P(32 - 2.776\frac{10}{\sqrt{5}} \le \mu \le 32 + 2.776\frac{10}{\sqrt{5}}) = 95\%$$

표준오차는 $\frac{S}{\sqrt{n}} = \frac{10}{\sqrt{5}} = 4.47$을 얻을 수 있다. 자유도 4, $t_{\alpha/2,n-1} = t_{0.025,4} = 2.776$이므로 19.59~44.41개, 약 20~44개가 구간추정값이다.

예제 1

이승엽 홈런 자료를 대상으로 95% 신뢰수준에서 (i) 하위 5년을 대상으로 (ii) 상위 5년을 대상으로 (iii) 앞에서 구한 신뢰구간 값과 모평균(31개)과 비교해 보시오.

풀이

(i) 하위 5년을 대상으로 한 구간추정값은 모분산을 아는 경우 3.7~28.2개이고, 모분산을 모르는 경우 8.3~23.7개이다.

(ii) 상위 5년을 대상으로 한 구간추정값은 모분산을 아는 경우 34.5~59.0개이고, 모분산을 모르는 경우 36.5~57.1개이다.

(iii) 모평균(31개)은 어느 경우에도 포함되지 않는다. 표본을 잘 뽑는 것이 얼마나 중요한 일인가를 실감할 수 있다

예제 2

어느 대형 항공사가 경영 성과와 직결되는 자료인 항공편당 빈좌석수의 평균값을 추정하려고 한다. 이를 위해 지난 1년 동안 운행한 항공기 100대를 무작위로 추출하여 평균을 계산해 본 결과 $\overline{X}= 12.5$ 좌석, $S = 4.5$좌석으로 계산되었다. 지난 1년 동안 이 항공사의 항공편당 평균 빈좌석수(μ)를 90%, 95%, 99% 신뢰구간을 사용하여 추정하시오.

풀이

모분산값을 모르지만 표본수가 30 이상이기 때문에 $Z_{0.025} = 1.96$을 사용할 수 있다. 모평균(μ)에 대한 95% 신뢰구간은

$$P(12.5 - 1.96\frac{4.5}{\sqrt{100}} \le \mu \le 12.5 + 1.96\frac{4.5}{\sqrt{100}}) = 95\%$$

표준오차는 $\frac{4.5}{\sqrt{n}} = \frac{4.5}{\sqrt{100}} = 0.45$를 얻을 수 있다. 표본수가 30 이상이기 때문에 $Z_{0.025} = 1.96$을 사용할 수 있다. 11.6~13.4석이 구간추정값이다.

90% 신뢰구간을 구할 때는 $Z_{0.025} = 1.645$를 사용할 수 있다. 11.8~13.2석이 구간추정값이다. 99% 신뢰구간 구할 때는 $Z_{0.025} = 2.57$을 사용할 수 있다. 11.3~13.7석이 구간추정값이다.

이야기 보따리 유럽에서 배워 미국에서 씨 뿌리고 거둔 네이만

예르지 네이만(Jerzy Neyman, 1894~1981)은 폴란드출생의 미국 통계학자이다. 1924년 폴란드의 바르샤바 대학교에서 박사 학위를 수여받은 후, 당시 통계학의 대가 칼 피어슨의 지도를 받고 싶어 런던까지 유학을 하였으나 아버지뻘인 칼보다는 동년배인 이건 샤프 피어슨(Egon Sharpe Pearson, 1895~1980)과 의기투합하여 가설검정뿐 아니라 구간추정 등, 현재 추론 통계학의 중심이론을 확립하였다. 에밀 보렐(1871~1956, 프랑스의 수학자이자 정치인) 아래에서도 통계학을 공부하였다. 폴란드에 귀국한 뒤, 그는 바르샤바 넨키 실험생물학 연구소에 생물통계학 실험실을 설립하였다.

네이만(1969년)
자료: 위키피디아

그는 1937년에 신뢰구간의 개념을 정의하였다. 사실 모집단에 세운 가설을 반증한다는 오늘날 가설검정의 토대는 네이만보다 앞서 아이디어를 낸 학자는 피셔였다. 하지만 설정한 가설이 기각되었을 때 대신 채택할 가설은 설정되어 있지 않았다. 네이만과 피어슨은 대립가설을 설정함으로써 검정 내용도 쉽게 만들었고 '검정력'을 계산할 수 있게 함으로써 검정 결과를 비교할 수 있게 하였다. 그러나 피셔는 그들의 성과를 인정하지 않았다고 한다.

1938년에 미국 캘리포니아 대학교 버클리로 이전하였고, 캘리포니아에서 여생을 보냈다. 버클리에서 네이만은 총 39명의 박사 과정 제자들을 육성하였다. 1966년 영국왕립통계학회상을 수상하였으며 1968년 미국국가과학상도 수상하였다.

04 성인 흡연율은 얼마일까?

- 담배회사 사장의 궁금증
- 모집단의 비율 추정

모집단의 비율을 추정하는 문제를 살펴보기로 하자. 대통령 혹은 정당지지율, 성인 흡연율, 불량률, 성공률, 반려동물 키우는 비율 등 속성에 따라 이름은 다르나 그 의미가 모두 비율인 자료를 분석(추정 및 검정)할 때가 많다. 평균이 일반적인 자료들의 대푯값이라고 하면, 표본비율은 0과 1로 된 특수한 자료의 평균이다.

A 정당 지지율에 대해 분석해 보기로 하자. "A 정당을 지지합니까?"라는 질문을 하고 유권자들은 '예'와 '아니오'라는 답을 하는 형식을 취한다. 유권자 N명을 전원을 조사할 수 없기 때문에 모비율(p)은 $\frac{\text{지지자 수}}{\text{유권자 수}} = \frac{K}{N}$가 될 것이다. 만약 n명을 대상으로 설문조사를 한 결과 지지율, 표본비율(標本比率, sample ratio, $\hat{p}$)은

$$\frac{\text{표본의 지지자 수}}{\text{표본의 크기}} = \frac{k}{n}$$

가 된다. k를 이항분포에서 '성공'의 횟수로 해석할 수 있으며, 모비율(p)의 점추정량인 표본비율($\hat{p}$)은 $\frac{k}{n}$, $k = 0, 1, \cdots, n$으로 표현할 수 있다. 확률변수 k가 서로 독립이며 동일한 모수를 갖는 베르누이 변수이다. 이때 확률변수 k를 특정한 속성을 갖는 관찰값의 합이라고 하면 확률변수 k는 이항분포를 따른다. $k \sim B(n, p)$인 것이다.

$E(k) = np$, $Var(k) = np(1-p)$이다. 표본수 n이 커진다면 확률변수 k는 다음과 같은 평균과 분산을 갖는 정규분포를 근사적으로 따르게 된다.

$$k \sim N(np, np(1-p))$$

따라서 표본비율($\hat{p}$)의 기댓값과 분산 및 표준오차는 각각

$$E(\hat{p}) = E(\frac{k}{n}) = \frac{1}{n}E(k) = p$$

$$Var(\hat{p}) = Var(\frac{k}{n}) = \frac{1}{n^2}Var(k) = \frac{p(1-p)}{n}, \quad \sigma_{\hat{p}} = \sqrt{\frac{p(1-p)}{n}}$$

이다. 표본의 크기가 충분히 크면 표본비율($\hat{p}$) 또한 중심극한정리에 의해 정규분포로 근사하게 된다. 경험적인 연구에 의하면 두 조건이, $np \geq 5$와 $n(1-p) \geq 5$, 동시에 만족되면 표본비율의 분포가 정규분포에 가깝게 분포하는 것으로 알려져 있다.[14] 따라서 표본비율은 근사적으로 다음과 같은 정규분포를 따른다. $\hat{p} \sim N(p, \frac{p(1-p)}{n})$이며, 이를 표준화하면 $Z = \frac{\hat{p}-p}{\sqrt{\hat{p}(1-\hat{p})/n}} \sim N(0,1)$로 쓸 수 있다. 신뢰구간 100(1−$\alpha$)%하에서 모비율($p$)의 신뢰구간을 아래와 같다.

$$P(\hat{p} - Z_{\alpha/2} \times \sqrt{\frac{p(1-p)}{n}} \leq p \leq \hat{p} + Z_{\alpha/2} \times \sqrt{\frac{p(1-p)}{n}}) = 100(1-\alpha)\%$$

표본비율($\hat{p}$)의 표준오차인 $\sqrt{\frac{p(1-p)}{n}}$에 모수 p이 있으므로 이를 p의 추정량 $\hat{p}$로 대치하여 최종적으로 $P(\hat{p} - Z_{\alpha/2} \times \sqrt{\frac{\hat{p}(1-\hat{p})}{n}} \leq p \leq \hat{p} + Z_{\alpha/2} \times \sqrt{\frac{\hat{p}(1-\hat{p})}{n}})$ $= 100(1-\alpha)\%$이다. 90% 신뢰구간을 구할 때는 $Z_{\alpha/2}$ 값이 1.64이고, 95% 신뢰구간을 구할 때는 $Z_{\alpha/2}$ 값이 1.96이고, 99%을 구할 때는 $Z_{\alpha/2}$ 값이 2.57임을 사용하면 구할 수 있다.

14 $p = 0.5$일 때 $n \geq 10$, $p = 0.1$ 또는 0.9일 때 $n \geq 50$ 정도로 비교적 적은 표본수가 필요하다. 하지만 $p = 0.001$ 또는 0.9999일 때 $n \geq 5000$ 정도로 많은 표본수가 필요하다. p가 0.5에 가까울수록 표본수가 적게 필요하며 p가 0 또는 1에 가까울수록 많은 표본수가 필요함을 알 수 있다.

예제 1

어느 대학교의 학생 1,000명을 대상으로 학교생활에 대한 만족도를 조사한 결과 800명이 긍정적인 답을 하였다. 학생 전체의 만족도를 95% 신뢰수준에서 추정해 보자.

풀이

표본비율($\hat{p}$)은 $\dfrac{\text{표본의 지지자 수}}{\text{표본의 크기}} = \dfrac{800}{1,000} = 0.8$이 된다.

$$P\left(0.8 - 1.96 \times \sqrt{\frac{0.8 \times 0.2}{1,000}} \le p \le 0.8 + 1.96 \times \sqrt{\frac{0.8 \times 0.2}{1,000}}\right) = 95\%$$

이를 신뢰구간으로 나타내면 $0.775 \le p \le 0.825$이다.

예제 2

담배회사가 성인 30,546명을 대상으로 흡연 조사를 한 결과 8,273명이 '예'라고 대답하였다.

(ⅰ) 전국 흡연율(p)의 추정값을 구하시오.

(ⅱ) 전국 흡연율(p)에 대한 신뢰도 95%의 신뢰구간을 구하시오.

풀이

(ⅰ) 표본비율($\hat{p}$)은 $\dfrac{\text{표본의 지지자 수}}{\text{표본의 크기}} = \dfrac{8,273}{30,546} = 0.271$가 전국 흡연율($p$)의 추정값이다.

(ⅱ) $P\left(0.271 - 1.96 \times \sqrt{\dfrac{0.271 \times 0.729}{30,546}} \le p \le 0.271 + 1.96 \times \sqrt{\dfrac{0.271 \times 0.729}{30,546}}\right) = 95\%$ 신뢰구간으로 나타내면 $0.267 \le p \le 0.276$이다. 표본수가 30,546명으로 충분히 크기 때문에 표준정규분포를 이용하여 계산하였다.

예제 3

모 대선 후보의 교육정책에 대해 소속 당원들은 70%의 지지를 보내고 있다고 한다. 무작위로 당원 840명을 추출하여 조사한 결과

(i) 50% 이상이 이 정책에 지지할 확률을 구하시오.

(ii) 75% 이상이 이 정책에 지지할 확률을 구하시오.

풀이

모비율(p)은 0.7이므로 표본비율($\hat{p}$)은

$$\text{평균 } E(\hat{p}) = 0.7,\ \text{분산 } V(\hat{p}) = \frac{p(1-p)}{n} = \frac{(0.7 \times 0.3)}{840} = 0.00025$$

인 근사적 정규분포를 따른다. 따라서 (i)과 (ii)

$$P(\hat{p} > 0.5) \fallingdotseq P(Z \geq \frac{0.5 - 0.7}{\sqrt{0.00025}}) = P(Z \geq -12.6) = 1$$

$$P(\hat{p} > 0.75) \fallingdotseq P(Z \geq \frac{0.75 - 0.7}{\sqrt{0.00025}}) = P(Z \geq 3.2) = 0.0007$$

05 천당과 지옥의 갈림길: 혈중알코올농도 0.03%

- 음주 단속
- 가설검정

음주 측정을 할 때 경찰들이 정확하게 하기 위해서는 과학적인 도구(기계)를 이용하며, 어떤 특정한 기준(혈중알코올농도 0.03%)을 정해 판단한다는 사실에 주목할 필요가 있다. 통계학에서는 과학적인 도구(기계)에 해당하는 것이 바로 검정통계량(檢定統計量, test statistic)이며, 어떤 기준(혈중알코올농도 0.03%)은 바로 임계치(臨界値, critical value)와 유사한 개념이다. 여기에서 일단 하나의 가설을 설정(귀무가설, 歸無假ㄸ說, Null Hypothesis, H_0)하고, 만약 그 가설이 받아들여지지 않으면 인정해야 할 다른 대안(대립가설, 對立假說, Alternative Hypothesis, H_1 혹은 H_A)을 설정하는데, 이 두 가설 간에는 명확한 구별이 있다. 즉, 음주 운전자인지 아닌지를 판단하는 분명한 기준을 가지고 있어야지 애매한 영역이 있다면 음주 측정은 많은 혼란을 겪게 된다. 또 과학적인 도구와 확실한 기준을 마련해 억울한 음주 운전자도, 운 좋은 음주 운전자도 생기지 않도록 하고 있다. 이와 비슷한 과정과 절차를 거치는 것이 통계학에서의 가설검정이다.

<음주 단속의 예>

- 귀무가설: 이 운전자는 음주 운전자가 아니다(정상 운전자).
- 대립가설: 이 운전자는 음주 운전자이다.
- 검정통계량: 음주 측정기로 측정한 혈중알코올농도
- 임계점: 0.03%

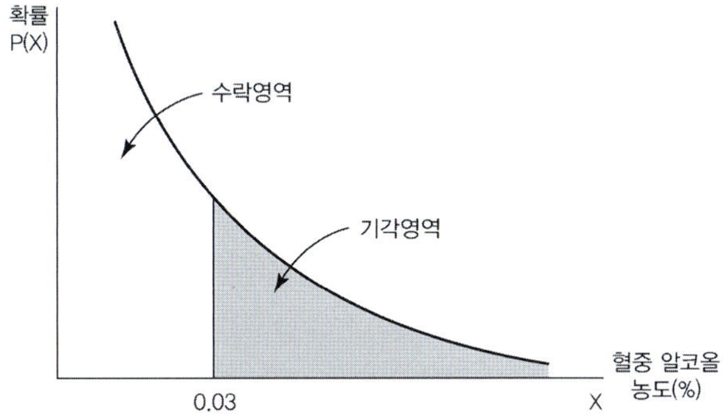

그림 7-12 음주 단속과 임계점

<그림 7-12>는 혈중알코올농도와 술을 마시지 않고 운전할 비음주 운전 확률밀도 함수를 가상적으로 그려본 것이다. 이것은 보통 사람들은 음주 운전을 잘 하지 않으며 술을 많이 마시고 운전하는 사람이 줄어들 것이라는 가능성을 가지고 그린 것이다. A라는 사람의 혈중알코올농도가 0.02%라면 귀무가설은 수락(채택)된다. 반대로 0.08%이라면 그가 음주 운전자일 것이라는 귀무가설은 기각되고 대립가설이 수락된다. 즉, 0~0.03%는 수락(채택)영역(棄却領域, reject region)이고, 0.03% 이상은 기각영역(受諾領域, accept region)이다.[15]

통계적 가설검정(statistical hypothesis testing)도 음주 운전 판단과정과 대체로 비슷하다. 어떤 결론에 도달하기 위해 하나의 주장(가설 설정)을 세워놓고 그 주장을 판단할 수 있는 근거(검정통계량)를 만들고, 이 근거를 바탕으로 가설의 수락 여부를

15 흔히 통계분석에서는 가설이 "채택된다(accepted)"라는 표현보다는 "기각되지 않는다(not rejected)"라고 표현한다. 이 틀릴 가능성을 통계학에서는 유의수준(有意水準, significant level)이라고 부른다.

결정하는데, 가설의 성격에 따라 기준을 정해(임계점) 판단한다는 점이다. 이러한 개념과 절차는 일반적인 가설검정에서도 그대로 적용된다.

가설검정에 쓰이는 주요 개념을 정리하면 아래와 같다.

① 귀무가설(歸無假說, Null Hypothesis, H_0): 직접 검정 대상이 되는 가설을 말한다. 귀무가설은 대체로 거부되기 위해 설정되었다고 보아도 무방하다. '차이가 없다', '효과가 없다' 등과 같이 부정형 내용이다. 귀무가설을 기각하는 것이 연구의 목적이라고 해도 과언이 아니다. 귀무가설은 그에 반하는 충분한 근거가 나올 때까지 우리가 사용하는 단순한 통계모형이다. 그렇지 않다고 증명될 때까지 우리가 사실이라고 가정하는 것이다. 그것은 언제나 부정적이며, 모든 진전과 변화를 거부한다. 하지만 귀무가설이 사실이라고 믿는다는 뜻은 아니다. 피셔는 "귀무가설은 절대 증명되거나 확립되지 않는다. 그러나 실험과정에서 반박될 수 있다. 모든 실험은 귀무가설을 반박할 기회를 주기 위해서 존재한다고 말 할 수 있다."라고 쓰고 있다.

② 대립가설(對立假說, Alternative Hypothesis, H_1 혹은 H_A): 귀무가설이 기각되면 받아들여지는 가설로 연구자가 검증하고자 하는 가설이다. 연구가설(research hypothesis)이라고도 부른다. 표본의 관찰 자료로부터 대립가설을 입증할만한 증거가 충분하면 귀무가설을 기각함으로써 대립가설을 채택한다. 귀무가설이 부정되면(reject) 연구가설은 부정되지 않는다(not rejected).

③ 유의수준(有意水準, significant level): 귀무가설이 옳음에도 불구하고 이를 기각하는 확률의 크기, 즉 제1종 오류를 범할 최대한의 한계이다. 더 엄격한 기준치(예를 들어 $\alpha = 0.01$)를 정의하면 더 큰 표본이 필요해진다.

④ 검정통계량(檢定統計量, test statistic): 귀무가설의 수락 또는 기각 여부를 결정하는 데 이용되는 표본 통계량이다. 검정하려는 사람이 계산해야 하는 값이다.

⑤ 임계치(臨界値, critical value): 주어진 유의수준에서 귀무가설의 수락 또는 기각 여부를 결정할 때 그 기준이 되는 값으로 유의수준 α에서 도출(계산)되는 값(Z_0)이다. 한계값(치)이라고도 부른다.

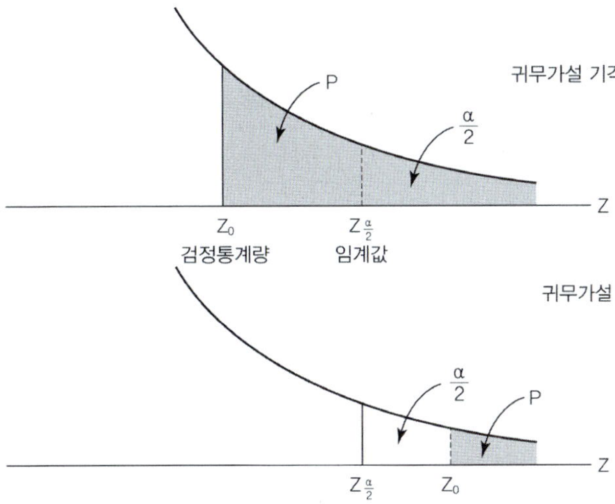

음영으로 나타낸 부분의 확률은 P이다. $Z_{\frac{\alpha}{2}}$ 이상의 확률이 $\frac{\alpha}{2}$ 이다

그림 7-13 유의수준, 유의확률(p값), 그리고 귀무가설 채택기준

⑥ 유의확률(有意確率, p값): 검정통계량의 값 이상의 확률이다. 작을수록 귀무가설이 적합하지 않음을 의미한다. 따라서 가설검정 유의수준(α)보다 p값이 작으면 귀무가설이 기각된다. 컴퓨터를 활용한 통계 패키지의 발전으로 인해 연구자들은 쉽게 알 수 있다. 유의확률(significance probability) 혹은 관측유의수준(observed level of significance)이라고도 부른다. 검정의 결론은 이 P값과 연구자의 주관적인 기준인 유의수준 α와의 관계는 다음과 같다.

p값 $\geq \alpha$이면, H_0(귀무가설)를 기각하지 못함

p값 $< \alpha$이면, H_0(귀무가설)를 기각함

표본 관측값이 작을수록 매우 보수적인 판단을 해야 하며 임계점을 얼마로 잡느냐에 따라 결론이 달라질 수 있다. 이런 점을 고려할 때 최종적으로 내린 결론이 틀릴 가능성이 있음을 유의해야 할 것이다.

06 오늘은 찬성, 내일은 반대

- 사형 제도에 대한 보통 사람의 반응
- 제1종 오류, 제2종 오류

과거에 내려졌던 판결에 의해 큰 고통과 손해를 봤던 사람들이 재심을 통해 억울한 누명을 벗는 사례를 종종 보고 있다. 과거 군사정권 때 각종 시국 사건에서 볼 수 있는 국가주도범죄 사건에서 재심을 통해 무죄가 판결되는 경우도 있고,[16] 일반 형사사건에서도 억울하게 피해를 본 경우에서도 볼 수 있다. 다행히 피해자가 생존하고 있어 생전에 억울함도 벗고 명예도 회복하고 배상도 받고 했으면 그나마 다행일 텐데 그렇지 못하고 사망한 경우라면 그 원한을 어떻게 달랠 수 있을까? 극악무도한 흉악범에 대해 나라 세금으로 생명을 이어 줄 것이 아니라 당장 사형시켜 버려야 된다고 흥분하였다가도 "혹 억울하게 누명을 쓰는 만에 한 사람이라도 있어서는 안 된다"라는 생각이 들 때면 사형제도 찬반론에 줏대 없이 왔다 갔다 한 적이 누구나 한 번쯤은 있을 것이다.

살인 사건의 경우에는 다음과 같은 4가지 가능성이 존재할 수 있다.

16 '인혁당재건위 사건'이 가장 유명한 사건이다. 1975년 4월 8일 대법원의 사형선고가 있고 다음 날 바로 사형이 집행되었다. 죄 없는 사람들을 조작으로 죄를 만들고 선고 후 불과 18시간 30분 만에 사형을 집행하였다. '사법살인'이라고 부르고 있다. 2007년 서울중앙지법은 도예종 등 이 사건의 희생자 8인에 대해 무죄를 선고하였다. 또 1980년 '김대중 내란음모 사건'도 대표적인 예이다.

<경우 1> 실제 살인자가 아닌데(무죄), 무죄가 선고되는 경우: 옳은 판단

<경우 2> 실제 살인자가 아닌데(무죄), 법원이 살인자라고 판결하는 경우: 그릇된 판단(제1종 오류, α 오류)

<경우 3> 실제 살인자인데(유죄), 살인자라고 판결하는 경우: 옳은 판단

<경우 4> 실제 살인자인데(유죄), 법원이 살인자가 아니라고 판결하는 경우: 그릇된 판단(제2종 오류, β 오류)

<경우 1>에서는 실제 살인자가 아닌데(무죄), 무죄라고 하였고, <경우 3>에서는 살인자인데 살인자라고 판단하였으니 법원의 판결이 옳다. 그러나 <경우 4>는 그물에 든 물고기를 풀어주었으니 엄청난 실수를 저지른 셈이다. 또 <경우 2>는 죄 없는 사람을 죄가 있다고 하는 치명적인 잘못을 저지르고 있다. 우리가 흔히 하는 말로 '생사람 잡는다'라는 말이 이런 경우에 해당한다. 재심이란 <경우 2>에 해당하는 오판을 <경우 1>로 바로 잡히는 것이다. 영국의 유명한 법관이자 법 사회학자인 윌리엄 블랙스톤(William Blackstone, 1723~1780)은 "한 사람의 죄 없는 사람을 처벌받게 하기보다 10명의 죄인이 도망가는 것이 더 낫다"라고 말한 바 있다. '죄 없는 한 사람을 처벌하는 것'은 제1종 오류를 범할 가능성을 말하며, '10명의 죄인이 도망가는 것'은 제2종 오류를 범할 가능성을 말한다. 블랙스톤은 제1종 오류를 범하는 것이 제2종 오류를 범하는 것보다 더 나쁨을 지적하고 있다. 그의 말이 가슴에 와닿는 사람은 비단 저자만이 아닐 것이다.

법관들의 판단과정을 좀 더 체계적으로 보기로 하자. 무죄추정의 원칙에 따라 저 용의자를 무죄라고 보는 가설(귀무가설)과 반대로 무죄가 아니라고 보는 가설(대립가설)을 세울 것이다. 그런 후 여러 가지 물증과 자백, 알리바이를 근거로 귀무가설을 채택할 것인가 기각할 것인가를 판단한다.

<살인 사건의 예>

- 귀무가설(H_0): 이 용의자는 무죄다. (범인이 아니다)
- 대립가설(H_1): 이 용의자는 무죄가 아니다. (범인이다)

• 검정통계량: 물증과 자백, 알리바이
• 임계점: 100% 확실한 물증과 알리바이

표 7-6 검정 오류

	귀무가설 진위	
의사결정	귀무가설 참	귀무가설 틀림
귀무가설 채택 (기각하지 않음)	옳은 결정 〈경우 1〉	β(제2종 오류) 〈경우 4〉
귀무가설 기각	α(제1종 오류) 〈경우 2〉	옳은 결정 〈경우 3〉

용의자의 알리바이가 성립하지 않고 거의 100% 확실한 물증이 있을 때만 영장을 청구한다. 자백은 가설을 검정하는 데 참고 자료일 뿐 구속력이 약하다. 영화 <살인의 추억>에서 형사들은(송강호, 김상경 등) 주먹구구식 수사, 미약한 물증과 강요된 자백으로 죄 없는 용의자를 범인으로 취급하는 우를 범한다.[17] 통계학 용어로 표현하면 α 오류(제1종 오류)를 저질렀다고 할 수 있다. <표 7-6>은 이 4가지 가능성을 일목요연하게 정리한 것이다. 또 α 오류를 유의수준(有意水準, significant level)이라고도 부른다. 사형 반대론자들은 만에 하나라도 있을지 모르는 <경우 2>와 같은 일이 일어날 것을 가장 경계하고 있다. 경찰도, 검사도, 판사도 사람이기 때문에 비록 아주 작은 가능성이지만 이런 오류가 발생할 수 있다고 보고 사형제 폐지를 주장하는 것이다.[18] 인간의 불완전성 판단이 죄 없는 사람이 형장의 이슬로 사라질 가능성이 있기 때문이다.

이렇게 보면 α와 β를 동시에 작게 하는 것이 가장 이상적인 목표임을 쉽게 알 수

17 경찰, 검찰과 판사들의 잘못된 판단으로 인해 억울하게 형을 산 사람이 재심을 통해 무죄로 판결이 나서 누명을 벗는 경우가 최근 많이 발생하였다. 박준영 변호사는 재심 전문 변호사라는 타이틀이 주어졌다. 그는 '수원 노숙소녀 살인 사건', '삼례 나라슈퍼 강도치사 사건', '이춘재 연쇄살인 8차 사건', '낙동강변 살인 사건', '엄궁동 사건', '약촌오거리 살인사건' 등 잘못된 수사 · 재판으로 사법 피해를 본 이들의 재심을 맡아 무죄를 이끌어냈다. 그런 그에게 법조언론인클럽은 '2020 올해의 법조인상'을 수여했다. 2017년 개봉된 영화 '재심'은 '익산 약촌오거리 택시기사 살인 사건'의 모티브가 되었다.

18 재심 사건에서 무죄판결이 나는 경우에서 보듯 비록 적은 수지만 제1종 오류는 발생할 수 있다. 억울하게 옥살이한 재심인이 살아있기에 재심을 통해 누명 벗기가 가능하지 만약 사형에 처해졌더라면 본인과 가족에게 정말로 가혹한 처사라고 아니할 수 없다.

있다. 하지만 β는 수학적으로 매우 다루기 어렵다. 그래서 주어진 α를 고정시키고 이를 만족시키는 기각역 중에서 β를 최소화하는 기각역을 택한다. 1에서 제2종 오류를 뺀 값($1-\beta$)를 검정력(檢定力, power of test)이라고 부른다. 따라서 검정력이란 대립가설이 참(귀무가설이 거짓)일 때 대립가설을 지지하고 귀무가설을 기각할 확률, 즉 실험의 실제 효과를 제대로 알아낼 가능성이다. 형사사건을 예를 들어 설명해 보면, β는 범인(대립가설 참)을 범인이 아니라고 판단하는 오류확률이다. 검정력($1-\beta$)는 범인을 범인이라고 판단하는 확률인 것이다. 표본의 크기가 클수록, 알고자 하는 결과(효과)의 크기가 크고, 자료의 산포도가 작으면(표준편차가 작음) 검정력은 증가한다.

가설검정의 순서를 정리해 보면 다음과 같다.

① 귀무가설과 대립가설을 설정한다.
② 유의수준을 정한다.
③ 유의수준을 충족시키는 임계치를 정한다. 수락영역과 기각영역이 구분된다.
④ 검정통계량을 계산하고 임계치와 비교한다. 통계량이 수락영역에 있는지 기각영역에 있는지를 판단한다.
⑤ 결과를 해석한다. 수락영역에 있으면 귀무가설을 수락하고, 반대로 기각영역에 있으면 귀무가설을 기각(대립가설을 수락)한다.

홍길동이 숙명적으로 타고난 제1종 오류

서자 출신인 홍길동의 처지를 잘 나타내는 표현이 "아비를 아비라 부르지 못하고, 형을 형이라 부르지 못하고…"하는 대목이다. 가설검정을 이용해 설명해 보면 홍길동은 아버지인 홍판서를 아버지라고 부른지 못한다는 사실은 제1종 오류를 저지르는 것이다. 오류(誤謬)란 알고는 저지르지 않는 것인데, 홍길동은 알면서도 제1종 오류를 저지르고(?) 살아야 하는 숙명을 타고 태어난 것이다. 반대로 재혼한 가정에서는

표 7-7 유의수준과 임곗값

유의수준 (α)	양측검정		단측검정	
	$-Z_{\alpha/2}$	$Z_{\alpha/2}$	$-Z_{\alpha}$	Z_{α}
0.01(1%)	−2.58	2.58	−2.33	2.33
0.02(2%)	−2.33	2.33	−2.05	2.05
0.05(5%)	−1.96	1.96	−1.64	1.64
0.1(10%)	−1.64	1.64	−1.28	1.28

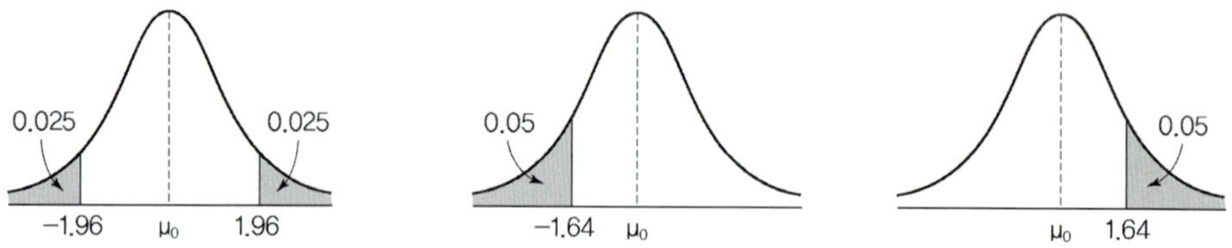

(a) 양측검정 ($H_1 : \mu = \mu_0$)

(b) 왼쪽 단측검정 ($H_1 : \mu < \mu_0$)

(c) 오른쪽 단측검정 ($H_1 : \mu > \mu_0$)

그림 7-14 대립가설과 기각역 $\alpha = 0.05$

의붓아버지(의붓엄마)를 아버지(엄마)라고 불러야 하는 경우처럼 제2종 오류가 발생할 수 있다. 새롭게 형성된 가정에서 과학적으로는 제2종 오류가 발생하지만 혈연관계에 얽매이지 않고 화목한 가정을 이루는 집도 많이 볼 수 있다. 제1종 오류나 제2종 오류나 당사자에게는 고통스러운 것이 아닐 수 없을 것이다.

양측검정(兩側檢定, two-tailed test)과 단측검정(單側檢定, one-tailed test)으로 나눌 수 있다. 양측검정은 확률분포의 양측 확률을 합쳐 α로 하는 일반적인 검정으로 단측검정보다 까다롭다. 단측검정은 양측검정보다도 귀무가설을 기각하기 쉽다(표 7-7, 그림 7-14).

용의자의 유무죄를 판단하는 과정을 보면 통계학 추론이론과 매우 비슷하다. 일반적으로 표본관측값이 많을수록 검정력이 높아지는 것과 비슷하게 증거물이 많을수록 옳은 판단을 할 가능성이 높아진다. 결정적인 증거 소위 smoking gun이 중요하게 작용한다. 또 자료의 산포도가 작으면(표준편차가 작음) 검정력은 증가하는 것과 비슷하게 증거물이 일관성 있게 정보를 제공할수록 옳은 판단을 내릴 수 있다.

이야기 보따리 '국민 참여 재판' 제도와 판단 오류

우리나라에서는 2008년부터 일정한 범죄의 경우 재판과정에서 일반 국민들이 배심원(陪審員, jury) 또는 예비배심원으로서 참여하는 형사재판을 의미하는 '국민 참여 재판' 제도를 시행하고 있다. 만 20세 이상의 국민 가운데 무작위로 선정되며 이들은 유죄·무죄 평결 및 양형에 대한 의견을 내지만 법적인 구속력은 없다. 배심원의 판단 능력이 높을수록 제1종 오류, 제2종 오류 모두 감소한다. 또 배심원이 같은 판단 능력을 가지고 있더라도 유죄판결에 필요한 배심원 수가 많을수록 제1종 오류를 범할 가능성은 감소하지만 제2종 오류를 범할 가능성은 증가한다.[19]

19 오정일과 송평근, 『법경제학입문』, 박영사, 2014, p.212~214.

07 1개월에 5 kg, 다이어트 책임

- 다이어트에 고민 중인 여성의 의문
- 모평균과 모비율 가설검정

요즈음 소위 먹방 프로그램이 상당히 유행하고 있는 반면 한쪽에서는 다이어트 경쟁을 하는 모순을 보면서 저자의 뇌리에는 점심 도시락을 싸오지 못해 수돗물을 먹었다는 장년층의 경험담이 오버랩이 되면서 불과 40년 사이에 달라진 우리 경제의 위상에 놀라움을 느끼곤 한다.

다이어트는 체중을 줄이거나 유지하거나 증가시키는 목적으로 혹은 당뇨병과 비만과 같은 질병을 예방하고 치료하는 목적으로 통제된 방법으로 음식을 먹는 관행으로 정의되고 있다. 현대사회에서는 건강과 몸매관리를 위해 광범위하게 쓰이고 있으며 관련 시장도 크게 성장하였다. 그래서 곳곳에 '다이어트, *개월에 ** kg 감량 책임'과 같은 광고를 쉽게 볼 수 있다. 소비자의 입장에서 저 광고를 어떻게 확인할 수 있을까? 등록하기 전에 객관적인 증거를 −가설검정− 확인할 수 있으면 좋으련만 이것은 불가능하다. 그래서 이용자 후기를 보고 판단하는데, 이것도 100% 믿을 수 없다. 여기에서는 가상으로 가설검정을 실시해서 결과를 얻었다고 가정하고 공부를 해보기로 하자.[20]

20 주로 모평균(μ), 모비율(p), 모분산(σ^2)을 대상으로 가설검정을 하고 있다. 지금부터는 모평균 μ과 모비율(p)을 다루고 모분산은 보다 전문적인 통계학책을 참고하기를 바란다.

제일 먼저 모평균 μ에 대한 가설검정을 해보기로 하자. 이 경우는 표본크기가 충분히 큰지($n > 30$) 표본크기가 작은지, 모표준편차(모분산)를 알고 있는 경우와 모르는 경우로 나누어진다. 이는 모평균에 대한 신뢰구간을 구할 때와 매우 비슷하다. 먼저, 표본의 크기가 충분히 큰 경우를 예제를 통해 공부해 보기로 하자.

예제 1

동네 비만클리닉에서는 자신들의 다이어트 프로그램에 참여하면 한 달 내에 5 kg 이상의 체중을 줄일 수 있다고 광고하고 있다. 참여자 36명을 무작위로 선택하여 조사한 결과 체중감량의 표본평균은 $\overline{X}$=4.6(kg), 그리고 표본표준편차는 S=1.2(kg)이었다. 비만클리닉의 광고를 믿어도 좋을까를 판단하시오.

풀이

체중감량의 모평균 μ가 5 미만인 증거가 있는지 알아보고자 하는 것이므로 단측검정을 실시한다. 제일 먼저 귀무가설과 대립가설을 설정한다.

$$H_0 : \mu = 5 \quad H_1 : \mu < 5$$

표본평균이 5보다 작으므로 비만클리닉의 주장을(H_0) 기각하고 싶지만, 잘못된 기각일 가능성이 있다. H_0가 참이면서도 표본평균은 5보다 작은 값이 나올 수 있기 때문이다. H_0를 잘못 기각할 확률의 허용한계, 즉 유의수준이 예컨대 α=5%가 되도록 하려면 표본평균이 5보다 충분히 작은 값일 때 귀무가설을 기각할 수 있다.

두 번째 단계로 검정통계량을 구하고 분포를 찾는다. 표본의 크기가 $n = 36 > 30$이므로 중심극한정리가 적용되며, 귀무가설 H_0가 사실이라는 가정하에서 검정통계량은 $Z = \dfrac{\overline{X} - 5}{S/\sqrt{n}}$이고 Z의 분포는 근사적으로 $Z = \dfrac{\overline{X} - 5}{S/\sqrt{n}} \sim N(0,1)$임을 알 수 있다.

세 번째 단계 유의수준을 5%로 설정하면, 표준정규분포로부터 $P(Z \le -1.645) = 0.05$이므로 기각역(rejection region 또는 critical region)

의 임계점은 -1.645이 된다. 즉 관측된 검정통계량(Z_0)가 -1.645($-Z_{0.05}$)보다 작으면 귀무가설은 기각된다. 모표준편차(σ) 대신 표본의 표본편차(S)를 사용하여 계산한 표본의 검정통계량은

$$Z_0 = \frac{\overline{X}-5}{S/\sqrt{n}} = \frac{4.6-5}{1.2/\sqrt{36}} = -\frac{0.4}{0.2} = -2$$

이며 $-1.645 > Z_0$이다. 이것은 기각역에 속하므로 귀무가설은 기각된다. 즉, 유의수준 5%하에서 이 다이어트 프로그램에 참여한 경험자들의 체중감량은 5 kg 미만이라고 판단할 수 있다.

유제 1

위의 예제에서 제시한 모든 조건이 같지만, 양측검정을 실시한다면 판단에 변화가 있는지 설명하시오.

풀이

$H_0 : \mu = 5 \;\; H_1 : \mu \neq 5$를 설정한다. 계산한 표본의 검정통계량은 위의 예제에서 구한 바와 같이 -2이고 표준정규분포로부터 $P(Z \leq -1.96) = 0.05$이다. $-Z_{\alpha/2} > Z_0$이므로 귀무가설이 기각된다. 즉, 유의수준 5%하에서 이 다이어트 프로그램에 참여한 경험자들의 체중감량은 5 kg이 아니라고 할 수 있다.

유제 2

위의 예제에서 제시한 조건 중에서 다른 것은 변함이 없지만 표준편차만 1.8 kg으로 증가한 경우 가설검정을 한다면 판단에 변화가 있는지 설명하시오.

풀이

관찰된 검정통계량은 $Z_0 = \frac{\overline{X}-5}{S/\sqrt{n}} = \frac{4.6-5}{1.8/\sqrt{36}} = -\frac{0.4}{0.3} = -1.33$이다.

양측검정을 실시하면 $-Z_{\alpha/2}(=-1.96) < Z_0$이므로 귀무가설을 기각하지 못한다. 체중감량이 5kg이 아니라고 주장할 수 없다. 단측검정을 실시한다면 $-Z_{\alpha}(=1.645) < Z_0$이므로 귀무가설을 기각하지 못한다. 즉, 체중감량이 5 kg 미만이라고 주장할 수 없다.

예제 2

용세네 회사 구내식당에서 점심식사(백반)를 하는 사람의 수는 하루 평균 500명이라고 한다. 연초에 6,000원 하던 백반 값을 6,300원으로 300원 인상하였다. 그 이후 상반기 중 15일을 무작위로 선택하여 조사한 결과 백반을 먹는 소비자 수는 평균 485명, 표준편차 12명이었다. 5% 유의수준하에서 가격 인상으로 백반 소비자가 줄어든 것으로 볼 수 있는지 검정해 보시오. 단, 점심식사를 하는 사람 수는 (근사적으로) 정규분포를 따른다고 가정한다.

풀이

평균 백반 소비자수 500명이 가격 인상으로 인해 감소하였는지를 검증하는 문제이다. 단측검정을 실시하기로 한다. 제일 먼저 귀무가설과 대립가설을 설정한다.

$$H_0 : \mu = 500 \qquad H_1 : \mu < 500$$

두 번째 단계로 유의수준 α하에서 검정통계량을 구하고 분포를 찾는다. 표본의 크기가 $n = 15 < 30$이므로 귀무가설 H_0가 사실이라는 가정하에서 검정통계량은 $T = \frac{\overline{X} - 500}{S/\sqrt{n}}$이고 T의 분포는 $T = \frac{\overline{X} - 500}{S/\sqrt{n}} \sim t_{n-1}$로 가정할 수 있다.

세 번째 단계로 유의수준을 5%로 설정하면, t 분포로부터 기각역의 $P(T \leq 1.761) = 0.05$이므로 임계점은 $-t_{0.05,14} = -1.761$이 된다. 한편 관측된 표본의 검정통계량(T_0)은 $T_0 = \frac{\overline{X} - 500}{S/\sqrt{n}} = \frac{485 - 500}{12/\sqrt{15}} = -\frac{15}{3.10} = -4.841$이다.

$T_0 < t_{0.05,14}$ 임을 알 수 있으며, 이것은 기각역에 속하므로 귀무가설은 기각된다. 즉, 유의수준 5%하에서 구내식당의 백반 가격 인상으로 인해 소비자가 감소하였다고 보는 것이 옳은 결론에 가깝다.[21]

예제 3

저출산과 고령화가 큰 사회문제로 대두되고 있는 가운데, 결혼에 대한 인식도 크게 변하였다. 결혼이 필수였던 사회에서 선택으로 변해가고 있다. 청소년을 대상으로 결혼 여부에 대해 조사해 보았다.[22] "결혼은 꼭 해야 하는 것"이냐는 질문에 2011년에는 55%의 학생이 "예"라고 답하였다고 하자. 2020년 500명의 청소년을 무작위로 조사한 결과 그중 210명이 "예"라고 답하였다. 지난 10년간 청소년들의 결혼관에 변화가 있다고 볼 수 있는지 5% 유의수준에서 검정해 보자.

풀이

모비율에 대한 가설검정이다. 55%였던 결혼에 대한 긍정 응답률이 감소하였는지를 검정하는 문제이다. 단측검정을 실시한다. 2020년의 모수 비율을 p라고 할 때 귀무가설과 대립가설을 $H_0 : p = 0.55$, $H_1 : p < 0.55$로 설정할 수 있다.

두 번째 단계로 유의수준 α하에서 검정통계량을 구하고 분포를 찾는다. 표본의 크기가 $n = 500$이고 표본비율은 $\hat{p} = \frac{210}{500} = 0.42$이므로 귀무가설 H_0가 사실이라는 가정하에서 검정통계량은 $Z_0 = \frac{\hat{p} - 0.55}{\sqrt{\frac{0.55(1-0.55)}{n}}}$이고 근사적으로 표준정규분포를 따른다. 관측된 검정통계량은 $Z_0 = \frac{\hat{p} - p_0}{\sqrt{\frac{p_0(1-p_0)}{n}}} =$

21 경제학에서 다른 조건이 변하지 않는다는 조건하에서 가격이 상승함에 따라 수요량이 감소하는 현상을 '수요의 법칙(the law of demand)이라고 부른다.

22 이 책 1장 3절 <표 1-4> 결혼 필요성에 대한 청소년의 의식을 참조하기 바람.

$$\frac{0.42-0.55}{\sqrt{\frac{0.42\times 0.58}{500}}}=\frac{-0.13}{0.02}=-5.90$$ 이다.

세 번째 단계로 유의수준을 5%로 설정하면, 임계값은 $-Z_{0.05}=-1.645$이고 $Z_0=-5.90<Z_{0.05}=-1.645$임을 알 수 있으며, 이것은 기각역에 속하므로 귀무가설은 기각된다. 즉, 유의수준 5%하에서 결혼을 필수로 인식하는 청소년의 비율은 지난 10년간 감소하였다는 결론에 이르게 된다.

이상의 내용을 <표 7-8>에 정리해 보았다.

표 7-8 모평균 μ와 모비율 p의 검정 과정

모평균 μ의 검정

모집단의 분포가 정규분포를 따른다.

1. 가설설정
   (1) 양측검정: $H_0:\mu=\mu_0,\ H_1:\mu\neq\mu_0$
   (2) 단측검정: $H_0:\mu=\mu_0,\ H_1:\mu<\mu_0$ (또는 $\mu>\mu_0$)

2. 귀무가설하에서의 검정통계량과 분포
   (1) 모분산 σ^2을 아는 경우: $Z=\dfrac{\overline{X}-\mu_0}{\frac{\sigma}{\sqrt{n}}}\sim N(0,1)$
   (2) 모분산 σ^2을 모르는 경우: $T=\dfrac{\overline{X}-\mu_0}{\frac{S}{\sqrt{n}}}\sim t_{n-1}$ 표본의 크기가 작을 때 $(n<30)$
   $Z=\dfrac{\overline{X}-\mu_0}{\frac{S}{\sqrt{n}}}\sim N(0,1)$ 표본의 크기가 클 때 $(n\geq 30)$

모비율 p의 검정($n\geq 30$)

1. 가설설정
   (1) 양측검정: $H_0:p=p_0,\ H_1:p\neq p_0$
   (2) 단측검정: $H_0:p=p_0,\ H_1:p<p_0$ (또는 $p>p_0$)
2. 귀무가설하에서의 검정통계량과 분포
   $Z=\dfrac{\hat{p}-p_0}{\sqrt{p_0(1-p_0)/n}}\sim N(0,1)$

08 이번 신약은 과거 약과는 달라요

- 신약 개발 프로젝트 책임자의 자부심
- 두 모집단 평균의 차이(짝이 없는 표본 대상)

다음으로는 두 집단의 검정(two sample test)에 대해 학습해 보기로 하자. 조건에 따라 두 그룹으로 나누었을 때, 관측된 두 표본통계량(평균이나 비율 등)이 모집단에서도 다를지 아닐지를 판정하는 방법이다. 예를 들어, 새로 개발된 약과 기존의 약과의 효능 비교(독립 이표본의 표본의 경우와 짝진 표본의 경우), 결혼관에 대한 남녀 간의 인식차 비교 등이 있다.

이 절과 다음 절에서는 두 모집단 평균의 차이($\mu_1 - \mu_2$)에 대한 추론과 두 집단 모비율의 차이($p_1 - p_2$)에 대한 추론을 공부해 보기로 하자. 두 모집단 평균의 차이에 대한 추론은 다시 두 경우로 –모분산을 알고 있는 경우와 모르는 경우로– 나누어진다. 모분산을 모르는 경우는 다시 두 모분산이 같다고 가정할 때와 다르다고 가정할 때로 나누어진다. 여기에 짝진 모집단의 평균에 대한 추론을 추가하면 <표 7-9>에서 보는 바와 같이 5가지 경우로 나누어 공부해 보기로 하자.

【경우 1】 두 모집단 평균의 차이($\mu_1 - \mu_2$)에 대한 추론(독립 이표본, 모분산을 알고 있는 경우)

제일 먼저 모분산를 알고 있는 경우로서 서로 독립인 표본(대응이 없는 데이터,

표 7-9 두 모집단의 평균과 비율에 대한 여러 추론

두 모집단 평균의 차이($\mu_1 - \mu_2$)에 대한 추론		
▶ 독립 표본의 경우		
	• 모분산를 알고 있는 경우: 【경우 1】	
	• 모르는 경우	
		– 두 모분산이 같다고 가정할 때: 【경우 2】
		– 두 모분산이 다르다고 가정할 때: 【경우 3】
▶ 짝진 표본의 경우: 【경우 4】		
두 집단 모비율의 차이($p_1 - p_2$)에 대한 추론: 【경우 5】		

표 7-10 두 독립집단의 모수와 통계량(모분산을 아는 경우)

	모수		표본의 크기	통계량	
	모평균	모분산		표본평균	표본분산
모집단1(X_1)	μ_1	σ_1^2	n_1	$\overline{X_1}$	S_1^2
모집단2(X_2)	μ_2	σ_2^2	n_2	$\overline{X_2}$	S_2^2

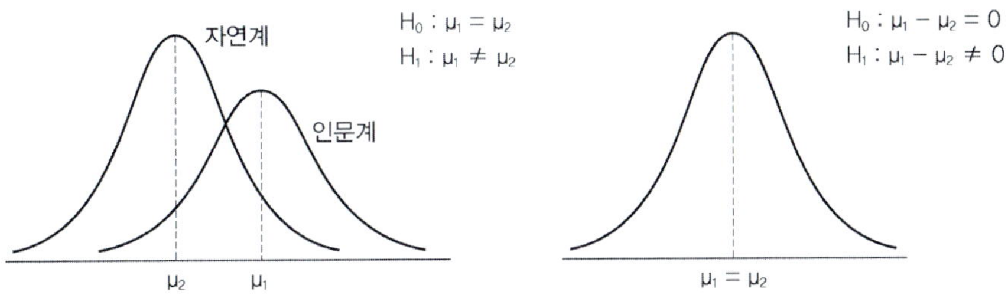

그림 7-15 두 집단의 평균 비교

unpaired data, 다른 개체를 각 조건하에서 측정한 데이터)을 대상으로 모집단 평균의 차이($\mu_1 - \mu_2$)에 대한 추론을 공부해 보도록 하자. 이 경우 모분산을 알고 있다고 가정하므로 표본분산을 평균차이 추론에 사용할 필요가 없다.

인문계열(1그룹)과 자연계열(2그룹) 학생들의 영어성적의 차이가 어느 정도인지를 알아보고자 한다. 인문계열에서 n_1명을, 자연계열에서 n_2명을 무작위로 뽑은 후, 1그룹의 표본평균 $\overline{X_1}$와 분산 S_1^2, 2그룹의 표본평균 $\overline{X_2}$와 분산 S_2^2를 구했다. n_1과

n_2가 작지 않을 때 중심극한정리에 의해 표본평균 $\overline{X_1}$의 분포는 $N(\mu_1, \frac{\sigma_1^2}{n_1})$에 따르고 표본평균 $\overline{X_2}$의 분포는 $N(\mu_2, \frac{\sigma_2^2}{n_2})$에 따른다. 두 집단 표본평균의 차이($\overline{X_1} - \overline{X_2}$)는 다음과 같은 정규분포에 따른다.

$$(\overline{X_1} - \overline{X_2}) \sim N(\mu_1 - \mu_2\ ,\ \frac{\sigma_2^2}{n_1} + \frac{\sigma_2^2}{n_2})$$ [23]

표준화에 의하면 다음과 같은 분포를 한다.

$$Z = \frac{(\overline{X_1} - \overline{X_2}) - (\mu_1 - \mu_2)}{\sqrt{(\frac{\sigma_1^2}{n_1} + \frac{\sigma_2^2}{n_2})}} \sim N(0,1)$$

만약 σ_1^2과 σ_2^2을 알고 있다면 모평균차 $(\mu_1 - \mu_2)$의 $100(1-\alpha)\%$ 신뢰수준은 아래와 같다.

$$\left\{(\overline{X_1} - \overline{X_2}) - Z_{\alpha/2}\ \sqrt{(\frac{\sigma_1^2}{n_1} + \frac{\sigma_2^2}{n_2})}, (\overline{X_1} - \overline{X_2}) + Z_{\alpha/2}\ \sqrt{(\frac{\sigma_1^2}{n_1} + \frac{\sigma_2^2}{n_2})}\right\}$$

인문계열 학생과 자연계열 학생 간의 영어성적 차이를 가설검정하기 위해서 '차이가 없다'를 귀무가설로 '차이가 있다'를 대립가설로 설정한다.

$$H_0 : \mu_1 = \mu_2 \qquad H_1 : \mu_1 \neq \mu_2$$

두 모집단의 모분산을 알 경우 귀무가설하에서의 검정통계량(Z)은 표준정규분포를 따른다.

---

23 $(\overline{X_1} - \overline{X_2})$의 분산 $Var(\overline{X_1} - \overline{X_2}) = Var(\overline{X_1}) + Var(\overline{X_2}) - 2Cor(\overline{X_1}, \overline{X_2})$, 두 표본이 독립이므로 $Cor(\overline{X_1}, \overline{X_2}) = 0$이기 때문에 $Var(\overline{X_1} - \overline{X_2}) = Var(\overline{X_1}) + Var(\overline{X_2}) = \frac{\sigma_1^2}{n_1} + \frac{\sigma_2^2}{n_2}$이다.

$$Z = \frac{(\overline{X_1} - \overline{X_2})}{\sqrt{(\frac{\sigma_1^2}{n_1} + \frac{\sigma_2^2}{n_2})}} \sim N(0,1)$$

이 값이 크게 나올 때 귀무가설은 기각된다. 만약 두 집단의 표본 수가 같다면, 즉 $n_1 = n_2 = n$이라면 검정량 계산이 한결 쉬워진다.

예제 1

인문계열 학생 25명을 무작위로 뽑아 영어성적의 평균을 낸 결과 74.5점이었고, 자연계열 학생 16명을 뽑아 평균을 낸 결과 68.5점이었다. 인문계열의 영어성적 분산은 σ_1^2 =50, 자연계열의 영어성적 분산은 $\sigma_2^2 = 32$로 알려져 있다. 단, 각 계열 학생들의 영어성적은 정규분포를 따른다고 알려져 있다.

(i) 95% 신뢰수준하에서 평균의 차이의 구간추정값을 구하시오.

(ii) 유의수준 5%하에서 두 계열 간 영어성적에 차이가 있는가를 단측검증하시오.

풀이

(i) $((\overline{X_1} - \overline{X_2}) - Z_{\alpha/2} \sqrt{(\frac{\sigma_1^2}{n_1} + \frac{\sigma_2^2}{n_2})}, (\overline{X_1} - \overline{X_2}) + Z_{\alpha/2} \sqrt{(\frac{\sigma_1^2}{n_1} + \frac{\sigma_2^2}{n_2})}$

을 이용하면 (2.08, 9.92)을 얻을 수 있다.

(ii) $H_0 : \mu_1 = \mu_2 \; H_1 : \mu_1 > \mu_2$라고 설정한다. 유의수준 5%하에서 임계점 $Z_{0.05} = 1.64$이다. $Z_0 = \frac{(74.5 - 68.5)}{\sqrt{(\frac{50}{25} + \frac{32}{16})}} = 3 > 1.64$이므로 귀무가설이 기각된다. 즉, 인문계열 학생의 성적이 자연계열 학생의 성적보다 높다고 할 수 있다.

표 7-11 두 독립집단의 모수와 통계량(모분산을 모르지만 같다고 가정한 경우)

	모수		표본의 크기	통계량	
	모평균	모분산		표본평균	합동표본분산
집단1(X_1)	μ_1	$\sigma_1^2=\sigma^2$	n_1	$\overline{X_1}$	S_p^2
집단2(X_2)	μ_2	$\sigma_2^2=\sigma^2$	n_2	$\overline{X_2}$	S_p^2

【경우 2】 두 모집단 평균의 차이($\mu_1-\mu_2$)에 대한 추론(독립 이표본, 두 모분산을 모르지만 같다고 가정하는 경우). 즉, σ_1^2도 σ_2^2도 모르지만 $\sigma_1^2=\sigma_2^2=\sigma^2$일 때이다.[24]

이때 표본으로부터 얻은 두 집단 모분산의 추정량인 표본분산이 각각 S_1^2, S_2^2라고 하면, 공통 모분산 σ^2의 추정량, S_p^2은 S_1^2, S_2^2의 자유도인 n_1-1과 n_2-1의 가중평균(weighted average of variance)의 형태로 $S_p^2=\frac{1}{n_1+n_2-2}\left[(n_1-1)S_1^2+(n_2-1)S_2^2\right]$가 계산된다. 이것을 합동표본분산(pooled sample variance, S_p^2)이라고 부른다. 이때의 자유도는 (n_1+n_2-2)이다. 여기서 표본의 크기에 따라 검정통계량이 달라진다. 대표본($n_1\geq 30$ 이고 $n_2\geq 30$) 이면 검정통계량은

$$Z=\frac{(\overline{X_1}-\overline{X_2})-(\mu_1-\mu_2)}{\sqrt{S_p^2(\frac{1}{n_1}+\frac{1}{n_2})}}\sim N(0,1)$$

이며, 모평균차 ($\mu_1-\mu_2$)의 100(1−α)% 신뢰수준은 아래와 같다.

$$\left\{(\overline{X_1}-\overline{X_2})-Z_{\alpha/2}\ \sqrt{S_p^2(\frac{1}{n_1}+\frac{1}{n_2})},\ (\overline{X_1}-\overline{X_2})+Z_{\alpha/2}\ \sqrt{S_p^2(\frac{1}{n_1}+\frac{1}{n_2})}\right\}$$

24 두 모분산이 다르다고 가정할 때는 자유도 계산이 어려워진다. 이 책의 수준을 넘는 문제로서 중급 통계학책을 참고하기를 바란다.

유의수준 α인 가설검정에서 기각역은

검정통계량	대립가설	귀무가설 기각 조건	
$Z=\dfrac{(\overline{X_1}-\overline{X_2})}{\sqrt{S_p^2(\dfrac{1}{n_1}+\dfrac{1}{n_2})}}$	$H_1: \mu_1-\mu_2 \neq 0$	$\|Z_0\| > Z_{\alpha/2}$	p값 $< \alpha$
	$H_1: \mu_1-\mu_2 > 0$	$Z_0 > Z_\alpha$	
	$H_1: \mu_1-\mu_2 < 0$	$Z_0 < -Z_\alpha$	

소표본이면 $T=\dfrac{(\overline{X_1}-\overline{X_2})-(\mu_1-\mu_2)}{\sqrt{S_p^2(\dfrac{1}{n_1}+\dfrac{1}{n_2})}} \sim t_{n_1+n_2-2}$이며, 자유도가 n_1+n_2-2인 t 분포를 따르게 된다. 따라서 이러한 확률분포를 이용하여 신뢰구간과 가설검정을 할 수 있다. 귀무가설하에서의 T_0값과 임계점을 비교하여 귀무가설의 기각 혹은 채택여부가 결정된다. 이때의 만약 두 집단의 표본수가 같다면, 즉 $n_1=n_2=n$이라면 검정량 계산이 한결 쉬워진다.

모평균차 $(\mu_1-\mu_2)$의 $100(1-\alpha)\%$ 신뢰수준은 아래와 같다.

$$\left\{(\overline{X_1}-\overline{X_2})-t_{n_1+n_2-2,\,\alpha/2}\sqrt{S_p^2(\frac{1}{n_1}+\frac{1}{n_2})},\ (\overline{X_1}-\overline{X_2})+t_{n_1+n_2-2,\,\alpha/2}\sqrt{S_p^2(\frac{1}{n_1}+\frac{1}{n_2})}\right\}$$

기각역은

검정통계량	대립가설	귀무가설 기각 조건	
$T=\dfrac{(\overline{X_1}-\overline{X_2})}{\sqrt{S_p^2(\dfrac{1}{n_1}+\dfrac{1}{n_2})}}$	$H_1: \mu_1-\mu_2 \neq 0$	$\|T_0\| > t_{n_1+n_2-2,\alpha/2}$	p값 $< \alpha$
	$H_1: \mu_1-\mu_2 > 0$	$T_0 > t_{n_1+n_2-2,\alpha}$	
	$H_1: \mu_1-\mu_2 < 0$	$Tt_0 < t_{n_1+n_2-2,\alpha}$	

예제 2

D대학교 신입생 남녀 간에 IQ 차이가 있는가를 알아보기 위해 무작위로 남학생 16명과 여학생 9명을 뽑아 테스트한 결과 남학생의 평균 106, 분산은 64였고 여학생의 평균 109, 분산은 81로 나타났다. 단 남녀 학생의 IQ는 각기 정규분포를 하고 분산이 같다고 가정한다.

(i) 95% 신뢰수준하에서 평균의 차이의 구간추정값을 구하시오.

(ii) 유의수준 5%하에서 남녀 간 IQ에 차이가 있는가를 단측검정하시오.

풀이

(i) $S_p^2 = \dfrac{1}{n_1 + n_2 - 2}\left[(n_1 - 1)S_1^2 + (n_2 - 1)S_2^2\right]$ 에서

$\dfrac{1}{16 + 9 - 2}[(16 - 1)64 + (9 - 1)81] = 70$,

$t_{\alpha/2, n_1 + n_2 - 2} = t_{0.025, 16+9-2} = t_{0.025, 23} = 2.069 \approx 2.07$ 이다.

$$\left\{(\overline{X_1} - \overline{X_2}) - t_{n_1+n_2-2, \alpha/2}\sqrt{S_p^2\left(\frac{1}{n_1} + \frac{1}{n_2}\right)},\right.$$
$$\left.(\overline{X_1} - \overline{X_2}) + t_{n_1+n_2-2, \alpha/2}\sqrt{S_p^2\left(\frac{1}{n_1} + \frac{1}{n_2}\right)}\right\}$$

를 이용하면 $-3 - 2.07\sqrt{70\left(\frac{1}{16} + \frac{1}{9}\right)}$, $-3 + 2.07\sqrt{70\left(\frac{1}{16} + \frac{1}{9}\right)}$ 이고 (−10.22, 4.22)를 구할 수 있다.

(ii) 남학생의 IQ와 여학생 IQ 간의 차이를 가설검정하기 위해 '차이가 없다'를 귀무가설로, '차이가 있다'를 대립가설로 설정한다.

$$H_0 : \mu_1 = \mu_2 \qquad H_1 : \mu_1 \neq \mu_2$$

$n_1 < 30$ 이고 $n_2 < 30$ 인 소표본에서의 추정이기 때문에 검정통계량

$$T = \frac{(\overline{X_1} - \overline{X_2})}{\sqrt{S_p^2\left(\frac{1}{n_1} + \frac{1}{n_2}\right)}}$$ 이고 관측된 값은

$$T_0 = \frac{-3 - 0}{\sqrt{70\left(\frac{1}{16} + \frac{1}{9}\right)}} = \frac{-3}{3.5} = -0.86$$ 이다.

이 값은 임계점 $-t_{0.025,\,23}=-2.069$ 보다 큰 값이므로 귀무가설은 기각되지 않는다. 따라서 유의수준 5%에서 남학생과 여학생의 IQ에 차이가 있다고 말할 수 없다.

【경우 3】 두 모집단 평균의 차이($\mu_1-\mu_2$)에 대한 추론(독립 이표본, 두 모분산을 모르고 다른다고 가정하는 경우) 즉 σ_1^2 도 σ_2^2 도 모르지만 $\sigma_1^2 \neq \sigma_2^2$ 일 때이다.

표 7-12 두 독립집단의 모수와 통계량(모분산을 모르고 다르다고 가정한 경우)

	모수		표본의 크기	통계량	
	모평균	모분산(미지수)		표본평균	표본분산
집단1(X_1)	μ_1	$\sigma_1^2 \neq \sigma_2^2$	n_1	$\overline{X_1}$	S_1^2
집단2(X_2)	μ_2	$\sigma_1^2 \neq \sigma_2^2$	n_2	$\overline{X_2}$	S_2^2

모분산이 같은 경우에는 공통분산(S_p^2)을 추정하여 모평균차에 대한 추론을 실시하였으나 모분산이 다른 경우($\sigma_1^2 \neq \sigma_2^2$)에는 두 모집단의 독립성에 의해

$$Var(\overline{X_1}-\overline{X_2}) = Var(\overline{X_1}) + Var(\overline{X_2}) = \frac{\sigma_1^2}{n_1}+\frac{\sigma_2^2}{n_2}$$

으로 표현되며, 이것을 추정하기 위해서는 각 모분산(σ_1^2과 σ_2^2)의 추정량 S_1^2과 S_2^2을 그대로 사용하면 된다. 따라서

$$T=\frac{(\overline{X_1}-\overline{X_2})-(\mu_1-\mu_2)}{\sqrt{(\frac{S_1^2}{n_1}+\frac{S_2^2}{n_2})}} \sim t_v$$

이며, T의 자유도(v)는 다소 복잡한 계산식에 의해 얻을 수 있다.[25] 여기에서는 모집

25 두 모분산이 다르다고 가정할 때는 자유도 계산이 어려워진다. 이 책의 수준을 넘는 문제로서 중급

단의 분포와 상관없이 표본 수가 많은 경우에는 중심극한 정리에 의해 근사적으로 표준정규분포를 띄게 되는데, 실제의 표본분포와 큰 차이를 보이지 않는다. 따라서 이 점을 이용하여 모평균차 $(\mu_1 - \mu_2)$의 100(1−α)% 신뢰수준은 아래와 같다.

$$\left\{(\overline{X_1} - \overline{X_2}) - Z_{\alpha/2}\sqrt{\frac{S_1^2}{n_1} + \frac{S_2^2}{n_2}},\ (\overline{X_1} - \overline{X_2}) + Z_{\alpha/2}\sqrt{\frac{S_1^2}{n_1} + \frac{S_2^2}{n_2}}\right\}$$

그리고 $Z = \dfrac{(\overline{X_1} - \overline{X_2}) - (\mu_1 - \mu_2)}{\sqrt{(\dfrac{S_1^2}{n_1} + \dfrac{S_2^2}{n_2})}} \sim N(0, 1)$가 되며, 이를 사용하여 유의수준 α인 가설검정에서 기각역은

검정통계량	대립가설	귀무가설 기각 조건	
$Z = \dfrac{(\overline{X_1} - \overline{X_2})}{\sqrt{(\dfrac{S_1^2}{n_1} + \dfrac{S_2^2}{n_2})}}$	$H_1 : \mu_1 - \mu_2 \neq 0$	$\lvert Z_0 \rvert > Z_{\alpha/2}$	p값 $< \alpha$
	$H_1 : \mu_1 - \mu_2 > 0$	$Z_0 > Z_\alpha$	
	$H_1 : \mu_1 - \mu_2 < 0$	$Z_0 < -Z_\alpha$	

예제 3

커피점 주인이 매출액 증가를 목표로 새로운 광고 캠페인으로 적극 실시하였다. 광고 캠페인전 100일 동안 하루 평균 매출액은 225만 원으로 계산되었다. 새로운 광고 캠페인 후 50일 동안 하루 평균 매출액은 237만 원으로 증가하였다. 광고 캠페인 전 표준편차는 20만 원이었고 광고 캠페인 후 표준편차는 25만 원이었다.

(i) 95% 신뢰수준하에서 평균의 차이의 구간추정값을 구하시오.

(ii) 유의수준 5%하에서 광고 캠페인 후에 매출액 증가가 있는가를 단측검정 하시오.

통계학책을 참고하기를 바란다.

풀이

(i) 먼저 $\sqrt{\frac{S_1^2}{n_1}+\frac{S_2^2}{n_2}}=\sqrt{\frac{400}{100}+\frac{625}{50}}=\sqrt{16.5}=4.1$,

$\left\{(\overline{X_1}-\overline{X_2})-Z_{\alpha/2}\sqrt{\frac{S_1^2}{n_1}+\frac{S_2^2}{n_2}},\ (\overline{X_1}-\overline{X_2})+Z_{\alpha/2}\sqrt{\frac{S_1^2}{n_1}+\frac{S_2^2}{n_2}}\right\}$

을 이용하면 $(-12-1.96\times4.1,\ -12+1.96\times4.1)$, 즉 $(-20.0, -4.0)$을 구할 수 있다.

(ii) 광고 캠페인 후에 매출이 증가하였는가를 가설검정하기 위해서 '차이가 없다'를 귀무가설로, '차이가 있다'를 대립가설로 설정한다.

$$H_0: \mu_1=\mu_2 \qquad H_1: \mu_1\neq\mu_2$$

$$Z_0=\frac{(\overline{X_1}-\overline{X_2})}{\sqrt{(\frac{S_1^2}{n_1}+\frac{S_2^2}{n_2})}}=\frac{-12}{4.1}=-2.96$$

임계값은 $-Z_{0.025}=-1.96$이고 $Z_0=-2.96<Z_{0.05}=-1.96$이므로 귀무가설은 기각된다. 유의수준 5%에서 광고 후 매출액은 증가한다고 말할 수 있다.

09 효과가 있기는 한 건가?

- 광고주의 의문
- 짝진 표본에서의 모평균차이 및 두 집단 모비율의 차이에 대한 추론

【경우 4】 두 모집단 평균의 차이($\mu_1 - \mu_2$)에 대한 추론(짝진 표본, 대응이 있는 (paired data) 두 집단)

두 조건하에서 같은 개체를 측정한 평균의 차이가 모집단에서도 있다고 해도 좋은지를 판정하는 것이다. 개체의 차이를 고려할 수 있는 이점이 있다. 같은 개체를 두 조건으로 측정하기 때문에 개체 차이가 고려되어 보다 정확한 검정을 할 수 있다.

예를 들어, n명의 피실험자들 대상으로 새로 개발된 혈압 강하제의 효과를 검정하는 경우를 생각해 보자. 피실험자 i의 투약하기 전 측정값(수축기 혈압)을 X_i라 하면 투약 전 관찰값은 $X_1, X_2, \cdots, X_n$으로 나타낼 수 있다. 이번에는 피실험자 i의 투약 후 측정값을 Y_i라 하면 투약 후 측정한 값을 $Y_1, Y_2, \cdots, Y_n$으로 나타낼 수 있다. 실험 전후의 값을 대응시킨 피실험자의 짝($(X_1, Y_1), (X_2, Y_2), \cdots (X_n, Y_n)$)을 대응표본(짝표본)이라고 부른다. 다른 피험자에서 측정된 각 피실험자 혈압의 값 X_i와 Y_j $(i \neq j)$는 서로 독립이지만, X_i에 상응하는 Y_i값(같은 피험자들의 투약 전후의 혈압)과는 독립이 아니다. 당연한 이야기이지만 대응이 있는 경우에는 표본수가 같다. 약물 투여 전과 후의 혈압차이($D_i = (X_i - Y_i), i = 1, 2, \cdots, n$)의 모평균 μ_D에 관한

표 7-13 짝진 표본의 관찰값

피험자 번호	1	2	…	n	평균	표준편차	표준오차
X(투약 전)	X_1	X_2	…	X_n	$\overline{X}$	S_X	$\frac{S_X}{\sqrt{n}}$
Y(투약 후)	Y_1	Y_2	…	Y_n	$\overline{Y}$	S_Y	$\frac{S_Y}{\sqrt{n}}$
$D_i = (X_i - Y_i)$	$D_1 = (X_1 - Y_1)$	$D_2 = (X_2 - Y_2)$	…	$D_n = (X_n - Y_n)$	$\overline{D} = (\overline{X} - \overline{Y})$	S_D	$\frac{S_D}{\sqrt{n}}$

추론이 신약의 효과를 확인하는 방법이라고 할 수 있다.

독립 이표본 검정에서의 '표본평균의 차이'에 대한 분포는 대응이 있는 두 집단 검정에서는 '개체의 차이'에 대한 표본분포로 대체된다. 각각의 쌍으로부터 얻은 두 관찰값의 차이 $D_i = (X_i - Y_i)$, $i = 1, 2, \cdots, n$는 마치 정규분포를 따르는 모집단(모평균: μ_D, 모분산: σ_D^2)에서 추출된 단일 표본인 것처럼 간주하여 t 검정을 실시한다.

귀무가설은 투약 전후에 변화가 없다. 즉, '이 혈압강하제의 효과가 없다'로 설정하고 대립가설은 투약 전후에 변화가 있다. 즉, '이 혈압강하제의 효과가 있다'로 설정한다.[26]

$$H_0 : \mu_D = 0 \text{ 혹은 } H_0 : \mu_X = \mu_Y$$

$$H_1 : \mu_D \neq 0 \text{ 혹은 } H_1 : \mu_X \neq \mu_Y$$

검정통계량은 $T_D = \frac{\overline{D}}{S_D/\sqrt{n}} \sim t_{n-1}$이고, 이후 절차는 일반적인 t 검정 절차와 같다.

검정통계량	대립가설	귀무가설 기각 조건	
$T_D = \frac{\overline{D}}{S_D/\sqrt{n}}$	$H_1 : \mu_D \neq 0$	$\lvert T_0 \rvert > t_{n-1, \alpha/2}$	p값 $< \alpha$
	$H_1 : \mu_D > 0$	$T_0 > t_{n-1, \alpha}$	
	$H_1 : \mu_D < 0$	$T_0 < -t_{n-1, \alpha}$	

26 여기에서는 양측검정일 때를 보여주고 있지만 단측검정($\mu_D > 0$ 혹은 $\mu_D < 0$)도 있다.

예제 4

혈압강하제 투약 전후의 용세, 용미, 용기 세 사람의 효과 데이터를 아래에 정리해 놓았다. 유의수준 5%하에서 가설검정을 실시하시오.

혈압강하제의 효과

피험자	용세	용미	용기	평균	표준편차	표준오차
투약 전(X)	180	200	250	$\overline{X}$=210	S_X=36	$S_X/\sqrt{n}$=21
투약 후(Y)	120	150	150	$\overline{Y}$=140	S_Y=17	$S_Y/\sqrt{n}$=10
차이 D(=X−Y)	60	50	100	$\overline{D}$=70	S_D=26.5	$S_D/\sqrt{n}$=15.2

풀이

$H_0 : \mu_D = 0$, $H_1 : \mu_D \neq 0$으로 설정하고 귀무가설이 참일 때 검정통계량은 $T_D = \dfrac{\overline{D}}{S_D/\sqrt{n}} \sim t_2$이고 관측치 검정통계량은 $T_D = \dfrac{\overline{D}}{S_D/\sqrt{n}} = \dfrac{70}{26.5/\sqrt{3}} = 4.6$이다. 이 값은 유의수준 5%, 자유도 2일 때 t값($t_{2,0.025}$) 4.3보다 크다. 귀무가설(효과가 없다)은 기각되어 대립가설이 채택되었다. 이 혈압강하제는 혈압을 내리는 데 효과가 있다고 말할 수 있다. 또 유의확률(P)은 0.0445이며 $P(|T_D| \geq 4.6) = 0.0445 < 0.05$이다. 이를 통해서도 같은 결론을 내릴 수 있다.

대응이 있는 경우와 없는 경우 <그림 7-16> 두 집단 평균비교에서 보는 바와 같이 그리는 방법이 다르다. 특히, 대응이 있는 경우는 두 집단의 차이를 비교하기 때문에 변화량을 대상으로 그려야 검정 결과를 쉽게 이해할 수 있다. <그림 7-16>에서 그림 속의 수치는 평균 ± 표준오차이다.

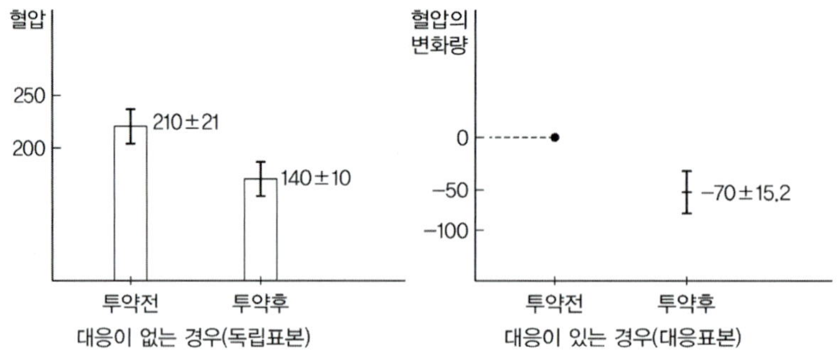

그림 7-16 두 집단 평균비교

【경우 5】 두 집단 모비율의 차이($p_1 - p_2$)에 대한 추론

	모비율	표본의 크기	통계량
			표본비율
집단1(X)	p_1	n_1	$\hat{p_1}$
집단2(Y)	p_2	n_2	$\hat{p_2}$

먼저 모비율 차이(p_1-p_2)에 대한 추론을 위해서는 모비율 차이에 대한 추정량 ($\hat{p_1}-\hat{p_2}$)에 대한 표본분포를 알아야 한다. $\hat{p_1}$의 평균은 p_1이고 분산은 $\frac{p_1(1-p_1)}{n_1}$이고 $\hat{p_2}$의 평균은 p_2이고 분산은 $\frac{p_2(1-p_2)}{n_2}$이다. 두 집단에서 독립적으로 무작위로 표본을 뽑았기 때문에 $\hat{p_1}$과 $\hat{p_2}$은 통계적으로 독립적이다. 따라서 ($\hat{p_1}-\hat{p_2}$)의 기댓값과 분산을 아래와 같이 구할 수 있다.

$$E(\hat{p_1}-\hat{p_2}) = p_1 - p_2,$$

$$Var(\hat{p}_1 - \hat{p}_2) = Var(\hat{p}_1) + Var(\hat{p}_2) = \frac{p_1(1-p_1)}{n_1} + \frac{p_2(1-p_2)}{n_2}$$

대표본인 경우, 즉 $n_1p_1 \geq 5, n_1(1-p_1) \geq 5$일 때 $\hat{p_1}$의 표본분포를 정규분포로 볼 수 있고, $n_2p_2 \geq 5, n_2(1-p_2) \geq 5$일 때 $\hat{p_2}$의 표본분포를 정규분포로 볼 수 있으므로 ($\hat{p_1}-\hat{p_2}$)의 표본분포는 아래와 같이 쓸 수 있다.

$$(\hat{p_1}-\hat{p_2}) \sim N(p_1 - p_2, \frac{p_1(1-p_1)}{n_1} + \frac{p_2(1-p_2)}{n_2})$$

이를 표준화하면,

$$Z = \frac{(\hat{p_1}-\hat{p_2}) - (p_1 - p_2)}{\sqrt{\frac{p_1(1-p_1)}{n_1} + \frac{p_2(1-p_2)}{n_2}}} \sim N(0,1)$$

로 쓸 수 있다.

p_1과 p_2를 알지 못하는 상태에서 모비율 차이에 대한 추정량$(\widehat{p_1}-\widehat{p_2})$의 표준오차 $\sqrt{\frac{p_1(1-p_1)}{n_1}+\frac{p_2(1-p_2)}{n_2}}$ 를 추정해야 모비율 차이에 대한 신뢰구간추정 및 가설검정을 실시할 수 있다.

먼저 모비율 차이 (p_1-p_2)의 100(1-α)% 신뢰수준은 $(\widehat{p_1}-\widehat{p_2})$의 표준오차 추정량($S^2_{\hat{p}_1-\hat{p}_2}$)으로 $\sqrt{\frac{\hat{p}_1(1-\hat{p}_1)}{n_1}+\frac{\hat{p}_2(1-\hat{p}_2)}{n_2}}$를 사용하여 $(\hat{p}_1-\hat{p}_2)\pm Z_{\alpha/2}\sqrt{\frac{\hat{p}_1(1-\hat{p}_1)}{n_1}+\frac{\hat{p}_2(1-\hat{p}_2)}{n_2}}$로 구할 수 있다.

이제 가설검정을 해보기로 하자. 귀무가설 $H_0 : p_1-p_2=0$이 옳다면, 두 모집단의 모비율이 같으므로 공통비율($\bar{p}$)을 사용해야 한다. 공통비율($\bar{p}$)는 $\bar{p}=\frac{n_1\widehat{p_1}+n_2\widehat{p_2}}{n_1+n_2}$으로 구해진다. 귀무가설하에서 $(\widehat{p_1}-\widehat{p_2})$의 표준오차 추정량으로 $\sqrt{\bar{p}(1-\bar{p})(\frac{1}{n_1}+\frac{1}{n_2})}$을 사용하면 검정통계량과 귀무가설하에서의 근사분포는 아래와 같다.

$$Z=\frac{(\hat{p}_1-\hat{p}_2)}{\sqrt{\bar{p}(1-\bar{p})(\frac{1}{n_1}+\frac{1}{n_2})}}\sim N(0,1)$$

기각역은

검정통계량	대립가설	귀무가설 기각 조건	
$Z=\frac{(\hat{p}_1-\hat{p}_2)}{\sqrt{\bar{p}(1-\bar{p})(\frac{1}{n_1}+\frac{1}{n_2})}}$	$H_1 : p_1-p_2\neq 0$	$\lvert Z_0\rvert > Z_{\alpha/2}$	p값 $<\alpha$
	$H_1 : p_1-p_2>0$	$Z_0 > Z_\alpha$	
	$H_1 : p_1-p_2<0$	$Z_0 < -Z_\alpha$	

10 다다익선이긴 할 텐데…

- 표본수를 선택하는 여론조사가의 고민
- 표본의 크기 선택

많은 경제학자들이 경제학의 제1 원리로 "세상에 공짜 점심 없다"를 들고 있다. 당장은 공짜로 점심을 얻어먹지만, 이후 반드시 비용을 치르게 된다는 교훈을 주고 있다. 모든 선택에는 당장의 비용이나 손해는 물론 앞으로 예상치 못했던 비용이나 손해를 겪어야 하는 경우를 누구나 경험하였을 것이다. 이 원리는 상충관계(相衝關係, trade-off)를 함축하고 있다. 이렇게 보면 모든 인간의 행위는 득실을 고민하는 과정을 거친 선택의 결과이다.

통계학에서도 이와 같은 자원의 희소성(稀少性)에 직면하게 된다. 우리가 이 책에서 주로 학습한 추론 통계학에서는 모집단의 특성을 판단하기 위해 표본을 잘 설계하고 다루는 것이 핵심이다. '표본수를 얼마로 할 것인가?'에 초점을 맞추어 학습해 보자. 상식적으로 생각해 보면 추출되는 표본수가 많고 여기에 더해 대표성이 높은 표본이 추출된다면 좋은 추론이 가능하다고 볼 수 있겠다. 그러나 이를 위해서는 상응하는 비용이 드는 것이 일반적인 현상이다. 한마디로 "똘똘한 ×이 많으면 많을수록 좋을 텐데, 그렇지 못하니…" 그래서 오차의 한계를 먼저 정하고 그 범위 내에서 최적 표본수를 찾도록 하자.

먼저 모평균값을 추정하는 경우(모분산을 아는 경우)에 대해 공부하기로 하자.

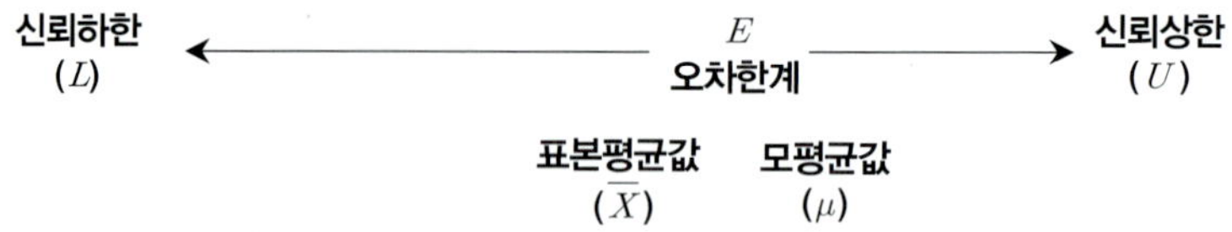

그림 7-17 모평균 추정에 필요한 표본크기

$100(1-\alpha)\%$ 신뢰수준하에서 추정오차가 E(오차한계) 이하이기를 원한다고 하자(그림 7-17).

$X \sim N(\mu, \sigma^2)$으로 가정하고 $X_1, X_2, \cdots, X_n$은 확률표본이고, 오차의 범위를 수식으로 나타내면

$$P(|\overline{X}-\mu| \leq E) = 1-\alpha$$

$$P(-E \leq (\overline{X}-\mu) \leq E) = 1-\alpha$$

각 항을 $\sigma/\sqrt{n}$으로 나누어 정리하면

$$P\left(-\frac{E}{\sigma/\sqrt{n}} \leq \frac{(\overline{X}-\mu)}{\sigma/\sqrt{n}} \leq \frac{E}{\sigma/\sqrt{n}}\right) = 1-\alpha$$

이고, 또한 Z는 표준정규분포를 따르므로

$$P\left(-\frac{E}{\sigma/\sqrt{n}} \leq Z \leq \frac{E}{\sigma/\sqrt{n}}\right) = 1-\alpha$$

으로 쓸 수 있다. $\frac{E}{\sigma/\sqrt{n}} = Z_{\alpha/2}$를 만족해야 한다. 이 식에서 표본의 크기는 $n = \left(\frac{Z_{\alpha/2} \times \sigma}{E}\right)^2$을 구할 수 있다.

예제 1

양계업자 용세는 자신이 기르는 닭의 평균 몸무게를 추정하고자 한다. 그는 모표준편차가 2,400 g이고 신뢰수준 95%로 추정값과 참값 간의 추정오차의 한계가 300 g보다 적게 하고 싶다. 닭 몇 마리를 측정해야 하는가? 단, 닭의 몸무게는 정규분포를 한다고 알려져 있다.

풀이

$\alpha = 0.05,\ \sigma = 2{,}400,\ E = 300,\ Z_{\alpha/2} = Z_{0.025} = 1.96,$

$n = (\frac{1.96 \times 2{,}400}{300})^2 \approx 246$, 약 246마리 이상이면 가능하다.

모평균값을 추정하는 경우(모분산을 모르는 경우)에 대해 알아보자. $T = \frac{\overline{X} - \mu}{S/\sqrt{n}} \sim t_{n-1}$이므로 오차한계가 $E = t_{\alpha/2, n-1}\frac{S}{\sqrt{n}}$이며, 따라서 표본수는 $n = (t_{\alpha/2, n-1}\frac{S}{E})^2$이 된다.

예제 2

용기네 회사가 생산하고 있는 베어링의 평균 직경을 알아보고자 한다. 9개의 표본을 대상으로 조사한 결과 아래와 같은 자료를 얻었다.

4.4, 5.0, 4.9, 5.6, 5.3, 5.1, 5.2, 4.7, 4.8

(i) 과거로부터 $\sigma = 0.4$로 알려졌다고 할 때, 평균직경에 대한 95% 신뢰구간을 구하시오.

(ii) 모분산이 알려져 있지 않았다고 할 때, 평균직경에 대한 95% 신뢰구간을 구하시오.

(iii) 오차한계를 0.2로 할 때 표본수는 얼마가 되어야 하는지 구하시오.

풀이

(i) 표본평균($\overline{X}$)은 5.0이다.

$$5.0 \pm 1.96 \times \frac{0.4}{\sqrt{9}} = 5.0 \pm 0.261 = 4.739 \sim 5.261$$

(ii) 모분산이 알려져 있지 않았다면 표본표준편차(S)를 이용해야 한다.

$$S^2 = \sum_{i=1}^{9}(X_i - \overline{X})^2/(n-1) = \frac{\sum_{i=1}^{9}(X_i - 5)^2}{15} = 0.125,$$

$$S = \sqrt{0.125} = 0.353 \text{이고 } t_{0.025,8} = 2.31 \text{이므로}$$

$$5.0 \pm 2.31 \times \frac{0.353}{\sqrt{9}} = 5.0 \pm 0.272 = 4.728 \sim 5.272$$

(iii) (a) $\sigma = 0.4$로 알려진 경우 $n = (\frac{1.96 \times 0.4}{0.2})^2 \approx 15$

(b) 모분산을 모르는 경우 자유도 $(n-1)$=14를 이용하면

$$n = (t_{\alpha/2,\, n-1}\frac{S}{E})^2 = (2.15\frac{0.353}{0.2})^2 \approx 14.4$$

다시 자유도 $(n-1)$=13을 이용하면

$$n = (t_{\alpha/2,\, n-1}\frac{S}{E})^2 = (2.16\frac{0.353}{0.2})^2 \approx 14.5$$

따라서 표본수는 14개면 적절하다고 본다.

마지막으로 모비율(p)을 추정할 때 표본의 크기를 구해 보자. 신뢰수준이 $100(1-\alpha)\%$일 때 오차한계가 $E = Z_{\alpha/2}\sqrt{\frac{p(1-p)}{n}}$이며, 따라서 표본수는 $n = (\frac{Z_{\alpha/2} \times \sqrt{p(1-p)}}{E})^2$가 된다. p가 0.5일 때 표본의 수가 가장 크게 된다.

예제 3

수소차를 생산을 계획하고 있는 자동차회사가 1,000명을 표본으로 뽑아 향후 3년 내에 수소차에 대한 구매 의사를 조사한 결과, 50명이 긍정적인 답을 하였다.

(i) 향후 3년간 수소차를 구매하려는 고객의 비율에 대한 95% 신뢰구간을 구하시오.

(ii) 오차한계를 0.01로 할 때 표본수는 얼마가 되어야 하는지 구하시오.

풀이

(i) 구매자 추정비율은 $\hat{p} = \frac{50}{1,000} = 0.05$, $n\hat{p} = 1,000 \times \frac{50}{1,000} = 50 \geq 5$

이고, $n(1-\hat{p}) = 1,000 \times \frac{960}{1,000} = 960 \geq 5$로 근사적으로 정규분

포를 이용할 수 있는 조건을 만족하고 있다. 따라서 p의 95% 신뢰구간은 $0.05 \pm 1.96\sqrt{\frac{0.05(1-0.05)}{1,000}}=0.05 \pm 0.0135$, $0.036 \sim 0.063$을 구할 수 있다.

(ii) 만약 $p=0.5$를 사용하면 $n=9,604$가 나온다. 소비자들이 3년 내에 50%나 산다는 것은 불가능하다고 판단되기 때문에 $p=0.1$을 사용해 보면 $n=(\frac{Z_{\alpha/2} \times \sqrt{p(1-p)}}{E})^2=(\frac{1.96 \times \sqrt{0.1 \times 0.9}}{0.01})^2 \approx 3458$을 얻을 수 있다.

표 7-14 오차한계를 만족하는 표본의 크기

추정대상 모수와 조건		오차한계(E)	표본의 크기
모평균(μ)	모분산을 아는 경우	$E=Z_{\alpha/2}\frac{\sigma}{\sqrt{n}}$	$n=(\frac{Z_{\alpha/2} \times \sigma}{E})^2$
	모분산을 모르는 경우	$E=t_{\alpha/2,n-1}\frac{S}{\sqrt{n}}$	$n=(t_{\alpha/2,n-1}\frac{S}{E})^2$
모비율(p)		$E=Z_{\alpha/2}\sqrt{\frac{p(1-p)}{n}}$	$n=(\frac{Z_{\alpha/2} \times \sqrt{p(1-p)}}{E})^2$

표본크기를 정하는 데 모분산(σ^2), $t_{\alpha/2,n-1}$와 표본분산(S^2), 모비율(p)을 알아야 한다는 모순에 빠지게 된다. σ^2, S^2 또는 p는 과거의 경험이나 연구 결과 또는 사전 조사에서 얻을 수 있다. 아니면 대략 짐작되는 값(추정오차의 범위)을 이용하기도 한다. 모분산을 모르는 상태에서 모평균 추정하는 경우, $Z_{\alpha/2}$를 사용하여 개략적으로 n을 구하고, 반복하면 $t_{\alpha/2,n-1}$에 사용된 n값과 새로 구한 n값을 접근시킬 수 있으며, 적절한 표본수에 접근하게 된다. 모비율을 대상으로 하는 경우 사전정보가 전혀 없다면 p를 0.5로 사용하기도 한다. 이렇게 되면 표본의 수가 가장 크게 된다.

연습문제

1 신도 저렇게는 못 쓴다

1. 추정량과 추정치에 대해 설명하시오.
2. 바람직한 추정량의 성질에 대해 쓰시오.
3. 표본추출 오차(혹은 표집오차)와 비표본추출 오차(또는 비표집오차)를 비교하여 설명하시오.
4. 점 추정과 구간추정을 비교하여 설명하시오.

2 수제비 반죽을 여러 번 하는 이유

1. 표본분포에 대해 설명하시오.
2. 중심극한정리에 대해 설명하시오.

3 음, 새벽 2시경에 어디에 계셨지요?

1. 소주제조회사에서 36개의 소주를 표본으로 뽑아 알코올 농도를 측정한 결과 평균이 16.8도였다고 한다. 이 소주 회사의 알코올 농도의 분산은 0.16이며 정규분포를 이루고 있다고 한다. 이 회사가 생산하는 소주의 알코올 농도의 모평균에 대한 95% 신뢰구간을 구하시오.
2. 어느 골프공제조회사에서 25개의 골프공을 표본으로 뽑아 직경을 측정한 결과 평균은 42.67㎜, 표준편차는 5.5㎜였다고 한다. 이 회사가 생산하는 골프공 직경의 모평균에 대한 99% 신뢰구간을 구하시오.

4 성인 흡연율은 얼마일까?

1. 모 대선 후보의 교육정책에 대해 소속 당원이 아닌 일반 국민은 50%의 지지를 보내고 있다고 한다. 무작위로 일반인 840명을 추출하여 조사한 결과
   (i) 50% 이상이 이 정책에 지지할 확률을 구하시오.
   (ii) 75% 이상이 이 정책에 지지할 확률을 구하시오.
   (iii) 4절의 **예제** 3과 연계지어 여론조사의 어려움을 설명하시오.

5 천당과 지옥의 갈림길: 혈중알코올농도 0.03%

1. 귀무가설과 대립가설을 비교하여 설명하시오.
2. 채택역과 기각역에 대해 설명하시오.
3. 유의수준과 P에 대해 설명하시오.
4. 우리가 밝히려는 내용이 담겨 있고 대립가설이 참일 때 귀무가설을 채택하는 오류는 무엇인지 설명하시오.
5. 귀무가설이 참일 때 잘못하여 우리가 밝히려는 내용이 담겨져 있는 대립가설을 채택하는 오류는 무엇인지 설명하시오.

6 오늘은 찬성, 내일은 반대

1. 가설검정의 순서를 바르게 나타낸 것을 고르시오.

㉠ 귀무가설과 대립가설을 설정한다.	㉡ 유의수준을 정한다.
㉢ 가설의 채택여부를 결정한다.	㉣ 검정통계량을 계산한다.
㉤ 기각역을 구한다.	㉥ 결과를 해석한다.

① ㉠→㉡→㉢→㉣→㉤→㉥　　② ㉠→㉡→㉣→㉤→㉢→㉥

③ ㉢→㉣→㉠→㉡→㉤→㉥　　④ ㉡→㉠→㉢→㉣→㉤→㉥

2. 통계학에서 주로 실시하는 검정에 대해 설명하시오.
   ① 제1종 오류를 최소화한다.
   ② 제2종 오류를 최소화한다.
   ③ 제1종 오류의 최댓값을 일정값으로 고정하고 제2종 오류를 최소화한다.
   ④ 제2종 오류의 최댓값을 일정값으로 고정하고 제1종 오류를 최소화한다.
3. 양측검정, 우측검정, 좌측검정에 대하여 설명하시오.

7 1개월에 5 kg, 다이어트 책임

1. 한국인의 정상 혈압치 평균이 $\mu = 130\ mmHg$이라고 알려져 있다. A제약회사가 혈압을 낮추는 신약을 개발하여 25명을 대상으로 실험해 본 결과 평균 120 $mmHg$와 표준편차 10 $mmHg$를 얻었다고 한다. 이 신약이 혈맙을 낮추는지를 검정하는 데 적합한 가설은 무엇인지 고르시오.

   ① $H_0 : \mu > 120, H_1 : \mu = 120$ ② $H_0 : \mu \geq 120, H_1 : \mu < 120$

   ③ $H_0 : \mu = 130, H_1 : \mu > 130$ ④ $H_0 : \mu = 130, H_1 : \mu < 130$

2. A제약회사는 당료병치료제 신약을 개발하여 당수치를 낮추는지를 검정하기 위한 자료에서 유의확률(p)값이 사전에 정한 기준치 0.05보다 작으면 어떤 결론을 내릴 수 있는지 고르시오.

   ① 귀무가설을 수락하고 신약이 효과가 있다고 판단한다.

   ② 귀무가설을 수락하고 신약이 효과가 없다고 판단한다.

   ③ 귀무가설을 기각하고 신약이 당수치를 낮추는 유의한 영향이 있다고 판단한다.

   ④ 귀무가설을 기각하고 신약이 당수치를 낮추는 유의한 영향이 없다고 판단한다.

3. 정상적인 성인의 맥박수는 분당 70회이고 표준편차는 12이다. A제약회사는 맥박수를 줄이는 신약을 개발하였다고 주장하고 있다. 성인 36명을 임의로 추출하여 이 약을 복용시킨 결과 평균 분당 66회를 얻었다. 유의수준 0.05에서 P값을 구하고 검정하시오.

4. A당은 사전선거에서 투표율이 25%를 넘으면 자신들에게 유리할 것이라고 주장하고 있다. 전국 유권자 중에서 1,000명을 표본추출하여 사전 투표 참가여부를 물은 결과 310명이 참가의사를 보였다. 이 정당의 주장을 유의수준 5%에서 검정하시오.

8 이번 신약은 과거 약과는 달라

1. A제약회사는 체중을 줄이는 신약(NA)을 개발하였다고 주장하고 있다. 기존약(CA)과 비교하기 위해 40명에게는 신약을 40명에는 기존약을 투여한 결과 아래의 자료를 얻을 수 있었다. 신약의 체중감량효과가 기존약의 효과보다 더 크다고 주장하는 제약회사의 주장을 유의수준 5%에서 검정하시오.

약 종류	표본크기	표본평균 (체중평균감소량)	표본분산
NA(신약)	40	5kg	2.5kg
CA(기존약)	40	3kg	3.2kg

2. K자동차 조립 공장에서는 두 개의 라인(1과 2)에서 같은 차종을 생산하고 있다. 두 생산라인의 불량률이 같은가를 알아보기 위해 각 라인에서 생산된 차 중에서 임의로 100대씩을 추출하여 조사해 본 결과, 1라인에서는 10대가, 2라인에서는 5대가 불량으로 조사되었다. 두 생산라인의 불량률이 같은가에 대한 주장을 유의수준 5%에서 검정하시오.

9 효과가 있기는 한 건가?

1. 두 개의 서로 다른 광고(A와 B)를 만든 후 효과를 비교하기 위해 주 5회 같은 시간대에 방영한 후, 일주일 후에 표본조사를 실시하였다. 광고 내용에 대해 호감을 갖고 있는 시청자의 비율을 조사해 본 결과 A광고를 본 시청자 120명 중 36명이 B광고에 대해서는 100명 시청자 중에서 21명이 그렇다고 대답하였다.
   (i) A에 대해 호감을 갖는 시청자의 모비율(P_A)과 B에 대해 호감을 갖는 시청자의 모비율(P_B) 차이에 대해 90% 신뢰구간을 구해 보시오.
   (ii) A광고가 더 효과적인지를 유의수준 10%하에서 검정하시오.
2. 컴퓨터 워딩 훈련 프로그램을 개발회사인 A사는 새로 개발한 컴퓨터 워딩 훈련 프로그램의 효과를 알아보기 위해 학생 기자 10명을 표본으로 뽑아 훈련 실시 전과 실시 후의 워딩 속도를 조사한 결과는 아래와 같이 나타났다. 교육효과가 있었는가를 5% 유의수준으로 검정하시오. 단 타자속도는 정규분포에 따른다고 가정하자.

	타자속도(글자 수/분)									
	1	2	3	4	5	6	7	8	9	10
실시 전 (모집단 1)	53	60	69	55	58	61	62	48	50	56
실시 후 (모집단 2)	58	67	72	57	58	59	68	45	57	53

10 다다익선이긴 할 텐데…

1. 표본의 크기가 크면 클수록 (　　)를 줄일 수 있어서 좋지만, 자료수집에 따르는 시간과 (　　)도 증가한다.
2. 시장의 새로운 정책에 대한 시민들의 지지도를 알고 싶어 표본조사를 하고자 한다. 신뢰수준 95%에서 추정오차를 ±3.1% 이내로 하고 싶어 한다. 표본의 크기를 얼마로 하는 것이 가장 적정한지 설명하시오.

제 8 장

회귀분석 입문하기

1. 천재는 외로운 왕따
2. 나 태어난 곳으로 다시 갈 거야
3. 내 덕인 줄 알아 vs 공치사가 좀 심해요
4. 계절별로 매출액 차이가 얼마일까?
5. 어떤 사람이 흡연자일까?

01 천재는 외로운 왕따

- 중학생 천재의 엉뚱한 생각
- 결정식과 확률식(교란항)

타임머신을 타고 중학교 수학 시간으로 돌아가 보자. 수학 선생님이 칠판에 $y = 2x + 1$이라고 쓴 다음 $x = 3$일 때 y가 얼마인지를 질문했다. 만약 7 이외의 다른 답을 썼다가는 틀렸다고 붉은 줄이 쭉 그어질 것이고, 어김없이 방과 후에 나머지 공부라는 불명예를 안았을 것이다. 혹시 "7.01은 안 됩니까?"라고(7이나 7.01이나 불과 0.01 차이밖에 나지 않으므로 이 정도의 차이는 용인될 수 있지 않을까 하는 생각을 하면서) 질문하면 수학 선생님은 더 어이가 없다는 표정을 지을 것이고 친구들에게도 웃음거리가 될 것이다. 천재는 외롭고 왕따가 따로 없는 것이다!

x	−1	0	1	2	3	4
y	−1	1	3	5	(　)	9

이번에는 '$y = 2x + 1 + u$, $u \gtreqless 0$인 유리수'라는 관계식을 가지고 앞에서와 똑같은 질문을 해보자. $x = 3$일 때 y는 얼마인가? 이번에는 여러 가지 답이 가능하다. 꼭 7이 아니더라도 6, 8, 9 중에서 어느 값도 답이 될 수 있다. 7.01도 당당하게 답이 될 수 있다. 이런 여유는 바로 u라는 새로운 개념이 도입되면서 가능해진 것이다. u가 취할

수 있는 범위가 −5에서 +5까지의 모든 정수라고 하면, y값은 꼭 7이 아닌 수가 될 수 있다. 이런 식에서는 7은 오히려 특별한 경우에 해당하는 값이다.

방정식은 $y = 2x + 1$과 같이 x값에 하나의 y값만 대응되는 식과 '$y = 2x + 1 + u$, $u \lesseqgtr 0$인 유리수'같이 x값에 여러 가지 y값이 대응되는 식으로 나눌 수 있다. 전자를 결정식(決定式, deterministic equation)이라고 부르며, 후자를 확률식(確率式, stochastic equation)이라고 부른다. 또 u를 교란항(攪亂項, disturbance term)이라고 부른다. 결정식은 매우 기계적인 관계를 나타내고 있지만 확률식은 교란항이 있어 다양한 가능성을 포함하고 있다. 사람이 하는 행동이나 세상일을 굳이 식으로 표현한다면 어느 식에 더 가까울까? 세상일은 나름대로 규칙성이 있지만 딱딱한 기계처럼 에누리 없이 돌아가지는 않는다. 규칙성에서 벗어나 있는 부분이란 넉넉함이나 엉성함, 혹은 에누리나 실수 등 무어라고 꼭 꼬집어 말할 수는 없지만 '거시기'한 부분들이 있게 마련인데 이런 부분을 교란항이 잘 대변하고 있다. 따라서 세상일은 확률식으로 표현하는 것이 더 적절할 것이다. 같은 여건이라고 할지라도 사람에 따라 다르게 반응하며 같은 사람이라도 상황이나 기분에 따라 생각과 행동이 바뀌기 때문이다. 잡다한 요인에 의해 영향을 받는 모든 것들을 교란항이 대변하고 있는 셈이다.

확률식은 관찰된 자료(정보)는 규칙적 부분(systematic part, $2x + 1$)과 확률적 부분(random part, u)으로 나눌 수 있다. 확률적 부분(교란항)은 통계 모형을 그 외의 다른 수리적 모형과 구별시키는 중요한 요소로서 불확실성을 나타낸다. 통계분석에서 변수 간의 상호관계를 밝히는 데 가장 많이 이용되고 있는 회귀분석(回歸分析, regression analysis)은 일단 확률식을 분석의 주 대상으로 삼는다. 그런 후 과학적으로 실제 관측치를 전체적으로 잘 대표하는 규칙된 부분의 규칙을 찾는다. 평소에는 아주 얌전하지만 술만 한잔 들어가면 영 딴 사람처럼 행동하는 사람이 있다. 평소에 나타나는 아주 얌전한 부분은 규칙적 부분이고, 만취 후 지그재그로 걷고 행동하는 것은 확률적 부분이라고 할 수 있다. 이런 사람에게 친구들은 "그 친구 술만 안 먹으면 참 좋은 사람인데, 술이 과하면 영 아니란 말이야"하고 말하곤 하는데, 이때 사람들은 그를 규칙적 부분과 확률적 부분으로 나누어 분석하고 있는 셈이다.

가장 간단한 (모)회귀식은 $Y_i = a + bX_i + u_i$라고 쓸 때 X를 독립변수(獨立變數, independent variable), 설명변수(說明變數, explanatory variable), 예측변수(豫測變數, predictor variable)로, Y를 종속변수(從屬變數, dependent variable), 피설명변수(彼說明變數) 또는 설명되는 변수(explained variables) 반응변수(反應變數, response variable)라고 부른다. 이 책에서는 편의상 X를 독립변수로만 Y를 종속변수로만 부르기로 한다.

출발점은 엄격한 가정에서부터

회귀분석을 원활히 하기 위해서 몇 가지 엄격한 가정을 적용하고 있다.[1] 즉, 회귀분석은 거의 현실적으로 존재하지 않는 매우 이상적(理想的)인 상황을 분석의 시작점으로 삼고 있다. 이러한 접근 방법은 자연과학에서 많이 볼 수 있는데, 대부분 물리 실험은 현실에는 거의 존재하지 않는 상태인 25 ℃, 1기압, 진공 상태에서 행해지고 있다. 실험을 통해 어떤 법칙을 발견한 후에는 이 조건을 한 가지씩 완화해 감으로써 현실에 접근해 가는 방법을 택하고 있는 것이다. 회귀분석에서도 또 경제학의 완전경쟁시장 분석에서도 비슷한 과정을 통해 체계적으로 논리를 전재하고 현실에 다가가고 있다. 다시 말해 처음에는 매우 비현실적이고 이상적인 상태를 가정하지만 점점 조건을 완화시켜 가면서 현실에 접근하는 방법을 택하고 있다.

통상최소자승(제곱)법(通常最小自乘法, ordinary leastsquare method, OLS)이라고 부르는 이 방법은 고전적 가정(古典的 假定, classical assumption)조건하에서 선형회귀 모형을 추정하는 가장 좋은 방법이다. 조건의 내용은 아래와 같다.[2]

① 종속변수는 계수들과 선형관계에 있으며 회귀모델은 적절한 독립변수들을 포

1 고전적 회귀분석에서는 회귀모형이 정확히 설정되어 있다는 가정을 전제로 삼고 있어 인과관계의 방향을 이미 묵시적으로 내재하고 있다고 보고 있다.

2 고전적이라고 부르는 이유는 1821년 가우스(Gauss)가 최초로 개발하였기 때문이고, 가우스의 가정을 만족시키지 않는 회귀모형과 비교할 때 사용되는 잣대의 역할을 하기 때문이다.

함하고 있다.

② 서로 긴밀성이 높은(비슷한 정보를 갖는) 독립변수를 포함하고 있지 않아야 한다.

③ 독립변수는 오차항과 상관관계가 없다. 즉, $Cov(X_i, e_i) = 0$.

④ 오차항(e_i)들은 서로 독립이기 때문에 상관관계가 없다. 즉, $Cov(e_i, e_j) = 0$, $i \neq j$.

⑤ 오차항(e_i)의 평균은 0이다. 즉, $E(e_i) = 0$.

⑥ 오차항(e_i)의 분산은 σ^2이다. 즉, $Var(e_i) = Var(e_j) = \sigma^2 \ i \neq j$.

⑦ 오차항(e_i)은 정규분포를 따른다.[3] $e_i \sim N(0, \sigma^2)$.

위의 조건에 대해 좀 더 자세히 알아보기로 하자.

① 단순하게 생각하면 독립변수가 많으면 많을수록 좋은 결과가 나올 것으로 예상하기 쉬우나 별로 적절하지 않은 독립변수들을 많이 포함하면 오히려 결과가 나빠질 수 있다. 여기에도 과유불급(過猶不及)을 적용할 수 있다.

② 서로 긴밀성이 높은(비슷한 정보를 갖는) 독립변수를 포함시키면 통상최소제곱법으로 독립변수들의 회귀계수를 각각 분리하여 추정하는 것이 어렵게 된다. 이런 현상을 다중공선성(多重共線性, multicollinearity) 문제라고 부르는데, 고전적 가정에서는 이런 문제가 없다고 가정한다. 회귀계수를 추정하는 작업은 연립방정식의 유일한 해(a single unique solution)를 구하는 일이다. 일반적으로 연립방정식에서 미지수의 수와 방정식의 수가 같을 때 유한개(有限個)의 해가 존재하고 미지수의 수가 방정식의 수보다 많을 때는 부정(不定, infinitely many solutions)이 되는데, 다중공선성이 심할수록 부정이 나타나게 되기 때문이다.

③ 자기상관(自己相關, autocorrelation) 또는 계열 상관(serial correlation)이 존재하지 않는다는 가정이다. 자기상관은 주로 시계열 자료를 다룰 때 나타나는

3 이 가정은 조건부 가정이다.

현상이다. ④번 가정과 관련이 있다.

④ 오차는 +도 생기고 −도 생긴다. 따라서 오차의 평균이 0가 된다는 가정은 쉽게 수긍이 간다. 즉, $E(e_i) = 0$을 의미한다. 만약 그렇지 않다면 +가 더 많든가 −가 더 많다는 것을 의미하는데, 이렇게 되면 회귀 직선식이 위쪽 혹은 아래쪽으로 치우쳐 계산되었음을 뜻하게 된다. ⑤번 가정과 관련이 있다.

⑤ 모든 오차(e_i)에 대해 오차의 분산은 σ^2으로 같다. 즉, 동분산(同分散, homoscedasticity, constant variance, equal variance)[4]이라고 가정한다. 반대로 이분산(異分散, heteroscedasticity)이라고 부른다.[5] 이분산은 횡단자료를 분석할 때 주로 발생한다. ⑥번 가정과 관련이 있다.

⑥ 위의 ⑦번 가정은 통상최소제곱법으로 구한 추정량이 최량선형추정량(最良線形推定量, Best Linear Unbiased Estimator, BLUE)이 되는 것에 절대적으로 필요한 것은 아니므로 선택 사항이지만 회귀모델의 결과를 통계적으로 검정하는데 매우 중요하다.

회귀분석의 목적은 크게 두 가지로 나뉜다. 첫째는 독립변수와 종속변수 간의 인과관계를 밝히는 것이고 둘째는 예측에 있다. 분석자들은 왜 변수 간에 인과관계가 있는가 또 현재의 관계가 예측에 필요한 정보를 가지고 있는가에 대해 정당성을 가질 때 회귀분석을 활용해야 한다.[6]

골턴이 회귀분석을 도입한 이래 회귀분석은 통계학분석에서 핵심적인 지위를 차지하게 되었고 다음과 같이 확장되었다.

- 설명변수의 수가 둘 이상인 회귀분석: 다중회귀(이 장 2절 참고 바람)
- 설명변수가 범주형인 회귀분석: 범주형 회귀분석(가변수에 대한 회귀분석)(이

4 등분산(等分散)이라고도 부른다. $Var(e_i) = \sigma_i^2 = \sigma^2$, $Var(e_j) = \sigma_j^2 \equiv \sigma^2, i \neq j$.

5 $Var(e_i) = \sigma_i^2$, $Var(e_j) = \sigma_j^2$ $i \neq j$로 나타낼 수 있다. 동분산이 초록이 동색이라면, 이분산은 백인백색이라고 표현할 수 있겠다.

6 위키피디아 참고하였음.

장 4절 참고 바람)

- 선형관계가 아니고, 데이터의 패턴에 따라 유연하게 변하는 관계를 갖는 회귀분석: 비선형회귀분석(계량경제학 참고 바람)
- 종속변수가 비율이나 개수처럼 연속적인 값을 가지고 있지 않은 회귀분석: (가변수인 종속변수에 대한 회귀분석)(이 장 5절 참고 바람)

이야기 보따리 '슈퍼 넘사벽 금수저 출신' 골턴

프랜시스 골턴 경(Sir Francis Galton, 1822~1911)은 영국의 인류학자, 통계학자, 탐험가, 초기의 유전학자이다. 우생학(優生學, eugenics)과 근대통계학의 아버지라고 불린다. 이래즈머스 다윈(Erasmus Darwin)의 외손자이고, 찰스 다윈(Charles Robert Darwin)은 그의 배다른 외사촌 형이다. 그의 친가와 외가 모두 당시 영국에서 최상위 집안이었다. 양가는 재산이 많았을 뿐만 아니라 다양한 인문학적 소양도 가지고 있었다. 요즘 말로 하면 '넘사벽 금수저 출신'을 넘어 '슈퍼 넘사벽 금수저 출신'이라고 부를 수 있겠다. 어려서부터 신동이라고 불릴 정도였으며 의학과 수학을 공부하였으며, 여행도 좋아한 박식 다식한 인물이었다. 1909년 작위를 받았으며 1910년 코플리 메달(Copley Medal)을 수상하였다.

1859년, 찰스 다윈의 『종의 기원』을 출판한 것에 크게 영향을 받아, 유전 문제를 통계학으로 해결하려는 생각을 갖고 연구를 시작하였다. 1883년 우생학이라고 하는 용어를 최초로 사용한 것으로 알려져 있다. 1869년 저서 『유전적 천재(Hereditary Genius)』에서 사람의 재능이 상당히 유전에 의해 계승되고 있다고 주장하였다. 그리고 가축의 품종개량과 같이 인간에게도 인위선택을 적용한다면 보다 좋은 사회가 가능하다고 주장하였다. 당시 영

골턴 경의 사진

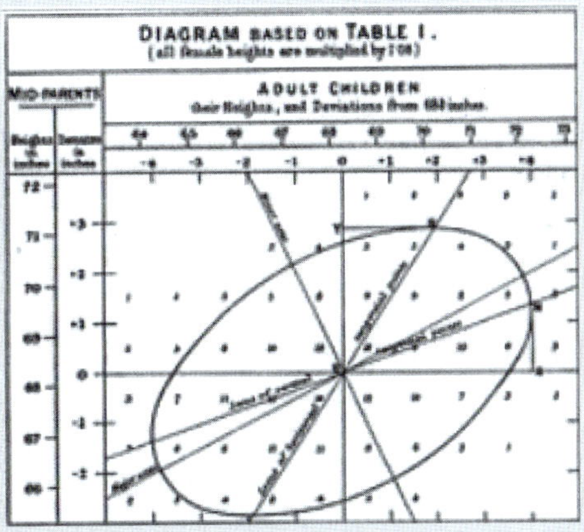

국은 제1차 산업혁명을 막 지난 때로 노동환경을 둘러싼 여러 의견이 대립하고 있었는데, 그는 사회발전을 위해서는 환경개선보다도 생물학적인 개량이 더 효과적이라고 믿었다.

1874년에 출간한 『English men of science: their nature and nurture』에서는 양육(養育, nurture)보다는 천성(天性, nature)이 사람의 능력을 결정하는 데 더 큰 영향을 미친다는 결론을 내렸다. 또한 1886년 "Regression Towards Mediocrity in Hereditary Stature"에서 '평범함으로의 회귀(regression to mediocrity)' 현상을 주장하였는데, 키가 큰 아버지는 자신보다 약간 더 작은 아들을 키가 작은 아버지는 자신보다 약간 더 큰 아들을 가지는 경향이 있다는 사실을 발견한 것이다. 오늘날에는 '평균으로의 회귀(regression to the mean)'로 부르고 있다. 이것은 어머니와 딸 사이에서도 나타나는 경향이다.

그는 자식이 없었고 유명한 칼 피어슨이 그의 제자이다. 여기서도 그 스승에 그 제자라고 평할 수 있겠다.

이야기 보따리 한 송이 '통계학'이 꽃 피기까지

이 책에서 통계학에 지대한 공헌을 한 6명의 대학자 –골턴(1811~1911), 칼 피어슨(1857~1936), 고셋(1876~1937), 피셔(1890~1962), 이건 피어슨(1895~1980), 네이만(1894~1981), 그리고 박스(1919~2013)의 일생과 학문적 업적을 소개하였다.

- 스승과 제자: 골턴과 칼 피어슨, 칼 피어슨과 네이만, 이건 피어슨과 박스
- 아버지와 아들: 칼 피어슨과 이건 피어슨
- 동료: 칼 피어슨과 고셋, 피셔와 고셋, 이건 피어슨과 네이만
- 라이벌: 이건 피어슨과 네이만 대 피셔, 피셔 대 칼 피어슨
- 혼인: 피셔와 박스

통계학이 영국 대학과 연구소를 중심으로 세대에 걸쳐 여러 유형의 인간관계가 형성되면서 발전하였음을 알 수 있었다. 우리나라에도 이와 같이 대학과 연구소를 중심으로 열정을 가진 학자와 연구자들이 모여 학문을 발전시키기를 희망해 본다.

명언 보따리

"과학의 목표는 복잡한 사실을 가장 단순하게 설명하는 방법을 찾는 것이다. 단순함을 찾아라. 그리고 그것에 의혹(疑惑)을 품어라."

알프레드 노스 화이트헤드(A.N. Whitehead, 1861~1947)

02 나 태어난 곳으로 다시 갈 거야

- 연어의 몸부림
- 회귀분석

'회귀(回歸, regression)'하면 제일 먼저 생각나는 것이 연어(salmon)이다. 자신이 태어났던 내륙의 강으로 죽음을 무릅쓰고 다시 돌아오는 연어의 본성(근성)과 모습, 특히 폭포를 힘차게 수면 밖으로 튀어 올라 건너는 연어들의 모습은 자연의 신비함을 느끼기에 충분하다. 통계학이나 경제학에서 쓰는 회귀분석에서도 여러 사람의 행동이 회귀한다고 보고 있다. 어디로 회귀하는가? 바로 평균이다.[7]

가장 의미 있으면서도 쉬운 예로는 소득과 소비와의 관계가 있다. 우리나라 사람들의 소득과 소비는 어떤 함수로 나타낼 수 있을까? <표 8-1>에 2001년부터 2020년까지의 우리나라 명목(실질)국민총소득(GNI), 명목(실질)민간소비, GDP디플레이터 등을 보여주고 있다.[8] 이 자료를 실질국민총소득을 가로축으로, 실질 민간소비를 세로

7 엄밀하게 말하면 조건부 평균이다.

8 국민총소득(Gross National Income, GNI)은 한 나라의 국민이 생산활동에 참여한 대가로 받은 소득의 합계로서 외국으로부터 국민(거주자)이 받은 소득(국외수취요소소득)은 포함되고 국내총생산 중에서 외국인에게 지급한 소득(국외지급요소소득)은 제외된다. 한편, 국내총생산(Gross Domestic Product, GDP)은 국내에 거주하는 모든 생산자가 생산한 부가가치를 합산한 것이므로 국외 거래로 발생하는 생산은 고려하지 않아 양자는 국외순수취요소소득만큼의 차이가 발생하게 된다. 즉, 국민총소득은 국내총생산에서 국외순수취요소소득을 더해 산출할 수 있다. 한편, 가격의 적용 방법에 따라 명목GDP(Nominal GDP)와 실질GDP(Real GDP)로 구분되며, 명목GDP는 한 나라 안에서 생산된 최

표 8-1 연간 소득과 연간 소비

	명목국내총생산 (조원)	명목민간소비 (조원)	물가지수*	실질국내총생산 (조원)	실질민간소비 (조원)
2001	707	391	69	1,025	567
2002	784	440	71	1,104	620
2003	837	450	74	1,131	608
2004	908	469	76	1,195	617
2005	957	501	78	1,227	642
2006	1,005	533	80	1,256	666
2007	1,089	571	82	1,328	696
2008	1,154	606	86	1,342	705
2009	1,205	622	88	1,369	707
2010	1,323	667	91	1,454	733
2011	1,390	711	94	1,479	756
2012	1,440	738	97	1,485	761
2013	1,500	758	98	1,531	773
2014	1,562	780	99	1,578	788
2015	1,658	804	100	1,658	804
2016	1,740	843	101	1,773	835
2017	1,835	873	103	1,782	848
2018	1,898	912	104	1,825	877
2019	1,924	936	105	1,832	891
2020	1,933	897	105	1,841	854

주: GDP디플레이터(명목GDP를 실질GDP로 나누어 얻어지는 값)
자료: 통계청

축으로 산포도를 그려보면 <그림 8-1>과 같이 그려진다. 이 산포도를 보면 실질소득과 실질민간소비의 관계가 대략적으로 1차 함수의 형태로 대표될 수 있음을 알 수 있다.[9] 중요한 것은 이 직선의 절편과 기울기를 찾아야 하는데 그 방법이 무엇인가 하는

종생산물의 가치를 그 생산물이 생산된 기간의 가격을 적용하여 계산한 것으로 경상GDP(GDP valued at current prices)라고도 불린다. 명목GDP의 변동분에는 최종생산물의 수량과 가격변동분이 혼재되어 있다. 명목GDP는 경제 규모 등의 파악에 이용된다. 반면 실질국내총생산은 한 나라 안에서 생산된 최종생산물의 가치를 기준연도의 가격으로 측정한 것으로 불변가격GDP(GDP valued at constant prices)라고도 불린다. 실질GDP는 경제성장, 경기변동 등 전반적인 경제활동의 흐름을 분석하는 데 이용된다.

9 회귀식이 모집단을 대상으로 하는 것이냐, 표본을 대상으로 하는 것이냐에 따라 기호가 다르다.

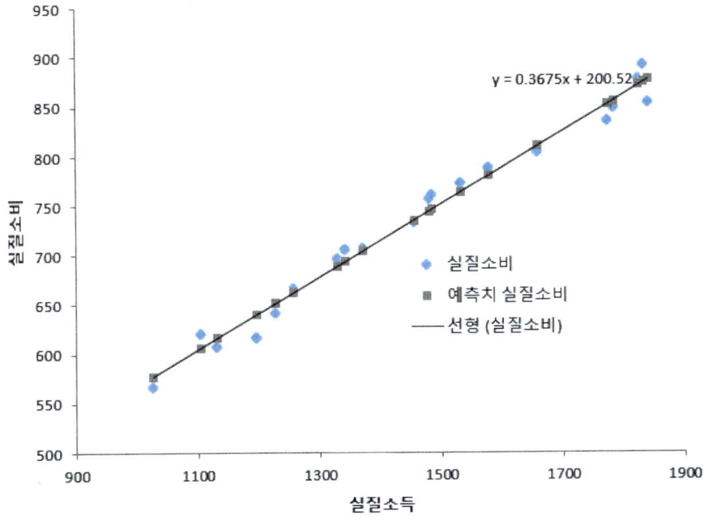

그림 8-1 실질소득과 실질소비의 산포도와 회귀선

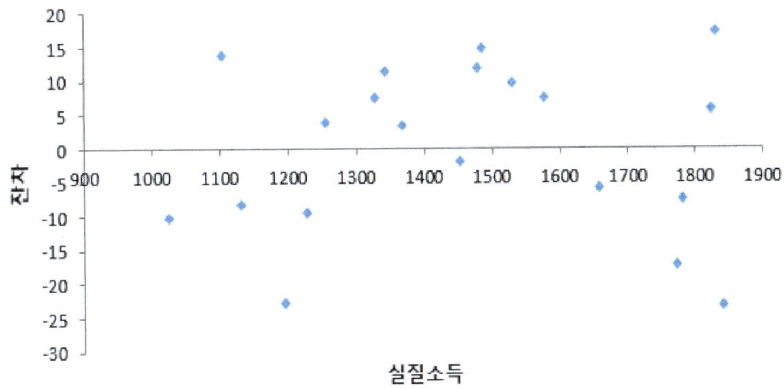

그림 8-2 잔차도

것이다. 그런데 각 관측값은 <그림 8-1>에서 보듯이 추정값($\hat{Y}_i = a + bX_i$)과는 일정한 거리를 두고 있다. 이 관측값(실제값)과 거리를 잔차 u_i로 나타낸다. 그러므로 각 관측값은 $Y_i = a + bX_i + u_i$로 나타낼 수 있다. <그림 8-2> 잔차도에 잔차를 그려 놓았다. 2001년 실질소비의 관찰값은 567조 원이었지만 추정값은 577조 원으로, 잔차가 -10조 원이었다. 2002년 실질소비의 관찰값은 620조 원이었지만 추정값은 606조 원으로, 잔차가 +13조 원이었다. 2001년은 전체적으로 보아 평균보다 실질소비가 적은 해였지만 2002년은 평균보다 실질소비가 큰 해였다는 사실을 알 수 있다.

이 교란항(잔차)이 생기는 원인은 대체로 다음과 같은 4가지 이유 때문이다. (1) 인간의 임의성(randomness)이 작용하기 때문이다. 즉, 똑같은 조건에 있는 사람이라도 성격, 나이 등에 따라 다른 행동을 하기 때문이다. (2) 소득 이외에도 부(富), 성별, 나이, 직업, 종교, 가족 수 등이 소비에 영향을 미치는 변수로 작용하기 때문이다. 생략된 변수(omitted variables)라고 불리는 이런 요인들이 교란항(잔차)에 숨어 있다고 보면 된다. (3) 측정오차(measurement error) 때문에 발생한다. 변수값을 측정할 때 오차를 피한다는 것은 불가능한 일이며, 경우에 따라서는 적합한 자료가 없어 다른 변수의 자료를 대체 사용하기도 한다. (4) 함수의 형식(functional form) 때문에 발생한다. 두 변 수간의 관계식이 선형이 아닌데, 선형으로 설정함으로써 오차가 발생한다.

오차를 줄이기 위해 통계학자들이 착안한 방법은 이 잔차의 제곱의 합을 최소로 하는 방법 −최소자승(제곱)법−으로 선을 긋는 것이다. 이렇게 그어진 선을 회귀선이라고 부른다.

설명변수를 하나로 설정하고(X) 회귀분석을 하는 것을 단순 회귀분석(單純回歸分析, simple regression analysis)이라고 하며, 설명변수가 두 개 이상인 경우($X_1, X_2, \cdots, X_{k-1}, X_k$)를 다중회귀분석(多重回歸分析, multiple regression analysis)이라고 부른다. 사회 현상은 하나의 변수가 아닌 여러 개의 변수에 의해 영향을 받는다는 현실을 생각할 때 단순 회귀분석보다는 다중 회귀분석이 더 유용하게 쓰이고 있다. 예컨대 우리 국민의 소비지출은 소득뿐만 아니라 부(富), 이자율, 가족 수, 직업, 종교, 거주지역 등 여러 가지 변수에 영향을 받기 때문에 소득에만 영향을 받는다고 설정하는 단순 회귀는 상대적으로 설명력이 약하다고 할 수 있다.

단순 회귀: 모 회귀선 $Y_i = a + bX_i + u_i$

추정식 $\hat{Y}_i = \hat{a} + \hat{b}X_i \quad Y_i = \hat{Y} + e_i = \hat{a} + \hat{b}X_i + e_i$

회귀계수 $\hat{a}, \hat{b}$을 찾기 위해서는 잔차의 제곱합을 최소화하는 방법인 최소자승법을 적용한다. 수학적으로는 $Min\sum_{i=1}^{n} e_i^2 = \sum_{i=1}^{n}(Y_i - \hat{a} - \hat{b}X)^2$으로 나타낼 수 있다. $\sum_{i=1}^{n} e_i^2 = f(\hat{a}, \hat{b})$이고 극소화 조건은 아래와 같이 편미분을 사용하면 구할 수 있다.

$$\frac{\partial}{\partial \hat{a}}\sum_{i=1}^{n}e_i^2 = -\sum_{i=1}^{n}(Y_i - \hat{a} - \hat{b}X) = 0, \quad \frac{\partial}{\partial \hat{b}}\sum_{i=1}^{n}e_i^2 = -X_i\sum_{i=1}^{n}(Y_i - \hat{a} - \hat{b}X_i) = 0$$

각 식을 정리하면 아래와 같은 정규방정식(Normal Equation)을 얻을 수 있고 이 연립방정식을 풀면,

$$\sum Y_i = n\hat{a} + \hat{b}\sum X_i$$

$$\sum X_i Y_i = \hat{a}\sum X_i + \hat{b}\sum X_i^2$$

$$\hat{a} = \overline{Y} - \hat{b}\overline{X}, \ \hat{b} = \frac{\sum(X_i - \overline{X})(Y_i - \overline{Y})}{\sum(X_i - \overline{X})^2} = \frac{\sum x_i y_i}{\sum x_i^2}$$

와 같이 추정량을 구할 수 있다. 이렇게 추정된 추정량은 최량선형불편추정량(Best Linear Unbiased Estimator, BLUE)이다.

하나하나 들여다보기

추정 후에는 각 독립변수나 전체 회귀모형이 설명력을 가지고 있느냐를 통계적으로 검정해야 한다. 먼저 개별 독립변수가 설명력을 갖느냐를 판단하는 데 가장 보편적으로 쓰이는 방법은 t값을 이용하는 것이다. 보통 각 독립변수에 대한 t값이 $-2 \le t \le 2$이면 해당 독립변수가 통계적으로 설명력을 갖는 변수로 해석되지 않지만 t값이 $-2 > t$거나 $t > 2$이면 해당 독립변수가 통계적으로 설명력을 갖는 변수로 해석되고 있다. 한편, 전체 회귀모형이 설명력을 가지고 있느냐를 판단하는 데 F 분포를 이용해야 하는 어려움이 있다.[10]

위에서 본 실질소득–실질소비 모형에서 통계적으로 유의한 결과를 얻었다.[11]

10 t분포를 이용한 각 독립변수의 설명력 검정은 이 책을 참고하기 바라며 F분포를 이용한 모형 전체에 대한 검정은 중급통계학이나 계량경제학을 참고하기 바란다.

11 <표 8-1>에서 나타낸 자료가 표본 자료라면 Y_i가 아닌 추정값 $\widehat{Y}_i$로 표기해야 한다.

$$\hat{Y}_i = 200.5 + 0.37X_i \qquad (\ )\text{안은 } t\text{값임} \qquad R^2 = 0.99 \text{ 단위: 조원}$$
$$(12.1)\ (33.9)$$

소득(X_i)의 회귀계수는 0.37이고 귀무가설: $b = 0$, 대립가설; $b \neq 0$을 설정하였을 때, t_0값이 35.0으로 2보다 크다. 따라서 소득(X_i)은 소비(Y_i)를 설명하는 유용한 변수라는 사실을 통계적으로 알 수 있다. 기울기를 나타내는 0.37은 실질소득이 1조 원 오를 때 실질소비는 3,700억 원 증가한다는 것을 의미한다. 경제학 용어로 이것을 한계소비성향(限界消費性向, marginal propensity to consumption, MPC)이라고 부른다.

컴퓨터를 이용한 실증분석 소프트웨어가 발달함에 따라 각 독립변수나 전체 회귀모형이 설명력을 가지고 있느냐를 통계적으로 검정함에 있어 유의확률 'p값'을 활용하고 있다. 'p값'은 개별 독립변수의 설명력을 검정하는 데 있어서는 종속변수와 독립변수 사이에 관련성이 없을 확률을 나타내고 있다. 일반적으로 'p값'이 5% 이상이라고 함은 종속변수와 독립변수 간에 관련성이 없을 확률이 5% 이상임을 의미한다. 반대로 'p값'이 5% 이하인 독립변수는 유용한 변수임을 의미한다. 'p값'이 0.00이라는 의미는 예측하려는 데이터(종속변수)와 예측에 사용하는 데이터(독립변수) 사이에 관련성이 없을 확률이 0.00이라는 의미이다. 즉, 모형이 완전하게 설명력을 가지고 있음을 의미한다.

- 단순회귀계수(b)에 대한 유의성 t검정(양측검정)
  ① 귀무가설 및 대립가설: $H_0 : b = 0,\ H_A : b \neq 0$
  ② 검정통계량[12]: $t = \dfrac{b}{s_{\hat{b}}} \sim t_{n-2}$, t_{n-2}는 자유도는 $n-2$인 t 분포
  ③ 검정 방법
    i) p값 이용: 만약 p값이 $\leq \alpha$ 이면 기각
    ii) 기각역 이용: 만약 $t \leq -t_{n-2,\alpha/2}$ 또는 $t \geq t_{n-2,\alpha/2}$이면 기각

12 검정통계량 분모에 $\hat{b}$의 표준오차 $s_{\hat{b}}$이 들어간다. $s_{\hat{b}}$를 $se(\hat{b})$이라고도 표기하는데, 이 값을 계산하는 과정은 중급통계학이나 계량경제학을 참고하기 바란다.

회귀계수에 대한 구간추정도 할 수 있다. 기본적인 원리는 앞에서 공부한 신뢰구간 추정원리를 적용하면 된다.

$$P(\hat{b} - t_{n-2,\alpha/2} \times s_{\hat{b}} \leq b \leq \hat{b} + t_{n-2,\alpha/2} \times s_{\hat{b}}) = (1-\alpha)\%$$

신뢰계수가 95%로 주어졌을 때, 장기에 있어 100번의 시행을 하면 그중 95번은 위의 구간 내에 b를 포함할 것이다. 여기서 주의해야 할 것은 위에서 보여주고 있는 특정 구간은 이미 고정된 값으로서 확률변수가 아니기 때문에 이 구간이 진정한 b를 포함할 확률을 95%라는 설명은 틀린 말이 된다. 어느 특정 구간이 진정한 b를 포함할 확률은 0 아니면 1뿐이다.

이제 각 회귀계수가 통계적으로 유의하다고 판단되면, 회귀선으로 예측(豫測, prediction)을 해보자. 점추정과 구간추정이 있듯이 점예측(豫測, point prediction)과 구간예측(interval prediction)이 있다. 특정 값 X_F를 추정 회귀식에 대입하면 $\widehat{Y_F} = \hat{a} + \hat{b}X_F$가 계산되는데 $\widehat{Y_F}$ 가 X_F에 대응하는 평균예측(mean prediction) 값이 된다. 주어진 기간 중 설명(독립)변수가 X_F라고 가정한다는 조건이 전제되기 때문에 조건부 점추정 값이며 구간추정도 가능하다. 분석기간(과거)에 존재했던 설명변수와 반응(종속)변수 간의 구조적 관계가 예측과정에서도 그대로 유지된다는 가정이 깔려있다. 즉, 두 기간 중의 모수들은 변하지 않는다는 가정이 밑바탕에 있는 것이다. 한 걸음 더 나아가 특정 값 X_F에 대응하는 개별적인 예측값(individual prediction)의 구간추정도 계산할 수 있다.[13]

위의 실질소득-실질소비 모형에서 구한 추정식을 근거로 실질소득이 1,500조 원인 연도의 평균 실질소비액을 예측해 보기로 하자. 이 경우 평균 실질소비액은 $\widehat{Y_F} = 200.5 + 0.37 \times (1,500) = 756$조 원이 구해진다. 실질소득이 1,500조 원인 연도에 우리나라 국민은 756조 원을 보다 더 쓸 수도 있고(800조 원) 반대로 덜 쓸 수 있지만(700조 원), 평균적으로는 756조 원을 실질적으로 소비한다고 얘기할 수 있다.

13 예측을 위해서는 예측오차를 구해야 하는 등 복잡한 과정을 거쳐야 한다. 평균 예측값과 개별 예측값은 같지만, 예측구간에 있어서는 개별 예측이 더 넓다, 또 특정 값 X_F가 표본평균에 가까울수록 예측오차는 줄어든다. 자세한 내용은 계량경제학 책을 참고하기 바란다.

다중회귀모형: 모회귀선 $Y_i = b_1 + b_2X_{2i} + b_3X_{3i} + \cdots + b_kX_{ki} + u_i$

추정식 $\hat{Y}_i = \hat{b}_1 + \hat{b}_2X_{2i} + \hat{b}_3X_{3i} + \cdots + \hat{b}_kX_{ki}$

$$Y_i = \hat{Y}_i + e_i = \hat{b}_1 + \hat{b}_2X_{2i} + \hat{b}_3X_{3i} + \cdots + \hat{b}_kX_{ki} + e_i$$

다중회귀에서 개별계수(b_j)에 대한 유의성 t검정

① 귀무가설 및 대립가설: $H_0 : b_j = 0$, $H_1 : b_j \neq 0$

② 검정통계량 $t = \dfrac{b_j}{s_{\hat{b}_j}} \sim t_{(n-k-1)}$, k: 독립변수의 수, $t_{(n-k-1)}$는 자유도는 $n-k-1$인 t 분포

③ 검정 방법

i) p값 이용: 만약 p값이 $\leq \alpha$ 이면 기각

ii) 기각역 이용: 만약 $t \leq -t_{n-p-1,\alpha/2}$ 또는 $t \geq t_{n-p-1,\alpha/2}$이면 기각

단순회귀에서는 $\hat{b}$을 다중회귀에서는 $\hat{b}_1, \hat{b}_2, \hat{b}_3, \cdots, \hat{b}_k$을 편회귀계수(偏回歸係數, partial regression coefficient)라고 부른다. 편회귀계수란 독립변수를 한 단위 변화시켰을 때 종속변수에서 나타나는 변화량이다. 회귀분석에서 가장 중요한 개념이며 회귀직선의 기울기로 나타난다. 종속변수의 성격에 따라 다양하게 해석된다. 예를 들어, 단순회귀식에서는 설명변수 X가 한 단위 증가하면 종속변수에서는 $\hat{b}$만큼의 변화가 나타남을 의미하며 다중회귀에서는 $X_2, X_3, \cdots, X_k$가 각각 한 단위 증가하면 종속변수에서는 각각 $\hat{b}_2, \hat{b}_3, \cdots, \hat{b}_k$ 만큼 변화하는 것을 의미한다.

앞에서 예로 든 소득–소비 분석에서 이자율(X_2, 단위: %)을 추가하여 회귀분석한 결과가 $\hat{Y}_i = 162.5 + 0.32X_{1i} - 0.04X_{2i}$로 추정되었다면,[14] 연실질소득이 1조 원 증가하면 연실질소비는 평균적으로 3,200억 원 증가하고 이자율이 1%포인트 상승하면 연실질소비는 평균적으로 400억 원 감소함을 의미한다.

14 각 회귀계수에 대한 검정에서 통계적으로 유의한 변수라고 인정받았다고 하자.

독립변수가 많이 포함되는 다중회귀분석은 다다익선(多多益善)이라고 단순회귀보다 더 예측력이 높은 결과를 가져올 것으로 쉽게 생각할 수 있다. 그래서 독립변수를 하나, 둘 늘려 많은 독립변수를 사용하고 싶은 욕심이 든다. 하지만 이렇게 하면 오히려 이상한 결과를 얻을 수 있음에 유의해야 하며, 여러 가지 점을 주의하여 독립변수를 선택해야 한다. 즉, 다중회귀분석에서 단순한 다다익선이 아니라 제한된 조건하에서 다다익선이라는 말이다.

주의사항 1: 독립변수와 종속변수 사이에 관련성이 없으면 안 된다. 이것은 단순회귀분석이나 다중회귀분석 양쪽에 해당하는 주의사항이다. 상관계수 값(r)이 낮거나 'p값'이 높은 변수는 제외해야 한다.

주의사항 2: 독립변수 데이터들 사이에 관련성이 너무 강하면 안 된다. 다중회귀분석에 해당하는 주의사항이다. 독립변수 간의 상관계수 값(r)이 너무 높은 변수를 독립변수로 같이 사용하지 말아야 한다. 실제로 관련성이 너무 강한 독립변수 데이터를 사용하여 다중회귀분석을 해보면 회귀계수의 값, 부호, 그리고 'p값'도 이상한 값이 계산된다. 이런 현상을 다중공선성(多重共線性, multicollinearity) 문제라고 한다.[15,16]

'오컴의 면도날(Occam's Razor)'이라는 논리학 원칙이 있다. 면도날이라고 하면 불필요하거나 낭비적인 요소를 잘라내는 일이 생각나는데, 어떤 현상을 설명함에 있어 필요하지 않은 가정을 해서는 안 된다는 의미가 있다. 흔히 '경제성의 원리(Principle of economy)'라고 불린다. 다중회귀분석에 이 원칙을 적용하면 이것저것 불필요한 변수를 쓰지 말고 적은 수라도 쓸모 있는 변수만을 사용하여 단순화하는 것이 더 좋은 선택임을 의미하고 있다.

---

15 다중공선성에 대한 설명은 계량경제학을 참고하기 바란다. 상관계수가 어느 정도일 때 다중공선성이 문제되는가에 대해서는 정해진 기준이 없으나 일반적으로 상관계수 값이 0.7 이상이면 이 문제가 일어날 가능성이 있다고 보고 있다.

16 완전선형관계(完全線形關係, perfect linear relationship)는 $X_{2i} = \lambda X_{3i}$, $\lambda \neq 0$으로 표현된다.

이야기 보따리 우리나라의 소비함수(2001년~2020년)

2001년부터 2020년까지의 우리나라 국내총생산(GDP, X_i)과 민간 최종소비지출(CP, Y_i)을 근거로 소비함수를 추정한 결과(명목값).

$$\hat{Y}_i = 98.8 + 0.43X_i \quad (\ )\text{안은 } t\text{값임} \quad R^2 = 0.994, \text{ 단위: 조원}$$
$$(9.3) \quad (56.3)$$

소득(X_i)의 회귀계수는 0.43이고 귀무가설: $b=0$, 대립가설; $b \neq 0$을 설정하였을 때, t_0값이 56.3으로 2보다 크다. 또 2015년을 100으로 한 실질소득과 실질소비를 대상으로 회귀분석한 결과(실질값).

$$\hat{Y}_i = 200.5 + 0.37X_i \quad (\ )\text{안은 } t\text{값임} \quad R^2 = 0.99 \text{ 단위: 조원}$$
$$(12.1) \quad (33.9)$$

따라서 소득(X_i)은 소비(Y_i)를 설명하는 유용한 변수라는 사실을 통계적으로 알 수 있다.

* 시계열 자료이기 때문에 X_i, Y_i가 아닌 X_t, Y_t로 표기하는 것이 더 적합하지만 횡단면 자료가 일반적으로 더 많이 쓰이기 때문에 X_i, Y_i로 쓰고 있다.

이야기 보따리 이정후 선수의 불운, 그러나 덤덤한 인터뷰

2024년 미국 메이저리그에 진출한 이정후 선수는 한동안 잘 맞은 타구가 파울이 되거나 야수의 호수비로 아웃이 되는 연속된 불운을 겪었다. 공신력 있는 통계 사이트인 베이스볼 서번트가 예측한 기대 타율(0.291)보다 약 3푼 정도 낮은 0.264의 기록을 보이고 있어, 140타수 기준으로 안타 4개 정도를 손해 본 셈이라고 평가하였다.[17] 심지어 "메이저리그에서 가장 불운한 타자 중 한 명"이라고 전했을 정도였다. 이에 대해 이정후 선수는 "**평균에 회귀한다고 생각하고**, 빗맞은 게 안타가 될 수 있는 것이 야구이기 때문에 거기에 너무 빠지면 힘들어지고 쫓기게 돼(신경 쓰지 않으려고 합니다)."라고 덤덤하게 인터뷰하였다.

17 2024년 5월 8일 기준 타율은 0.264였다.

03 내 덕인 줄 알아 vs 공치사가 좀 심해요

- 월드컵 스타 간의 애교 있는 논공행상
- 결정계수, 분산분석

우리 속담에 "잘되면 자기 탓이요, 안되면 조상 탓이다"라는 말이 있다. 이 말은 성공의 요인은 자기에게서 찾지만, 실패의 원인은 나 이외의 남(조상)에게서 찾으려는 사람들의 간사한 심리를 잘 표현하고 있다.

어떤 성공(실패)의 요인을 크게 두 가지 요인(조상과 본인)으로 나누어 생각한다는 전제가 깔려있다. 즉, 성공한 경우에는 그 원인이 본인에 의한 것이 100이고, 조상에 의해 설명되는 부분은 0이라고 보는 반면, 실패한 경우에는 본인에 의한 부분은 0이고 조상에 의해 설명되는 부분은 100이라고 보는 것이다.

전체 변동 중에서 회귀선이 차지하는 정도(적합성, goodness of fitting)를 계산하는 결정계수(決定係數, coefficient of determination, R^2)와 이를 검정하는 데 쓰이는 분산분석(分散分析, analysis of variance, ANOVA)은 이런 아이디어를 회귀분석에 적용한 개념이다.[18]

독립변수 X의 변화에 종속변수 Y가 얼마나 변동되었는지를 종속변수의 평균($\overline{Y}$)

18 분산분석(分散分析, analysis of variance, ANOVA)이란 특성 값의 제곱 합을 요인별로 분해하여 어느 요인이 큰 평균 제곱을 나타내고 있는가를 규명하는 통계적 분석 방법이다.

을 기준으로 보자. $(Y_i - \overline{Y}) = y_i$ 는 관측값과 평균값과의 거리이고 $(\hat{Y}_i - \overline{Y}) = \hat{y}_i$ 는 추정값과 평균값과의 거리이다. $(Y_i - \overline{Y}) = (\hat{Y} - \overline{Y}) + e_i$, $y_i = \hat{y}_i + e_i$로 쓸 수 있다.

양변을 제곱하고 합하면, $\sum(Y_i - \overline{Y})^2 = \sum(\hat{Y} - \overline{Y})^2 + \sum e_i^2$, $\sum y_i^2 = \sum \hat{y}_i^2 + \sum e_i^2$으로 쓸 수 있다.[19] 총변동은 설명된 자승합과 잔차자승합으로 나누어진다.

$\sum(Y_i - \overline{Y})^2 = \sum y_i^2$: TSS(Total Sum of Squares) 총변동

$\sum(\hat{Y}_i - \overline{Y})^2 = \sum \hat{y}_i^2$: ESS(Explained Sum of Squares) 설명된 자승합

$\sum e_i^2$: RSS(RSS) 잔차자승합

$TSS = ESS + RSS$ 로 쓸 수 있으며 양변을 TSS로 나누면 $1 = \frac{ESS}{TSS} + \frac{RSS}{TSS}$가 되며 결정계수를 총변동에서 설명된 자승합의 비($R^2 = \frac{ESS}{TSS}$)로 정의하면 $1 = R^2 + \frac{RSS}{TSS}$로 쓸 수 있다. 다시 정리하면 결정계수는 $R^2 = \frac{ESS}{TSS}$ 총변동과 설명된 자승합의 비로도 정의되며 $R^2 = 1 - \frac{RSS}{TSS}$와 같이 1에서 잔차변동을 뺀 값으로도 정의된다. 즉, $0 \le R^2 \le 1$이다. $R^2 = 1$이면 회귀선이 관측값을 100% 대표하는 경우이고 $R^2 = 0$이면 회귀선이 관측값을 전혀 대표하지 못하는 경우이다. 현실적으로 보면 $0 < R^2 < 1$이다. 회귀모형의 적합도를 판단하는 임계점을 얼마로 해야 하는가 하는 문제에 봉착하게 된다. 상식적으로 생각해 보면, 독립변수나 관측값이 많을수록 결정계수값은 커질 것이지만 이에 따르는 어려움도 역시 증가한다. 결국에는 또 임계점을 선택해야 하는 문제에 봉착하게 된다.

통계학자들은 회귀모형의 적합도를 검정하는 문제를 해결하기 위해 F 분포를 이용하고 있다. F율은 근본적으로 변동의 비율을 자유도로 조정한 값이다. <표 8-2>에서 볼 수 있듯이 ESS가 RSS보다 상대적으로 클수록 F값은 큰 값으로 나타난다. F값은 분자의 자유도 1과 분모의 자유도 $(n-2)$를 갖는 F 분포를 취한다. F값은 결정계수와는 달리 1 이상의 값도 취할 수 있다.

19 $\sum \hat{y}_i e_i = 0$이다.

표 8-2 2변수 회귀모형의 분산분석표

변동의 원천	자승합 (Sum of Squares, SS)	자유도 (d.f)	평균자승합 (Mean Sum of Squares, MSS)	F값
회귀로 인한 변동(ESS)	$\sum(\hat{Y}_i - \overline{Y})^2 = \sum \hat{y}_i^2$	1	$\sum(\hat{Y}_i - \overline{Y})^2/1$	$F = \dfrac{\sum \hat{y}_i^2}{\sum e_i^2/(n-2)}$
잔차로 인한 변동(RSS)	$\sum e_i^2$	$n-2$	$\sum e_i^2/(n-2)$	
총변동(TSS)	$\sum(Y_i - \overline{Y})^2 = \sum y_i^2$	$(n-1)$		

예제 1

앞 장에서 분석한 우리나라 2001년~2020년 소비-소득함수 추정식(실질값)에서 얻은 분산분석표이다.

(i) ㉠~㉣을 채우시오.

(ii) 이 회귀모형을 검정하시오.

변동의 원천	자승합 (Sum of Squares, SS)	자유도 (d.f)	평균자승합(Mean Sum of Squares, MSS)	F값
회귀로 인한 변동(ESS)	177054.5	㉡	177054.5	㉣
잔차로 인한 변동(RSS)	2593.4	18	㉢	
총변동(TSS)	㉠	19		

풀이

(i) ㉠ 177054.4+2593.4=179647.9

㉡ 19−18=1

㉢ (2593.4/18)=144.1

㉣ (177054.4/144.1)=1228.9

(ii) p값은 5.08×10^{-18}으로 95% 신뢰수준에서도 귀무가설(회귀식이 적합하지 않다)이 기각된다. 5% 신뢰수준에서 $F_{1,18} = 8.29$로서 귀무가설이 기각된다.

스타들끼리 애교 섞인 논공행상, 황선홍 선수의 기여도는?

2002년 한일 월드컵 이탈리아와의 8강전에서 우리나라는 전반에 얻은 페널티 킥을 안정환 선수가 실패한 후, 비에리 선수에게 한 골을 실점하여 0-1로 끌려가던 후반전 43분, 설기현 선수가 극적인 동점 골을 득점시켰고, 그 여세를 몰아 연장전에서(경기 시작 117분) 이번에는 안정환 선수가 헤딩골을 성공시켜 8강 진출을 이루어냈다.

세월이 흘러 2021년 2월 1일 MBC 예능프로그램 '안 싸우면 다행이야'에서는 그 당시 주역인 황선홍 선수와 안정환 선수의 자급자족 생활이 그려졌다. 동료 축구선수 김병지와 설기현이 '빽토커'로 함께하여 그날의 게임을 회상하고 때아닌 논공행상(論功行賞)을 하였다.

황선홍이 안정환에게 "너는 나한테 고마워해야 한다"라며 자신이 안정환의 평생 은인이라는 주장을 하자 빽토커들이 분석에 나섰다. 황선홍은 박지성이 준 패스를 받아 감각적인 마지막 패스로 설기현에게 연결하였고 설기현이 방향을 바꾸어 동점 골이 터진 것이다. 황선홍은 설기현의 골을 자기가 결정적으로 도왔고, 이 동점 골 때문에 연장전 안정환의 득점도 가능했다는 것이다. 자신의 패스가 있었기에 안정환의 극적 역전 골이 가능했으니 자신을 높게 평가해 달라고 주장한 것이다. 이에 김병지(골키퍼)는 "설 감독(설기현)이 넣었으니까 박지성 20%, 황선홍 20%, 설 감독이 60%이다. 삼자 패스에서 20%는 인정하지만, 그 이상은 억지다"라고 냉철하게 분석하였고 모두 동의하는 분위기였다.

이 경기가 끝난 후 결승 골을 성공시킨 안정환 선수는 영웅이 되었고, 득점 후 세레머니에서 반지에 입을 맞추어, '반지의 제왕'이라는 별명도 얻게 되었다. 상대적으로 황선홍은 각광을 받지 못하였다. 하지만 황선홍은 자신이 감각적인 패스로 연결해 준 설기현의 동점 골이 있었기 때문에 안정환의 득점이 가능하였다고 자신의 공로를 주장한 것이다. 이에 김병지가 황선홍의 동점 골에 대한 기여는 인정하지만 황선홍이 주장하는 바와 같지는 않고, 먼저 패스를 해 준 박지성에게 20, 득점을 성공시킨 설기현에게 60을 매긴 것이다.

이 이야기에서 보듯 우리는 어떤 결과를 100으로 보고 그 원인을 나누어 보는 경우가 많다. 결정계수와 비슷한 개념을 알게 모르게 우리가 일상에서 사용하고 있다. 자동차 사고가 났을 때 "몇 대 몇"도 기본적으로 이 아이디어와 비슷하다.

실외활동: 코로나 확산의 최고 요인

미국 텍사스주립대 연구팀은 2020년 11월 4일 코로나19 대유행과 날씨의 관계를 분석한 결과 둘 사이에 거의 상관관계가 없는 것으로 나왔다고 밝혔다(표 8-3). 이 연구팀은 날씨를 기온과 습도를 결합한 '상당외기온도'로 정의하고, 2020년 3월부터 7월까지 미국 주별, 카운티별, 세계 국가와 지역별 상당외기온도의 변화와 코로나바이러스 확산 추이를 분석했다. 연구팀은 동시에 카운티와 주 규모 단위로 코로나바이러스 감염과 휴대전화 데이터를 이용한 인간 활동의 상관관계를 분석했다. 연구팀은 모든 인구 규모의 분석에서 날씨가 거의 영향을 미치지 않았음을 발견했다. 다른 요인과 비교했을 때 카운티 규모에서 날씨의 상대적 중요도는 3%가 채 안 됐다. 여행과 실외활동은 코로나19 확산의 가장 중요한 두 요소로, 상대적 중요도가 각각 34%, 26%로 분석됐다. 다음 중요 요인인 인구수와 도시인구 밀도는 각각 23%, 13%로 날씨보다 훨씬 높았다. 이 연구는 바깥 날씨가 덥건 춥건 간에 코로나19의 사람 간 전파는 온전히 사람의 행동에 달렸다는 것을 보여준다.

표 8-3 코로나19 확산 요인 분석

요소	전반적인 상대적 중요도(%)	요소	전반적인 상대적 중요도(%)
인구수	23.86	실내거주	26.14
도시 밀도	13.03	실외활동	34.32
날씨(기온과 습도)	2.65	합	100

자료: 한겨레, 2020.11.5.

명언 보따리

"운명이란 우리 행동의 절반에 관해서만 중재자이며, 나머지 절반은 대체로 우리 인간이 통제한다." 마키아벨리는 세상사에 있어서 '운'이라고 할 수 있는 '포르투나(fortuna)'가 절반이고, '실력'이라고 볼 수 있는 '비르투(virtu)'가 반이라고 했다.

손호철의 발자국, 프레시안, 2021.6.3. 인용

04 계절별로 매출액 차이가 얼마일까?

- 찜질방 사장님의 궁금증
- 가변수(더미 변수)의 유용성

회귀분석에서 종속변수는 소득, 국내총생산, 실업률, 소비, 가격, 비용 등과 같은 정량변수(定量變數, quantitative variables)에 영향을 받을 뿐 아니라 종종 성별, 종교, 학력, 지리적 위치, 흡연여부, 정당가입, 계절, 결혼여부 등 정성변수(定性變數, qualitative variables)에 의해서도 영향을 받는다. 이러한 정성적 변수를 독립변수에 포함시킨다면 더 유용한 회귀분석을 할 수 있을 것이다.

이러한 정량화하는 방법으로 0 또는 1의 값을 갖는 인위적 변수를 만들어 1은 그 속성을 갖는 존재를, 0은 그 속성이 없는 상태를 나타내도록 하는 것이다. 예를 들어 남녀의 차이를 설명변수에 포함한다면, 성별을 Sex라고 하고 남자에게는 Sex=1을 여자에게는 Sex=0을 부여하여 회귀분석을 하는 것이다.[20] 이와 같이 수가 아닌 '특성'이나 '속성'을 나타내는 변수를 회귀모형에 포함시키기 위해 사용하는 변수를 가변수(假變數, dummy variables)라고 부른다.[21] 따라서 가변수들은 본질적으로 남성 또는 여성과 같이 상호배타적인 범주로 분류되는 변수여야 한다.

20 연구 목적에 따라 남자는 Sex=0을 여자는 Sex=1을 부여하여 회귀분석을 하여도 무방하다. 기준을 어느 집단으로 삼을 것인가는 전적으로 연구자에게 달려 있다. 단 해석상의 주의가 필요하다.

21 dummy variable을 그냥 번역하지 않고 '더미변수'라고도 부른다.

표 8-4 연봉, 근무연수 및 학력 자료

연봉	근무연수	학력 대졸 이상: 1 대졸 미만: 0	연봉	근무연수	학력 대졸 이상: 1 대졸 미만: 0
2,000	0	0	3,900	6	1
2,100	2	1	3,100	7	1
2,400	6	0	2,850	7	0
2,450	3	1	2,900	8	1
2,000	4	0	3,300	9	1
4,000	10	1	2,900	9	0
2,200	4	0	2,400	3	1
2,850	5	1	3,000	3	1
2,600	6	0	2,800	10	1
2,400	2	1	2,300	5	0

가변수를 회귀모형에 쉽게 포함시킬 수 있지만, 가변수 함정(dummy variables trap)에 빠지지 않도록 조심해야 한다. 만일 정성적 변수가 m개의 범주를 가지고 있다면, 단지 $(m-1)$개의 가변수만 포함시켜야 한다.[22] 회귀식에 포함시키지 않은 그룹을 기준(베이스, base), 벤치마크(benchmark), 또는 생략된 범주(omitted category)라고 부른다.

<표 8-4> 연봉, 근무연수 및 학력 자료를 대상으로 대졸 신입사원과 대졸 미만 신입사원 간에 나타날 수 있는 임금 차이를 세 가지 가변수를 사용하여 분석해 보기로 하자.

① 절편 가변수(intercept dummy variables): <그림 8-3>(a)와 같이 두 회귀선에서 기울기는 같지만 절편이 다른 경우, 즉 평행한 회귀(parallel regression)이다. 입사 후 학력과 관계없이 임금이 근무연수에 비례하지만 대졸 신입사원의 초임이 대졸 미만 신입사원보다 많은 경우가 이에 해당한다. 독립변수로 일반적인 양적변수(Y_i: 1인당 연봉)와 가변수(X_i : 근무연수)를 같이 쓰이는 경우이다.

22 m개 모두를 회귀식에 포함시키면 완전다중공선성 문제가 발생하여 계산할 수 없다.

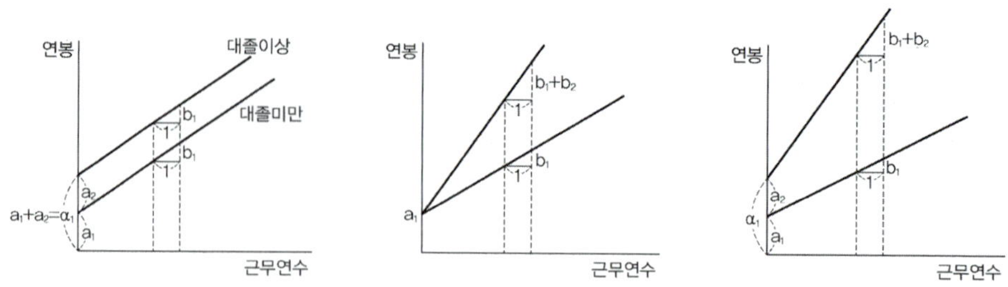

(a) 절편 가변수(평행한 회귀)　(b) 기울기 가변수(공점적 회귀)　(c) 절편과 기울기 가변수

그림 8-3 가변수의 종류

모 회귀선 $Y_i = a_1 + b_1X_i + u_i$ (대졸 미만의 사원)

$Y_i = \alpha_1 + b_1X_i + u_i$ (대졸 이상의 사원)

Y_i: 1인당 연봉 X_i: 근무연수, $a_1 < \alpha_1$

두 회귀식을 하나로 묶으면,

$$Y_i = a_1 + a_2D_i + b_1X_i + u_i$$

$$D_i = \begin{cases} 1 & (\text{대졸 이상인 사원}) \\ 0 & (\text{대졸 미만인 사원}) \end{cases}$$

가변수를 사용하지 않고 회귀분석을 한 결과

$$\widehat{Y}_i = \underset{(9.46)}{1928.4} + \underset{(4.34)}{138.1}X_i,\ R^2 = 0.51,\ F = 18.84$$

가변수를 사용하여 회귀분석을 한 결과

$$\widehat{Y}_i = \underset{(9.46)}{1762.0} + \underset{(2.38)}{396.1}D_i + \underset{(4.36)}{125.7}X_i,\ R^2 = 0.63,\ F = 14.70$$

회귀분석 결과, 가변수를 사용하지 않고 추정한 결과와 사용한 결과가 통계적으로 유의한 의미를 갖는 회귀식으로 추정되었다. 하지만 가변수를 사용한 결과가 더 좋은 결과를 낳았다. 특히 가변수의 계수값이 396.1로 통계적인 유의성을 지닌다고 판단할 수 있다. 이는 대졸 이상인 사원이 그렇지 않은 사원보다

연간 평균 396만 원 정도 더 높은 연봉을 받는다고 추정할 수 있다. 대졸 미만의 사원을 베이스로 삼고 있기 때문에 가변수 앞에 있는 계수들은 대졸 이상의 사원의 평균 연봉과 대졸 미만의 사원의 평균 연봉 간의 차이를 나타내는 절편이다. 즉, $\alpha_1 = a_1 + a_2$이다.

② 기울기 가변수(slope dummy variables): <그림 8-3>(b)와 같이 두 회귀선에서 절편은 같지만 기울기가 다른 경우, 즉 공점적 회귀(共點的 回歸, concurrent regression)이다.

$$Y_i = a_1 + b_1 X_i + b_2 (D_i X_i) + u_i$$

$$Y_i = a_1 + (b_1 + b_2) X_i + u_i \text{ (대졸 이상인 사원)}$$

$$Y_i = a_1 + b_1 X_i + u_i \text{ (대졸 미만인 사원)}$$

③ 닮지 않은 회귀(dissimilar regression): <그림 8-3>(c)와 같이 두 회귀선에서 기울기도 절편도 다른 경우이다.

$$Y_i = a_1 + a_2 D_i + b_1 X_i + b_2 (D_i X_i) + u_i$$

$$Y_i = (a_1 + a_2) + (b_1 + b_2) X_i + u_i \text{ (대졸 이상인 사원)}$$

$$Y_i = a_1 + b_1 X_i + u_i \text{ (대졸 미만인 사원)}$$

다음으로는 시계열 자료를 대상으로 ④ 계절분석에서의 가변수 이용의 예를 보기로 하자. 찜질방 매출액($Sale_t$)을 실업률(U_t)과 계절 가변수 (D_t)로 추정해 보았다.

$$Sale_t = a_1 + a_2 D_{2t} + a_3 D_{3t} + a_4 D_{4t} + b U_t + u_t$$

$$D_{2t} = \begin{cases} 1 & \text{(여름)} \\ 0 & \text{(여름 아닌 계절)} \end{cases}, \quad D_{3t} = \begin{cases} 1 & \text{(가을)} \\ 0 & \text{(가을 아닌 계절)} \end{cases},$$

$$D_{4t} = \begin{cases} 1 & \text{(겨울)} \\ 0 & \text{(겨울 아닌 계절)} \end{cases}$$

표 8-5 계절 매출 모델에 사용된 자료(찜질방)

	매출액 (백만 원) $Sale_t$	실업률(%) U_t	여름 D_{2t}	가을 D_{3t}	겨울 D_{4t}
2019:봄	223	4.5	0	0	0
2019:여름	210	5.7	1	0	0
2019:가을	250	4.7	0	1	0
2019:겨울	280	4.6	0	0	1
2020:봄	240	4.6	0	0	0
2020:여름	220	4.5	1	0	0
2020:가을	268	4.3	0	1	0
2020:겨울	300	4.3	0	0	1
2021:봄	210	4.0	0	0	0
2021:여름	195	3.8	1	0	0
2021:가을	265	3.7	0	1	0
2021:겨울	295	3.7	0	0	1
2022:봄	235	3.4	0	0	0
2022:여름	210	3.5	1	0	0
2022:가을	285	3.4	0	1	0
2022:겨울	320	3.3	0	0	1
2023:봄	250	3.3	0	0	0
2023:여름	230	3.2	1	0	0
2023:가을	310	3.1	0	1	0
2023:겨울	350	3.1	0	0	1

$$\widehat{Sale}_t = \underset{(6.74)}{356} - \underset{(-1.9)}{25.3}U_t,\ R^2 = 0.17,\ F = 3.62 \qquad \text{(식 1)}$$

$$\widehat{Sale}_t = \underset{(25.4)}{231.6} - \underset{(-1.4)}{18.6}D_{2t} + \underset{(3.4)}{44.0}D_{3t} + \underset{(6.0)}{77.4}D_{4t},\ R^2 = 0.81,\ F = 22.56 \qquad \text{(식 2)}$$

$$\widehat{Sale}_t = \underset{(12.1)}{294} - \underset{(-2.70)}{15.77}U_t - \underset{(-1.44)}{15.76}D_{2t} + \underset{(3.85)}{42.11}D_{3t} + \underset{(6.83)}{74.88}D_{4t},\ R^2 = 0.87,\ F = 25.4 \qquad \text{(식 3)}$$

위의 찜질방 매출액에 대한 자료를 회귀분석한 결과, 매출액과 실업률은 통계적으로 유의하다고 볼 수 없는 음의 관계로 추정되었다(식 1). 그러나 계절 가변수만 있는 경우(식 2)에서도 실업률과 계절 가변수가 같이 포함된 경우(식 3)에서도 여름 가변수는 통계적으로 유의한 음의 관계는 아니지만 전체적으로는 유의한 결과를 보여주고 있다. (식 2)를 대상으로 보면, 봄의 매출액은 평균 231.6백만 원이고, 여름은 이보다 18.6백만 원 적은 213백만 원이며(=231.6−18.6), 가을 매출 평균은 275.6백만 원이고 (=231.6+44.0) 겨울 매출 평균은 309백만 원임(231.6+77.4)을 알 수 있다.

이승엽의 홈런 자료를 이용하여 가변수의 유용성을 학습해 보기로 하자. 그는 한국리그(KBO)에서 15년, 일본리그(NPB) 8년간 총 23년간 선수 생활을 하였다. 원래 투수로 입단하였기 때문에 2년간은 타자로서의 기량이 제대로 반영되었다고 할 수 없다. 따라서 크게 3개 시기로 나눌 수 있으며, 데뷔 3년차에서 일본진출 전까지(7년), 일본 리그에서의 8년, 다시 귀국 후에서 은퇴까지 6년으로 나누어 볼 수 있다.[23]

데뷔 3년차(1997년)에서 은퇴(2017년)까지 21년간의 자료로 회귀식을 구해보면

$$\text{추정회귀선 } \widehat{H}_t = \underset{(9.11)}{45.31} \; \underset{(-3.80)}{-\,1.50\,Y_t} \qquad R^2 = 0.43,\;\; F = 14.47$$

$$\widehat{H}_t \;:\text{추정 홈런 수},\;\; Y_t\text{: 년도}$$

( ) 안의 수치는 귀무가설 $H_0 : b = 0$, 대립가설 $H_1 : b \neq 0$ 하에서 구해진 t값

일본 리그에서의 8년 자료를 가변수로 사용하여 추정한 결과

$$\text{추정회귀선 } \widehat{H}_t = \underset{(9.79)}{34.20} \; \underset{(-2.53)}{-\,14.30\,D_t} \qquad R^2 = 0.25,\;\; F = 6.43$$

( ) 안의 수치는 귀무가설 $H_0 : \alpha_2 = 0$, 대립가설 $H_1 : \alpha_2 \neq 0$ 하에서 구해진 t값

$$D_t = \begin{cases} 1 & (NPB\text{리그}) \\ 0 & (KBO\text{리그}) \end{cases}$$

가변수를 사용하지 않고 추정한 결과는 물론 사용한 결과도 통계적으로 유의한 의미를 갖는 회귀식이 추정되었다. 특히 가변수의 계수값이 −14.30으로 통계적인 유의성을 지닌다고 판단할 수 있다. 이는 일본리그에서 이승엽은 한국에서보다 연평균 14.30개 정도 적게 홈런을 친 것으로 해석할 수 있다.[24]

---

23 23년 전체의 자료를 회귀 분석해 본 결과, 시간계수와 가변수의 회귀계수가 음으로 나왔지만 통계적 유의성을 갖는다고 판단할 수 없었다. 데뷔 2년간의 성적이 이상치이기 때문에 생긴 현상이다.

24 데뷔 3년차부터 은퇴할 때까지(13년간) 한국에서는 445개의 홈런을 쳐 평균 34.2개를 기록하였고 일본에서는 8년간 159개를 쳐 연평균 19.9개를 기록하였다. 두 평균치의 차이가 14.3개이다.

05 어떤 사람이 흡연자일까?

- 금연 운동가의 궁금증
- 이항선택모형

앞 장과는 반대로 이번에는 종속변수가 숫자가 아닌 어떤 특성을 나타내는 경우도 있고, 어떤 선택이나 범주가 되는 경우도 흔히 볼 수 있다. 예를 들어 선거에서 A후보를 지지하는지 아닌지, 출근할 때 대중교통을 이용하는지 아닌지, 또는 유학을 갈 것인지 말 것인지 등이 이런 경우에 해당한다. 즉, 종속변수에 정성변수인 가변수를 사용해야 하는 모델로서 종속변수가 두 가지의 선택지를 가지고 있어서 이항선택모형(二項選擇模型, binary choice model)이라고 부른다.[25]

여기에서도 종속변수를 0 또는 1의 값을 갖는 정량화하는 방법을 사용하여 분석하고 있다. 누적분포함수(累積分布函數, cumulative distribution function, CDF)는 최솟값 0에서 최댓값 1 사이에 분포하고 있으며 보통 확률모형으로 세 가지 접근법이 주로 이용되고 있다. 선형확률모형(linear probability model, LPM), 로짓 모형(logit model), 프로빗 모형(probit model) 등이다.

25 둘 이상의 선택지가 있는 모델, 즉 종속변수가 다수의 가변수로 되어 있는 다항선택모형(多項選擇模型, multinomial choice model)도 있다.

선형확률모형

모회귀선 $Y_i = a + bX_i + u_i$

여기에서 X_i: 가구소득

$Y_i = 1$ 만약 가구가 집을 소유하고 있으면

$= 0$ 만약 가구가 집을 소유하고 있지 않으면

단점으로 여러 가지 점이 지적되고 있는데, 더 나은 모델은 맞추어진 값이 0과 1 사이에 있고 극단적인 값의 빈도도 낮아야 한다. 0이나 1에 가까울수록 낮거나 높은 확률의 값이 나올 가능성이 점점 줄어들어야 한다.

로지트 모형

개인이 질적 선택행위에서 어느 한 사상을 선택할 확률과 개인이 가지고 있는 특성변수의 관계가 로지스틱 누적(累積)분포함수(cumulative logistic distribution function)로 주어진다고 가정하는 모형이다.

모회귀선 $P_i = a + bX_i$

$$P_i = \frac{1}{1+e^{-(a+bX_i)}},\ P_i = \frac{1}{1+e^{-Z_i}} = \frac{e^{Z}}{1+e^{Z}}$$

여기서 $Z_i = a + bX_i$이다.

소위 (누적)로지스틱 분포함수를 나타낸다. $1 - P_i = \dfrac{1}{1+e^{Z_i}}$로 쓸 수 있으며 $\dfrac{P_i}{1-P_i} = \dfrac{1+e^{Z_i}}{1+e^{-Z_i}} = e^{Z_i}$이다. 양변에 자연로그를 취하면 $L_i = \ln\left(\dfrac{P_i}{1-P_i}\right) = Z_i = a + bX_i$이다. 로그 오즈비(odds ratio, L_i, 승산비)는 로지트(logit)라고 불리며 이 모형을 로지트 모형이라고 부른다.

프로비트 모형

개인이 질적 선택행위에서 어느 한 사상을 선택할 확률과 개인이 가지고 있는 특성변수의 관계가 누적표준정규분포함수(cumulative standard normal distribution function)로 주어진다고 가정하는 모형이다. 노미트(normit) 모형이라고도 부른다.

$$F^{-1}(P_i) = a + bX_i$$

F^{-1}는 정규분포누적분포함수의 역함수

이 모형도 로지트 모형처럼 통상최소제곱법으로는 추정할 수 없으며 최우도(最尤度) 추정법(또는 최대가능도 방법, maximum likehood method, ML)을 사용해야 한다.[26] 대부분의 통계 소프트웨어에서는 로지트 모형과 프로비트 모형에 대한 최우추정법의 알고리즘을 제공하고 있어 어렵지 않게 추정값을 구할 수 있다.

로지트 분포와 프로비트 분포 중에서 어느 것이 더 선호되는가? 대부분 응용에서 두 모형은 상당히 비슷하지만 <그림 8-4>에서 보는 바와 같이 로지트 분포가 약간 굵은 꼬리를 가지고 있다. 즉, 조건부 확률(P_i)은 로지트 분포에서도 느리게 0이나 1에 접근한다.

어떤 사람이 흡연자가 되는지 또는 아닌지를 결정하는 요인을 찾기 위해 1,196명에

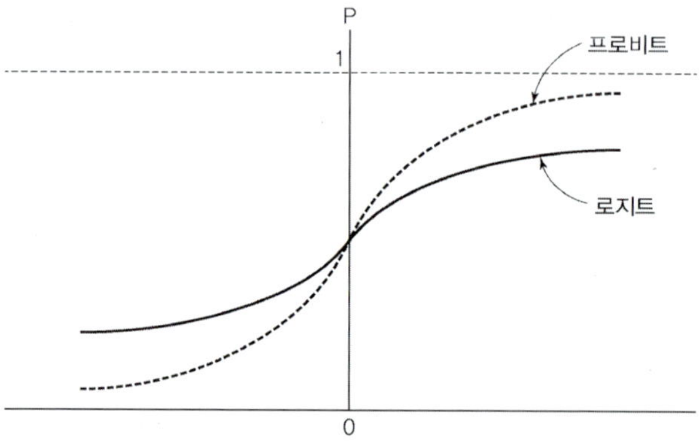

그림 8-4 로지트 모형과 프로비트 모형의 누적확률분포

26 최우도 추정법이란 표본에서 실제로 관측된 값들을 추정할 가능성이 가장 큰 추정치들을 계산해 주는 계수들을 추정한다. 이 방법은 계수의 추정치 변화가 아주 작을 때까지 반복하는 기법(iteration)이다.

대한 자료를 얻었다.[27] 각 개인의 나이, 교육 수준, 소득, 1979년 담배가격에 대한 정보를 독립변수로 취급하였다. 종속변수는 흡연여부인데, 흡연자는 1, 비흡연자는 0의 값을 부여하였다. 실증분석을 한 결과를 <표 8-6> (a) 선형확률모형, 로지트 모형과 프로비트 모형 결과 비교 (b) 한계 비교를 보여주고 있다.

비록 세 모형의 회귀계수들을 직접적으로 비교할 수는 없지만, 정성적으로 유사한 결과를 보여주고 있다. 나이, 교육 수준, 79년 담배가격 등은 흡연에 음의 영향을 미치지만 소득은 양의 영향을 미치고 있다.

표 8-6 선형확률모형, 로지트 모형과 프로비트 모형 추정결과 비교

(a) 전체 결과

변수 모형	선형확률모형	로지트 모형	프로비트 모형
상수	1.1230	2.7450	1.7019
	(5.96)	(3.31)	(3.33)
나이	−0.0047	−0.0208	−0.0129
	(−5.70)	(−5.58)	(−5.66)
교육 수준	−0.0206	−0.0909	−0.0562
	(−4.47)	(−4.40)	(−4.45)
소득	1.03E−06*	4.72E−06	2.72E−06
	(0.63)	(0.66)	(0.62)
79년 담뱃값	−0.0051	−0.0223	−0.0137
	(−1.80)	(−1.79)	(−1.79)
R^2	0.0388	0.0297	0.0301

* 괄호 안의 숫자는 선형확률모형의 경우 t값, 로지트과 프로비트 모형의 경우는 z값
* 로짓과 프로빗 모형의 경우 R^2값은 의사 R^2값
* E-06 = 10^{-6}을 나타내고 있다.

(b) 각 변수의 한계효과

변수 모형	선형확률모형	로지트 모형	프로비트 모형
나이	−0.0047	−0.0048	−0.0049
교육수준	−0.0206	−0.0213	−0.0213
소득	1.03E−06	1.11E−06	1.03E−06
79년 담배 값	−0.0051	−0.0052	−0.0052

* 소득을 제외하고 나이와 교육 수준의 경우 통계적으로 유의하며 79년 담배가격의 경우 약 8% 수준에서 유의하다.

27 이하의 내용은 구자라티·포터 저, 박완규·홍성표 공역, "Gujarati의 계량경제학(5/E)", 지필미디어, 15장 참고하였음.

각 변수의 한계효과를 보면 선형확률모형의 경우 흡연확률에 대한 한 변수의 한계효과는 추정된 회귀계수로부터 직접적으로 구해지지만, 로지트 모형과 프로비트 모형에서는 추가로 계산을 해야 구해진다.[28] 세 모형의 경우 한계효과가 꽤 비슷한 것으로 추정되었다. 예를 들어, 만약 교육 수준이 한 단위 증가하면 평균적으로 누군가가 흡연자가 되는 확률은 약 2% 정도 하락한다.

로지트 모형과 프로비트 모형 중 어느 모델이 잘 맞는지는 추정해 보지 않으면 알 수 없지만, 어느 변수가 유용한가는 아주 비슷하다. 그리고 로지트 모형에서 구한 추정량의 크기는 프로비트 모형에서 구한 추정량과 단순 비교할 수 없다. 많은 연구가들은 비교적 수학적으로 간단하다는 이유로 로짓 모형을 선호한다.

28 구자라티·포터, 위의 책, p.661과 p.671을 참고하였음.

연습문제

1 천재는 외로운 왕따

1. 결정식, 확률식, 교란항에 대해 설명하시오.
2. 통상최소자승(제곱)법에 대해 설명하시오.

2 나 태어난 곳으로 다시 갈 거야

1. 정규방정식에 대해 설명하시오.
2. 다중공선성에 대해 설명하시오.
3. 오컴의 면도날에 대해 설명하시오.
4. '영(zero)'귀무가설과 '2-t'법칙에 대해 설명하시오.
5. 광고가 매출액에 미치는 영향을 분석하기 위해 20개의 표본을 대상으로 회귀분석을 하였고 아래와 같은 자료들을 얻었다.

$$n=20,\ \ \overline{Y}=88{,}915,\ \ \overline{X}=690,\ \ \sum y_i^2=11{,}485,$$
$$\sum x_i^2=628{,}713,\ \ \sum x_i y_i=77{,}685,\ \ ESS=1{,}852$$

   (i) 회귀방정식을 구하시오.

   (ii) $X=500$일 때 종속변수의 평균예측값을 구하시오.

6. 국책연구기관에서 2030년 우리나라 실질 국내총생산을 2,000조 원으로 예측하였다고 한다. 우리나라 소비함수 $\underset{(12.4)\ \ (35.0)}{\widehat{Y}_i=194.8+0.37X_i}$를 근거로 2030년 예측평균소비를 구하시오.
7. 자동차 주행거리(1천 km)를 독립변수(X)로 하고 중고차값(100만 원)을 종속변수(Y)로 하여 회귀분석을 한 결과 $\underset{(9.2)\ \ \ (7.2)}{\widehat{Y}_i=48.3-0.35X_i}$를 구할 수 있었다. 여기에서 -0.35의 의미를 설명하시오. ( )는 t을 나타내고 있다.

3 내 덕인 줄 알아 vs 공치사가 좀 심해요

1. 결정계수에 대해 설명하시오.
2. 분산분석에 대해 설명하시오.
3. 6세대를 추출하여 식비소비를 Y로 하고, 년소득(X_1), 미성년자수(X_2)에 대해 회귀분석한 결과 식비 소비함수를 $\widehat{Y_i} = \underset{(9.4)}{7.71} + \underset{(5.7)}{0.12X_1} + \underset{(3.6)}{0.81X_2}$로 추정하였다. 단위는 천만 원이고 (   )는 t를 나타내고 있다. 회귀계수 0.12와 0.81의 의미를 설명하시오.
4. 엑셀을 이용하여 얻은 회귀분석 결과이다.
   (ⅰ) (   )을 채우시오.
   (ⅱ) 회귀방정식을 구하시오.
   (ⅲ) 이 회귀모형에 대해 전체와 부분으로 나누어 검정하시오.

회귀분석 통계량

다중상관계수	결정계수	조정된 결정계수[29]	표준오차	관측수
㉠	0.908	0.882	12.827	10

변동의 원천	제곱합	자유도	평균 제곱	F비	유의한 F
회귀(ESS)	12,662.4	2	㉡	㉥	0.000
잔차(RSS)	㉢	㉣	㉤		
총변동(TSS)	13,082.4	㉦			

분산분석

구분	계수	표준오차	t통계량	p값
Y절편	8.674	14.530	0.600	0.568
X_1	2.100	0.250	㉧	0.000
X_2	10.795	㉨	3.20	0.015

29 조정된 결정계수(adjusted R^2, $\overline{R}^2$)란 두 개의 R^2을 비교하기 위해 자유도로 조정되었다는 뜻이다. 모형 내의 변수의 개수와 표본수로 조정하여 구해진다. $\overline{R}^2 = 1-(1-R^2)\dfrac{n-1}{n-k}$이다.

5. 104개 대형마트에서 가전제품 판매액을 종속변수(Y)로 하고, 제품가격(P), 할인품목수(S)에 대해 회귀분석한 결과가 아래의 표로 나타내었다.

구분	계수	표준오차	t통계량
Y절편	200,250.34	135,523.12	㉠
가격(P)	−65,534.17	28,332.56	㉡
할인품목수(S)	340.67	576.12	㉢
광고(A)	1.35	0.56	㉣

(ⅰ) ㉠~㉣의 값을 구하시오.

(ⅱ) 유의수준 5%에서 양측검정을 실시할 때 유의한 변수를 구하시오.

(ⅲ) 결과에 대해 해석해 보시오. 또 바람직한 가설설정은 어떤 형태인지 설명하시오.

6. 개인소비지출(PEP)과 내구재 지출(DUREP) 간의 탄력도를 구하고자 각 변수에 자연로그를 취하고 회귀분석한 $\ln\widehat{PEP} = -6.24 + 1.35\ln\widehat{DUREP}$를 얻었다. ($\ln$은 자연로그를 나타내고 있다)

(ⅰ) 절편의 표준오차가 0.62이고 $\ln\widehat{DUREP}$의 표준오차가 0.07일 때 절편과 $\ln\widehat{DUREP}$의 t값을 구하시오.

(ⅱ) $\ln\widehat{DUREP}$의 추정된 회귀계수의 값을 해석하시오.

7. 제약산업에서 연구개발비가 매출에 미치는 영향을 알아보기 위해 10개의 제약회사의 연구개발비와 매출에 대한 자료를 얻었다.

제약회사	연구개발비 (10억 원)	매출액 (100억 원)	제약회사	연구개발비 (10억 원)	매출액 (100억 원)
1	5	10	6	13	22
2	8	20	7	12	25
3	7	22	8	7	19
4	9	21	9	10	18
5	11	32	10	6	13

(ⅰ) 산점도를 그리시오.

(ⅱ) 회귀방정식을 구하시오.

(ⅲ) 결정계수를 구하시오.

(ⅳ) 이 회귀 결과를 기초로 제약회사의 연구개발비와 매출의 관계를 설명하시오.

4 계절별로 매출액 차이가 얼마일까?

1. 가변수와 가변수 함정에 대해 설명하시오.

2.[30] 결혼여부와 흡연여부에 따라 시간당 임금이 얼마나 차이 나는가를 분석한 결과가 아래와 같다. 독립변수로 가변수(D_{2i}: 결혼여부, D_{3i}: 거주지역)만 같이 쓰이는 경우이다. 종속변수는 시간당 임금($)이고, D_{2i}=1, 기혼자, D_{2i}=0, 미혼자, D_{3i}=1, 남부지역 거주, D_{3i}=0, 남부지역 이외의 거주지역이다.

$$\widehat{Y}_i = 8.81 + 1.10D_{2i} - 1.67D_{3i}$$

(21.95) (2.37) (−3.44)

(i) 벤치마크 범주는 어떤 집단이고, 평균 시간당 임금을 구하시오.

(ii) 기혼자의 시간당 평균 임금과 미혼자의 시간당 평균 임금의 차이를 구하시오.

(iii) 기혼자이며 남부지역에 거주하는 사람들의 시간당 평균 임금을 구하시오.

5 어떤 사람이 흡연자일까?

1. 두 모형 간의 차이점을 중심으로 로지트 모형과 프로비트 모형을 각각 설명하시오.

30 구자라티, 앞의 책, 330p.

제 9 장

통계로 세상 깊게 알기

01 주가여, 어디로 가시나이까

- 주식 투자가의 독백
- 시계열 자료 분석

2020년 코로나19 확산 사태가 장기화되면서 주식 시장에는 '동학개미'라는 신조어가 생겨났다. '개미'는 소액 개인 투자가를 지칭하는 용어로 과거에서부터 써오던 용어였는데, 여기에 국내 개인투자자들이 기관과 외국인에 맞서 국내 주식을 대거 사들인 상황을 1894년 반외세 운동인 '동학농민운동'에 빗댄 표현이다. 많은 사람들이 참여하고 관심을 갖게 됨에 따라 증시가 활황을 보이고 있다.

주식 거래야말로 불확실성에 도전하는 일로서 성공하면 큰 돈을 벌 수 있지만, 실패하면 패가망신을 하거나 심지어는 극단적인 선택으로까지 이어지기도 한다.[1] 하지만 로또 복권이 당첨되지 않았다고 자살하는 사람의 이야기는 들어보지 못했을 것이다. 로또에 투자한 돈은 많아야 한 번에 몇 만원 정도이고 오직 운으로 결정된다는 것을 모두가 알고 있기 때문이다. 그러나 증권의 경우는 액수가 많을 뿐더러 자기 자신의 판단으로 투자를 하기 때문에 실패할 경우 그 타격은 로또에서 보다 더 크게 나타난다.

주식 시장은 워낙 여러 가지 요인에 의해 영향을 받기 때문에 주가를 정확히 예측하는 것은 불가능에 가까운 일이다. 그렇다 하더라도 사람들은 주가의 추세나 추이를

1 주식수익률의 평균을 기대 수익률, 표준편차를 변동성이라고 부른다.

살핌으로써 미래를 예측하려고 노력한다. 주식 시장은 나름대로 주기성(週期性)과 규칙성(規則性)을 가지고 있기 때문에 제한된 범위 내에서는 비교적 정확도가 높은 예측이 가능하기도 하다.

시계열 분석(時系列分析, time series analysis)의 주목적은 예측에 있다. 즉, 과거의 시계열 자료의 패턴이 앞으로도 지속적으로 유지될 것이라는 가정하에서 지금까지 수집된 자료들을 분석하여 미래에 대해 예측하고자 하는 것이다. 시계열 자료는 <표 9-1>, <그림 9-1>에서 볼 수 있듯이 크게 계통성분(系統成分, systematic component)

표 9-1 시계열 자료의 분해

계통성분(S)			불규칙 성분(I)
추세성분(T)	계절성분(S)	순환성분(C)	

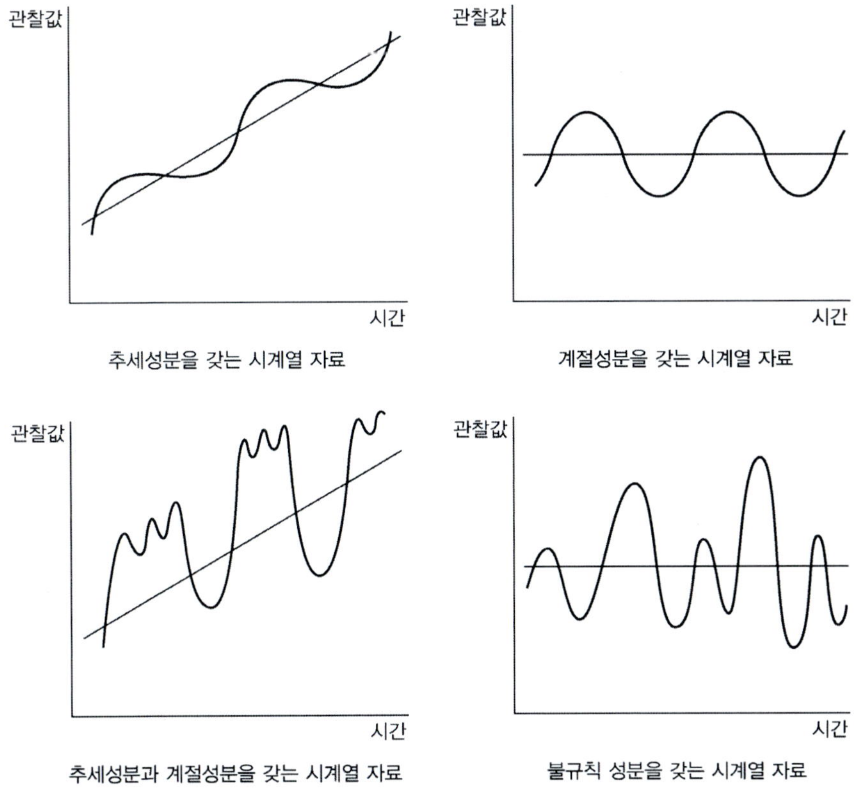

그림 9-1 여러 가지 시계열 자료

과 불규칙 성분(不規則成分, irregular component, I)으로 나누어지며, 계통성분은 다시 추세성분(趨勢成分, trend component, T), 계절성분(季節成分, seasonal component, S) 그리고 순환성분(循環成分, cyclical component, C)으로 세분된다.

그러면 각각의 성분에 대해 좀 더 자세히 살펴보기로 하자. 시간의 경과에 따라 관측값이 지속적으로 증가하거나 감소하는 추세를 보이는 경우의 변동을 추세성분이라고 한다. 이것은 주로 인구 변화, 기술의 진보, 또는 소비자들의 선호 변화와 같은 요인 때문에 나타난다. 계절성분은 주별, 월별, 계절별과 같은 주기적인 성분에 의한 변동을 말하며, 주로 기후와 관습에 의해 영향을 받는다. 예를 들면 명절 무렵에 나타나는 백화점의 매출 증가, 또는 여름에 폭발적으로 나타나는 음수, 에어컨, 아이스크림 회사의 매출액 증가 등이 이러한 경우에 해당한다. 순환성분은 계절 요인보다는 더 긴 주기로 나타나는 변동을 일컬으며, 어떤 특정 기간 내에 어느 정도의 규칙성을 띠며 장기 추세선을 중심으로 한 진동을 나타낸다. 그 원인은 다양하기 때문에 추출하기가 쉽지 않다. 일반적으로 선거나 경기 변동에 의해 영향을 많이 받는 변수에서 관찰된다. 마지막으로 불규칙 성분이란 시간에 따른 규칙적인 움직임과는 무관하게 임의의(랜덤한, random) 원인에 의해 나타나는 변동 성분을 의미한다. 주로 전쟁, 폭동, 홍수, 가뭄, 전염병, 화재 등 예측할 수 없는 원인 때문에 발생한다. 일반적으로 가장 관심을 두는 성분은 추세성분이다. 전체를 가장 잘 반영하고 있어 앞으로의 값이 어느 정도 예상되기 때문이다. 추세 성분을 추정하기 위한 방법으로는 최소자승법, 준 평균법 및 이동평균법이 주로 쓰인다. 여기에서는 불규칙한 요인을 제거하고 전체적인 변동 추세를 알아 볼 수 있게 하는 소위 '평활(平滑, smoothing)'기법 중에서 가장 간단하고 유용성이 높은 이동평균법(移動平均法, moving average, MA)을 소개하려고 한다.

일반적으로 단순이동평균선(單純移動平均線, Simple Moving Average Line)[2]은 추세선, 평활법, 예측 등 3가지 목적으로 주로 쓰이고 있다. 첫째, 추세선을 파악할

2 이동평균법에는 단순이동평균법이외에도 누적이동평균(Cumulative moving average), 가중이동평균(Weighted Moving Average), 지수이동평균 (Exponential Moving Average) 등이 있다.

때 쓰이는 단순이동평균선은 일정 시점(t시점)에서 이전 n기간의 값을 단순히 평균하여 구한 값을 연결하는 선이다. 즉, t시점에서 n기간 단순이동평균(SMA_n)은 X_t 값과 이전 $(n-1)$의 값들의 평균에 의해 구할 수 있다.

$$SMA_n = \frac{(X_t + X_{t-1} + \cdots + X_{t-n+1})}{n}$$

둘째, 시계열 분석에서 확률적인 변동을 제거하고 계통적인 변동을 쉽게 파악하기 위해 사용되는 평활법(平滑法, smoothing)으로도 쓰이고 있다.[3] 시점 t에서 n기간 이동평균(X_t^*)을 구하는 경우, X_t값, X_t 이전의 $(n-1)/2$개 값, X_t 이후의 $(n-1)/2$개 값의 평균에 의해 구할 수 있다.

$$X_t^* = \frac{X_{t-(n-1)/2} + X_{t-(n-1)/2+1} + \cdots X_t + \cdots X_{t+(n-1)/2-1} + X_{t-(n-1)/2}}{n}$$

(n이 홀수인 경우)[4]

셋째, 예측값으로 쓰이는 경우도 있다. $t+1$기의 예측값(F_{t+1})으로 t기를 포함한 이전 n개를 단순평균한 값으로 사용하는 이동평균법이다. 즉, 앞에서 구한 SMA_n을 F_{t+1}로 쓰는 것이다.

$$F_{t+1} = SMA_n = \frac{(X_t + X_{t-1} + \cdots + X_{t-n+1})}{n}$$

주식 시장에서 볼 수 있는 이동평균선을 중심으로 설명해 보기로 하자. 1주일에 보통 닷새간 주식 시장이 열리기 때문에 t시점에서의 5일 이동평균선(SMA_5)은 t시점 값을 포함한 처음 5개 데이터를 가지고 평균을 구한다. 다음 기($t+1$) 이동평균값은 처음 5개 데이터 중에서 맨 첫 번째 것을 버리는 대신 $(t+1)$시점의 값(X_{t+1})을 포함

3 시계열에 존재하는 불규칙 변동을 제거하기 위해 쓰는 가장 간단한 방법은 평활법이며, 대표적인 평활법에는 이동평균법과 지수평활법(Exponential Smoothing Method)이 있다.

4 n이 짝수인 경우에는 인접한 두 이동평균의 평균을 계산하여 이동평균을 중심화하는 중심이동평균(centered moving average)을 구한다. 일반적으로 짝수기간보다는 홀수 기간을 정하게 된다.

표 9-2 2024년 4월의 코스피 시세와 이동평균(거래일 오후 3시 30분)

날짜	요일	코스피시세	변화포인트(p)	변화율(%)	5일 이동평균	5일 평활법	예측값
1일	월	2,747.86	1.28 ↑	0.04 ↑	–	–	–
2일	화	2,753.16	5.30 ↑	0.19 ↑	–	–	–
3일	수	2,706.97	46.19 ↓	1.68 ↓	–	2,732.84	–
4일	목	2,742.00	35.03 ↑	1.29 ↑	–	2,726.80	–
5일	금	2,714.21	27.79 ↓	1.01 ↓	2,732.84	2,717.20	–
8일	월	2,717.65	3.44 ↑	0.13 ↑	2,726.80	2,717.20	2,732.84
9일	화	2,705.16	12.49 ↓	0.46 ↓	2,717.20	2,705.16	2,726.80
11일	목	2,706.96	1.80 ↑	0.07 ↑	2,717.20	2,696.40	2,717.20
12일	금	2,681.82	25.14 ↓	0.93 ↓	2,705.16	2,674.80	2,717.20
15일	월	2,670.43	11.39 ↓	0.42 ↓	2,696.40	2,650.60	2,705.16
16일	화	2,609.63	60.80 ↓	2.28 ↓	2,674.80	2,636.15	2,696.40
17일	수	2,584.18	25.45 ↓	0.98 ↓	2,650.60	2,618.16	2,674.80
18일	목	2,634.70	50.52 ↑	1.95 ↑	2,636.15	2,609.96	2,650.60
19일	금	2,591.86	42.84 ↓	1.63 ↓	2,618.16	2,612.64	2,636.15
22일	월	2,629.44	37.58 ↑	1.45 ↑	2,609.96	2,630.95	2,618.16
23일	화	2,623.02	6.42 ↓	0.24 ↓	2,612.64	2,629.74	2,609.96
24일	수	2,675.75	52.73 ↑	2.01 ↑	2,630.95	2,642.63	2,612.64
25일	금	2,628.62	47.13 ↓	1.76 ↓	2,629.74	2,654.23	2,630.95
26일	수	2,656.33	27.71 ↑	1.05 ↑	2,642.63	2,668.04	2,629.74
29일	월	2,687.44	31.11 ↑	1.17 ↑	2,654.23		2,642.63
30일	화	2,692.06	4.62 ↑	0.17 ↑	2,668.04	–	2,654.23

자료: 한국거래소 홈페이지

한 단순 평균값으로 구해진다. 계속 시점을 늘여가면서 앞 시점에서의 데이터를 버리고 대신 새 시점의 데이터를 포함시킨 후 단순 평균값을 구하고 선으로 연결하면 단순 이동평균선을 구할 수 있다.

실제 2024년 4월 주식시세를 대상으로 단순이동평균선을 구해보기로 하자. <표 9-2>에서 보는 바와 같이 21일 거래가 있었다. 분석 기간을 2024년 4월 한 달로 한정한다면 5일 단순이동평균선에서는 처음 4일간의 시세를 활용할 수 없게 되고, 평활법에서는 처음의 이틀과 마지막 이틀간의 시세를 활용할 수 없으며, 예측법에서는 처음 5일간의 자료를 활용할 수 없다는 한계가 있다.

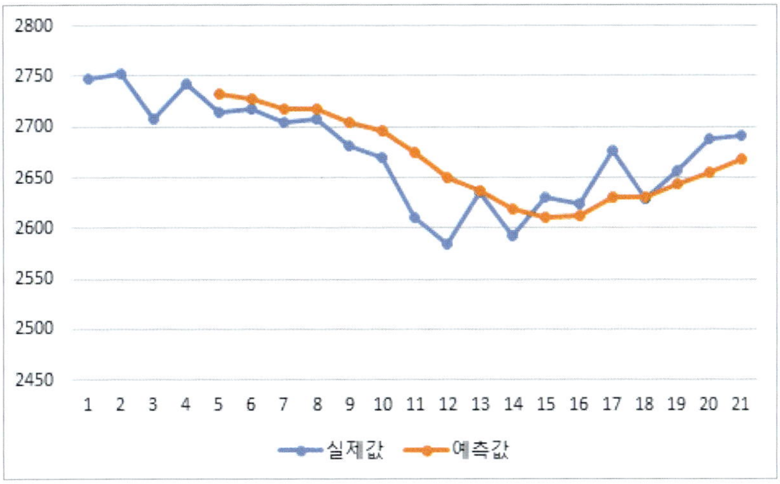

그림 9-2 주식시세 실제값과 예측값

4월 5일의 5일 단순이동평균선은 4월 1일, 2일, 3일, 4일, 5일간 종가의 평균으로 구해진다. 다음으로 4월 8일의 5일 이동평균선은 4월 2일, 3일, 4일, 5일, 8일간 종가의 평균으로 구해진다. 계속해서 같은 방법으로 이동평균값을 구하고 선으로 연결하면 5일 단순이동평균선을 그릴 수 있다.

4월 3일의 5일 평활선은 4월 1일, 2일, 3일, 4일, 5일간 종가의 평균으로 구해진다. 다음으로 4월 4일의 5일 이동평활선은 4월 2일, 3일, 4일, 5일, 8일간 종가의 평균으로 구해진다. 계속해서 같은 방법으로 단순이동평균값을 구하고 선으로 연결하면 평활법 단순이동평균선을 그릴 수 있다. 마지막으로 4월 8일의 5일 예측선은 4월 1일, 2일, 3일, 4일, 5일간 종가의 평균으로 구해진다. 다음으로 4월 9일의 5일 예측선은은 4월 2일, 3일, 4일, 5일, 8일간 종가의 평균으로 구해진다. 계속해서 같은 방법으로 단순이동평균값을 구하고 선으로 연결하면 <그림 9-2>에서 보는 바와 같이 예측선을 그릴 수 있다.

이동평균선은 기간의 개념을 포함하고 있기 때문에 기간별로 서로 다른 특징을 나타내고 있다. 단기 이동평균선은 중 · 장기이동평균선에 비해 시장가격에 민감하기 때문에 후행성(time lag)을 줄일 수 있으나 추세를 반영하는 데는 한계를 보이고 있다.[5] 주식 시장에서는 보통 5일 이동평균선(SMA_5), 20일 이동평균선(SMA_{20}), 60일

이동평균선(SMA_{60}), 120일 이동평균선(SMA_{120}) 등을 구하고 있다.[6]

- 5일 이동평균선(SMA_5)은 1주일간의 평균을 나타내며 단기 추세를 보여주며 '심리선'이다.
- 20일 이동평균선(SMA_{20})은 1개월간의 평균을 나타내며 단기 추세를 보여주며 '세력선'이다.
- 60일 이동평균선(SMA_{60})은 3개월간의 평균을 나타내며 중기 추세를 보여주는 '수급선'이다.
- 120일 이동평균선(SMA_{120})은 6개월간의 평균을 나타내며 장기 추세를 보여주는 '경기선'이다.

기간이 길어질수록 단순이동평균선은 점점 완만한 모양을 띠게 된다. 데이터의 양이 많아질수록 세세한 변화는 무시되고 점점 장기적인 흐름(추세)을 나타내고 있다. <그림 9-3>에서 볼 수 있는 바와 같이 120일 단순이동평균선이 가장 완만하며 5일 단순이동평균선이 가장 변화가 심한 것으로 그려져 있다.

단순이동평균법은 계산이 쉽다는 장점을 가지고 있지만, 과거 자료의 일부만을 사용한다는 단점을 가지고 있다. 또 계산에 사용되는 자료들에 동일한 가중치($1/n$)가 부여되어 최근 자료와 오래된 자료의 중요성을 동일하게 가정하는 것도 단점으로 지적되고 있다.

5 후행성이란 가격변화에 있어서 실제 주가와 이동평균선에서 나타난 값과의 시간적인 괴리를 말한다.

6 백화점 매출액과 같이 실물경제변수의 이동평균을 분석할 때는 6일(1주일) 및 25일선(1개월)을 단기, 75일선(3개월)을 중기, 150일 이상(6개월)을 장기 이동평균이라고 부른다.

02 대박을 기대하며

- 어느 동학개미의 바람
- 주식 시장에서 성공하기

주식시황은 기본적 분석과 기술적 분석으로 나누어 볼 수 있다. 기본적 분석은 경기 · 금리 · 통화 등 거시경제변수를 먼저 분석해 주식 시장의 흐름을 판단한 다음에 그 기업이 속한 산업활동을 파악하고 마지막으로 해당 기업의 재무구조와 경영 능력, 미래 수익성, 성장성 등을 예측해 최종적으로 그 기업의 내재가치를 파악한다. 반면 기술적 분석은 과거부터 현재까지의 주가와 거래량 등의 데이터를 바탕으로 한 차트를 분석해 추세를 알아내며 이를 기초로 앞으로의 주가를 예측한다.

<그림 9-3> 한눈에 볼 수 있는 코스피 지수의 추세에서 2013년부터 2021년 6월까지의 거래량, 이동평균선(5일, 20일, 60일, 120일)과 촛불차트(캔들스틱차트 candlestick chart)[7]를 보여주고 있다. 캔들차트는 시가(始價, opening price), 고가(高價), 저가(低價), 종가(終價, closing price)를 한눈에 알 수 있는 유용한 분석 도구이다.[8] 2013년부터 2018년까지 큰 변화 없이 횡보(橫步)하던 지수가 2018년 크게 상승한 후 하락세를

7 이 도구는 18세기 일본 미곡거래상 혼마 무네히사(本間宗久, 1724~1830)가 개발하였다고 전해지고 있으며 일본에서 널리 쓰기 시작한 것은 메이지시대(1868년) 이후라고 한다. 미국에서는 1850년경부터 사용되고 있으며, 금융자산(주식, 환율 등)의 변동을 나타내는 도구로 두루 쓰이고 있다.

8 여기에서 시가는 거래 시작 초에 형성된 시세가로서 시초가라고도 한다. 시장가격이나 시세 또는 시가(市價)와는 뜻이 다르다. 종가는 시장 마감 때의 가격을 말한다.

그림 9-3 한눈에 볼 수 있는 코스피 지수의 추세

* 녹색은 5일 이동평균, 적색은 20일 이동평균, 주황색은 60일 이동평균, 보라색은 120일 이동평균선을 나타내고 있음

보이다가 2020년부터 급상승세를 보이고 있음을 한눈에 알아볼 수 있게 해준다.

시가보다 종가가 높게 끝난 경우를 양봉(陽峰)이라고 부르며 빨간색으로 그려지고 시가보다 종가가 낮게 끝난 경우를 음봉(陰峰)이라고 부르며 파란색으로 그린다.[9] <그림 9-4>에서 보는 바와 같이 빨간색 봉은 위에서부터 최고가, 종가, 시가, 최저가 순이고 파란색 봉은 최고가, 시가, 종가, 최저가 순이 된다.

개별 기업 차원에서도 이와 같은 분석이 가능하며 이를 토대로 하는 투자가 합리적이고 바람직한 성과를 얻을 수 있다. <그림 9-5> 모 자동차회사의 주가 추이를 보여주고 있다. 2021년 6월 초순의 추이를 보면 장기이동평균선은 상승세이지만, 단기 이동

9 미국에서는 우리나라와 반대로 상승일 때는 푸른색, 하락일 때는 붉은색으로 그린다.

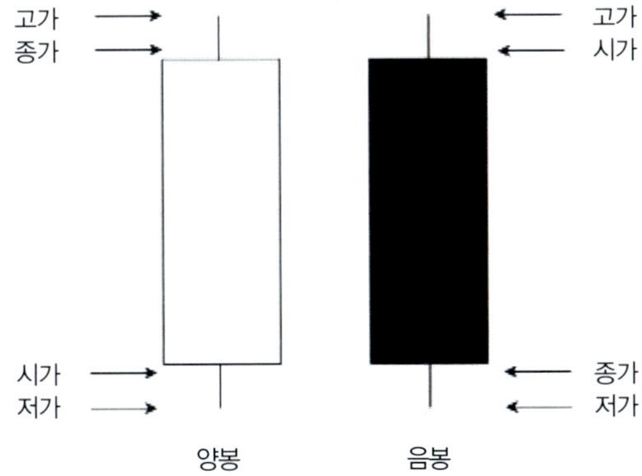

그림 9-4 양봉과 음봉

그림 9-5 모 자동차회사의 주가 추이

* 녹색은 5일 이동평균, 적색은 20일 이동평균, 주황색은 60일 이동평균, 보라색은 120일 이동평균선을 나타내고 있음

평균선은 하락하는 모양을 보이고 있다. 이와 같이 이동평균선 상승세인데, 단기 이동평균선은 하락하는 경우를 데드 크로스(dead cross)라고 부른다. 장기적인 호황은 끝이 보이기 시작하고 침체가 시작되었음을 의미한다. 반대로 장기이동평균선 하락세

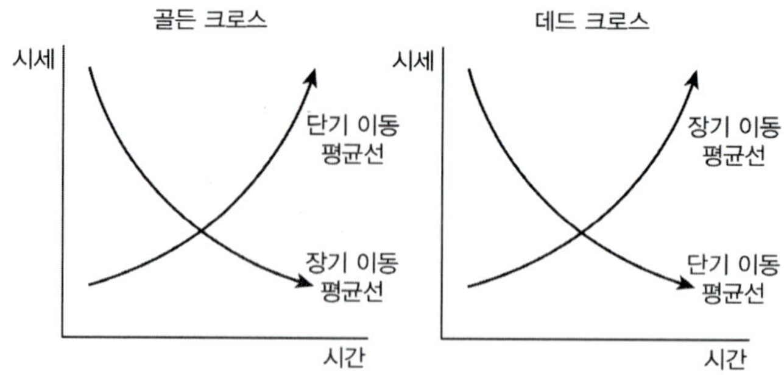

그림 9-6 골든 크로스와 데드 크로스

인데, 단기 이동평균선은 상승하는 경우를 골든 크로스(golden cross)라 부르며 장기적인 침체에서 벗어나 반등이 시작되었음을 의미한다(그림 9-6).

증권전문가들은 차트만 보고 매수와 매도를 결정하지 말고, 기업의 내재가치를 평가하는 기본적인 분석 방법의 토대 위에서 차트를 해석하는 것을 권하고 있다.[10]

10 최진기, '경제기사의 바다에 빠져라', 스마트 북스, 2011.

03 코 씨 삼 형제: 코스피, 코스닥, 코넥스

- 투자를 고민하는 투자가
- 우리나라의 증권시장

우리나라에 근대적 모습의 유가증권 거래시장이 개설된 것은 일제 강점기는 1932년이다. 이후 해방과 한국전쟁 등을 거치면서 간신히 명맥을 이어 오다가 1956년 3월 대한 증권거래소가 개소하면서 주식 시장이 활성화되기 시작하였다. 1996년 중소벤처 기업의 투자 활성화를 위해 코스닥(KOSDAQ, Korea Securities Dealers Automated Quotations)시장이 개장하였고 2013년에는 초기 중소벤처 기업의 투자 활성화를 위해 코넥스(KONEX, Korea New Exchange) 시장이 개설되었다. 2023년 말 기준으로 보면 유가증권시장의 시가총액은 2,126조 원, 코스닥은 431.8조 원, 코넥스 3.8조 원을 기록하고 있으며 세계 12위 규모의 시장으로 평가받고 있다(표 9-3).

표 9-3 우리나라 주요 주식 시장 현황

	유가증권시장(코스피)	코스닥[11]	코넥스[12]
상장사 수	847	1,702	129
일평균거래량	538.2 백만주	1,118.1 백만주	779.7 천주
거래대금	연간 2,353조원	연간 2,456.0조원	일 평균 24.7억원
시가총액	2,126조원	431.8조원	3.8조원

자료: KRX, 2023년 제19기 영업보고서

코스피 지수(KOSPI, Korea Composite Stock Price Index)란 <식 9-1>에서 보는 바와 같이 유가 증권시장에 상장된 기업의 비교 시점에서의 시가총액을 기준시점의 시가총액으로 나누어 얻어지는 지수이다. 우리나라 경제 상황을 총체적으로 보여주는 지표로도 쓰이고 있다. 현재 쓰이고 있는 코스피 지수는 시가 총액식으로 1980년 1월 4일 시가총액을 기준시점으로 산출된 수치이다(기준지수 100).[13] 코스피 시장에 등록되는 조건이 매우 엄격하기 때문에 대부분 안정적인 대기업들이 등록되어 있어 배당금도 기대할 수 있다. 한편 코스닥지수의 기준시점은 1996년 7월 1일이기 때문에 코스피 지수와 코스닥 지수를 바로 비교하는 것은 의미가 없는 일이다. 또 일반적으로 지수는 시간이 지남에 따라 기준시점을 바꾸어 계산하지만 코스피 지수와 코스닥 지수는 한번 정해진 기준시점을 바꾸지 않는다. 코스피 지수와 코스닥 지수의 단위는 '포인트'이며, 변화량은 포인트로 말하지만 변화율은 %로 나타내고 있다.

$$\text{코스피(혹은 코스닥) 지수} = \frac{\text{비교시점의 시가총액}}{\text{기준시점의 시가총액}} \times 100 \quad \text{<식 9-1>}$$

하루 최대 상승률과 하락률을 기록한 날짜와 종가, 순변화, 그리고 변화율(%)을 <표 9-4>와 <표 9-5>에 나타내 보았다.[14] 미국발 금융위기가 있었던 2008년 10월 16일과 24일 역대급으로 하락하였으나 불과 1주일 후인 2008년 10월 30일에는 역대 최대 상승률을 기록하였다. 또 1998년 하반기(6월 17일과 12월 10일)에 폭등한 것은 그 해 있었던 IMF 경제위기에서 벗어나면서 나타났다. 또 2000년 3월 2일 폭등이 나타났지만 4월 17일에는 폭락이 따라왔다. 또 세계적으로 코로나19가 폭발하기 시작한

---

11 코스닥은 중소기업이나 벤처기업들의 자금 조달을 목적으로 하는 증권시장으로 코스피에 비해 진입장벽이 낮기 때문에 중소기업과 벤처기업이 다수 분포되어 있다. 1996년 5월 17일 개장되었으며 코스닥 지수는 1996년 7월 1일이 기준이다.

12 코넥스는 초기 중소 · 벤처기업의 성장지원 및 모험자본 선순환 체계를 구축하기 위해 개설된 자본시장으로 2013년 7월 1일 개장하였다.

13 1983년 1월 4일부터 발표되고 있다. '시가 총액식' 주식지수는 1923년 미국에서 S&P(Standard and Poor's)가 처음으로 발표한 후 세계 많은 국가에서 채택하고 있는 방식이다. 시가총액식이란 주식가격과 거래되는 주식의 수량을 가지고 계산한다. 코스닥지수도 시가총액식이다. 1996년 최초 개장 시에는 기준단위가 100이었으나, 2004년 1월 26일부터 기준단위를 100에서 1000으로 변경하여 산출하고 있다.

14 하루 최대 상승/하락폭이 아니고 하루 최대 상승률/하락률임을 유의하기 바람.

표 9-4 우리나라 코스피 시장 하루 최대 상승률

순위	날짜	종가(포인트)	변화량(포인트)	변화율(%)
1	2008년 10월 30일	1,084.72	+115.75	+11.95
2	2020년 3월 24일	1,609.97	+127.51	+8.60
3	1998년 6월 17일	303.81	+23.81	+8.50
4	2000년 3월 2일	894.66	+66.28	+8.00
5	1998년 12월 10일	567.61	+41.09	+7.80

자료: 위키피디아

표 9-5 우리나라 코스피 시장 하루 최대 하락률

순위	날짜	종가(포인트)	변화량(포인트)	변화율(%)
1	2001년 9월 12일	475.60	−64.97	−12.02
2	2000년 4월 17일	707.72	−93.17	−11.63
3	2008년 10월 24일	938.75	−110.96	−10.57
4	2008년 10월 16일	1213.78	−126.50	−9.44
5	2024년 8월 5일	2441.55	−234.64	−8.77
6	2020년 3월 19일	1457.64	−133.56	−8.39

자료: 위키피디아

2020년 3월 19일에는 폭락하였으나 24일에는 기록적인 폭등을 하였다. 이렇게 보면 폭락과 폭등이 쌍둥이처럼 움직인다는 사실을 발견할 수 있다. '위기와 기회는 함께 온다'라는 속설을 잘 보여주고 있다. 투자가들의 심리가 매우 중요하게 작용하고 있다. 보통 사람들이 주식투자에서 성공을 거두지 못하는 이유로 정보의 부재와 매수·매도 타이밍 실기를 들고 있는데, "조금 더 오르겠지"하는 미련 때문에 손해를 보는 것이다. 전문가들은 '목표 수익률'을 정하고 그것이 달성되면 미련 없이 행동하라고 조언을 하는 이유가 여기에 있다.

코스피 지수의 장중 기준 역대 최고치는 2021년 1월 11일에 기록한 3,266.23포인트이고, 종가 기준 역대 최고 상승치는 2023년 11월 6일에 기록한 134.03포인트이며, 역대 최고 하락치는 2020년 3월 19일에 기록한 −133.56포인트다. 시가총액은 2024년 5월 3일 종가 기준으로 2,181조 원을 기록하고 있다.[15]

15 위키피디아 참고하였음.

우리나라 1세대 증권맨으로, 기관과 일반 투자자 양쪽에서 40년 가까이 코스피의 현장을 지킨 정통 주식 전문가로 인정받고 있는 윤재수 씨의 조언이다. 그는 '역사가 알려주는 투자의 원칙 – 대박은 없다'로 9가지를 주장하고 있다.[16]

① 개미투자가가 매수할 때는 저점 대비 2~3배 급등해 있다.
② 단기반등을 노리고 대박주를 사면 필패한다.
③ 대박주는 부실 중소기업주 중심으로 나타난다.
④ 대박 종목은 원칙적으로 투자 대상에서 제외해야 한다. 단 예외는 있다.
⑤ 때를 알고 투자를 해야 한다.
⑥ 기업가치로 종목을 선정하고, 매매 시점은 그래프로 판단하자.
⑦ 목표 수익률을 낮춰야 한다.
⑧ 분산투자하고 길게 보고 투자하자.
⑨ 과도한 위험에 노출되지 말자.

인간의 탐욕, 막무가내식 투기, 거품, 그리고 거품 붕괴

인류 역사에서 투기 광풍이 불어 경제가 파탄으로 몰고 간 예로, 1636년경 네덜란드의 튤립 투기, 1720년경 영국의 남해회사 거품, 비슷한 시기 프랑스에서 있었던 미시시피회사 거품을 들 수 있다. 비슷한 시기에 비슷한 일이 영국과 프랑스에서 동시에 발생한 것이다. 투기 최고점이었던 1637년 2월 3일 튤립 한 송이의 가격은 3,000길더까지 치솟았다. 당시 네덜란드 가정의 10년치 생활비에 해당하는 가격이었다. 튤립 한 송이와 배 한 척의 가격이 엇비슷했으며 가격이 급격하게 오른 한 달 동안 상승률은 무려 2,600%에 달했다고 한다.

남해회사 거품 사건 때는 당시 중력을 발견하고 화폐주조국 책임자였던 아이작 뉴

16 윤재수, '대한민국 주식투자 100년사', 길벗, 2015.

턴(Isaac Newton, 1642~1727) 역시 이 회사에 투자해 2만 파운드를 잃었다. 그가 이때 후회하면서 "천체의 움직임은 계산할 수 있어도 인간의 광기는 측정할 수 없다."라는 유명한 말을 남겼다. 마지막으로 프랑스에서는 미시시피회사를 설립하고 미국에 대한 투자를 적극적으로 하였다. 프랑스 정부가 통화량까지 증가시켰기 때문에 물가 상승이 폭발적으로 일어났고, 불안해진 시민들은 미시시피주식을 투매하기 시작하면서 치솟았던 미시시피회사의 주가는 폭락하였고, 경제는 파탄에 이르게 되었다. 광활한 루이지아나의 땅을 미국에 팔았으며 프랑스 혁명의 한 원인이 되었다.

이런 거품 붕괴 과정을 보면 과거에 없던 새로운 아이템이 등장하여 인간의 호기심을 자극하고, 근거 없는 지나친 낙관론이 지배하며, 친구 따라 무작정 따라하기가 성행하고, 일확천금의 도박심리가 팽배하는 등 복합적인 요인이 작용하여 나타나고 있다.

명언 보따리

"투자와 투기에는 명백한 차이가 있다. 투기는 이득을 얻어야 하는 도박, 투자는 과정에서 보람을 느끼는 게임"이라고 명쾌한 정의를 내렸다. 이와 함께 "투기하는 사람은 일상 속 뇌의 활동이 저하돼 있다. 투기꾼은 주식의 상승·하락장을 보는 데 반해 투자하는 사람은 기업 시총을 보며 가치를 평가한다."

심리학자 김경일, 매경ECONOMY, 2021.4. 인용

04 주가 폭락 예상 vs 기우에 불과

- 이 부회장의 구속과 주가의 움직임
- 주가의 단기 흐름과 장기 흐름

2021년 1월 18일, 삼성 이재용 부회장에 대한 파기환송심에서 징역 2년 6월의 실형을 선고받고 수감되었다. 그러자 몇몇 신문에서는 "이 부회장 구속으로 주가가 급락해 개미들 곡소리 나온다", "삼성 시가총액 28조 증발해 개미들 눈물 흘렸다"라는 기사를 쏟아내었다. 정말 이 부회장 구속 때문에 삼성 주식이 급락했고 개미들 눈물 흘렸을까?

이 부회장 구속 이틀 후인 1월 20일 JTBC 팩트 체크에서 이 의문에 대해 삼성전자 주가의 흐름으로 분석하였다. <그림 9-7>에서 볼 수 있듯이 이 부회장 구속 당일인 18일 3% 넘게 떨어진 건 사실이지만, 하루 만에 다시 반등하여 19일에는 2.35% 올랐으며 20일에도 소폭 상승하였다. 연일 상승세를 보이고 있다. 자연스럽게 당일 증발해 버렸다는 삼성그룹주의 시가총액 28조 원도 상당 부분 회복했고 이후 이틀간 19조 원이 생겨났다.

전체 주식 시장 흐름과 비교해보면, <그림 9-8>에서 볼 수 있듯이 이 부회장이 구속된 날인 18일에는 삼성전자 주가가 떨어졌지만 전체 코스피 시장도 2.3% 떨어졌다. 다음날인 19일 코스피 전체가 2.61% 반등했고 삼성전자도 비슷하게 회복세를 보였다. 이런 추세에서 볼 때 18일 삼성전자 주가 하락이 이 부회장 구속 때문이라기보다

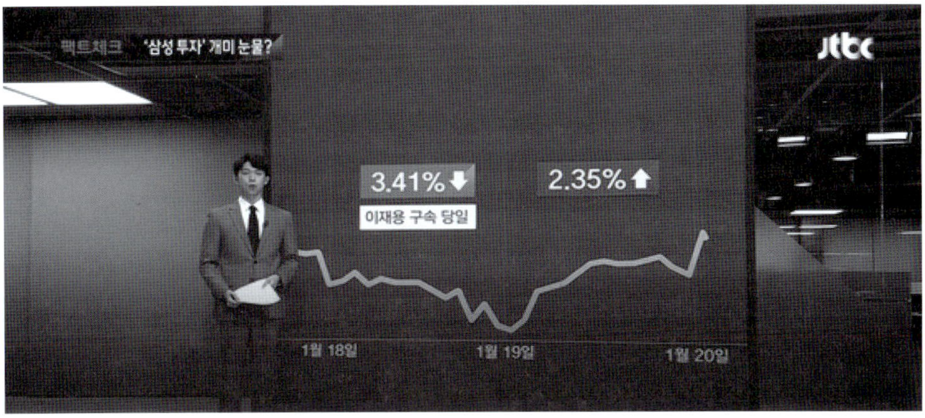

그림 9-7 삼성전자의 주가(2021년 1월 19일과 20일)

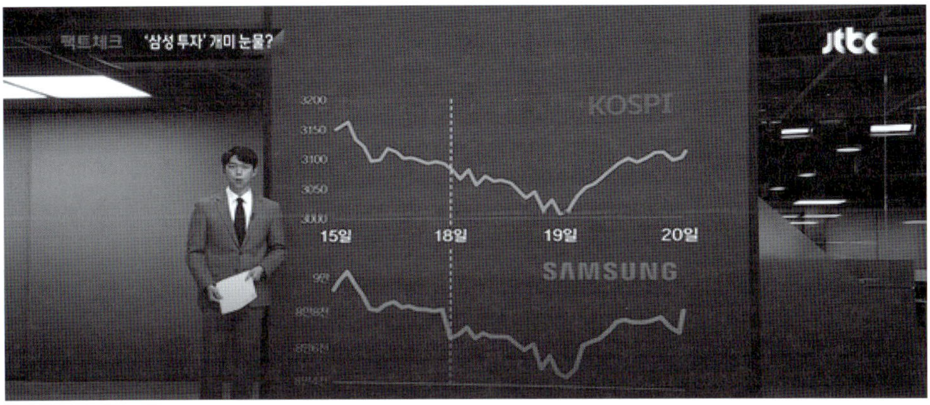

그림 9-8 삼성전자의 주가(2021년 1월 15일 이후)

는 최근 변화가 심한 시장 상황을 따라가고 있다는 분석에 수긍이 간다. 과거 고 이건희 회장의 심장마비 사실이 알려졌을 때도 경영 위기라는 말 많았지만, 주가가 급락하거나 실적이 곤두박질치는 일 없었으며 이 부회장이 처음 구속됐을 때도 마찬가지였다.

통계나 경제 전문가들은 장기적 추세를 봐야 한다고 조언하고 있다. 이런 관점에서 보면 이 부회장 구속이 주가에 일부 영향 미쳤을 수도 있지만, 주가가 급락하고 천문학적인 돈이 증발할 거다, 개미들 곡소리 날 거라는 식으로 위기가 현실이 됐다는 진단은 근거가 부족하다고 이야기할 수 있다. 저자는 주주들의 학습효과(경험 효과)와 합리적 기대에 기초한 행동이 이런 폭등이나 폭락을 미리 흡수하였을 것으로 보고 있다. 이 부회장이 다시 구속될 것에 대비하여 주주들이 합리적으로 미리 투자행위를 하였기 때문에 실제 시장에서 폭락 현상이 나타나지 않는 데 일조를 하였다고 본다.

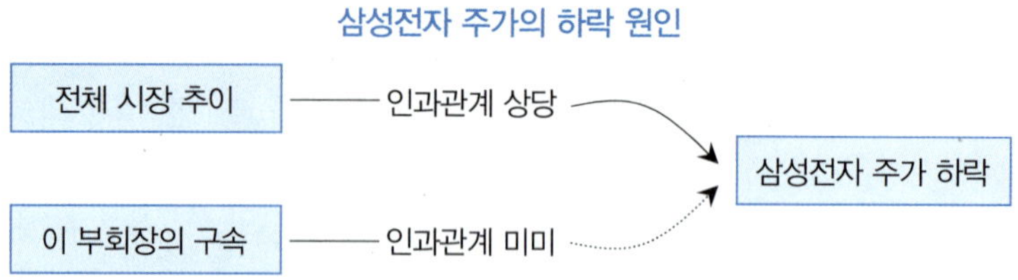

05 친환경 자동차의 급성장 vs 아직은…

- 친환경 자동차 구매희망자의 고민
- 범주형 자료 분석

범주형 자료(範疇形資料, categorical data)란 자료집합이 범주들에 대한 도수(度數, frequency)로 구성되어 있는 자료를 말한다. 질적 변수를 다루는 사회과학 분야에서 흔히 볼 수 있다. 그리고 양적 자료이지만 범주형으로 나타낼 필요가 있는 경우도 있다. 예를 들어, 어느 법안에 대해 지지도를 정당지지층, 나이, 성별 등으로 분류하여 도수를 조사하거나 어느 연예인에 대한 호감여부를 성별, 직업, 학력 등으로 분류하여 도수를 조사하는 등 이러한 예는 매우 많으며 이에 대한 분석의 유용성도 매우 높다.

범주에 따라 분할표를 정리하는 일부터 시작한다. 잘 정리된 분할표로부터 모집단의 특성을 구체적으로 분석하는 방법으로는 다음의 검정이 있다.

- 적합도 검정(適合度檢定, goodness-of-fit test: 관측도수와 기대도수 간의 적합성 여부를 판단하는 검정
- 독립성 검정(獨立性檢定, independence test: 한 모집단에서 표본을 추출하였을 때 두 개의 이산형 변수에 대한 독립여부를 검정
- 동일성 검정(同一性檢定, homogeneity test: 여러 모집단에서 표본을 추출하는 경우 각 모집단의 분포가 동일한가에 대한 검정

표 9-6 자동차 시장의 변화유무

자동차 종류	내연기관차(C_1)	전기차(C_2)	수소차(C_3)
관측도수(O_i)	650	280	70
기대도수(E_i)	600	300	100

코로나19를 거치면서 세계 각국에서는 친환경 자동차에 대한 관심이 급증하였다. 또 거리에서 전기차, 수소차 등 친환경 자동차를 쉽게 만날 수 있게 되었다. 용세는 "친환경 자동차 점유율이 60%를 넘었다"라고 주장하는 반면 용미는 친환경 자동차의 증가는 인정하지만, 아직 60%까지는 이르지 못하였다고 반론을 제기하고 있다. 현시점에서 누구의 말이 옳은가를 검정해 보기로 하자.

우리나라에서 판매되고 있는 자동차를 내연기관차(C_1), 전기차(C_2), 수소차(C_3) 등 3개의 범주로 나누어 볼 수 있고 시장 점유율이 $p_1 = 0.6$, $p_2 = 0.3$, $p_3 = 0.1$이라는 것을 검정하기 위해 1,000대의 자동차를 조사하였더니 <표 9-6> 자동차 시장의 변화유무에서 보는 바와 같이 내연기관차(C_1) 650대, 전기차(C_2) 280대, 수소차(C_3) 70대였다. 이 가설을 유의수준 5%하에서 단측검정을 해보기로 하자.

귀무가설(H_0): $p_1 = 0.6, p_2 = 0.3, p_3 = 0.1$

대립가설(H_1): 적어도 하나는 다르다.

다음 표를 만들어 검정통계량을 구하기로 한다. 여기에서 기대도수는 만약 귀무가설이 사실이라면 내연기관차는 1,000대 중 60%인 600대, 전기차는 30%인 300대, 수소차는 10%인 100대가 기대된다.

$$\chi_0^2 = \frac{(650-600)^2}{600} + \frac{(280-300)^2}{300} + \frac{(70-100)^2}{100} = 51.9$$

이 검정통계량은 자유도는 (범주의 수)−1=3−1=2인 카이제곱 분포를 따른다고 알려져 있다.[17] 유의수준 5%일 때 $\chi^2_{0.05,2} = 5.99$이다. $\chi_0^2 = 51.9 > \chi^2_{0.05,2} = 5.99$이므

17 이 예와 같이 자동차라는 하나의 속성에 대해 3개(K)의 범주로 분류한 일차원 표(one dimensional

로 귀무가설이 받아들여지지 않는다. 아직은 내연기관차, 전기차, 수소차의 시장 점유율이 각각 60%, 30%, 10%라고 말할 수 없다. 이 문제는 관측도수와 기대도수 간의 적합성 여부를 판단하는 예이다.

일반적으로 한 변수 A가 r개의 범주(모집단의 수)로 분류되고, 다른 변수 B가 c개의 범주(이산형 변수의 속성 개수)로 구성되어 있을 때 O_{ij}를 (i, j)번째 항의 관측도수, N을 전체 관측도수라고 하면 $(r \times c)$ 의 이차원 분할표로 아래와 같이 표현할 수 있다. 특히 관심을 갖는 것은 두 변수가 서로 연관이 있는가를 조사하는 독립성 검정을 하는 것이다(표 9-7, 표 9-8).

표 9-7 $r \times c$ 의 이차원 분할표(관찰값)

	1	2	…	c	계
1	O_{11}	O_{12}	…	O_{1c}	$O_{1\bullet}$
2	O_{21}	O_{22}	…	O_{2c}	$O_{2\bullet}$
⋮	⋮	⋮	⋮	⋮	⋮
r	O_{r1}	O_{r2}	…	O_{rc}	$O_{r\bullet}$
계	$O_{\bullet 1}$	$O_{\bullet 2}$	…	$O_{\bullet c}$	N

표 9-8 $r \times c$ 의 이차원 분할표(기대도수)

	1	2	…	c	계
1	$E_{11} = N\frac{O_{1\bullet}}{N}\frac{O_{\bullet 1}}{N}$	$E_{12} = N\frac{O_{1\bullet}}{N}\frac{O_{\bullet 2}}{N}$	…	$E_{1c} = N\frac{O_{1\bullet}}{N}\frac{O_{\bullet c}}{N}$	$O_{1\bullet}$
2	$E_{21} = N\frac{O_{2\bullet}}{N}\frac{O_{\bullet 1}}{N}$	$E_{22} = N\frac{O_{2\bullet}}{N}\frac{O_{\bullet 2}}{N}$	…	$E_{2c} = N\frac{O_{2\bullet}}{N}\frac{O_{\bullet c}}{N}$	$O_{2\bullet}$
⋮	⋮	⋮	⋮	⋮	⋮
r	$E_{r1} = N\frac{O_{r\bullet}}{N}\frac{O_{\bullet 1}}{N}$	$E_{r2} = N\frac{O_{r\bullet}}{N}\frac{O_{\bullet 2}}{N}$	…	$E_{rc} = N\frac{O_{r\bullet}}{N}\frac{O_{\bullet c}}{N}$	$O_{r\bullet}$
계	$O_{\bullet 1}$	$O_{\bullet 2}$	…	$O_{\bullet c}$	N

---

table)를 분석할 때 검정통계량은 $\chi^2 = \sum_{i=1}^{k} \frac{(O_i - E_i)^2}{E_i}$ 이며 귀무가설하에서 자유도 K(범주의 수)-1인 χ^2분포에 따른다.

$$검정통계량(\chi_0^2) = \sum_{i=1}^{r}\sum_{j=1}^{c} \frac{(i행\ j열의\ 관찰값 - i행\ j열의\ 기대도수)^2}{i행\ j열의\ 기대도수}$$

$$= \sum_{i=1}^{r}\sum_{j=1}^{c} \frac{(O_{ij}-E_{ij})^2}{E_{ij}} = \frac{(O_{11}-E_{11})^2}{E_{11}} + \frac{(O_{12}-E_{12})^2}{E_{12}} + \cdots + \frac{(O_{rc}-E_{rc})^2}{E_{rc}}$$

이 검정통계량은 유의수준 α%에서 (행의 수$(r)-1$)와 (열의 수$(c)-1$)의 곱인 자유도 카이제곱 분포를 따른다고 알려져 있다. 우측검정 임계값은 $\chi^2_{\alpha,(r-1)\times(c-1)}$이다. 이 값과 검정통계량 χ_0^2과 크기를 비교하여 귀무가설을 채택하거나 기각한다. 기각역은 $\chi^2 > \chi^2_{\alpha,(r-1)\times(c-1)}$이다.

어느 인기 연예인(K)에 대한 성별 호감도를 조사한 결과(관찰값)가 <표 9-9>에 정리되어 있다. 특히 관심을 갖는 것은 두 변수(성별과 호감도)가 서로 연관이 있는가를 조사하는 독립성 검정을 하는 것이다. 남자 중에는 K에 호감을 느끼는 사람이 많고 여자 중에는 호감을 가지고 있지 않은 사람이 많은 것을 쉽게 볼 수 있다. 이 연예인에 대해 남녀 간에 호감도 차이가 있다고 주장하는 것이 옳은지를 유의수준 5%로 검정해 보자.

먼저 아래와 같이 가설을 설정한다.

귀무가설(H_0): 남자와 여자 간에 인기 연예인(K)에 대한 호감도가 다르지 않다.

대립가설(H_1): 남자와 여자 간에 인기 연예인(K)에 대한 호감도가 다르다.

만약 남녀 간에 호감도 차이가 없다면 4가지 비율과 이에 상응하는 사람 수, 즉 기대도수를 구할 수 있다.[18] <표 9-8>에 인기 연예인에 대한 남녀 호감도(기대도수)를 나타내 보았다.

① 남성이면서 호감을 갖는 사람의 비율은 전체 중 남성이 차지하는 비율과 전체 중 호감자가 차지하는 비율의 곱으로 나타날 것이다.

1215×남자의 비율×호감 비율=1215×(548/1215)×(646/1215)=291

18 남자는 전체의 45%이고, 호감을 나타낸 사람은 전체의 53%이다. 즉 여자는 전체의 55%이고, 비호감을 나타낸 사람은 전체의 47%이다. 따라서 (남자+호감)의 비율은 0.24, (남자+비호감)의 비율은 0.21, (여자+호감)의 비율은 0.29, (여자+비호감)의 비율은 0.26이다. 합은 1이 된다.

표 9-9 인기 연예인에 대한 남녀 호감도

	호감	비호감	합계
남성	331(291)	217(257)	548
여성	315(355)	352(312)	667
합계	646	569	1,215

* ( )안은 기대도수를 나타냄

② 남성이면서 비호감을 갖는 사람의 비율은 전체 중 남성이 차지하는 비율과 전체 중 비호감자가 차지하는 비율의 곱으로 나타날 것이다.

1215×남자의 비율×비호감 비율=1215×(548/1215)×(569/1215)=256

③ 여성이면서 호감을 갖는 사람의 비율은 전체 중 여성이 차지하는 비율과 전체 중 호감자가 차지하는 비율의 곱으로 나타날 것이다.

1215×여자의 비율×호감 비율=1215×(667/1215)×(646/1215)=354

④ 여성이면서 비호감을 갖는 사람의 비율은 전체 중 여성이 차지하는 비율과 전체 중 비호감자가 차지하는 비율의 곱으로 나타날 것이다.

1215×여자의 비율×비호감 비율=1215×(667/1215)×(569/1215)=312

생각건대 만약 남녀 간에 차이가 있다면 관찰값과 기대도수 간의 차이가 크게 나타날 것이고 차이가 없다면 적게 나타날 것이다. 관찰값과 기대도수 간의 차이의 크기가 매우 중요한 판단 기준이 될 것임을 쉽게 할 수 있으며 이 차이는 음수도 가능하기 때문에 제곱한 값이 쓰이게 된다.

검정통계량(χ_0^2)

$$= \frac{(331-291)^2}{291} + \frac{(271-257)^2}{257} + \frac{(315-355)^2}{355} + \frac{(352-312)^2}{312} = 21$$

이 검정통계량은 자유도 1인 카이제곱 분포를 따른다고 알려져 있다. 유의수준 5%이고 단측검정일 때 $\chi^2_{0.05,1} = 3.84$이다. $\chi_0^2 = 21 > \chi^2_{0.05,1} = 3.84$이므로 귀무가설이 받아들여지지 않는다. 인기 연예인 K에 대한 호감도면에서 볼 때, 남녀가 다르다고 말할 수 있다.

예제 1

어떤 법안에 대한 설문조사를 A당 지지층과 B당 지지층에서 행한 결과가 아래 표로 나타났다. 귀무가설(두 당 지지층 간에 차이가 없다)을 유의수준 5%하에서 검정하시오.

	지지	지지하지 않음	합계
A당 지지층	325(323)	554(556)	879
B당 지지층	293(295)	512(510)	805
합계	618	1,066	1,684

풀이

먼저 기대도수를 구해보면

$$E_{11} = \frac{618 \times 879}{1,684} = 323, \ \cdots \ E_{22} = \frac{1,066 \times 805}{1,684} = 510 \text{이고,}$$

검정통계량(χ_0^2)

$$= \frac{(325-323)^2}{323} + \frac{(554-556)^2}{556} + \cdots + \frac{(512-510)^2}{510} = 0.04$$

이다. 이 검정통계량은 자유도 (2−1)×(2−1)=1인 카이제곱 분포를 따른다고 알려져 있다. 유의수준 5%이고 단측검정일 때 $\chi^2_{0.05,1} = 3.841$이다. $\chi_0^2 = 0.04 < \chi^2_{0.05,1} = 3.841$이므로 귀무가설이 받아들여진다. 이 법안에 대한 지지여부는 어느 당지지여부와 연관성이 없다는 결론에 도달한다.

예제 2

백신주사 접종여부와 횟수에 따른 코로나19 감염여부를 알아보기 위해 시민 1,000명을 조사해 보았다. 접종을 한 달 간격으로 2번 실시하였다. 3월에 1,000명을 택해 이 중 578명에게는 정상적으로 2번 다 접종하였으며 109명은 한 번만 나머지 313명은 한 번도 접종하지 않았다. 그 해가 지난 후 이 1,000명 중에서 코로나19에 감염된 사람과 그렇지 않은 사람에 대한 조사한 결과가 아래와 같다. 귀무가설(백신 접종여부와 감염과는 아무런 연관성이 없다)을 유의수준 5%하에서 검정하시오.

감염여부 예방접종횟수	접종안함	1회 접종	2회 접종	합계
감염되었음	24(14.4)	9(5.0)	13(26.6)	46
감염되지 않았음	289(298.6)	100(104)	565(551.4)	954
합계	313	109	578	1,000

* ( )안은 기대도수를 나타냄

풀이

먼저 기대도수를 구하면

$$E_{11} = \frac{313 \times 46}{1,000} = 14.4 \quad \cdots \quad E_{23} = \frac{578 \times 954}{1,000} = 551.4$$ 이고,

검정통계량(χ_0^2)은

$$= \frac{(24-14.4)^2}{14.4} + \frac{(289-298.6)^2}{298.6} + \cdots + \frac{(565-551.4)^2}{551.4} = 17.35$$

이다.

이 검정통계량은 자유도 (2−1)×(3−1)=2인 카이제곱 분포를 따른다고 알려져 있다. 유의수준 5%이고 단측검정일 때 $\chi^2_{0.05,2} = 5.991$ 이다. $\chi_0^2 = 17.35 > \chi^2_{0.05,2} = 5.991$ 이므로 귀무가설이 받아들여지지 않는다. 백신 접종여부와 감염과는 연관성이 있다는 결론에 도달한다.

06 용왕님, 고래가 몇 마리 살아요?

- 초등학생의 질문
- 생물의 '개체수'를 추정

초등학생이 용왕님에게 바다에 고래가 몇 마리 살고 있냐고 질문을 하였다. 용왕님은 뭐라고 대답했을까? 자못 궁금하다. 넓고 넓은 바다에 이동성이 강한 수많은 고래수를 용왕님은 물론 아무도 알 수 없다. 아마도 용왕님은 통계학자들이 추정한 고래수를 대답하였을 것이다.

생물의 '개체수'를 추정하는 방법으로 선상법(線狀法, line transect sampling)과 포획 재포획법(capture-mark-recapture, CMR)이 주로 쓰이고 있다. 선상법으로 고래 개체수를 추정하는 경우, 먼저 넓은 조사지역 중 일부에 해당하는 바다에 나란히 선을 그어 띠 모양의 구역을 나눈 다음 그 구역들에서 고래의 밀도를 조사한다. 그렇게 얻은 밀도가 전체 지역에 비슷할 것이라는 가정하에 넓은 지역의 고래 수를 추정하는 방법이다.[19] 식물을 대상으로 할 때는 어떤 식물군락 내, 또는 몇 개의 군락을 가로질러 줄자 등을 사용하여 라인을 설정하고, 이것에 닿는 식물을 기록하여 군락의 조성을 해석하는 방법이다.

이 방법으로 지구상의 나무의 숫자를 추정한 결과 3조 400억이라는 숫자가 나왔다.

19 조재근 저, '통계학, 빅데이터를 잡다', 한국문학사, 2017.

1,000억의 오차범위를 가지고 있다고 발표되었다. 연구자들은 지구상에 있는 나무의 수는 2조 9,400억에서 3조 1,400개라고 확신한다는 뜻이다.[20]

포획 재포획법은 어느 지역에서 일정한 수의 개체를 잡아서 특별한 표식을 하고 풀어주고(K마리) 시간이 지난 후에 다시 일정 수(n마리)를 잡아 그중에서 표식이 되어 있는 수(k마리)를 헤아려서 전체 개체수(N마리)를 추정하는 방법이다. $k \leq n$이 성립한다.

- N: 모집단의 잉어 수(Number of animals in the population)
- K: 처음 포획되어 표식이 새겨진 잉어 수(Number of animals marked on the first visit)
- n: 시간 경과 후 포획한 잉어 수[21](Number of animals captured on the second visit)
- k: 표식이 있는 잉어(K)중 다시 포획된 잉어 수(Number of recaptured animals that were marked)

$$\frac{\text{표식이 붙은 개체수(처음 포획된 개체수)}}{\text{모집단 개체수}} = \frac{\text{재포획된 표식이 붙은 개체수}}{\text{시간 경과 후 재포획된 개체수}}$$

즉, $\frac{K}{N} = \frac{k}{n}$를 상정할 수 있으며 N의 추정값($\hat{N}$)은 $\hat{N} = \frac{n}{k} \times K$로 구할 수 있다.

예를 들어, 논산 탑정호에 사는 잉어수를 알아보기 위해 200마리(K)의 잉어를 잡아서 표시하고 풀어주었다. 다음 날 다시 호수에서 100마리(n)를 잡았더니 10마리(k)의 잉어에 표식이 붙어있었다. 탑정호에 있는 잉어는 몇 마리로 추정할 수 있는가? $\hat{N} = \frac{n}{k} \times K$을 이용하면 2,000마리라고 추정할 수 있다. $\frac{k}{K} = \frac{10}{100} = 0.1$을 표본비율($r$)로 생각할 수 있다. 한 걸음 더 나아가 모비율 추정 공식을 이용하여 모비율과

20 데이비드 스피겔할터 저, 권혜승, 김영훈 역, '숫자에 약한 사람들을 위한 통계학 수업: 데이터에서 세상을 읽어내는 법', 웅진지식하우스, 2020.

21 잉어들이 죽고, 태어나고, 다른 호수에서 오거나 다른 호수로 가 생태계가 변할 정도의 긴 시간이 아니어야 한다.

잉어 수의 신뢰수준 95%의 신뢰구간을 구해보자. 모비율의 추정 공식에 대입하면[22]

$$P\left(r-1.96\times\sqrt{\frac{r(1-r)}{n}}\le R\le r+1.96\times\sqrt{\frac{r(1-r)}{n}}\right)=0.95$$

$$P\left(0.1-1.96\times\sqrt{\frac{0.1\times0.9}{100}}\le R\le 0.1+1.96\times\sqrt{\frac{0.1\times0.9}{100}}\right)=0.95$$

$$0.041\le R\left(=\frac{K}{N}\right)\le 0.160,\ 1{,}260\le N\le 4{,}854$$

잉어의 모비율은 신뢰수준 95%하에서 4.1%에서 16%로 추정되며, 잉어의 수는 1,260마리에서 4,854마리라고 추정된다.

<그림 9-9>에 국제포경위원회(International Whaling Commission, IWC)의 홈페이지의 고래 추정치를 보여주고 있다. 지구상에 사는 고래 수를 정확하게 세는 것은 불가능하고 95% 신뢰수준에서 최저한도 값과 최고한도 값을 제시하고 있다. 지구상에서 가장 큰 생물인 대왕고래(Blue Whales)는 지구 남반구에 약 2,300마리가 사는

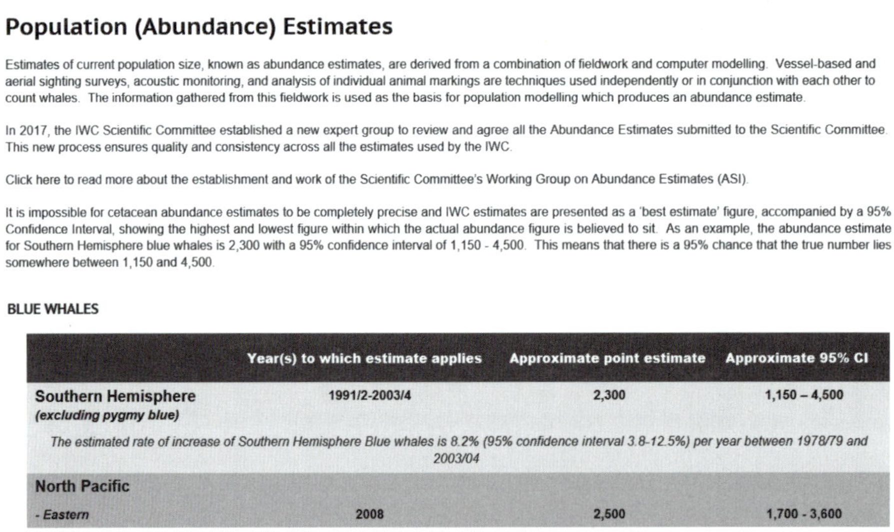

Population (Abundance) Estimates

Estimates of current population size, known as abundance estimates, are derived from a combination of fieldwork and computer modelling. Vessel-based and aerial sighting surveys, acoustic monitoring, and analysis of individual animal markings are techniques used independently or in conjunction with each other to count whales. The information gathered from this fieldwork is used as the basis for population modelling which produces an abundance estimate.

In 2017, the IWC Scientific Committee established a new expert group to review and agree all the Abundance Estimates submitted to the Scientific Committee. This new process ensures quality and consistency across all the estimates used by the IWC.

Click here to read more about the establishment and work of the Scientific Committee's Working Group on Abundance Estimates (ASI).

It is impossible for cetacean abundance estimates to be completely precise and IWC estimates are presented as a 'best estimate' figure, accompanied by a 95% Confidence Interval, showing the highest and lowest figure within which the actual abundance figure is believed to sit. As an example, the abundance estimate for Southern Hemisphere blue whales is 2,300 with a 95% confidence interval of 1,150 - 4,500. This means that there is a 95% chance that the true number lies somewhere between 1,150 and 4,500.

BLUE WHALES

	Year(s) to which estimate applies	Approximate point estimate	Approximate 95% CI
Southern Hemisphere *(excluding pygmy blue)*	1991/2-2003/4	2,300	1,150 – 4,500
The estimated rate of increase of Southern Hemisphere Blue whales is 8.2% (95% confidence interval 3.8-12.5%) per year between 1978/79 and 2003/04			
North Pacific			
- Eastern	2008	2,500	1,700 - 3,600

그림 9–9 지구상의 고래 수 추정

자료: 국제포경위원회(International Whaling Commission, IWC), http://iwc.int/estimate/

22 r은 표본비율, n은 표본수이다.

것으로 추정하고 있으며 95% 신뢰수준하에서 최하한도 값은 1,150마리, 최고한도 값은 4,500마리로 추정하고 있다. 신뢰구간의 폭이 추정값인 2,300마리보다 큰 3,450마리로 배보다 배꼽이 더 큰 형국이다. 이는 아무리 사람들이 과학적인 방법을 쓴다고 할지라도 광활한 대양을 자유롭게 오가는 고래의 수를 정확히 측정하는 것이 불가능하다는 사실을 보여주고 있다.

예제 1

호수 생태계 파괴의 주범인 베스의 수를 알아보기 위해 대청호에서 150마리의 베스를 잡아 표시한 다음에 놓아주었다. 다른 베스와 잘 섞었을 것으로 생각하고 다음 날 다시 베스를 잡아보았더니 10마리에서 어제 한 표시가 보였다.

(i) 대청호에 사는 베스는 몇 마리라고 추정할 수 있는가?

(ii) 신뢰도 95%의 신뢰구간을 구하시오.

풀이

(i) $\hat{N} = \frac{n}{k} \times K$, $\hat{N} = \frac{100}{10} \times 150 = 1,500$마리

(ii) $P(r - 1.96 \times \sqrt{\frac{r(1-r)}{n}} \leq R \leq r + 1.96 \times \sqrt{\frac{r(1-r)}{n}}) = 0.95$

$n = 100, r = \frac{10}{100} = 0.1, R = \frac{150}{N}$ 을 대입하여 정리하면

$P(0.1 - 1.96 \times \sqrt{\frac{0.1 \times 0.9}{100}} \leq \frac{150}{N} \leq 0.1 + 1.96 \times \sqrt{\frac{0.1 \times 0.9}{100}})$

$= 0.95$

$$944 \leq N \leq 3,641$$

07 테스 형, 통계가 왜 이래

- 통계 초보자들의 하소연
- 심슨의 모순(Simpson's paradox)

율-심슨 효과(Yule-Simpson effect)는 1951년 Edward H. Simpson이 기술한 통계학적인 모순이다. 모집단에서의 상관과 모집단을 분할한 집단에서의 상관은 다른 경우가 있다. 다시 말해 집단을 둘로 나눈 경우에 어느 가설(假設, hypothesis)이 성립하여도, 집단 전체에서는 정반대의 가설이 성립하는 것이다. 사회과학이나 의학통계에서 자주 관찰되는 모순 현상이다. 심슨에 앞서 이미 1899년 Karl Pearson et al. 과 1903년 Udny Yule와 같은 통계학자들이 이미 지적한 현상이지만 심슨이 비전문가나 대중들이 이해하기 쉽게 설명하였기에 그의 이름을 따 심슨의 모순으로 불리게 되었다,

<그림 9-10>을 보면 전체적으로는 우하향하는 경향을 보이고 있지만, 2개의 묶음으로 나누어 각 묶음으로 보면 왼쪽의 묶음에서도 오른쪽의 묶음에서도 우상향하는 경향으로 나타난다. 표본의 크기가 다르기 때문에 전체를 판단할 때와 부분을 판단할 때 주의를 기울여야 한다. 확률을 구하거나 비교하면서 그 확률에 영향을 미칠 수 있는 중요한 조건을 고려하지 않음으로써 실제와는 반대인 결론에 이르게 되는 경우를 말한다.

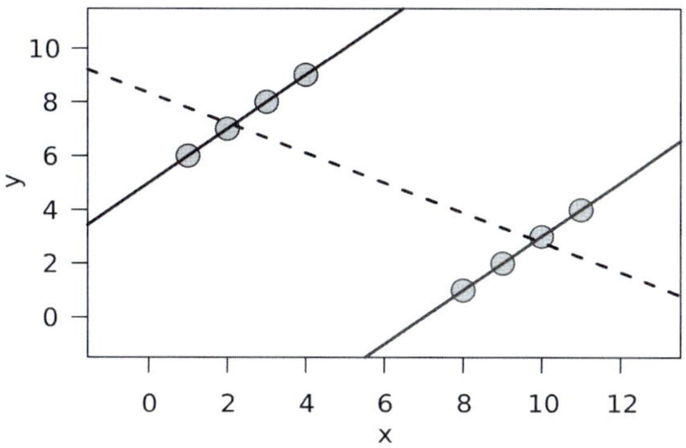

그림 9-10 심슨의 모순

자료: 위키피디아

미국 버클리 대학원 입학에 남녀 차별이 있는가(?)

<표 9-10> 버클리 대학원 입시 결과(1973년, 통합자료)를 보면 남학생 합격률이 44%로 여학생 35%보다 9%p 높게 나타났다. 여학생에게 불이익을 주는 차별이 존재하는 것은 아닌지 일견 의문을 갖게 된다.

그러나 85개 과정을 자세히 들여다보면, 75개 과정에서 입학 결정에 통계적으로 유의한 차이가 없는 것으로 판단되었고, 6개 과정에서는 남학생이, 4개 과정에서는 여학생에게 불리한 편견이 작용한 것으로 나타났다.[23] <표 9-11> 버클리 대학원 입시 결과(1973년, 주요 모집 단위)에서 보듯 모집 단위가 큰 6개 과정의 것인데, A과정에서는 남학생이 여학생에 비해 지원자가 훨씬 많지만 합격률은 여학생보다 20%p 낮았

표 9-10 버클리 대학원 입시결과(1973년, 통합자료)

	전체		남학생		여학생	
	지원자	합격자수 합격률	지원자	합격자수 합격률	지원자	합격자수 합격률
합	12,763	5,232 41%	8442	3,738 44%	4321	1494 35%

23 Harvey Motulsky 저, 정세영 역, '직관으로 이해하는 의학통계학 : 통계적 사고를 위한 비수학적 가이드', 대한의학서적, 2017.

표 9-11 버클리 대학원 입시 결과(1973년, 주요 모집 단위)

과정	전체		남학생		여학생	
	지원자	합격률	지원자	합격률	지원자	합격률
A	933	64%	**825**	62%	108	**82%**
B	585	63%	**560**	63%	25	**68%**
C	918	35%	325	**37%**	**593**	34%
D	792	34%	417	33%	375	**35%**
E	584	25%	191	**28%**	393	24%
F	714	6%	373	6%	341	**7%**

자료: 위키피디아

다. B과정에서는 지원자는 남학생이 여학생에 비해가 훨씬 많지만 합격률은 여학생보다 5%p밖에 낮지 않다.

우수한 여학생들은 영문학과와 같이 모집인원이 상대적으로 작아 높은 경쟁률을 보이는 과정에 대거 지원하여 자기들끼리 치열하여 경쟁하는 하기 때문에 낮은 합격률을 보이고 있다. 반면 남학생들은 공학과 화학과 같은 대단위 모집 과정에 지원하는 경향이 강하기 때문에 여학생이 선호하는 과정에서보다 합격률이 낮다고 할지라도 합격자 수는 상당한 숫자로 나타난다. 쉽게 말해 여학생 선호학과는 모집인원이 적은데, 우수 여학생들이 대거 지원함으로써 합격률이 낮아지는 반면, 남학생 선호학과는 모집인원이 커서 합격률이 낮다고 할지라도 합격자 수는 여학생 선호학과에서 나타나는 여학생 합격자보다 훨씬 더 크게 나타난다. 합쳐진 자료를 분석하면 잘못된 결론을 내릴 수 있음을 보여주는 심슨의 역설이 나타나고 있다. 이 예는 대학원 프로그램(학과)이라는 특성을 고려하지 않음으로써 발생한 오류이다.

프로 야구 B선수가 <표 9-12>에서 보는 바와 같이 A선수보다 1995년과 1996년 2년 동안 매년 더 높은 타율을 보이고 있다. 그래서 사람들은 B선수가 A선수보다 더 좋은

표 9-12 두 타자 비교

	1995		1996		합계	
	안타/타수	타율	안타/타수	타율	안타/타수	타율
A	12/48	0.250	183/582	0.314	195/630	**0.310**
B	104/411	**0.253**	45/140	**0.321**	149/551	0.270

자료: 위키피디아

타자라고 생각하기 쉽다. 과연 사람들의 생각이 맞는가? B는 1995년 0.253, 1996년 0.321로 0.250 0.314인 A를 두 시즌 모두에서 앞섰다. 하지만 2년 전체를 묶어 보면 A는 0.310으로 0.270인 B를 훨씬 앞서고 있다. 심슨의 모순이 분명히 나타나고 있다. 이런 모순은 타석수 차이 때문에 나타난다.

진짜 우수한 병원은 어느 병원인가?

<표 9-13(a)>를 보면, A병원보다 B병원이 환자도 많고 완치자 수도 많은 것으로 판단된다. 하지만 병의 증상을 고려하면 정반대의 결론이 나온다. <표 9-13(b)>를 보면, A병원 중증 환자는 261명이고 B병원의 중증 환자는 불과 16명에 불과하다. A병원 완치율(48.2%)이 B병원(31.3%)보다 높다. 반면 A병원 경증 환자는 59명이고 B병원의 경증 환자는 무려 426명이나 된다. A병원 완치율(78.0%)이 B병원(61.0%)보다 높다. A병원은 중환자들이 몰리는 대학병원이라고 볼 수 있고 B병원은 상대적으로 경증환자가 많이 찾는 동네병원이라고 볼 수 있다. 결과만 볼 것이 아니라 대상군에 대한 면밀한 검토가 필요하다는 것을 보여주고 있다.

표 9-13(a) 두 병원 비교(전체자료)

	환자 수	사망자	완치자	완치율(%)
A병원	320	148	172	53.8
B병원	442	177	265	60.0

자료: 최지민 박사의 통계학 강의

표 9-13(b) 두 병원 비교(경중 고려)

	증상	사망자	완치자	완치율(%)
A병원	중증	135	126	48.2
	경증	13	46	78.0
	소계	148	172	53.8
B병원	중증	11	5	31.3
	경증	166	260	61.0
	소계	177	265	60.0

자료: 최지민 박사의 통계학 강의

예제 1

요로결석 수술 방법 A와 B에 대한 비교이다. 심슨의 모순이 나타나는지 살펴보시오.

	수술 방법A		수술 방법B	
	완치/수술 횟수	완치율(%)	완치/수술 횟수	완치율(%)
작은 돌	81/87	**93**	234/270	87
큰 돌	192/263	**73**	55/80	69
합계	273/350	78	289/350	**83**

자료: 위키피디아

풀이

방법A가 큰 돌 제거에서도 작은 돌 제거에서도 더 효과적인 수술 방법이지만, 전체로 볼 때는 오히려 방법B가 더 효과적인 방법이다.

예제 2

아래 자료를 근거로 심슨의 모순을 설명하시오.

	용세		용미		우열 판단
	정답/문제수	정답률(%)	정답/문제수	정답률(%)	
1회째	60/100	60	9/10	90	용세<용미
2회째	1/10	10	30/100	30	용세<용미
합계	61/110	55	39/110	35	용세>용미

자료: 위키피디아

풀이

1회째, 2회째 모두 용미가 용세보다 높은 정답률을 보이고 있으나 전체로 볼 때는 오히려 용세가 더 높은 정답률을 보인다. 여기에는 110개 문제가 같은 내용이라는 전제가 깔려있다. 하지만 만약 두 사람이 의사이고 용세는 주로 경증환자를 용미는 중증 환자를 진료하였다면, 전체적으로 용세가 우수한 의료능력이 있다는 주장은 틀릴 수가 있다. 병의 경중을 고려하면 다른 결과가 나온다.

08 와! 스포츠가 통계자료투성이네

- 야구에 입문한 초등학생의 탄성
- 스포츠에서의 통계와 통계학

스포츠 경기에서는 특히 프로 스포츠에서는 선수의 기량이나 팀의 성과에 점수를 수여하고 이를 근거로 승패나 순위를 정함으로써 재미와 감동을 소비자에게 팔고 있다. 프로 스포츠 연맹이나 각 구단 홈페이지에는 선수 개인의 성적, 연봉, 구단 연봉총액과 평균 등 수 많은 자료로 가득 차 있다. 숫자와 기록의 중요성은 아무리 강조해도 지나침이 없을 것이다. 자료의 정리를 넘어서 전력과 성적향상에 과학적인 분석을 이용하고 있다.

스포츠에서는 종목에 따라 점수를 부여하는 방식과 순서나 승패를 결정하는 방식이 다른데 크게 6개를 들 수 있다.[24] 누적 점수(cumulative score), 총합, 가중치, 절단평균(trimmed mean), 최댓값, 최솟값을 종목의 특성에 따라 선택하여 승패의 기준으로 삼고 있다.

① 경기가 끝날 때까지의 누적 점수(cumulative score)를 기준: 대부분의 구기종목(야구, 축구, 농구, 배구. 핸드볼, 탁구, 미식축구 등)과 태권도

24 득점에 점수를 부여하는 방식에 차이가 있다. 축구, 배구, 핸드볼, 탁구 등 득점이 1점만 부여되는 종목이 있는가 하면, 농구나 미식축구처럼 득점 방식에 따라 여러 가지 점수를 부여하는 종목도 있다.

② 총합: 승마와 아마추어 레슬링 등

③ 가중치를 부여한 총합: 볼링

④ 절단평균(trimmed mean): 체조, 다이빙, 피겨 스케이팅 등

⑤ 최댓값: 역도나 육상경기인 높이뛰기와 멀리뛰기는 여러 번의 시행(보통 3회나 5회 이상)에서 최댓값으로 승패를 결정 짓는다. 골프 장타대회(8번 시행), 유도 등

⑥ 최솟값: 달리기 등의 육상경기, 스피드 스케이팅 등 빙상경기와 골프 등

이렇게 보면 한 번의 득점에 몇 점을 부여할 것인가. 승패나 순위를 어떤 기준으로 할 것인가가 그 스포츠의 운명을 결정한다고 해도 과언이 아닐 것이다.

눈에 보이는 순위를 그대로 믿지 마세요

앞 장에서 특이점이 있을 때 산술평균이 제한적으로 사용될 수 있다는 사실을 공부하였다. <표 9-14>를 보면 각 구단의 고액 연봉 선수의 수에 의해 결과가 달라질 수 있다. 각 구단 총연봉의 순위와 최고연봉 제외 연봉액 순위가 다르다는 사실을 쉽게 알 수 있다. 롯데의 경우 이대호 선수가 차지하는 비중이 크기 때문에 총연봉 순위에서는 1위였지만 최고연봉제외 연봉액 순위에서는 3위를 기록하고 있다. 한편 비교적 팀 최고 연봉선수의 연봉이 적은 두산의 경우 5위에서 1위로 상승한다. 여기에서 우리는 다시 한번 산술평균의 한계를 -이상치를 포함한다- 확인할 수 있다.

순위상관계수(coefficient of rank correlation)와 순위 검정을 이용하여 총연봉 순위와 최고연봉제외 연봉액 순위를 통계적으로 분석해 보기로 하자. 순위상관계수이란 자료에서 주어진 수치나 계산과정에서 도출된 수치를 직접 사용하지 않고 그 수치가 전체에서 차지하는 순위 간의 상관의 강도를 측정하는 지표이다. 또 순위 검정(rank test)은 자료에서 주어진 수치나 계산과정에서 도출된 수치를 직접 사용하지 않고 그 수치가 전체에서 차지하는 순위를 평가하여 그 순위를 가설검정의 근거로

표 9-14 2020년 프로 야구팀 연봉순위

순위	팀명	총연봉	평균연봉	최고연봉선수와 연봉	최고연봉제외 연봉액	수정된 순위
1	롯데	90억 1,600만 원	1억 6,393만 원	이대호 (25억 원)	65억 1,600만 원	3
2	엘지	83억 9,700만 원	1억 6,148만 원	김현수 (13억 원)	70억 9,700만 원	2
3	엔씨	79억 5,900만 원	1억 6,518만 원	양의지 (20억 원)	59억 5,900만 원	5
4	기아	79억 1,500만 원	1억 4,657만 원	양현종 (23억 원)	56억 1,500만 원	7
5	두산	79억 1,000만 원	1억 6,143만 원	김재환 (6.5억 원)	72억 6,000만 원	1
6	삼성	74억 8,000만 원	1억 4,960만 원	강민호 (12.5억 원)	62억 3,000만 원	4
7	에스케이*	70억 9,800만 원	1억 4,486만 원	이재원 (13억 원)	57억 9,800만 원	6
8	키움	69억 3,100만 원	1억 4,145만 원	박병호 (20억 원)	49억 3,100만 원	9
9	한화	60억 4,700만 원	1억 1,198만 원	정우람 (8억 원)	52억 4,700만 원	8
10	케이티	52억 2,100만 원	1억 40만 원	황재균 (12억 원)	40억 2,100만 원	10

* 에스케이는 2021년부터 에스에스지(SSG)로 바뀌었음

삼는 방법이다. 순위상관계수가 여러 가지가 있기 때문에 검정 방법도 여러 가지가 있다. 여기에서는 가장 널리 쓰이고 있는 스피어맨(Spearman)의 순위 상관계수(rho)를 이용하여 문제를 풀어보자. 스피어맨의 순위 상관계수를 구하는 공식은 아래와 같으며 이 문제에서는 0.76으로 계산된다(<표 9-15>).

$$\rho = 1 - \frac{6\sum D^2}{n(n^2-1)} = 1 - \frac{6 \times 40}{10 \times 99} = 0.76$$

n: 표본의 크기, D: 두 순위의 차

표 9-15 연봉 순위계수 구하기

팀명	총액순위(X)	최고연봉자제외 순위(수정된 순위, Y)	$D=(X-Y)$	$D^2=(X-Y)^2$
롯데	1	3	−2	4
엘지	2	2	0	0
엔씨	3	5	−2	4
기아	4	7	−3	9
두산	5	1	−4	16
삼성	6	4	2	4
에스케이*	7	6	1	1
키움	8	9	−1	1
한화	9	8	1	1
케이티	10	10	0	0
합계	−	−	−	$\sum D^2=40$

표 9-16 스피어맨(Spearman)의 순위 상관계수(rho)의 임계값(단측검정)

자료 수(n)	$\alpha=0.01$	자료 수(n)	$\alpha=0.01$
8	0.833	20	0.543
10	0.736	22	0.508
12	0.712	24	0.485
14	0.645	26	0.465
16	0.601	28	0.448
18	0.564	30	0.432

이제 총연봉 순위와 최고연봉제외 연봉액 순위 간에 차이가 있다는 가설을 세우고 그 진위를 판단해 보기로 하자.

H_0: 총액연봉순위와 최고연봉선수제외 연봉순위는 무관하다.

H_A: 총액연봉순위와 최고연봉선수제외 상관관계가 크다

$n=10$일 때 $\alpha=0.01$로 단측검정을 하면, <표 9-16>에서 보는 바와 같이 ρ의 임계값은 0.736인데, 이 예에서 계산된 ρ값은 0.76이었다. 총액연봉순위와 최고연봉 선수제의 연봉순위는 무관하다는 귀무가설은 기각된다. 따라서 총액연봉순위와 최고연봉 선수제의 연봉순위는 무관하다고 할 수 없다는 결론에 이르게 된다.

팀의 전력을 한눈에

2019~2020시즌[25] 프로 농구팀 SK의 핵심 선수(김선형과 자밀 워니)의 농구 기량(필드골, 3점 슛 성공률, 자유투 성공률, 리바운드, 어시스트, 스틸, 블록, 턴오버) 등을 별그림으로 <그림 9-11>에 그려 보았다. 가드인 김선형 선수(187 cm, 80 kg)는 스틸, 어시스트, 3점 슛 성공률, 자유투 성공률이 뛰어난 반면, 센터인 자밀 워니 선수(199 ㎝, 116㎏)는 필드골 성공률, 턴오버, 블록, 리바운드에서 뛰어난 능력을 보여주고 있음을 한눈에 알 수 있다. 또 두 선수가 보완적 관계에 있음을 쉽게 볼 수 있다. 일반적으로 농구팀 전력이 극대화되려면 좋은 가드와 센터의 결합이 절대적이라고 이구동성으로 말하는데, 두 선수의 별 그림을 보는 순간 "아, 왜 SK가 강팀인지 알겠다"라는 말이 저절로 나온다.

이런 별 그림은 여러 방면에서 다양하게 응용될 수 있다. 국가의 경쟁력(사회 인프라. 과학기술력, 정치적 안정, 교육 수준, 기본권보장 수준, 부정부패 정도, 의료보건

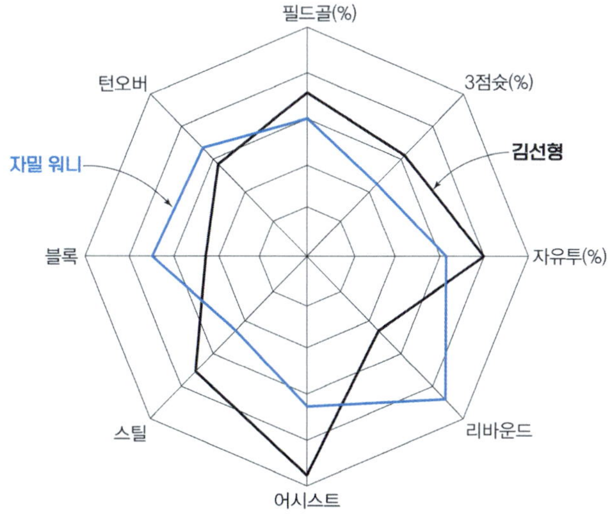

그림 9-11 SK 농구팀 김선형과 자밀 워니의 기량

* SK 농구단 홈페이지 자료 근거

25 2019~2020시즌 SK는 DB와 함께 정규리그 공동 1위를 차지하였다. 코로나19의 확산 때문에 챔피언 결정전이 열리지 못하였다.

수준, 사회안전망 등)을 여러 부문별로 일목요연하게 보여주는 수단으로 쓰일 수 있으며 우리나라 축구 대표팀과 일본팀과의 전력을 다방면(수비력, 공격력, 전술, 조직력, 골 결정력, 응원 등)에서 비교할 때도 사용할 수 있다. 독자들이 자신들이 관심을 갖는 대상에 대해 직접 그려 본다면 별 그림의 유용성을 쉽게 깨달을 수 있을 것이다.

이야기 보따리 **영화 '머니볼(Moneyball)'에서 볼 수 있는 통계분석의 힘**

미국 메이저 리그 오클랜드 애슬레틱스 구단의 단장 빌리 아일리쉬 빈을 중심으로 한 이야기를 담고 있는 루이스의 동명 소설을 2011년 영화로 제작한 것이다. 하위 팀을 SABRmetrics(Sabermetrics : 야구에 있어서 데이터를 통계학적 견지에서 객관적으로 분석하여, 선수에 대한 평가나 전략을 생각하는 분석법)를 이용하여 괄목할 만한 좋은 성적을 내는 과정을 보여주고 있다. 그는 예일 대학교 경제학과 출신으로 통계에 능한 피터 브랜드(조나 힐 분)를 만나 기존의 선수 평가방식과 다른 OPS(On Base Plus Slugging : 출루율과 장타율)에 주목하여 저평가된 선수들을 중심으로 팀을 재편성하고 당시 최고 연승기록인 20승으로 이끈다.

- 공격공헌도(OPS): 타자의 공격력을 나타내 주는 지표로 장타력과 출루율의 합
- 출루율: (안타 수+볼넷+몸에 맞는 공)/타석 수
- 장타율: ('1루타 수'+2×'2루타 수'+3×'3루타 수'+4×홈런 수)/공식 타수
- 공식 타수: 타자가 타석에 들어선 전체 타석수에서 볼넷, 몸에 맞는 공, 희생플라이 등을 제외한 값

09 또 그 집에서 1등이 나왔어!

- 과학(통계학)보다 썬 우연의 힘
- 과학을 무색하게 하는 로또 이야기

로또에 별 관심 없이 지내는 보통 사람들이라도 가끔 로또 이야기에 관심을 갖게 되는 때가 종종 있다. 도저히 확률적으로 이해가 안 가는 특이한 경우가 나타나 매스컴을 통해 듣게 된다. 몇 가지 실례를 소개해 보았다.

2020년 11월 21일 추첨한 938회 로또 당첨 결과가 화제가 되었다. 벼락을 두 번 맞는 확률과 같다는 1등이 무려 10게임이나 나왔고 모두 자동으로 뽑힌 것이었다.[26] 또 경기 화성시에 있는 판매점에서 1등과 2등이 동시에 나왔다. 전국에 매장이 6,321개 있는 상황에서 이와 같이 1등과 2등이 동시에 같은 판매점에서 나오는 확률은 매우 낮은데, 그 일이 발생한 것이다. 더 놀라운 것은 불과 2달 전 그러니까 9월 26일 추첨에서도 있었던 일이었다. 8회 차 만에 나왔으니 선험적(수학적) 확률을 계산하는 일이 무색하게 되어버렸다. 되어버렸다. 또 1128차(2024년 7월 13일 추첨)에서는 1등이 무려 63게임(자동 11, 수동 52)에서 나와 화제가 되었는데, 2등 77게임보다 불과 14게임이 적다.[27] 1등은 1게임당 4억2천만 원을 2등은 불과 5천7백만 원을 수령하였다.

26 한 사람이 여러 게임에 베팅할 수 있기 때문에 당첨 게임 수는 당첨자 수보다 같거나 크다. 1등(10게임)은 22억 4,946만 6,563원을 2등(64게임)은 5,857만 9,859원을 수령하였다. 2021년 최저임금을 1년 수입으로 계산하면 2,186만 9,760원임을 감안하면 1등 수령액은 약 103년 2등 수령액은 약 3년간 수입과 맞먹는다.

표 9-17 역대 주요 기록(1회~1,123회까지)

구분	내역	해당 회차
1등 인당 최고 당첨금	40,722,959,400원	19회차
1등 인당 최저 당첨금	405,939,950원	546회차
1등 최다 당첨자 수	50명	1,019회차

자료: 동행복권(www.dhlottery.co.kr)[28]

'너무 흔한 로또 1등'과 '너무 운 없는 로또 2등'이 현실에 나타난 것이다.

2002년 12월 첫 회차부터 2024년 6월 14일 1,123회차까지 역대 주요 기록을 <표 9-17>에 나타내 보았다. 약 4억 원을 수령한 546회차 1등 당첨자는 407억 원을 수령한 19회차 1등 당첨자에 비해 약 1/100을 받은 것이다. 1등도 다 같은 1등이 아닌 셈이다. 억세게 운이 없는(?) 1등 당첨자이다. 1,123회까지 1등 당첨금 총액은 약 18조 원이고 8,835명이 행운을 누렸다. 1인당 평균 약 20억 원을 수령하였는데, 누구는 평균보다 20배를 받은 반면, 누구는 5분의 1밖에 못 받은 것이다.

인터넷 판매 사이트를 제외한 1등 배출 건수 상위 10개 판매점 이름과 배출 건수와 베팅 방법(자동, 수동, 반자동)을 <표 9-18>에서 보여주고 있다. 이 최고 40번의 1등을 배출한 판매점이 두 곳이나 된다. 약 7개월에 1번은 1등을 배출하는 셈이다.[29] 소위 로또 명당이 있는 것처럼 보인다. 그러나 이는 확률에 대한 착시와 우연을 필연으로 여기는 사람들의 착각이 존재할 뿐이다.[30] 여기에 더해 로또 판매상의 상술(商術), 좀 멋지게 말하면 마케팅 전략도 한몫하고 있다. 로또가 도입된 초기에 우연히 1등 당첨자가 나온 판매점은 '로또 1등 당첨자 나온 곳'이라고 대문짝만하게 현수막을 내건다. 입소문이 나면서 구매자들이 몰리기 시작하고 이 판매점 매출이 급증하기 시작한다. 판매량이 많아지면 당연히 당첨자가 많아지고, 또 현수막을 내걸고, 또 구매자들이 몰려와 줄을 서가며 사가고…. 시작은 미약하였으나 그 끝은 창대하리라….[31] 이런

---

27 이 책의 219쪽에서 보았듯이 로또 1등 당첨 확률은 2등 당첨 확률의 1/6에 불과하다.

28 우리나라에서는 수탁기관인 동행복권에서 로또라고 불리는 온라인 복권, 결합복권(연금복권 720+), 즉석식 스피또, 전자복권(추첨식 3종, 즉석식 4종)이 발행되고 있다.

29 $\frac{1123}{40} = 28.2$주가 계산된다. 이는 7개월이다.

30 오형규, '경제학, 인문의 경계를 넘나들다', 한국문화사, 2013.

31 선행자 이득(first-mover's advantage)으로 설명할 수 있다. 남보다 먼저 시장에 진출함에 따라, 브랜드 인식, 소비자 충성도, 원료 구입에서의 선점 등에서 이득을 얻는 것을 말한다.

선순환구조에 로또 판매점 주인은 그저 웃기만 하면 되고, 6개월에 한 번 정도 현수막을 다시 걸면 된다.[32] 로또 판매에서도 '부익부, 빈익빈'이 나타나고 있다.

<표 9-17>에서 보는 바와 같이 상위 10개 판매소에서 1등 배출 총 건수는 253건인데, 자동으로 당첨된 게임은 191건이고 수동으로는 57건이었다. 반자동으로는 5건에 불과하다. 자동이 무려 75%에 가깝다. 어차피 로또는 운이 작용하는 일이니까 괜히 신경 쓰지 말고 기계에 의존하는 것이 손쉽기도 하고 현명한 일임을 보여주고 있다.

이야기 보따리 **"형편 맞게 즐기며 행운을 기다려라"**[33]

경상북도 포항시 육거리엔 '로또 명당'으로 불리는 복권 판매점이 있다. 여기서 로또 1등 당첨의 행운을 선물 받은 사람은 7명, 2등은 무려 35명이다. '1등 당첨 7명 · 2등 당첨 33명'이란 현수막을 만들어 건 이후에도 2등 당첨자가 2명 더 나왔다고 한다.

우리나라에 처음 로또가 도입된 2002년 2월부터 판매해온 이 가게 주인인 이두성(68) 씨는 시작한 지 대략 1년쯤 지난 119회 때 첫 1등이 나왔는데, 본인의 아내가 '금반지 꿈'꾸던 날이었다고 한다. 복권 당첨자의 꿈 못지않게 판매점 주인의 꿈도 작용하는가?

428회(2011년 2월 12일) 1등 당첨자에게 아내가 '꿈이 좋았나요?'라고 물었다. 그랬더니 '어두운 바다에 빠졌는데 거북이가 나타나 등에 태우고 물속에서 빠져나오는 꿈을 꾸었다'라는 대답을 들려줬다고 한다. 그런데 그런 꿈보다는 평소 좋은 마음을 가지고 선량하게 살아왔으니 행운이 찾아온 게 아닐까?

주로 어떤 사람들이 로또복권을 구입하는가?

세상살이가 힘들어지고, 경제 상황이 좋지 않으면 복권 판매량이 늘어난다. 우울한 상황이 지속되면 지푸라기라도 잡는 심정으로 복권에 희망을 거는 이들이 많아지는 것 같다. 하지만 복권 구입에 모든 걸 걸면 곤란하다. 가벼운 마음으로 1~2만 원어치 구입하고, 지갑에

32 실제로 판매액이 높은 판매점에서 당첨 확률이 높게 나오고 있으며, 로또 명당 주인은 판매수수료(1,000원당 55원)로 안정적으로 상당한 수익을 얻고 있다. 로또 구매자는 가슴 조이며 베팅하고 있는 것과는 대조적이라고 할 수 있다. 도박에서 최고 수혜를 보는 사람은 플레이어가 아니라 판을 벌이는 사람인 것과 유사한 현상이다.

33 오마이뉴스, 2021.3.20. 참고하였음.

표 9-18 로또 1등 배출판매점(상위 10위)(2024년 6월 4일 기준)

번호	현상호명	배출건수	자동	수동	반자동	현소재지
1	스파	45	35	9	1	서울 노원구
2	부일카서비스	43	29	12	2	부산 동구
3	일등복권	29	23	5	1	대구 달서구
4	로또휴게실	24	16	8	0	경기도 용인
5	세진전자통신	21	19	2	0	대구 서구
6	뉴 빅마트	20	11	8	1	부산 기장군
7	잠실매점	19	16	3	0	서울 송파구
8	목화	18	17	1	0	경남 사천시
9	로또명당인주	18	16	2	0	경남 양산
10	GS25(양산)	16	9	7	0	충남 아산

자료: 동행복권 홈페이지

들어있는 복권 한 장으로 일주일을 웃으며 사는 게 좋을 듯하다. 아무리 좋게 말해도 복권 당첨금이란 노력 없이 얻는 불로소득 아닌가.

'로또 명당'으로 소문이 나면서 판매량도 많을 것 같다.

다른 가게에 비해선 잘 팔린다. 웬만한 월급쟁이 수입보다는 우리 가게 복권 판매수익이 많을 듯하다(웃음).

만약 당신이 로또복권 1등에 당첨된다면?

재밌는 질문이다. 지금도 몇 가지 사회활동을 하며 적게나마 기부를 하고 있다. 복권에 당첨된다면 기부도 좀 많이 하고, 지역사회를 위해 좋은 일을 해보고 싶다. 우리 가게에서 행운을 선물 받아 로또 1등에 당첨되는 분들을 보면 질투가 난다거나, 부럽다는 생각보단 '참으로 잘 됐다'라는 마음이 먼저 생긴다. 앞으로도 그런 마음가짐으로 살아갈 생각이다.

복권 구매자들에게 한마디 해 달라

복권 판매금으로 진행되는 각종 복지사업은 유익하고 좋은 것이지만, 지나치게 복권에만 몰두하면 사행심을 부추기는 역효과가 생긴다. 자신의 형편에 맞게끔 적당한 금액의 복권을 사고, 편안한 마음으로 행운을 기다려보라고 말해주고 싶다.

복권 판매자는 손 안 대고 코 푸는 기분이고 구매자는 감나무에서 누워 있다가 떨어지는 감을 먹는 기분을 상상하면서 복권을 거래하고 있다. 행운은 매번 반복되지 않는다는 것이 아니라는 사실을 알려주는 우리나라의 속담으로는 "장마다 꼴뚜기 날까?"가 있고 미국의 속담으로는 "같은 동굴에서 여우가 두 번 잡히지는 않는다"를 들 수 있다. 그런데 로또에서 나타나는 특이한 경우를 보고 있노라면 현실에서는 꼭 그런 것 같지 않다는 생각이 든다.

연습문제

1 주가여, 어디로 가시나이까

1. 시계열 자료를 크게 계통성분과 (   )으로 나누어지며, 계통성분은 다시 추세성분, (   ) 그리고 순환성분으로 세분된다.
2. 5일 이동평균선은 '심리선', 20일 이동평균선은 (   ), 60일 이동평균선은 '수급선', 120일 이동평균선은 '경기선'이다.

2 대박을 기대하며

1. 캔들차트에 대해 설명하시오.
2. 5일 이동평균이 20일 이동평균을 하향 돌파할 경우를 무엇이라고 부르는지 설명하시오.
3. 캔들차트를 그리기 위해 필요한 가격은 얼마인지 구하시오.

   ① 최고가, 시가, 종가, 최저가　　② 시가, 종가, 최저가

   ③ 최고가, 최저가　　④ 시가, 종가

3 코 씨 삼 형제: 코스피, 코스닥, 코넥스

1. 코스피, 코스닥, 코넥스를 중심으로 우리나라 증권시장에 대해 개략적으로 설명하시오.

5 친환경 자동차의 급성장 vs 아직은…

1. 적합도 검정, 독립성 검정, 동일성 검정을 각각 설명하시오.
2. 적합도 검정, 독립성 검정, 동일성 검정 등에 적용되는 검정통계량은 귀무가설이 옳다면 어떤 분포를 하는지 설명하시오.
3. 대전의 소주 시장은 크게 3개의 회사에 의한 과점체제라고 할 수 있다. 시중에서 판매되고 있는 200병의 소주를 조사한 결과, 시장 점유율 1위사(p_1) 제품 92병 시장 점유율 2위사(p_2) 제품 73병, 시장 점유율 3위사(p_3) 제품 35병이었다. p_1=0.5, p_2=0.35, p_3=0.15라는 가설을 유의수준 5%에서 검정하시오.
4. 아래 표는 학생생활만족도에 대한 학생들의 입학유형(정시, 수시, 지역인재선발)의 분포가 서로 동일한지를 알아보기 위해 학생 100명을 표본추출하여 조사한 결과이다. 입시 유형과 학교생활만족도 사이에 동일성여부를 검정하시오. 유의수준 5%에서 검정하시오.

생활만족도 전형방식	만족	보통	불만족	열 합계
정시	8	7	5	20
수시	6	28	11	45
지역인재선발	10	15	10	35
행 합계	24	40	36	100

5. 외모와 소득 사이에 어떤 연관성이 있는지를 알아보기 위해 임의로 200명의 직원을 추출하여 조사한 결과가 아래 표와 같이 나타났다. 외모와 소득 사이에 연관성이 있는지를 유의수준 5%로 검정하시오.

소득 외모	상	중	하	열 합계
잘생겼다	10	25	22	57
보통이다	22	30	24	76
못생겼다	28	27	12	67
행 합계	60	82	58	200

7 테스 형, 통계가 왜 이래

1. 아래와 같은 현상을 무엇이라고 부르는지 설명하시오.

> • 새로운 항암제의 치료 효과를 기존 항암제와 비교할 때는 새로운 치료제의 치료율이 75%로 기존 치료제 치료율 68%보다 높게 나왔으나 암환자의 중증도에 따라 구별했을 때 새로운 치료제의 치료율이 반대로 낮은 결과를 산출되는 현상
>
> • 초등학교 학생들을 대상으로 컴퓨터 사용 시간과 읽기 능력 평가점수를 산점도로 나타냈을 때 전체적으로 양의 상관관계인데 학년을 구별하여 산점도를 작성하면 모두 음의 상관인 현상
>
> • TV 시간과 아동의 읽기 능력을 비교할 때는 양의 상관으로 나왔다. 이는 현실적인 객관성이 떨어져 검토해 본 결과 학년에 따라 비교했을 때는 상관성이 음의 상관으로 반대로 산출되는 현상

8 와! 스포츠가 통계자료투성이네

1. D대학에 개설되어 있는 비전공과목을 의사소통, 협동, 자기주도, 인문적 사고, 과학적 사고, 글로컬, 전문 등 7개의 기준으로 평가하여 아래와 같은 자료를 얻었다. 별 그림을 그려보시오.

	의사소통	협동	자기주도	인문적 사고	과학적 사고	글로컬	전문성
평균	82	80	77	78	81	72	74
표준편차	11	12	15	13	13	16	14

2. 쌍둥이 8쌍을 뽑아 쌍둥이의 학력 간의 상관성이 있는지를 검정하고자 한다. 아래 표는 8쌍의 모의고사 성적이다. 스피어맨의 순위 상관계수를 이용하여 답을 구하시오.

	1	2	3	4	5	6	7	8
첫째	330	340	290	280	315	210	354	245
둘째	296	305	330	320	275	245	310	224

제 10 장

여론조사 제대로 알기

1. 숫자여, 무엇을 말하시는 겁니까?
2. 부정선거(不正選擧)와 부정선거 부정(否定)
3. 눈앞에서 사라진 금배지
4. 여론조사기관: 튀는 것보다 게으름 선택?

01 숫자여, 무엇을 말하시는 겁니까?

- 후보자도 유권자도 알고 싶은 선거 결과
- 어렵고도 어려운 여론조사

오늘날 여론조사(輿論調査, public opinion poll)는 정부 정책에 대한 평가, 정치인 · 정당에 대한 평가(지지율), 각종 사회적 이슈에 대한 사람들의 생각, 소비자들의 상품과 서비스에 대한 생각 등에 대한 정보를 알아내는 데 매우 폭넓게 쓰이고 있다. 여론조사 결과를 바탕으로 정부, 정당, 기업이 정책이나 전략을 펴는 모습을 쉽게 볼 수 있다. 대학에서도 학생들의 교육 관련 서비스에 대한 설문조사도 여론조사의 일종이다. 가히 여론조사의 홍수 속에 살고 있다고 볼 수 있다.[1]

2021년 2월 초 이루어진 문재인 대통령의 국정수행 지지도에 대한 2개의 여론조사 결과가 지지도 자체도 상당한 차이가 있을 뿐 아니라 상승세와 하락세라는 여론 추이마저 엇갈리는 모습을 보여 전문가들도 곤혹(困惑)스러운 일이 발생하였다.

와이티엔(YTN)이 의뢰하고 리얼미터가 전국 18살 이상 유권자 1,511명을 대상(신뢰수준 95%에 오차범위 ±2.5%p)으로 문 대통령의 국정수행을 평가한 결과, 긍정 평가가 전주(前週)보다 3.5%p 떨어진 39.0%로 부정 평가는 3.8%p 오른 56.6%였다(그림 10-1(a)).

---

1 2024년 4월말 현재 중앙선거여론조사심의위원회(www.nesdc.go.kr)에 등록되어 있는 여론조사기관은 61개이다. 2022년 91개로 최고 값을 보였으나 2024년 1월 등록기준이 강화되면서 감소하였다.

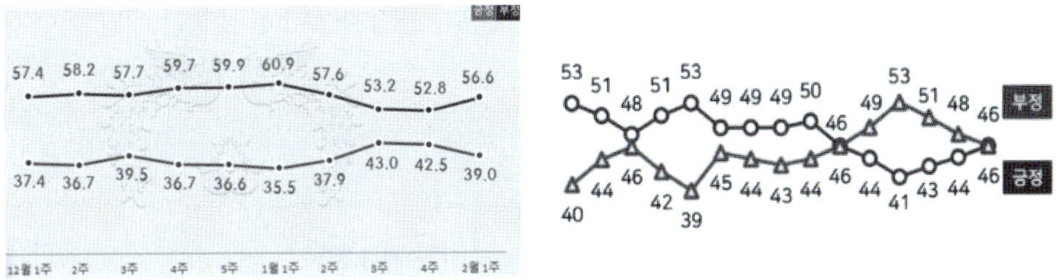

(a) 리얼미터 조사　　　　(b) 전국지표 조사

그림 10-1 문재인 대통령 국정수행 평가

반면 ㈜엠브레인퍼블릭, 케이스탯리서치, ㈜코리아리서치인터내셔널, ㈜한국리서치 조사기관 등 4개 사가 ㈜코리아리서치인터내셔널에 의뢰하여 실시한 전국지표 조사에서는 문 대통령의 국정수행 긍정 평가가 전주보다 2%p 상승한 46.0%로 부정 평가는 2%p 하락한 46.0%였다. 대상은 전국 18살 이상 유권자 1,007명이었고 신뢰수준 95%에 오차범위 ±3.1%p였다(그림 10-1(b)).

이 두 조사는 대상 집단(전국 18살 이상 유권자)이 같으며 실시 시기(2021년 2월 1~3일간)가 완전히 일치한다. 다만 리얼미터 조사 대상은 1,500명, 전국지표 조사는 1,000명이라는 점, 리얼미터 조사는 매주 실시했지만, 전국지표 조사는 2주 간격으로 실시했다는 점이 달랐다. 그래도 그렇지 리얼미터 조사는 $36.5 \leq$ 지지율 ≤ 41.5이고, 전국지표 조사는 $42.9 \leq$ 지지율 ≤ 49.1로 오차 허용범위 밖에 있다. 더 곤혹스럽게 만드는 일은 지지율의 추세이다. 리얼미터 조사에서는 하락세인 반면, 전국지표 조사에서는 상승세를 보이고 있다.

여론조사 전문가들은 드러난 숫자보다는 추세를 보라고 강조하고 있는데, 이 두 조사에서는 숫자가 틀리는 것은 물론 추세마저도 다르게 나타났다. 한 여론조사기관 관계자는 "여론조사 결과는 선거 뒤 득표율과 지지율을 비교하는 것 말고 객관적 기준에 따라 정답을 가리기 어려운 특성이 있다. 더구나 한 쪽은 매주 조사가 이뤄지고 한쪽은 2주마다 조사가 이뤄지는 등 일률적인 비교도 어렵기 때문에 장기적인 시계열로 각각의 조사를 해석하는 편이 바람직할 것"이라고 말했다. 조사 방법에서도 차이가 있었다. 리얼미터 조사에서는 ARS를 이용하였지만, 전국지표 조사에서는 무선전화면접을 통해서 조사되었다는 차이를 들고 있다. 또 이 시기에 방역, 원전 문제, 판사

탄핵, 가덕도공항 등 여러 이슈가 동시에 터지면서 응답자들이 불안정한 대답을 했기 때문이라고 그 이유를 찾고 있다.

윤석열 지지율 11% vs 24.7%, 어느 쪽이 맞나?[2]

여론조사기관 한길리서치는 2020년 11월 11일 윤 총장이 24.7% 지지율을 얻어 여야주자를 통틀어 1위를 차지했다고 발표했다. 반면 13일 발표된 한국갤럽 여론조사에서는 윤 총장은 11%를 기록해 이낙연 더불어민주당 대표(19%)와 이재명 경기지사(19%)에 이어 3위에 그쳤다. 불과 이틀 차이인데도 무려 13.7%p나 차이가 난 것이다. 당시 소위 '윤석열 현상'에 대한 해석을 넘어서, 표본오차 범위를 넘어서는 이들 조사기관 간 지지율 간극에 관심이 쏠릴 수밖에 없는 상황이다.

이렇게 현저한 차이는 조사 방법의 차이에서 원인을 찾을 수 있다. 한길리서치의 조사 방법은 여야에서 각각 지지율 3위 안에 든 후보를 추려 실시한 혼합조사였다. 두 진영의 유력 주자들만 모아서 조사한 일종의 '가상 대통령 선거'인 셈이다. 여권과 야권의 차기 대통령 후보 선호도를 별도로 조사한 결과, 3위권에 든 이낙연 대표 · 이재명 지사 · 심상정 정의당 전 대표와, 윤 총장 · 홍준표 의원 · 안철수 국민의당 대표만 추려냈다는 것이다. 한편, 11% 지지율을 보인 한국갤럽의 설문조사는 '다음 대통령감으로 누가 좋다고 생각하는지' 묻는 자유응답형 조사 방식을 채택했다. 후보군을 제시하지 않고 질문방식을 택한 것이다. 이 밖에도 한길리서치의 유선 전화면접 비율이 23%로 상대적으로 높다는 점(한국갤럽 15%, 리얼미터 20%) 역시 조사에 영향을 미친 요인이라는 지적이 나온다. 고령층 응답자가 많을 것이라는 추정이 가능하기 때문이다.

대통령지지도와 정당지지도는 성격이 좀 다르다. 단임제를 채택하고 있는 우리나라에서는 여론 조사에서 얻은 대통령지지도를 확인할 길이 없다. 하지만 정당지지율

2 한겨레신문, 2020.11.13. 참고하였음.

의 경우는 총선과 지방선거 등이 있어 사후에 어느 정도 사후의 결과와 연계하여 확인할 수 있는 면이 있다.

여론조사의 양면: 그대로 믿으려니 찜찜하고 안 믿을려니 허전하고…

1987년 6월 항쟁 이후, 대통령직선제, 지방자치제 실시(지자체장과 의원 선거)와 교육감 직선제가 도입되어 정치적으로 큰 변화가 나타나게 되었다. 그 결과 중앙선거관리위원회가 과거에 비해 훨씬 중요한 기관으로 각광받게 되었다.[3] 물론 6 · 10항쟁 전에도 헌법에 중앙선거관리위원회가 규정되어 있었으나 그 중요성은 요즈음에 비하면 훨씬 미약했다.[4] 그 이유는 대통령간선제를 채택하고 있던 유신헌법과 제5공화국 헌법에서는 교육감과 지방지자체장은 대통령에 의한 임명제였고 지방자치 의원의 경우 제도 자체가 없었기 때문에 선거다운 선거는 국회의원 선거밖에 없었다고 해도 과언이 아니기 때문이다. 만약 6 · 10항쟁 이전 체제가 지속되었다면, 2024년 5월까지 36년 동안 간선제 대통령선거 7번과 국회의원선거 8번, 합쳐서 15번의 선거가 치러졌을 것이다. 하지만 6 · 10항쟁 이후 직선 대통령 선거 7번, 국회의원 선거 8번, 동시지방선거 8번, 교육감선거 6번 등 과거에 비해 훨씬 많은 선거를 치러졌다.[5] 횟수도 회수이거니와 범위와 관심도는 과거와 비교가 안 될 정도로 중요해졌다.

선거에 관한 여론조사의 객관성 · 신뢰성을 확보하기 위하여 중앙선거관리위원회와 시 · 도선거관리위원회 산하에 각각 설치한 선거여론조사 심의기구로 중앙선거여론조사심의위원회를 두고 있다. '2022년 양대선거 선거여론조사백서'를 통해 이 위원회 홈페이지에 등록된 선거여론조사를 다음과 같이 요약하고 있다.[6]

---

3 중앙선거관리위원회 홈페이지(www.nec.go.kr) 참고하였음.

4 중앙선거관리위원장은 대통령, 국회의장, 대법원장, 헌법재판소장, 국무총리와 함께 5부 요인 중에 속한다. 또 국회 인사청문회를 거쳐 대통령이 임명한다. 대한민국 헌법 제7장 제114조~116조에((제114조 선거관리위원회, 제115조 선거관리위원회의 대행정기관지시권, 제116조 선거운동과 선거경비) 선거관리에 대해 규정되어 있다.

5 1995년부터 동시지방선거가 2006년부터는 교육감직선제가 시행되었고 두 선거는 같은 날 치러지고 지고 있다.

첫째, 선거여론조사가 양적으로 증가하였다. 제20대 대선 여론조사의 등록 건수는 총 1,385건이었으며 제8회 지방선거 여론조사의 등록 건수는 총 1,895건으로 지난 동일 선거보다 증가하였다. 양대선거가 연이어 치러지면서 선거여론조사에 대한 관심이 어느 때보다도 높았음을 보여주는 대목이다. 둘째, 조사 방법에 있어 ARS 조사가 대종을 이루었다. 제20대 대선에서 ARS를 활용한 조사는 66.7%였으며 제8회 지방선거에서는 80.0%를 차지한 반면, 전화면접조사는 각각 30.5%, 19.7%에 그쳤다. 전화면접조사의 비중은 낮아지고 ARS 조사의 비중이 높아지는 추세가 이어졌으며 대선보다는 지방선거에서, 그리고 조사대상 지역단위가 작을수록 ARS 조사가 많았다. 셋째, 무선 중심의 조사 및 휴대전화 가상번호 사용의 보편화이다. 양대선거 거의 대다수의 조사에서 무선전화가 사용된 것으로 나타났으며 유 · 무선 혼합조사에서도 무선의 비중이 지난 선거보다 증가하였다. 한편, 휴대전화 가상번호는 제8회 지방선거의 대부분 조사(94.1%)에서 사용되었으며 제20대 대선의 전국단위 조사에서도 34.0%의 조사에서 활용된 것으로 나타났다. 넷째, 휴대전화 가상번호 사용 보편화로 전 계층별 가중값 배율이 전반적으로 향상되었으며, 응답률은 ARS 조사의 비중이 증가함에 따라 전체 평균은 개선되지 않은 것으로 나타났다. 제20대 대선조사의 응답률은 11.0%, 미국여론조사협회(AAPOR) 기준 응답률은 3.5%였으며 제8회 지선조사에서는 응답률은 10.4%, 미국여론조사협회 기준 응답률은 3.7%였다. 다섯째 표본크기는 대선에서는 1,000~1,499 구역이 79.2%를 차지하고 있으며 평균표본수는 1,243개였다.

중앙선거관리위원회는 6 · 10항쟁 이전과 이후 그 위상이 크게 올랐다. 4년에 한 번 정도 바쁜 국가기관이었으나 이제는 언제나 바쁜 기관으로 변하였다. 우리 곁에 민주화가 더 가까이 와있다는 증거이다(그림 10-2, 그림 10-3).[7]

6 중앙선거여론조사심의위원회, '2022년 양대선거 선거여론조사백서', 2023.

7 선관위의 업무는 각종 선거관리, 정당사무관리, 정치자금사무관리, 민주시민정치교육, 선거 · 정치제도연구 등 크게 5분야로 나누어진다.

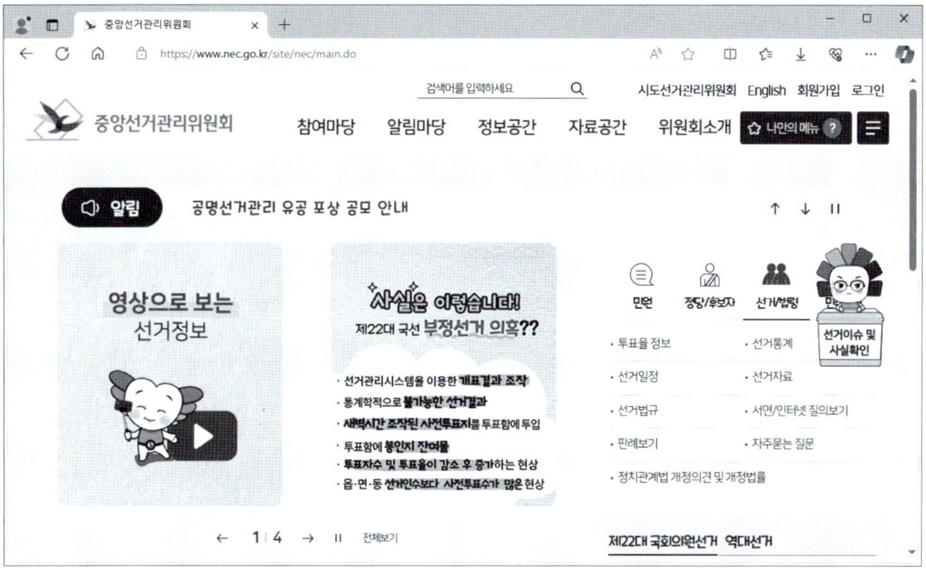

그림 10-2 중앙선거관리위원회 홈페이지 초기화면

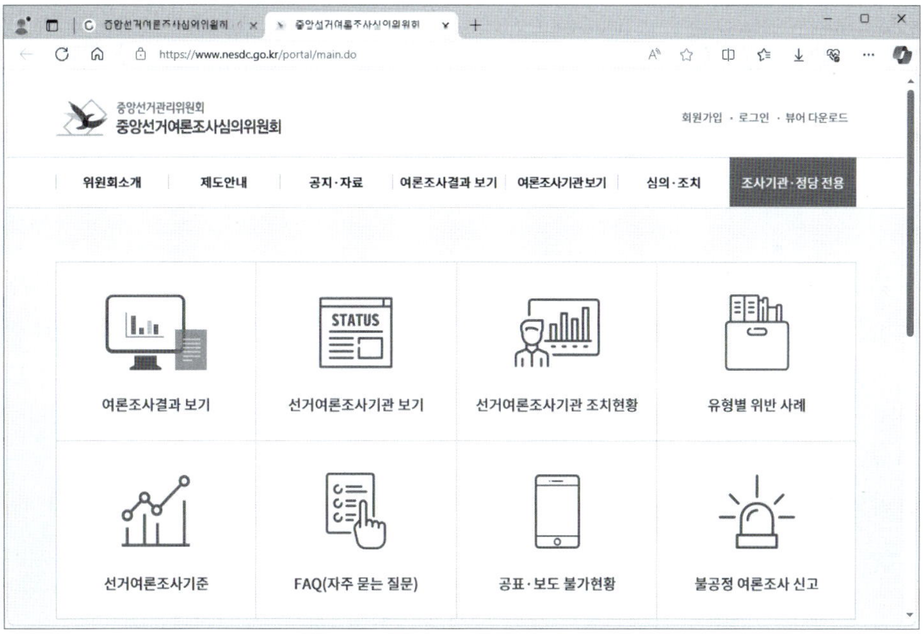

그림 10-3 중앙선거여론조사심의위원회 홈페이지 초기화면

02 부정선거(不正選擧)와 부정선거 부정(否定)

- 선거 결과에 대한 아전인수격 해석
- 2020년 4 · 15총선에 대한 부정선거 시비

선거는 선거운동 과정, 투표, 개표와 발표, 3단계로 나눌 수 있으며 선거부정도 각 단계별로 성격이 다르게 나타나기 때문에 부정선거운동, 투표부정, 개표와 발표 부정으로 나눌 수 있다. 우리 헌정사를 볼 때 1950년대 자유당 집권기에는 민도도 낮았고 선거 경험도 많지 않았으며 체계적인 여론조사도 없어 나쁜 마음만 먹으면 부정선거는 그리 어려운 일이 아니었다. 당시는 먹고살기 어려웠을 때였기 때문에 유권자에게 약간의 돈과 금품 또 향응을 베풀면서 사전(事前) 부정선거(부정 선거운동)를 하였고, 주민에 대한 정보가 완전하게 공개되지 않았기 때문에 사망자 이름으로 투표하기 및 대리투표 등이 행해졌으며(부정 투표), 개표 부정행위에는 투표용지나 투표함 바꿔치기, 투표용지 끼워 넣기 등이 있었다.[8] 부정선거는 대의민주주의의 근간을 흔드는 최악의 범죄이며 정치 후진성의 상징이다. 우리나라에서 부정선거를 이야기할 때, "그건 자유당 때나 그랬지"라고 말한다.[9] 즉, 과거 못 먹고 못 살던 시절에 전기도 제대

8 비록 영화지만 영화 "효자동 이발사"에서 이런 방식의 부정선거를 잘 보여주고 있다.

9 자유당은 1951년 창당되어 불과 10년 후 4 · 19혁명과 함께 역사의 무대에서 사라진 정당이다. 이승만 대통령의 독재를 위해 온갖 선거부정을 일삼아 '부정선거의 상징' '부정부패의 상징' '독재의 상징'으로 회자되고 있다.

로 공급이 안 되고, 민도도 낮던 시절이 회상되고 부끄러운 치부(恥部)로 생각하고 있다.

21세기 들어 우리나라에서는 전국 단위의 선거로는 5번의 대통령선거, 7번의 총선, 6번의 지방자치선거, 교육감선거 5번 합계 23번의 선거가 치러졌다. 그동안 주기적인 여론조사, 전산화로 인한 신속하고도 정확한 선거업무, 공정한 선거제도 운영, 사전투표제도 도입(2014년) 등 많은 제도변화가 있었다. 그럼에도 불구하고 부정선거 시비가 있었던 선거는 2012년 국정원댓글 사건이 있었던 제18대 대통령선거(새누리당 박근혜 후보 당선)와 2020년 제21대 총선(더불어민주당 180석 획득)을 들 수 있다. 전자는 부정선거 운동이 문제였고 후자는 투표와 개표에서의 문제 제기였다. 전자에 대해서는 당사자들이 법의 심판을 받아 마무리되었지만, 후자에 대해서도 대부분 국민들은 부정선거 시비가 근거 없는 것으로 받아들이고 있다. 하지만 민경욱 전 의원을 비롯한 소수의 사람들은 문제가 있는 것으로 주장하고 있다.[10]

이러한 주장에 대해 개표까지 선거가 완전히 끝난 후, 중앙선거관리위원회는 2020년 4월 22일, 5월 3일, 5월 12일, 그리고 5월 28일 보도자료와 시연을 통해 부정선거를 부정하였다.[11] 선관위는 크게 3부문 1) 사전투표관리: 15개, 2) 투표함 특수봉인지 등 관리: 7개, 3) 기타사항: 15개 등 전부 37개 사항에 대해 해명과 반박을 공표하였다.

4 · 15 총선을 앞두고 중앙선거관리위원회에서 3월 30일(1차)과 4월 12일(2차) 두 차례에 걸쳐 유권자 의식조사를 실시하였다.[12] 이번 선거에 관심이 있다고 응답한 비율이 1차에서는 81.2%였으나 2차 조사에서는 86.1%로 상승하였고 적극 투표하겠다고 응답한 비율도 72.7%에서 79.0%로 상승하였으며, 사전투표 의사도 26.7%에서 31.0%로 상승하였다. 지난 2016년 총선보다 전체적으로 투표 의사가 증가한 것으로 조사됐다(표 10-1).

2020년 4월 15일 국회의원선거를 1주일 앞둔 여론조사 결과를 <표 10-2>에 보여주

10 김학민, "검정가능한 선거", KHM, 2020에는 부정선거를 주장하는 밴자민 월커스 박사(전 IBM EMBEDDED CPU 설계자), 동아시아연구소 보고서를 소개하고 있다.

11 중앙선거관리위원회 보도자료 참고하였음.

12 조사대상자수는 1,505명이었다.

고 있다.[13] 국회의원선거에서는 정당 못지않게 후보자 개인의 경쟁력도 중요하기 때문에 정당지지율과 선거 결과를 그대로 대응되지는 않지만 큰 흐름을 파악하는 데는 매우 중요한 통계임을 누구도 부인할 수 없을 것이다. 조사기관별로 약간의 차이는 있지만 전국적으로 볼 때 더불어민주당이 미래통합당보다 7.4~19.9%p 앞선 것으로 나타나고 있으며 사전투표율이 상대적으로 높을 것이라는 예측을 바탕으로 볼 때 국

표 10-1 최근 선거에서의 사전 투표율과 최종투표율

선거	사전투표율 (%)	최종투표율 (%)	선거	사전투표율 (%)	최종투표율 (%)
2014년 6대 지방선거	11.49	56.80	2016년 20대 총선	12.19	58.00
2017년 19대 대통령	26.06	77.20	2020년 21대 총선	26.60	66.20
2022년 20대 대통령	36.90	77.10	2024년 22대 총선	31.300	67.00

출처: 중앙선거관리위원회 홈페이지

표 10-2 정당별 지지율 비교(2020년 3월말)

	뉴비시 4월 1, 2일		한국리서치* 3월27일~3월30일		알앤써치 3월 28, 29, 31일	
	더불어 민주당	미래 통합당	더불어 민주당	미래 통합당	더불어 민주당	미래 통합당
전국	35.3	27.9	46.3	26.4	43	34
서울	40.9	27.2	48.3	27.2	41	33
경기 인천	36.3	26.7	45.7	26.5	44	34
대전 세종 충청	34.0	31.6	49.3	26.0	41	38
광주 전라	48.2	13.9	66.5	6.5	65	10
대구 경북	22.1	37.0	30.9	37.3	30	54
부산 울산 경남	26.6	32.5	37.8	31.9	43	36
강원 제주	39.1	24.5	53.1	23.2	30	30

* KBS가 한국리서치에 의뢰하여 행한 패널조사임

13 전국 후보자 등록 신청마감일(2020년 3월 27일) 이후 실시 · 등록된 여론조사 결과이기 때문에 신뢰성이 높다. 중앙선거관리위원회에 게시된 '제21대 국회의원선거선거 여론조사 결과 추이 및 득표율 자료' 참고하였음.

회 다수당이 될 것이라는 사실을 누구나 쉽게 예상할 수 있었다. KBS의 예상은 민주당이 155~178석, 통합당이 107~130석을 이였으며 MBC는 민주당이 153~170석, 미래통합당이 116~133석, SBS는 민주당 154~177석, 통합당 107~131석을 차지할 것으로 예상했었다.

앞으로는 부정선거 자체를 발본색원(拔本塞源)해야 하지만 근거 없이 부정선거를 주장하면서 혹세무민(惑世誣民)하지 못하게끔 제도를 정비하는 것이 필요하다고 본다. '근거 없이 부정선거 운운'하는 사람도 '부정선거 실행자' 못지않게 민의를 왜곡시키는 우를 범하고 있다.[14]

표본조사발표 때 포함되어야 할 사항으로는 모집단의 정의, 표본의 크기. 조사 방법(면접조사, 우편조사, 대면 전화조사, ARS 전화조사 등), 조사 시간, 표본추출 방법, 조사 발주기관과 조사수행기관이다. 또 여론조사 결과를 읽을 때는 ㉠ 표본추출은 모집단 전체를 잘 반영하고 있는지 ㉡ 조사항목이 명확히 정의되어 있는지 ㉢ 질문의 형식이 적합한지 ㉣ 조사 방법이 합당한지 또 응답률이 얼마인지 ㉤ 표본조사의 시점이 언제인지 ㉥ 표본조사 결과를 해석할 때 표본오차에 유의할 것 등에 관심을 가져야 한다.

14 당시 제1야당인 국민의 힘은 자체적으로 4 · 15 부정선거 주장에 대한 진상 연구를 실시하였다. 당일 득표율과 사전득표율 비율이 12~15%p로 일정한 의혹과 양당 후보 간 관외 득표수 대비 관내 득표수 비율이 일치하는 현상 등 대표적 두 가지 조작설을 검토하고 "사전투표 통계 조작설은 논리적으로 불충분할 뿐 아니라 실제로 실행 가능성이 극히 낮음을 논리적으로 제시"했다고 적고 있다.

03 눈앞에서 사라진 금배지

- 역전패한 전 국회의원의 아쉬움
- 유권자의 변심인가? 여론조사의 한계인가?

중앙선거관리위원회 홈페이지에 게시된 '제21대 국회의원선거여론조사결과 추이 및 득표율 자료'에는 전국 133개 선거구에서 등록한 후보자를 대상으로 여러 여론조사기관에서 실시한 결과와 실제 투표율을 비교하여 보여주고 있다. 365개의 조사 결과와 실제 득표율이 가 혼전 지역구는 5곳(주로 부산과 대구)이었는데, 4석을 미래통합당 후보와 친 보수성향의 홍준표 후보가 승리하였다. 또 역전이 이루어진 곳은 19곳이고, 민주당 후보가 승리한 곳은 7곳, 미래통합당 후보가 승리한 곳은 10곳이고, 친 보수성향 후보가 승리한 곳은 2곳이었다. 따라서 전국적으로 보면 24곳 중 미래통합당은 17곳에서 민주당이 7곳에서 각 당에 유리하게 결과가 나왔다. 민주당 7곳 역전승 지역구 중에 민 전 의원의 지역구(인천 연수구 을)가 있다. 현역 지역구 의원인 민경욱 의원, 정의당 비례대표의원이며 정의당 대표를 역임한 이정미 의원, 그리고 정일영(인천 국제공항공사사장)이 대결하는 곳이라 전국에서 가장 치열한 선거구로 세인의 관심을 받기에 충분하였다.

<그림 10-4>에서 보는 바와 같이 후보 등록 후 7번의 여론조사가 실시되었으며 민경욱 전 의원이 7번 모두 1위를 차지했다. 선거 6일 전에 실시한 마지막 조사에서도 2위와 3.2%p 차이로 1위로 조사되었다. 무려 7번 여론조사에서 전승을 거두었는데,

5. 연수구 을

※ 그 밖의 사항은 「중앙선거여론조사심의위원회 홈페이지-알림마당-여론조사결과현황」 참조

등록번호	여론조사 개요									여론조사 결과					
	조사일시	조사기관	의뢰자	조사방법	피조사자선정방법	표본수	표본오차	접촉률	응답률	(민주당) 정일영	(통합당) 민경욱	(정의당) 이정미	(혁명배당금당) 주정국	기타	무당층
6936	20.03.29.~30.	리서치디엔에이	OBS경인TV	무선ARS(100)	가상번호	801	±3.5%P	54.2	6.5	31.7	40.0	22.9		1.6	3.8
6938	20.03.29.~30.	조원씨앤아이	기호일보,경기일보	유선ARS(11)+무선ARS(89)	유선RDD+가상번호	502	±4.4%P	64.1	3.1	31.4	39.5	19.4		2	7.7
7000	20.04.02.~04.	한국리서치	KBS	유선전화면접(9.8)+무선전화면접(90.2)	유선RDD+가상번호	500	±4.4%P	26.4	17.8	33.5	33.5	22.6	0.8		9.7
7018	20.04.04.~05.	알앤써치	경인일보	무선ARS(100)	가상번호	520	±4.3%P	48.1	9.6	30.9	38.8	23.1		0.3	6.8
7087	20.04.04.~06.	코리아리서치	MBC	유선전화면접(9)+무선전화면접(91)	유선RDD+가상번호	504	±4.4%P	22.3	17.5	31.7	33.7	24.0			10.5
7209	20.04.06.~07.	리얼미터	뉴시스	유선ARS(40)+무선ARS(60)	유선RDD+가상번호	505	±4.4%P	32.6	4	36.7	39.0	18.5	1.0		4.8
7265	20.04.07.~08.	리얼미터	YTN	유선ARS(40)+무선ARS(60)	유선RDD+가상번호	503	±4.4%P	26.0	3	36.0	39.2	19.0	1.3		4.4
득 표 율										41.78	39.49	18.38	0.33		

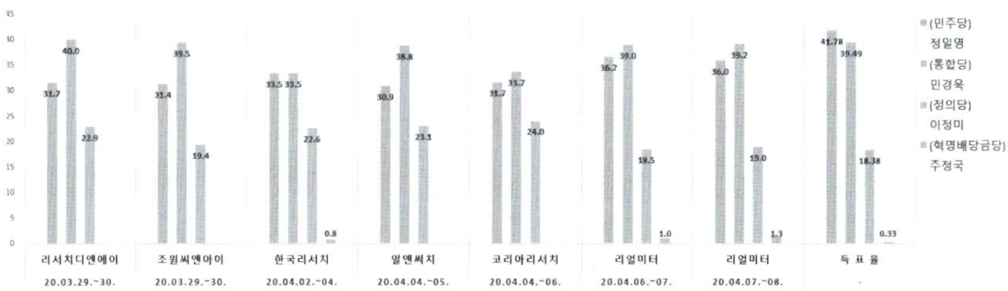

그림 10-4 여론조사와 실제 결과의 비교(인천 연수구 을)

3. 부산진구 갑

※ 그 밖의 사항은 「중앙선거여론조사심의위원회 홈페이지-알림마당-여론조사결과현황」 참조

등록번호	여론조사 개요									여론조사 결과						
	조사일시	조사기관	의뢰자	조사방법	피조사자선정방법	표본수	표본오차	접촉률	응답률	(민주당) 김영춘	(통합당) 서병수	(민생당) 정해정	(혁명배당금당) 김정희	(무소속) 정근	기타	무당층
6899	20.03.30.	싸이리서치	자체조사	무선ARS(69.7)+유선ARS(30.3)	유선RDD+가상번호	1005	±3.1%P	58.3	5.3	37.9	36.8	3.3		8.4	2.3	11.3
6976	20.03.31.~04.01	리서치앤리서치	동아일보	유선전화면접(20)+무선전화면접(80)	유선RDD+가상번호	500	±4.4%P	28.9	13.7	38.9	35.9	0.7		11.2	0.7	12.6
6985	20.04.02	메트릭스리서치	TV조선	무선전화면접(100)	가상번호	500	±4.4%P	27.8	15.5	39.5	36.9			11.2	0.6	11.7
6999	20.04.02.~04.	한국리서치	KBS	유선전화면접(10)+무선전화면접(90)	유선RDD+가상번호	500	±4.4%P	39.7	12.3	43.7	35.4	1.0	0.5	10.4		8.9
7028	20.04.04.~05.	한국갤럽	JTBC	유선전화면접(16.8)+무선전화면접(83.2)	유선RDD+가상번호	501	±4.4%P	39.1	13.9	39.1	36.8	0.2	0.7	9.1		14.2
7056	20.04.04.~05.	한길리서치	부산MBC	무선ARS(78.2)+유선ARS(21.8)	유선RDD+가상번호	708	±3.7%P	29.0	5.4	40.5	44.7	0.6	1.9	7.6		4.7
7072	[illegible]	[illegible]	[illegible]	[illegible]	[illegible]	504	±4.4%P	33.7	6.5	44.5	36.2	2.9		9.3	1.1	6.0
7241	20.04.05.~08.	입소스	SBS	무선전화면접(80.2)+유선전화면접(19.8)	유선RDD+가상번호	510	±4.3%P	41.3	16.5	40.5	38.8	1.0	0.4	8.0		11.4
7095	20.04.06.	엠브레인	서울경제	무선전화면접(90.3)+유선전화면접(9.7)	유선RDD+가상번호	504	±4.4%P	22.6	17.6	38.5	34.7	0.4		9.4	1.2	15.8
7106	20.04.06.	KSOI	부산일보	유선ARS(21.7)+무선ARS(78.3)	유선RDD+가상번호	511	±4.3%P	49.1	7.3	39.2	44.2			9.4	1.3	5.9
7138	20.04.07.	엠브레인퍼블릭	문화일보	무선전화면접(89)+유선전화면접(11)	유선RDD+가상번호	501	±4.4%P	23.0	17.1	42.1	35.5	0.4		6.2	0.7	15.1
7232	20.04.07.~08.	리얼미터	뉴시스	유선ARS(40)+무선ARS(60)	유선RDD+가상번호	500	±4.4%P	40.4	3.7	46.1	36.3	0.9	3.4	7.9		5.5
득 표 율										45.02	48.51	0.40	0.53	5.51		

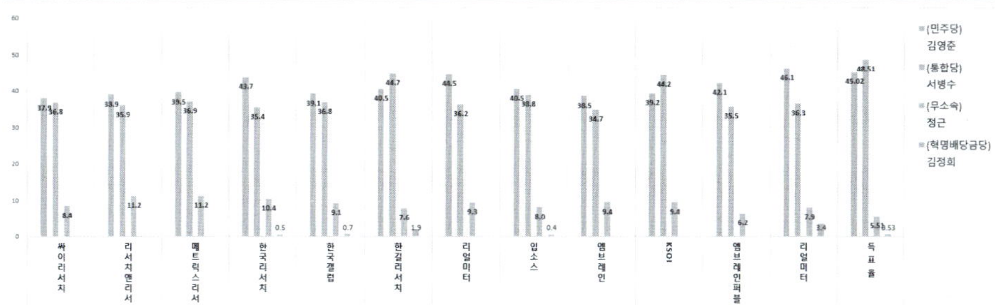

그림 10-5 여론조사와 실제 결과의 비교(부산진구 갑)

불과 일주일 사이에 상대는 5.78%p가 상승하고 자신은 0.29%p밖에 상승하지 않아, 눈앞에 있던 금배지가 사라진 것이다. 민 전 의원의 입장에서 아쉽겠지만, 전국적으로 부정선거를 하였다면 접전지역과 혼전 지역에서 미래통합당에 유리하게 작용한 선거 결과를 어떻게 설명해야 할 것인가? 같은 당 하태경 의원(부산 출신)은 민 전 의원을 출당 조치해야 한다고 주장하였고 두 사람은 설전을 벌이기도 하였다.

이번에는 여론 조사에서는 더불어민주당 후보가 앞섰으나 미래통합당 후보가 당

선이 된 경우를 소개하고자 한다. 더불어민주당의 김영춘 후보와 미래통합당 서병수 후보가 맞붙은 부산진구 갑 선거 역시 전국적인 관심을 끌어 무려 11번의 여론조사가 있었다. <그림 10-5>에서 보는 바와 같이 김 후보가 9번 1위를 서 후보가 2번 1위를 차지하였으나, 선거 결과는 48.51%를 획득한 서병수 후보가 45.02%를 얻은 김 후보를 이기고 당선되었다. 여론조사가 원천적으로 가지는 한계와 선거 직전에 마음을 결정하는 유권자, 역선택 유권자 등 여러 가지 변수가 있기 때문에 여론조사와 실제 결과가 다르게 나타나는 경우가 비일비재하다. 특히, 우리나라는 가장 중요한 시기인 투표 전 6일 동안 여론조사 결과를 공표하지 못하게 함[15]으로써 여론조사의 신빙성(信憑性)을 떨어뜨리고 있다. 대부분의 선진국에서는 투표 전날까지도 공표하게 하는 것과는 대비된다.

여론조사는 신속, 정확, 명료하여야 한다. 바쁜 유권자에게 이것저것을 물어보는 일이 결코 쉽지 않다.[16] 전문 여론조사기관에서 종사하는 전문가들도 최선을 다해 여론조사의 한계를 극복하려고 노력하고 있으나, 그게 그렇게 쉬운 일이 아니다. 조사대상인 유권자 입장에서는 '예', '아니오', '모르겠습니다'와 같이 간단한 질문도 있지만, 길게는 몇 분까지 생각해야 하는 복합적인 질문도 있다.[17] 짧은 순간 개인의 가치판단은 질문의 어감에 민감하게 반응한다. 우리 속담에 '아' 다르고 '어' 다르다고 하듯이 같은 듯 다르게 느껴지는 질문의 어감도 중요하게 작용한다. 조사대상자의 상태도 결과를 왜곡시킬 가능성이 충분하다. 여론조사가 가지고 있는 한계에 대해 곰곰이 생각해 보기를 권해 본다.

2017년 19대 대통령선거 여론조사와 실제 결과 비교를 통해 여론조사의 예측력과

15 이 기간을 소위 '깜깜이 선거기간'이라고 부르고 있다. 여론조사 결과 공표 · 보도 지침에 "누구든지 선거일 전 6일부터 선거일의 투표 마감 시각까지 선거에 관하여 정당에 대한 지지도나 당선인을 예상하게 하는 여론조사의 경위와 그 결과를 공표하거나 인용하여 보도할 수 없다"라고 규정하고 있다.

16 전화 여론조사 특히 ARS 방식에서 응답률이 낮은 이유로 대상자가 조사 대상 문제에 관심이 없거나, 있다 할지라도 답하는 시간이 아깝다고 생각하는 경우라고 볼 수 있다. 정치 무관심은 이런 기피 현상을 심화시켜 불필요한 사회적 비용을 발생시킨다.

17 여론조사전문가들은 전문적인 주제(예를 들어 탈원전 여부, 검경수사권 조정, 4대강 보 관리 등)를 대상으로 비전문가인 일반사람들에게 여론조사를 하는 것에 대해 좋은 점수를 주고 있지 않다. 대안으로는 의견을 달리하는 전문가들과 보통 사람들이 모여 각자 의견을 개진하고 전문가의 주장을 배워가면서 의사결정을 하는 공론화 과정을 제시하고 있다.

표 10-3 여론조사, 출구조사와 실제 결과(19대 대통령 선거) (단위: %)

조사기관과 의뢰기관		대상인원수(명)	문재인	홍준표	안철수	유승민	심상정
여론조사	여의도 연구소	2,182	39.4	24.9	20.1	4.5	6.4
	조선일보 칸타 코리아	1,147	38.5	16.8	15.7	3.8	6.8
	리서치뷰 프레시안	2,653	43.2	20.1	21.1	4.8	8.0
	리서치플러스 한겨레신문	1,011	39.7	13.7	18.7	4.6	5.6
출구조사		330개 투표소 약 8만 9천명	41.4	23.3	19.1	6.8	6.2
선거 결과		32,807,908	41.08	24.03	21.41	6.76	6.17

한계를 살펴보기로 하자. 지지율 숫자와 순서, 즉 어느 후보가 몇 %를 얻을 것인가와 순위가 몇 번째이냐가 관심의 대상이다. 이 선거는 2017년 5월 9일 실시되었으며 결과는 더불어민주당 문재인 후보가 41.08%를 획득하여 당선되었다. 총유권자 42,479,710명 중 32,807,908명이 투표에 참여하여 투표율은 77.2%를 기록하였다. 우리나라에서는 '깜깜이 선거기간'이 있기 때문에 5월 1일부터 5월3일까지 무려 30여 개의 여론조사 결과가 등록되어 있다.

<표 10-3> 19대 대통령 선거 여론조사, 출구조사와 실제 결과를 보면 모든 조사에서 문재인 후보가 1위를 기록하였다. 나머지 후보 순위를 보면 안철수 후보가 2위, 홍준표 후보가 3위, 심상정 후보가 4위, 유승민 후보가 5위로 나타난 조사가 더 많았지만, 결과는 안철수 후보가 3위, 홍준표 후보가 2위, 심상정 후보가 5위, 유승민 후보가 4위로 나타났다. 홍준표 후보와 안철수 후보 순위를 맞춘 조사는 그래도 몇 곳이 있었으나 유승민 후보와 심상정 후보의 순위를 정확히 맞춘 적어도 5월 1일과 3일 사이에 발표된 조사에서는 극소수에 불과하였다.

하지만 사전투표가 정착되면서 지역구 국회의원 선거에서는 큰 오차를 보이고 있다. 선거 예측이 더 어려워지고 있는 것이다. <표 10-4> 2024년 총선 출구조사와 실제 결과에서 보듯 178~196석으로 예상되었던 더불어민주당(더불어민주연합 포함)의 당선자 수는 실제로는 175석으로, 87~105석으로 예상되었던 국민의힘(국민의미래 포함)의 당선자 수는 실제로는 108석으로 나타났다.[18] 19대 때도 예상이 빗나갔고 20대에는 이제 제1당도 맞추지 못해 체면을 구겼다. 예상이 크게 빗나간 가장 큰 이유는

표 10-4 2024년 총선 출구조사와 실제 결과

	출구조사			실제 결과		
	지역구	비례대표	계	지역구	비례대표	계
더불어민주당 + 더불어민주연합	166~182	12~14	178~196	161	14	175
국민의힘 + 국민의미래	70~86	17~19	87~105	90	18	108
조국혁신당	–	12~14	12~14	–	12	12
개혁신당	–	–	1~4	1	2	3

사전투표율이 31.28%로 21대 총선에 비해 4.49%p 상승하여 최종투표율(66.2%)의 45%를 점하고 있을 정도로 증가하였기 때문이다. 현행법상 사전투표에 대한 출구조사는 본투표에 영향을 줄 수 있다는 이유로 허용되지 않는다. 따라서 55%만을 대상으로 출구조사를 한 셈이기 때문에 오류의 가능성이 크게 증가한 것이다. 그래서 투표 마감 직후 출구조사 예측은 투표 날 당일의 출구조사 결과에다 전화여론조사 등을 통한 사전투표 보정작업 등을 합산해 발표하고 있지만 한계가 있는 셈이다.

이전에는 젊은 층에서 사전투표에 적극 임했지만 이번에는 60대 비율이 가장 높았던 것으로 나타났는데, 연령대별 투표율 변수에 대응해 정확성을 높이는 것이 출구조사 예측의 과제로 남았습니다. 출구조사 무용론이 대두될 정도이다.

이렇게 보면 여론조사란 큰 물줄기를 그리는 데는 높은 성과를 내지만 작은 시내까지 그리는 데는 한계가 있는 수단이라는 사실을 알 수 있다.

명언 보따리

"여러 가지 다양한 선거 여론조사는 부정선거를 막는 데 큰 도움이 된다."
"어떻게 누가 언제 묻느냐에 결과 달라져 시간적 흐름 놓고 후보 지지율 살펴봐야 한다."
"여론조사는 자극에 대한 반응이다."

윤희웅 한국사회여론연구소 조사실장

18 지상파 3사 출구조사는 KBS · MBC · SBS가 한국리서치와 입소스, 코리아리서치에 의뢰해 선거일 오전 6시부터 오후 6시까지 전국 254개 선거구에서 투표를 마치고 나오는 유권자 35만 9,750명을 대상으로 매 5번째 투표자를 등간격으로 조사하는 체계적 추출 방식으로 진행됐으며 표본오차는 95% 신뢰수준에서 ±2.9~7.4%p였다. 이 조사에 약 72억 원의 경비가 소요되었다.

04 여론조사기관: 튀는 것보다 게으름 선택?

- 언제나 판박이 표현
- 응답자 수 1,004명, 95% 신뢰수준에서 최대오차범위 ±3.1%

여론조사 결과 등록 현황을 보면 1) 여론조사 기본(여론조사 명칭, 조사 의뢰자, 조사기관명, 조사 지역, 조사일시, 조사일수, 조사 시간, 조사 대상 등), 2) 표본의 크기(성별, 연령별, 지역별 등), 3) 조사 방법(피조사자 선정 방법, 표본추출 방법, 피조사자 접촉 현황 등), 4) 여론조사 결과(가중값 산출 및 적용 방법, 여론조사 결과 등)이 공개되고 있다.[19]

아래 <표 10-5>에서 보듯 여론조사에서 어떤 사항에 대한 비율을 추정해 발표하는 경우 '95% 신뢰수준 하에서 최대 허용오차는 3.1%이다'와 같이 판에 박힌 듯한 발표를 쉽게 볼 수 있다. 이와 같은 95% 신뢰수준 하에서의 최대 허용오차란 (추정 비율)±(최대 허용오차) 사이에 실제 비율이 있을 가능성을 95% 정도 신뢰할 수 있다는 주장이다. 예를 들어 정당지지율 조사에서 A당이 35%, B당이 30%, C당 21%, D당이 10%, E당이 4%의 지지율이 나타났다고 하자.

정당지지율(모수)을 p라 하고 먼저 점 추정값을 구해보기로 하자. 여론조사를 한 결과 $\hat{p}$를 얻었고 하자. 6장의 3절에서 본 바와 같이 $E(\hat{p})=p$이다. 예를 들어 1,004명

19 중앙선거여론조사심의위원회 여론조사 결과 참고하였음.

표 10-5 여론조사 결과(예시)

– 조사 방법

전체				
전체 유 · 무선 비율	유선	%	무선	100%
	※ 권고 무선 응답 비율은 70% 이상입니다.			
접촉 후 거절 및 중도 이탈 사례수 (R) 합계	15032			
접촉 후 응답완료 사례수 (I) 합계	1030			
전체 합계	29997			
전체 접촉률	55.1%			
전체 응답률	6.4%			

– 여론조사 결과

가중값 산출 및 적용 방법		
기본가중	산출 방법	성별 · 연령별 · 지역별 가중값 부여 (2024년 4월 행정안전부 주민등록 인구 기준)
	적용 방법	셀가중
추가가중	산출 방법	
	적용 방법	
표본오차		95% 신뢰수준에 ±3.1%p

을 관측한 결과 351명이 A당을 지지한다고 답을 했다면, 추정 비율값($\hat{p}$)은 351/1,004=0.349, 즉 35%라고 추정하는 것이 점추정이다. 그러나 이와 같은 점추정은 표본을 추출할 때마다 다른 값이 나올 수 있다. 다시 말해 또 다른 1,004명을 대상으로 조사했을 때 또다시 정확하게 351명이 A당 지지자라는 답이 나오지 않을 것이다. 이와 같이 표본을 추출할 때마다 다르게 나오는 점추정값에 비해 일정한 구간을 정해 대상 집단 간의 비율 p가 있을 것으로 추정하는 것이 구간추정이다. 구간추정은 표본조사에서 구한 추정치 $\hat{p}$를 중심으로 일정한 오차값 이내에 모비율 p가 있을 것으로 추정한다. 7장의 3절에서 본 바와 같이 표본의 크기가 n개이고 유의수준 α인 경우 $(1-\alpha)\times 100\%$ 신뢰수준 하에서 모비율 p에 대한 추정의 허용오차는 $\pm Z_{\alpha/2}\sqrt{\frac{p(1-p)}{n}}$ 와 같이 구한다. 위 값에서 $Z_{\alpha/2}$은 $(1-\alpha)\times 100\%$ 신뢰수준 하에서의 신뢰계수(信賴係數, confidence coefficient)라고 부른다.

표 10-6 95% 신뢰수준 하에서의 최대 허용오차

표본의 크기	최대 허용오차(%)
100	9.8
500	4.4
1,000	3.1
1,500	2.5

이제 비율추정에서 최대 허용오차를 구하는 방법에 대해 알아보기로 한다. 최대허용오차범위를 구성하고 있는 요소는 ① 신뢰수준(信賴水準, confidence level)에 따른 신뢰계수 $Z_{\alpha/2}$값, ② $p(1-p)$, ③ 표본수이다. 여기에서 $p(1-p)$는 의외로 쉽게 구할 수 있다. p의 가능한 값, $0<p<1$에서 $p=1/2$일 때 $p(1-p)$가 최댓값이 되며 $p(1-p)=0.25$를 쉽게 구할 수 있다, 이렇게 되면 최대허용오차범위를 구하는 데 필요한 것은 ① 신뢰수준에 따른 신뢰계수 $Z_{\alpha/2}$값과 ③ 표본수로 줄어들게 된다. 조사자나 연구자가 95% 신뢰수준하에서 조사를 시행한다면 $Z_{\alpha/2}$값은 1.96으로 상수화되고, 표본수가 1,000이라면, 95% 신뢰수준 하에서의 최대 허용오차는 $1.96\sqrt{\dfrac{0.25}{1,000}} = 0.03099(\approx 3.1\%)$로 구해진다. 95% 신뢰수준하에서 표본수가 100, 500, 1000, 1500일 때 각각의 최대허용오차는 <표 10-6>에서 보여주고 있다.

대개 여론조사와 같은 사회과학 조사나 연구에서는 신뢰수준을 95%로 하는 경우가 많기 때문에 $Z_{\alpha/2}$값은 1.96으로 고정이 되고 표본크기(n)도 1,000을 대부분 사용하기 때문에 "95% 신뢰수준에서 최대오차범위 ±3.1%"와 같이 언제나 판박이 표현이 등장하게 되는 것이다.

가끔 최대오차범위 ±2.5%로 발표될 때가 있는데, 이때는 표본수가 1,000이 아닌 1,500이기 때문에 당연히 최대허용범위가 줄어든 것이다. 아주 특별한 경우가 아니고는 95%신뢰수준, 표본수 100, 500, 1000, 1500인 경우를 벗어나는 일이 없다. 어느 여론 조사기관이 신뢰수준 93%, 표본수 1250을 사용한다면 오히려 시민들에게 혼란만 가져다주게 된다. 따라서 게으른(?) 여론조사기관은 살아남고 뭔가를 다른 것을 보여주려는 여론조사기관은 도태된다.

95% 신뢰수준 하에서의 최대허용오차 3.1%를 적용하여 각 정당의 지지율을 비교

해 보기로 하자. *A*당 지지율이 35%였다면 실제 지지율은 35±3.1(%), 즉 31.9~38.1% 사이에 있을 가능성을 95% 신뢰할 수 있다는 것을 의미한다. 이와 같이 실제 비율에 대한 추정에서 신뢰구간을 정하는 데 이용하는 것이 최대허용오차이다. 나머지 다른 정당지지율의 최대허용오차를 구해보면 *B*당 지지율은 30±3.1(%), 즉 26.9~33.1% *C*당 지지율은 21±3.1(%), 즉 17.9~23.1% *D*당 지지율은 10±3.1(%), 즉 6.9~13.1%, *E*당 지지율은 4±3.1(%), 즉 0.9~7.1%로 나타난다.

<그림 10-6>에서 보는 바와 같이 각 정당의 최대허용오차를 고려한 지지율 영역을 그려보았을 때 서로 겹치는 부분을 가진 정당은 서로 오차범위 내에서의 각축을 벌이고 있다고 표현할 수 있다. *A*당이 *B*당보다 지지율이 5%p 높지만 *A*당과 *B*당 간에 오차범위 내에서 서로 각축을 벌이고 있으며, *D*당이 *E*당보다 지지율이 6%p 높지만 *D*과 *E*당 역시 서로 오차범위 내에서 각축을 벌이고 있다고 해석할 수 있다.

따라서 이 여론조사를 방송이나 신문에서 "*A*당 1위, *B*당보다 5%P 앞서"라고 표현한다면 여론조사 결과를 왜곡 보도하는 것이 된다. 여론조사를 함에 있어 질문을 하는 것(여론조사기관)이 1차적으로 중요하고, 다음으로는 결과를 제대로 해석하는 것(언론보도)이 중요하다. 잘못된 질문과 응답, 여기에 더해 왜곡된 해석이 더해지면 사실을 호도할 가능성이 높다. "*A*당과 *B*당 오차범위 내에서 각축"이라고 표현해야 할 것이다.

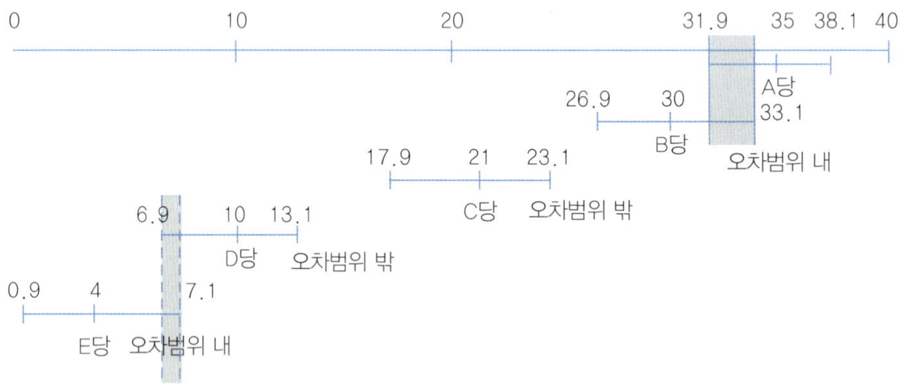

그림 10-6 오차범위 내외에서의 각축

이야기 보따리 **시청률 조사 과정**

우리나라에서는 두 개의 조사기관이 시청률(program rating)을 주기적으로 조사 · 발표하고 있다.[20] 닐슨 코리아(구 AGB 닐슨, https://www.nielsenkorea.co.kr/)와 ATAM(All That Audience Measurement, http://www.atam.co.kr/)이다. 미국의 정보분석기업 닐슨의 한국 지사인 닐슨코리아는 1980년 설립되어 시청률뿐 아니라 소비 행태, 미디어 이용 행태, 시장 동향 등에 대한 정보를 제공한다. 지역방송을 제외한 지상파 방송 시청률은 전국 3천142가구를 대상으로, 지역방송과 유료방송 등을 포함한 내셔널시청률은 4천320개 가구를 대상으로 조사하고 있다.[21]

후발주자인 ATAM은 서울, 경기, 인천 지역 700가구 패널을 구축하여 24시간 언제 어디서나 스마트폰, 노트북, PC 등을 통해 10초 단위로 실시간 시청률을 확인할 수 있게 차별화된 자료를 제공하고 있다.

시청률조사 방법은 1) 기초조사(Establishment survey): TV시청환경조사, 2) 패널선정(panel): 기초조사를 기준으로 지역, TV대수, 가족수, 월소득, 플랫폼별 가입유무, 성별, 연령별 패널 선정, 3) People meter 혹은 smart meter 설치, 4) 시청기록수집(polling), 5) 시청정보를 데이터베이스로 통합, 6) 프로그램 모니터링 정보를 데이터베이스로 통합, 7) 시청률 자료 분석의 순서를 거쳐 발표되고 있다.

20 한국방송광고진흥공사(www.kobaco.co.kr) 참고하였음.

21 미디어 매체의 다양화에 따라 전통적인 시청율을 보완하는 방법이 모색되고 있다.

부록

[표 1] 이항분포표

$$P(X \le c) = \sum_{x=0}^{c} \binom{n}{x} p^x (1-p)^{n-x}$$

	c	p .05	.10	.20	.30	.40	.50	.60	.70	.80	.90	.95
n=1	0	0.950	0.900	0.800	0.700	0.600	0.500	0.400	0.300	0.200	0.100	0.050
	1	1.000	1.000	1.000	1.000	1.000	1.000	1.000	1.000	1.000	1.000	1.000
n=2	0	0.903	0.810	0.640	0.490	0.360	0.250	0.160	0.090	0.040	0.010	0.003
	1	0.997	0.990	0.960	0.910	0.840	0.750	0.640	0.510	0.360	0.190	0.098
	2	1.000	1.000	1.000	1.000	1.000	1.000	1.000	1.000	1.000	1.000	1.000
n=3	0	0.857	0.729	0.512	0.343	0.216	0.125	0.064	0.027	0.008	0.001	0.000
	1	0.993	0.972	0.896	0.784	0.648	0.500	0.352	0.216	0.104	0.028	0.007
	2	1.000	0.999	0.992	0.973	0.936	0.875	0.784	0.657	0.488	0.271	0.143
	3	1.000	1.000	1.000	1.000	1.000	1.000	1.000	1.000	1.000	1.000	1.000
n=4	0	0.815	0.656	0.410	0.240	0.130	0.063	0.026	0.008	0.002	0.000	0.000
	1	0.986	0.948	0.819	0.652	0.475	0.313	0.179	0.084	0.027	0.004	0.000
	2	1.000	0.996	0.973	0.916	0.821	0.688	0.525	0.348	0.181	0.052	0.014
	3	1.000	1.000	0.998	0.992	0.974	0.938	0.870	0.760	0.590	0.344	0.185
	4	1.000	1.000	1.000	1.000	1.000	1.000	1.000	1.000	1.000	1.000	1.000
n=5	0	0.774	0.590	0.328	0.168	0.078	0.031	0.010	0.002	0.000	0.000	0.000
	1	0.977	0.919	0.737	0.528	0.337	0.188	0.087	0.031	0.007	0.000	0.000
	2	0.999	0.991	0.942	0.837	0.683	0.500	0.317	0.163	0.058	0.009	0.001
	3	1.000	1.000	0.993	0.969	0.913	0.813	0.663	0.472	0.263	0.081	0.023
	4	1.000	1.000	1.000	0.998	0.990	0.969	0.922	0.832	0.672	0.410	0.226
	5	1.000	1.000	1.000	1.000	1.000	1.000	1.000	1.000	1.000	1.000	1.000
n=6	0	0.735	0.531	0.262	0.118	0.047	0.016	0.004	0.001	0.000	0.000	0.000
	1	0.967	0.886	0.655	0.420	0.233	0.109	0.041	0.011	0.002	0.000	0.000
	2	0.998	0.984	0.901	0.744	0.544	0.344	0.179	0.070	0.017	0.001	0.000
	3	1.000	0.999	0.983	0.930	0.821	0.656	0.456	0.256	0.099	0.016	0.002
	4	1.000	1.000	0.998	0.989	0.959	0.891	0.767	0.580	0.345	0.114	0.033
	5	1.000	1.000	1.000	0.999	0.996	0.984	0.953	0.882	0.738	0.469	0.265
	6	1.000	1.000	1.000	1.000	1.000	1.000	1.000	1.000	1.000	1.000	1.000
n=7	0	0.698	0.478	0.210	0.082	0.028	0.008	0.002	0.000	0.000	0.000	0.000
	1	0.956	0.850	0.577	0.329	0.159	0.063	0.019	0.004	0.000	0.000	0.000
	2	0.996	0.974	0.852	0.647	0.420	0.227	0.096	0.029	0.005	0.000	0.000
	3	1.000	0.997	0.967	0.874	0.710	0.500	0.290	0.126	0.033	0.003	0.000
	4	1.000	1.000	0.995	0.971	0.904	0.773	0.580	0.353	0.148	0.026	0.004
	5	1.000	1.000	1.000	0.996	0.981	0.938	0.841	0.671	0.423	0.150	0.044
	6	1.000	1.000	1.000	1.000	0.998	0.992	0.972	0.918	0.790	0.522	0.302
	7	1.000	1.000	1.000	1.000	1.000	1.000	1.000	1.000	1.000	1.000	1.000

		p										
		.05	.10	.20	.30	.40	.50	.60	.70	.80	.90	.95
	c											
n=8	0	0.663	0.430	0.168	0.058	0.017	0.004	0.001	0.000	0.000	0.000	0.000
	1	0.943	0.813	0.503	0.255	0.106	0.035	0.009	0.001	0.000	0.000	0.000
	2	0.994	0.962	0.797	0.552	0.315	0.145	0.050	0.011	0.001	0.000	0.000
	3	1.000	0.995	0.944	0.806	0.594	0.363	0.174	0.058	0.010	0.000	0.000
	4	1.000	1.000	0.990	0.942	0.826	0.637	0.406	0.194	0.056	0.005	0.000
	5	1.000	1.000	0.999	0.989	0.950	0.855	0.685	0.448	0.203	0.038	0.006
	6	1.000	1.000	1.000	0.999	0.991	0.965	0.894	0.745	0.497	0.187	0.057
	7	1.000	1.000	1.000	1.000	0.999	0.996	0.983	0.942	0.832	0.570	0.337
	8	1.000	1.000	1.000	1.000	1.000	1.000	1.000	1.000	1.000	1.000	1.000
n=9	0	0.630	0.387	0.134	0.040	0.010	0.002	0.000	0.000	0.000	0.000	0.000
	1	0.929	0.775	0.436	0.196	0.071	0.020	0.004	0.000	0.000	0.000	0.000
	2	0.992	0.947	0.738	0.463	0.232	0.090	0.025	0.004	0.000	0.000	0.000
	3	0.999	0.992	0.914	0.730	0.483	0.254	0.099	0.025	0.003	0.000	0.000
	4	1.000	0.999	0.980	0.901	0.733	0.500	0.267	0.099	0.020	0.001	0.000
	5	1.000	1.000	0.997	0.975	0.901	0.746	0.517	0.270	0.086	0.008	0.001
	6	1.000	1.000	1.000	0.996	0.975	0.910	0.768	0.537	0.262	0.053	0.008
	7	1.000	1.000	1.000	1.000	0.996	0.980	0.929	0.804	0.564	0.225	0.071
	8	1.000	1.000	1.000	1.000	1.000	0.998	0.990	0.960	0.866	0.613	0.370
	9	1.000	1.000	1.000	1.000	1.000	1.000	1.000	1.000	1.000	1.000	1.000
n=10	0	0.599	0.349	0.107	0.028	0.006	0.001	0.000	0.000	0.000	0.000	0.000
	1	0.914	0.736	0.376	0.149	0.046	0.011	0.002	0.000	0.000	0.000	0.000
	2	0.988	0.930	0.678	0.383	0.167	0.055	0.012	0.002	0.000	0.000	0.000
	3	0.999	0.987	0.879	0.650	0.382	0.172	0.055	0.011	0.001	0.000	0.000
	4	1.000	0.998	0.967	0.850	0.633	0.377	0.166	0.047	0.006	0.000	0.000
	5	1.000	1.000	0.994	0.953	0.834	0.623	0.367	0.150	0.033	0.002	0.000
	6	1.000	1.000	0.999	0.989	0.945	0.828	0.618	0.350	0.121	0.013	0.001
	7	1.000	1.000	1.000	0.998	0.988	0.945	0.833	0.617	0.322	0.070	0.012
	8	1.000	1.000	1.000	1.000	0.998	0.989	0.954	0.851	0.624	0.264	0.086
	9	1.000	1.000	1.000	1.000	1.000	0.999	0.994	0.972	0.893	0.651	0.401
	10	1.000	1.000	1.000	1.000	1.000	1.000	1.000	1.000	1.000	1.000	1.000
n=11	0	0.569	0.314	0.086	0.020	0.004	0.000	0.000	0.000	0.000	0.000	0.000
	1	0.898	0.697	0.322	0.113	0.030	0.006	0.001	0.000	0.000	0.000	0.000
	2	0.985	0.910	0.617	0.313	0.119	0.033	0.006	0.001	0.000	0.000	0.000
	3	0.998	0.981	0.839	0.570	0.296	0.113	0.029	0.004	0.000	0.000	0.000
	4	1.000	0.997	0.950	0.790	0.533	0.274	0.099	0.022	0.002	0.000	0.000
	5	1.000	1.000	0.988	0.922	0.753	0.500	0.247	0.078	0.012	0.000	0.000
	6	1.000	1.000	0.998	0.978	0.901	0.726	0.467	0.210	0.050	0.003	0.000
	7	1.000	1.000	1.000	0.996	0.971	0.887	0.704	0.430	0.161	0.019	0.002
	8	1.000	1.000	1.000	0.999	0.994	0.967	0.881	0.687	0.383	0.090	0.015
	9	1.000	1.000	1.000	1.000	0.999	0.994	0.970	0.887	0.678	0.303	0.102
	10	1.000	1.000	1.000	1.000	1.000	1.000	0.996	0.980	0.914	0.686	0.431
	11	1.000	1.000	1.000	1.000	1.000	1.000	1.000	1.000	1.000	1.000	1.000

		p										
		.05	.10	.20	.30	.40	.50	.60	.70	.80	.90	.95
	c											
n=12	0	0.540	0.282	0.069	0.014	0.002	0.000	0.000	0.000	0.000	0.000	0.000
	1	0.882	0.659	0.275	0.085	0.020	0.003	0.000	0.000	0.000	0.000	0.000
	2	0.980	0.889	0.558	0.253	0.083	0.019	0.003	0.000	0.000	0.000	0.000
	3	0.998	0.974	0.795	0.493	0.225	0.073	0.015	0.002	0.000	0.000	0.000
	4	1.000	0.996	0.927	0.724	0.438	0.194	0.057	0.009	0.001	0.000	0.000
	5	1.000	0.999	0.981	0.882	0.665	0.387	0.158	0.039	0.004	0.000	0.000
	6	1.000	1.000	0.996	0.961	0.842	0.613	0.335	0.118	0.019	0.001	0.000
	7	1.000	1.000	0.999	0.991	0.943	0.806	0.562	0.276	0.073	0.004	0.000
	8	1.000	1.000	1.000	0.998	0.985	0.927	0.775	0.507	0.205	0.026	0.002
	9	1.000	1.000	1.000	1.000	0.997	0.981	0.917	0.747	0.442	0.111	0.020
	10	1.000	1.000	1.000	1.000	1.000	0.997	0.980	0.915	0.725	0.341	0.118
	11	1.000	1.000	1.000	1.000	1.000	1.000	0.998	0.986	0.931	0.718	0.460
	12	1.000	1.000	1.000	1.000	1.000	1.000	1.000	1.000	1.000	1.000	1.000
n=13	0	0.513	0.254	0.055	0.010	0.001	0.000	0.000	0.000	0.000	0.000	0.000
	1	0.865	0.621	0.234	0.064	0.013	0.002	0.000	0.000	0.000	0.000	0.000
	2	0.975	0.866	0.502	0.202	0.058	0.011	0.001	0.000	0.000	0.000	0.000
	3	0.997	0.966	0.747	0.421	0.169	0.046	0.008	0.001	0.000	0.000	0.000
	4	1.000	0.994	0.901	0.654	0.353	0.133	0.032	0.004	0.000	0.000	0.000
	5	1.000	0.999	0.970	0.835	0.574	0.291	0.098	0.018	0.001	0.000	0.000
	6	1.000	1.000	0.993	0.938	0.771	0.500	0.229	0.062	0.007	0.000	0.000
	7	1.000	1.000	0.999	0.982	0.902	0.709	0.426	0.165	0.030	0.001	0.000
	8	1.000	1.000	1.000	0.996	0.968	0.867	0.647	0.346	0.099	0.006	0.000
	9	1.000	1.000	1.000	0.999	0.992	0.954	0.831	0.579	0.253	0.034	0.003
	10	1.000	1.000	1.000	1.000	0.999	0.989	0.942	0.798	0.498	0.134	0.025
	11	1.000	1.000	1.000	1.000	1.000	0.998	0.987	0.936	0.766	0.379	0.135
	12	1.000	1.000	1.000	1.000	1.000	1.000	0.999	0.990	0.945	0.746	0.487
	13	1.000	1.000	1.000	1.000	1.000	1.000	1.000	1.000	1.000	1.000	1.000
n=14	0	0.488	0.229	0.044	0.007	0.001	0.000	0.000	0.000	0.000	0.000	0.000
	1	0.847	0.585	0.198	0.047	0.008	0.001	0.000	0.000	0.000	0.000	0.000
	2	0.970	0.842	0.448	0.161	0.040	0.006	0.001	0.000	0.000	0.000	0.000
	3	0.996	0.956	0.698	0.355	0.124	0.029	0.004	0.000	0.000	0.000	0.000
	4	1.000	0.991	0.870	0.584	0.279	0.090	0.018	0.002	0.000	0.000	0.000
	5	1.000	0.999	0.956	0.781	0.486	0.212	0.058	0.008	0.000	0.000	0.000
	6	1.000	1.000	0.988	0.907	0.692	0.395	0.150	0.031	0.002	0.000	0.000
	7	1.000	1.000	0.998	0.969	0.850	0.605	0.308	0.093	0.012	0.000	0.000
	8	1.000	1.000	1.000	0.992	0.942	0.788	0.514	0.219	0.044	0.001	0.000
	9	1.000	1.000	1.000	0.998	0.982	0.910	0.721	0.416	0.130	0.009	0.000
	10	1.000	1.000	1.000	1.000	0.996	0.971	0.876	0.645	0.302	0.044	0.004
	11	1.000	1.000	1.000	1.000	0.999	0.994	0.960	0.839	0.552	0.158	0.030
	12	1.000	1.000	1.000	1.000	1.000	0.999	0.992	0.953	0.802	0.415	0.153
	13	1.000	1.000	1.000	1.000	1.000	1.000	0.999	0.993	0.956	0.771	0.512
	14	1.000	1.000	1.000	1.000	1.000	1.000	1.000	1.000	1.000	1.000	1.000

	c	.05	.10	.20	.30	.40	.50	.60	.70	.80	.90	.95
		p										
n=15	0	0.463	0.206	0.035	0.005	0.000	0.000	0.000	0.000	0.000	0.000	0.000
	1	0.829	0.549	0.167	0.035	0.005	0.000	0.000	0.000	0.000	0.000	0.000
	2	0.964	0.816	0.398	0.127	0.027	0.004	0.000	0.000	0.000	0.000	0.000
	3	0.995	0.944	0.648	0.297	0.091	0.018	0.002	0.000	0.000	0.000	0.000
	4	0.999	0.987	0.836	0.515	0.217	0.059	0.009	0.001	0.000	0.000	0.000
	5	1.000	0.998	0.939	0.722	0.403	0.151	0.034	0.004	0.000	0.000	0.000
	6	1.000	1.000	0.982	0.869	0.610	0.304	0.095	0.015	0.001	0.000	0.000
	7	1.000	1.000	0.996	0.950	0.787	0.500	0.213	0.050	0.004	0.000	0.000
	8	1.000	1.000	0.999	0.985	0.905	0.696	0.390	0.131	0.018	0.000	0.000
	9	1.000	1.000	1.000	0.996	0.966	0.849	0.597	0.278	0.061	0.002	0.000
	10	1.000	1.000	1.000	0.999	0.991	0.941	0.783	0.485	0.164	0.013	0.001
	11	1.000	1.000	1.000	1.000	0.998	0.982	0.909	0.703	0.352	0.056	0.005
	12	1.000	1.000	1.000	1.000	1.000	0.996	0.973	0.873	0.602	0.184	0.036
	13	1.000	1.000	1.000	1.000	1.000	1.000	0.995	0.965	0.833	0.451	0.171
	14	1.000	1.000	1.000	1.000	1.000	1.000	1.000	0.995	0.965	0.794	0.537
	15	1.000	1.000	1.000	1.000	1.000	1.000	1.000	1.000	1.000	1.000	1.000
n=16	0	0.440	0.185	0.028	0.003	0.000	0.000	0.000	0.000	0.000	0.000	0.000
	1	0.811	0.515	0.141	0.026	0.003	0.000	0.000	0.000	0.000	0.000	0.000
	2	0.957	0.789	0.352	0.099	0.018	0.002	0.000	0.000	0.000	0.000	0.000
	3	0.993	0.932	0.598	0.246	0.065	0.011	0.001	0.000	0.000	0.000	0.000
	4	0.999	0.983	0.798	0.450	0.167	0.038	0.005	0.000	0.000	0.000	0.000
	5	1.000	0.997	0.918	0.660	0.329	0.105	0.019	0.002	0.000	0.000	0.000
	6	1.000	0.999	0.973	0.825	0.527	0.227	0.058	0.007	0.000	0.000	0.000
	7	1.000	1.000	0.993	0.926	0.716	0.402	0.142	0.026	0.001	0.000	0.000
	8	1.000	1.000	0.999	0.974	0.858	0.598	0.284	0.074	0.007	0.000	0.000
	9	1.000	1.000	1.000	0.993	0.942	0.773	0.473	0.175	0.027	0.001	0.000
	10	1.000	1.000	1.000	0.998	0.981	0.895	0.671	0.340	0.082	0.003	0.000
	11	1.000	1.000	1.000	1.000	0.995	0.962	0.833	0.550	0.202	0.017	0.001
	12	1.000	1.000	1.000	1.000	0.999	0.989	0.935	0.754	0.402	0.068	0.007
	13	1.000	1.000	1.000	1.000	1.000	0.998	0.982	0.901	0.648	0.211	0.043
	14	1.000	1.000	1.000	1.000	1.000	1.000	0.997	0.974	0.859	0.485	0.189
	15	1.000	1.000	1.000	1.000	1.000	1.000	1.000	0.997	0.972	0.815	0.560
	16	1.000	1.000	1.000	1.000	1.000	1.000	1.000	1.000	1.000	1.000	1.000
n=17	0	0.418	0.167	0.023	0.002	0.000	0.000	0.000	0.000	0.000	0.000	0.000
	1	0.792	0.482	0.118	0.019	0.002	0.000	0.000	0.000	0.000	0.000	0.000
	2	0.950	0.762	0.310	0.077	0.012	0.001	0.000	0.000	0.000	0.000	0.000
	3	0.991	0.917	0.549	0.202	0.046	0.006	0.000	0.000	0.000	0.000	0.000
	4	0.999	0.978	0.758	0.389	0.126	0.025	0.003	0.000	0.000	0.000	0.000
	5	1.000	0.995	0.894	0.597	0.264	0.072	0.011	0.001	0.000	0.000	0.000
	6	1.000	0.999	0.962	0.775	0.448	0.166	0.035	0.003	0.000	0.000	0.000
	7	1.000	1.000	0.989	0.895	0.641	0.315	0.092	0.013	0.000	0.000	0.000
	8	1.000	1.000	0.997	0.960	0.801	0.500	0.199	0.040	0.003	0.000	0.000
	9	1.000	1.000	1.000	0.987	0.908	0.685	0.359	0.105	0.011	0.000	0.000
	10	1.000	1.000	1.000	0.997	0.965	0.834	0.552	0.225	0.038	0.001	0.000
	11	1.000	1.000	1.000	0.999	0.989	0.928	0.736	0.403	0.106	0.005	0.000
	12	1.000	1.000	1.000	1.000	0.997	0.975	0.874	0.611	0.242	0.022	0.001
	13	1.000	1.000	1.000	1.000	1.000	0.994	0.954	0.798	0.451	0.083	0.009
	14	1.000	1.000	1.000	1.000	1.000	0.999	0.988	0.923	0.690	0.238	0.050
	15	1.000	1.000	1.000	1.000	1.000	1.000	0.998	0.981	0.882	0.518	0.208
	16	1.000	1.000	1.000	1.000	1.000	1.000	1.000	0.998	0.977	0.833	0.582
	17	1.000	1.000	1.000	1.000	1.000	1.000	1.000	1.000	1.000	1.000	1.000

							p					
		.05	.10	.20	.30	.40	.50	.60	.70	.80	.90	.95
	c											
n=18	0	0.397	0.150	0.018	0.002	0.000	0.000	0.000	0.000	0.000	0.000	0.000
	1	0.774	0.450	0.099	0.014	0.001	0.000	0.000	0.000	0.000	0.000	0.000
	2	0.942	0.734	0.271	0.060	0.008	0.001	0.000	0.000	0.000	0.000	0.000
	3	0.989	0.902	0.501	0.165	0.033	0.004	0.000	0.000	0.000	0.000	0.000
	4	0.998	0.972	0.716	0.333	0.094	0.015	0.001	0.000	0.000	0.000	0.000
	5	1.000	0.994	0.867	0.534	0.209	0.048	0.006	0.000	0.000	0.000	0.000
	6	1.000	0.999	0.949	0.722	0.374	0.119	0.020	0.001	0.000	0.000	0.000
	7	1.000	1.000	0.984	0.859	0.563	0.240	0.058	0.006	0.000	0.000	0.000
	8	1.000	1.000	0.996	0.940	0.737	0.407	0.135	0.021	0.001	0.000	0.000
	9	1.000	1.000	0.999	0.979	0.865	0.593	0.263	0.060	0.004	0.000	0.000
	10	1.000	1.000	1.000	0.994	0.942	0.760	0.437	0.141	0.016	0.000	0.000
	11	1.000	1.000	1.000	0.999	0.980	0.881	0.626	0.278	0.051	0.001	0.000
	12	1.000	1.000	1.000	1.000	0.994	0.952	0.791	0.466	0.133	0.006	0.000
	13	1.000	1.000	1.000	1.000	0.999	0.985	0.906	0.667	0.284	0.028	0.002
	14	1.000	1.000	1.000	1.000	1.000	0.996	0.967	0.835	0.499	0.098	0.011
	15	1.000	1.000	1.000	1.000	1.000	0.999	0.992	0.940	0.729	0.266	0.058
	16	1.000	1.000	1.000	1.000	1.000	1.000	0.999	0.986	0.901	0.550	0.226
	17	1.000	1.000	1.000	1.000	1.000	1.000	1.000	0.998	0.982	0.850	0.603
	18	1.000	1.000	1.000	1.000	1.000	1.000	1.000	1.000	1.000	1.000	1.000
n=19	0	0.377	0.135	0.014	0.001	0.000	0.000	0.000	0.000	0.000	0.000	0.000
	1	0.755	0.420	0.083	0.010	0.001	0.000	0.000	0.000	0.000	0.000	0.000
	2	0.933	0.705	0.237	0.046	0.005	0.000	0.000	0.000	0.000	0.000	0.000
	3	0.987	0.885	0.455	0.133	0.023	0.002	0.000	0.000	0.000	0.000	0.000
	4	0.998	0.965	0.673	0.282	0.070	0.010	0.001	0.000	0.000	0.000	0.000
	5	1.000	0.991	0.837	0.474	0.163	0.032	0.003	0.000	0.000	0.000	0.000
	6	1.000	0.998	0.932	0.666	0.308	0.084	0.012	0.001	0.000	0.000	0.000
	7	1.000	1.000	0.977	0.818	0.488	0.180	0.035	0.003	0.000	0.000	0.000
	8	1.000	1.000	0.993	0.916	0.667	0.324	0.088	0.011	0.000	0.000	0.000
	9	1.000	1.000	0.998	0.967	0.814	0.500	0.186	0.033	0.002	0.000	0.000
	10	1.000	1.000	1.000	0.989	0.912	0.676	0.333	0.084	0.007	0.000	0.000
	11	1.000	1.000	1.000	0.997	0.965	0.820	0.512	0.182	0.023	0.000	0.000
	12	1.000	1.000	1.000	0.999	0.988	0.916	0.692	0.334	0.068	0.002	0.000
	13	1.000	1.000	1.000	1.000	0.997	0.968	0.837	0.526	0.163	0.009	0.000
	14	1.000	1.000	1.000	1.000	0.999	0.990	0.930	0.718	0.327	0.035	0.002
	15	1.000	1.000	1.000	1.000	1.000	0.998	0.977	0.867	0.545	0.115	0.013
	16	1.000	1.000	1.000	1.000	1.000	1.000	0.995	0.954	0.763	0.295	0.067
	17	1.000	1.000	1.000	1.000	1.000	1.000	0.999	0.990	0.917	0.580	0.245
	18	1.000	1.000	1.000	1.000	1.000	1.000	1.000	0.999	0.986	0.865	0.623
	19	1.000	1.000	1.000	1.000	1.000	1.000	1.000	1.000	1.000	1.000	1.000
n=20	0	0.358	0.122	0.012	0.001	0.000	0.000	0.000	0.000	0.000	0.000	0.000
	1	0.736	0.392	0.069	0.008	0.001	0.000	0.000	0.000	0.000	0.000	0.000
	2	0.925	0.677	0.206	0.035	0.004	0.000	0.000	0.000	0.000	0.000	0.000
	3	0.984	0.867	0.411	0.107	0.016	0.001	0.000	0.000	0.000	0.000	0.000
	4	0.997	0.957	0.630	0.238	0.051	0.006	0.000	0.000	0.000	0.000	0.000
	5	1.000	0.989	0.804	0.416	0.126	0.021	0.002	0.000	0.000	0.000	0.000
	6	1.000	0.998	0.913	0.608	0.250	0.058	0.006	0.000	0.000	0.000	0.000
	7	1.000	1.000	0.968	0.772	0.416	0.132	0.021	0.001	0.000	0.000	0.000
	8	1.000	1.000	0.990	0.887	0.596	0.252	0.057	0.005	0.000	0.000	0.000
	9	1.000	1.000	0.997	0.952	0.755	0.412	0.128	0.017	0.001	0.000	0.000
	10	1.000	1.000	0.999	0.983	0.872	0.588	0.245	0.048	0.003	0.000	0.000
	11	1.000	1.000	1.000	0.995	0.943	0.748	0.404	0.113	0.010	0.000	0.000
	12	1.000	1.000	1.000	0.999	0.979	0.868	0.584	0.228	0.032	0.000	0.000
	13	1.000	1.000	1.000	1.000	0.994	0.942	0.750	0.392	0.087	0.002	0.000
	14	1.000	1.000	1.000	1.000	0.998	0.979	0.874	0.584	0.196	0.011	0.000
	15	1.000	1.000	1.000	1.000	1.000	0.994	0.949	0.762	0.370	0.043	0.003
	16	1.000	1.000	1.000	1.000	1.000	0.999	0.984	0.893	0.589	0.133	0.016
	17	1.000	1.000	1.000	1.000	1.000	1.000	0.996	0.965	0.794	0.323	0.075
	18	1.000	1.000	1.000	1.000	1.000	1.000	0.999	0.992	0.931	0.608	0.264
	19	1.000	1.000	1.000	1.000	1.000	1.000	1.000	0.999	0.988	0.878	0.642
	20	1.000	1.000	1.000	1.000	1.000	1.000	1.000	1.000	1.000	1.000	1.000

		p										
		.05	.10	.20	.30	.40	.50	.60	.70	.80	.90	.95
	c											
n=25	0	0.277	0.072	0.004	0.000	0.000	0.000	0.000	0.000	0.000	0.000	0.000
	1	0.642	0.271	0.027	0.002	0.000	0.000	0.000	0.000	0.000	0.000	0.000
	2	0.873	0.537	0.098	0.009	0.000	0.000	0.000	0.000	0.000	0.000	0.000
	3	0.966	0.764	0.234	0.033	0.002	0.000	0.000	0.000	0.000	0.000	0.000
	4	0.993	0.902	0.421	0.090	0.009	0.000	0.000	0.000	0.000	0.000	0.000
	5	0.999	0.967	0.617	0.193	0.029	0.002	0.000	0.000	0.000	0.000	0.000
	6	1.000	0.991	0.780	0.341	0.074	0.007	0.000	0.000	0.000	0.000	0.000
	7	1.000	0.998	0.891	0.512	0.154	0.022	0.001	0.000	0.000	0.000	0.000
	8	1.000	1.000	0.953	0.677	0.274	0.054	0.004	0.000	0.000	0.000	0.000
	9	1.000	1.000	0.983	0.811	0.425	0.115	0.013	0.000	0.000	0.000	0.000
	10	1.000	1.000	0.994	0.902	0.586	0.212	0.034	0.002	0.000	0.000	0.000
	11	1.000	1.000	0.998	0.956	0.732	0.345	0.078	0.006	0.000	0.000	0.000
	12	1.000	1.000	1.000	0.983	0.846	0.500	0.154	0.017	0.000	0.000	0.000
	13	1.000	1.000	1.000	0.994	0.922	0.655	0.268	0.044	0.002	0.000	0.000
	14	1.000	1.000	1.000	0.998	0.966	0.788	0.414	0.098	0.006	0.000	0.000
	15	1.000	1.000	1.000	1.000	0.987	0.885	0.575	0.189	0.017	0.000	0.000
	16	1.000	1.000	1.000	1.000	0.996	0.946	0.726	0.323	0.047	0.000	0.000
	17	1.000	1.000	1.000	1.000	0.999	0.978	0.846	0.488	0.109	0.002	0.000
	18	1.000	1.000	1.000	1.000	1.000	0.993	0.926	0.659	0.220	0.009	0.000
	19	1.000	1.000	1.000	1.000	1.000	0.998	0.971	0.807	0.383	0.033	0.001
	20	1.000	1.000	1.000	1.000	1.000	1.000	0.991	0.910	0.579	0.098	0.007
	21	1.000	1.000	1.000	1.000	1.000	1.000	0.998	0.967	0.766	0.236	0.034
	22	1.000	1.000	1.000	1.000	1.000	1.000	1.000	0.991	0.902	0.463	0.127
	23	1.000	1.000	1.000	1.000	1.000	1.000	1.000	0.998	0.973	0.729	0.358
	24	1.000	1.000	1.000	1.000	1.000	1.000	1.000	1.000	0.996	0.928	0.723
	25	1.000	1.000	1.000	1.000	1.000	1.000	1.000	1.000	1.000	1.000	1.000

[표 2] 표준정규분포표

$$P(Z \leq z) = \int_{-\infty}^{z} \frac{1}{\sqrt{2\pi}} e^{-t^2/2} dt$$

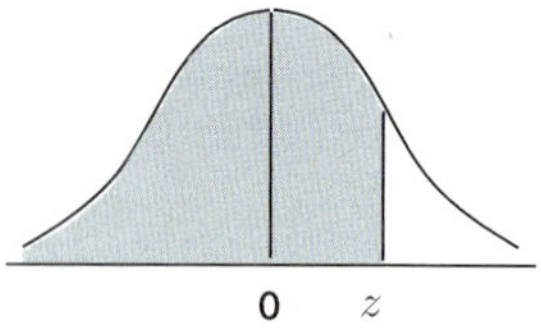

* 표의 숫자는 z보다 작거나 같을 확률을 나타낸다.

z	.00	.01	.02	.03	.04	.05	.06	.07	.08	.09
0.0	0.5000	0.5000	0.5080	0.5120	0.5160	0.5199	0.5239	0.5279	0.5319	0.5359
0.1	0.5398	0.5398	0.5478	0.5517	0.5557	0.5596	0.5636	0.5675	0.5714	0.5753
0.2	0.5793	0.5793	0.5871	0.5910	0.5948	0.5987	0.6026	0.6064	0.6103	0.6141
0.3	0.6179	0.6179	0.6255	0.6293	0.6331	0.6368	0.6406	0.6443	0.6480	0.6517
0.4	0.6554	0.6554	0.6628	0.6664	0.6700	0.6736	0.6772	0.6808	0.6844	0.6879
0.5	0.6915	0.6915	0.6985	0.7019	0.7054	0.7088	0.7123	0.7157	0.7190	0.7224
0.6	0.7257	0.7257	0.7324	0.7357	0.7389	0.7422	0.7454	0.7486	0.7517	0.7549
0.7	0.7580	0.7580	0.7642	0.7673	0.7703	0.7734	0.7764	0.7794	0.7823	0.7852
0.8	0.7881	0.7881	0.7939	0.7967	0.7995	0.8023	0.8051	0.8078	0.8106	0.8133
0.9	0.8159	0.8159	0.8212	0.8238	0.8264	0.8289	0.8315	0.8340	0.8365	0.8389
1.0	0.8413	0.8413	0.8461	0.8485	0.8508	0.8531	0.8554	0.8577	0.8599	0.8621
1.1	0.8643	0.8643	0.8686	0.8708	0.8729	0.8749	0.8770	0.8790	0.8810	0.8830
1.2	0.8849	0.8849	0.8888	0.8907	0.8925	0.8944	0.8962	0.8980	0.8997	0.9015
1.3	0.9032	0.9032	0.9066	0.9082	0.9099	0.9115	0.9131	0.9147	0.9162	0.9177
1.4	0.9192	0.9192	0.9222	0.9236	0.9251	0.9265	0.9279	0.9292	0.9306	0.9319
1.5	0.9332	0.9332	0.9357	0.9370	0.9382	0.9394	0.9406	0.9418	0.9429	0.9441
1.6	0.9452	0.9452	0.9474	0.9484	0.9495	0.9505	0.9515	0.9525	0.9535	0.9545
1.7	0.9554	0.9554	0.9573	0.9582	0.9591	0.9599	0.9608	0.9616	0.9625	0.9633
1.8	0.9641	0.9641	0.9656	0.9664	0.9671	0.9678	0.9686	0.9693	0.9699	0.9706
1.9	0.9713	0.9713	0.9726	0.9732	0.9738	0.9744	0.9750	0.9756	0.9761	0.9767
2.0	0.9772	0.9772	0.9783	0.9788	0.9793	0.9798	0.9803	0.9808	0.9812	0.9817
2.1	0.9821	0.9821	0.9830	0.9834	0.9838	0.9842	0.9846	0.9850	0.9854	0.9857
2.2	0.9861	0.9861	0.9868	0.9871	0.9875	0.9878	0.9881	0.9884	0.9887	0.9890
2.3	0.9893	0.9893	0.9898	0.9901	0.9904	0.9906	0.9909	0.9911	0.9913	0.9916
2.4	0.9918	0.9918	0.9922	0.9925	0.9927	0.9929	0.9931	0.9932	0.9934	0.9936
2.5	0.9938	0.9938	0.9941	0.9943	0.9945	0.9946	0.9948	0.9949	0.9951	0.9952
2.6	0.9953	0.9953	0.9956	0.9957	0.9959	0.9960	0.9961	0.9962	0.9963	0.9964
2.7	0.9965	0.9965	0.9967	0.9968	0.9969	0.9970	0.9971	0.9972	0.9973	0.9974
2.8	0.9974	0.9974	0.9976	0.9977	0.9977	0.9978	0.9979	0.9979	0.9980	0.9981
2.9	0.9981	0.9981	0.9982	0.9983	0.9984	0.9984	0.9985	0.9985	0.9986	0.9986
3.0	0.9987	0.9987	0.9987	0.9988	0.9988	0.9989	0.9989	0.9989	0.9990	0.9990
3.1	0.9990	0.9990	0.9991	0.9991	0.9992	0.9992	0.9992	0.9992	0.9993	0.9993
3.2	0.9993	0.9993	0.9994	0.9994	0.9994	0.9994	0.9994	0.9995	0.9995	0.9995
3.3	0.9995	0.9995	0.9995	0.9996	0.9996	0.9996	0.9996	0.9996	0.9996	0.9997
3.4	0.9997	0.9997	0.9997	0.9997	0.9997	0.9997	0.9997	0.9997	0.9997	0.9998
3.5	0.9998	0.9998	0.9998	0.9998	0.9998	0.9998	0.9998	0.9998	0.9998	0.9998

[표 3] t-분포표

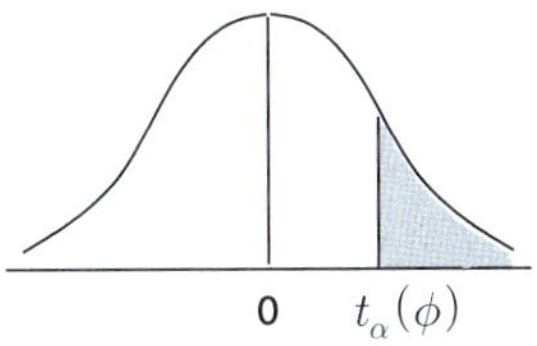

* 표의 숫자는 주어진 α값에 대한 t_α의 값을 나타낸다.

ϕ	α .25	.10	.05	.025	.01	.005
1	1.000	3.078	6.314	12.706	31.821	63.657
2	0.816	1.886	2.920	4.303	6.965	9.925
3	0.765	1.638	2.353	3.182	4.541	5.841
4	0.741	1.533	2.132	2.776	3.747	4.604
5	0.727	1.476	2.015	2.571	3.365	4.032
6	0.718	1.440	1.943	2.447	3.143	3.707
7	0.711	1.415	1.895	2.365	2.998	3.499
8	0.706	1.397	1.860	2.306	2.896	3.355
9	0.703	1.383	1.833	2.262	2.821	3.250
10	0.700	1.372	1.812	2.228	2.764	3.169
11	0.697	1.363	1.796	2.201	2.718	3.106
12	0.695	1.356	1.782	2.179	2.681	3.055
13	0.694	1.350	1.771	2.160	2.650	3.012
14	0.692	1.345	1.761	2.145	2.624	2.977
15	0.691	1.341	1.753	2.131	2.602	2.947
16	0.690	1.337	1.746	2.120	2.583	2.921
17	0.689	1.333	1.740	2.110	2.567	2.898
18	0.688	1.330	1.734	2.101	2.552	2.878
19	0.688	1.328	1.729	2.093	2.539	2.861
20	0.687	1.325	1.725	2.086	2.528	2.845
21	0.686	1.323	1.721	2.080	2.518	2.831
22	0.686	1.321	1.717	2.074	2.508	2.819
23	0.685	1.319	1.714	2.069	2.500	2.807
24	0.685	1.318	1.711	2.064	2.492	2.797
25	0.684	1.316	1.708	2.060	2.485	2.787
26	0.684	1.315	1.706	2.056	2.479	2.779
27	0.684	1.314	1.703	2.052	2.473	2.771
28	0.683	1.313	1.701	2.048	2.467	2.763
29	0.683	1.311	1.699	2.045	2.462	2.756
30	0.683	1.310	1.697	2.042	2.457	2.750
40	0.681	1.303	1.684	2.021	2.423	2.704
60	0.679	1.296	1.671	2.000	2.390	2.660
120	0.677	1.289	1.658	1.980	2.358	2.617
∞	0.677	1.282	1.645	1.960	2.326	2.576

[표 4] χ^2–분포표

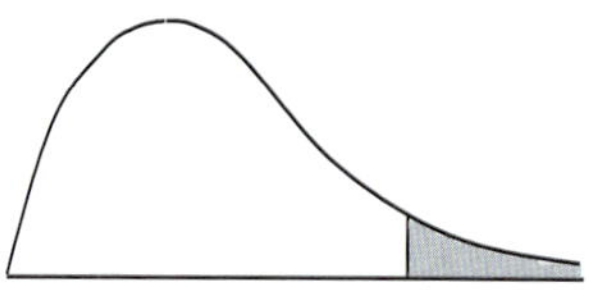
$\chi^2_\alpha(\phi)$

*** 표의 숫자는 주어진 α 값에 대한 χ^2_α 값을 나타낸다.**

ϕ \ α	.005	.010	.025	.050	.100	.900	.950	.975	.990	.995
1	7.8794	6.6349	5.0239	3.8415	2.7055	0.0158	0.0039	0.0010	0.0002	0.0000
2	10.5966	9.2103	7.3778	5.9915	4.6052	0.2107	0.1026	0.0506	0.0201	0.0100
3	12.8382	11.3449	9.3484	7.8147	6.2514	0.5844	0.3518	0.2158	0.1148	0.0717
4	14.8603	13.2767	11.1433	9.4877	7.7794	1.0636	0.7107	0.4844	0.2971	0.2070
5	16.7496	15.0863	12.8325	11.0705	9.2364	1.6103	1.1455	0.8312	0.5543	0.4117
6	18.5476	16.8119	14.4494	12.5916	10.6446	2.2041	1.6354	1.2373	0.8721	0.6757
7	20.2777	18.4753	16.0128	14.0671	12.0170	2.8331	2.1673	1.6899	1.2390	0.9893
8	21.9550	20.0902	17.5345	15.5073	13.3616	3.4895	2.7326	2.1797	1.6465	1.3444
9	23.5894	21.6660	19.0228	16.9190	14.6837	4.1682	3.3251	2.7004	2.0879	1.7349
10	25.1882	23.2093	20.4832	18.3070	15.9872	4.8652	3.9403	3.2470	2.5582	2.1559
11	26.7568	24.7250	21.9200	19.6751	17.2750	5.5778	4.5748	3.8157	3.0535	2.6032
12	28.2995	26.2170	23.3367	21.0261	18.5493	6.3038	5.2260	4.4038	3.5706	3.0738
13	29.8195	27.6882	24.7356	22.3620	19.8119	7.0415	5.8919	5.0088	4.1069	3.5650
14	31.3193	29.1412	26.1189	23.6848	21.0641	7.7895	6.5706	5.6287	4.6604	4.0747
15	32.8013	30.5779	27.4884	24.9958	22.3071	8.5468	7.2609	6.2621	5.2293	4.6009
16	34.2672	31.9999	28.8454	26.2962	23.5418	9.3122	7.9616	6.9077	5.8122	5.1422
17	35.7185	33.4087	30.1910	27.5871	24.7690	10.0852	8.6718	7.5642	6.4078	5.6972
18	37.1565	34.8053	31.5264	28.8693	25.9894	10.8649	9.3905	8.2307	7.0149	6.2648
19	38.5823	36.1909	32.8523	30.1435	27.2036	11.6509	10.1170	8.9065	7.6327	6.8440
20	39.9968	37.5662	34.1696	31.4104	28.4120	12.4426	10.8508	9.5908	8.2604	7.4338
21	41.4011	38.9322	35.4789	32.6706	29.6151	13.2396	11.5913	10.2829	8.8972	8.0337
22	42.7957	40.2894	36.7807	33.9244	30.8133	14.0415	12.3380	10.9823	9.5425	8.6427
23	44.1813	41.6384	38.0756	35.1725	32.0069	14.8480	13.0905	11.6886	10.1957	9.2604
24	45.5585	42.9798	39.3641	36.4150	33.1962	15.6587	13.8484	12.4012	10.8564	9.8862
25	46.9279	44.3141	40.6465	37.6525	34.3816	16.4734	14.6114	13.1197	11.5240	10.5197
26	48.2899	45.6417	41.9232	38.8851	35.5632	17.2919	15.3792	13.8439	12.1981	11.1602
27	49.6449	46.9629	43.1945	40.1133	36.7412	18.1139	16.1514	14.5734	12.8785	11.8076
28	50.9934	48.2782	44.4608	41.3371	37.9159	18.9392	16.9279	15.3079	13.5647	12.4613
29	52.3356	49.5879	45.7223	42.5570	39.0875	19.7677	17.7084	16.0471	14.2565	13.1211
30	53.6720	50.8922	46.9792	43.7730	40.2560	20.5992	18.4927	16.7908	14.9535	13.7867
40	66.7659	63.6907	59.3417	55.7585	51.8051	29.0505	26.5093	24.4331	22.1643	20.7065
50	79.4900	76.1539	71.4202	67.5048	63.1671	37.6886	34.7642	32.3574	29.7067	27.9907
60	91.9517	88.3794	83.2976	79.0819	74.3970	46.4589	43.1879	40.4817	37.4848	35.5346
70	104.215	100.425	95.0231	90.5312	85.5270	55.3289	51.7393	48.7576	45.4418	43.2752
80	116.321	112.329	106.629	101.879	96.5782	64.2778	60.3915	57.1532	53.5400	51.1720
90	128.299	124.116	118.136	113.145	107.565	73.2911	69.1260	65.6466	61.7541	59.1963
100	140.169	135.807	129.561	124.342	118.498	82.3581	77.9295	74.2219	70.0648	67.3276

[표 5] 포아송 분포표

* $X \sim Poisson(\lambda)$일 때 $P(X \leq c) = \sum_{x=0}^{c} \frac{e^{-\lambda}\lambda^x}{x!}$의 값을 표시한다.

	λ									
c	.1	.2	.3	.4	.5	.6	.7	.8	.9	1.0
0	.905	.819	.741	.670	.607	.549	.497	.449	.407	.368
1	.995	.982	.963	.938	.910	.878	.844	.809	.772	.736
2	1.000	.999	.996	.992	.986	.977	.966	.953	.937	.920
3	1.000	1.000	1.000	.999	.998	.997	.994	.991	.987	.981
4	1.000	1.000	1.000	1.000	1.000	1.000	.999	.999	.998	.996
5	1.000	1.000	1.000	1.000	1.000	1.000	1.000	1.000	1.000	.999
6	1.000	1.000	1.000	1.000	1.000	1.000	1.000	1.000	1.000	1.000

c	1.1	1.2	1.3	1.4	1.5	1.6	1.7	1.8	1.9	2.0
0	.333	.301	.273	.247	.223	.202	.183	.165	.150	.135
1	.699	.663	.627	.592	.558	.525	.493	.463	.434	.406
2	.900	.879	.857	.833	.809	.783	.757	.731	.704	.677
3	.974	.966	.957	.946	.934	.921	.907	.891	.875	.857
4	.995	.992	.989	.986	.981	.976	.970	.964	.954	.947
5	.999	.998	.998	.997	.996	.994	.992	.990	.987	.983
6	1.000	1.000	1.000	.999	.999	.999	.998	.997	.997	.995
7	1.000	1.000	1.000	1.000	1.000	1.000	1.000	.999	.999	.999
8	1.000	1.000	1.000	1.000	1.000	1.000	1.000	1.000	1.000	1.000

c	2.1	2.2	2.3	2.4	2.5	2.6	2.7	2.8	2.9	3.0
0	.122	.111	.100	.091	.082	.074	.067	.061	.055	.050
1	.380	.355	.331	.308	.287	.267	.249	.231	.215	.199
2	.650	.623	.596	.570	.544	.518	.494	.469	.446	.423
3	.839	.819	.799	.779	.758	.736	.714	.692	.670	.647
4	.938	.928	.916	.904	.891	.877	.863	.848	.832	.815
5	.980	.975	.970	.964	.958	.951	.943	.935	.926	.916
6	.994	.993	.991	.988	.986	.983	.979	.976	.971	.966
7	.999	.998	.997	.997	.996	.995	.993	.992	.990	.988
8	1.000	1.000	.999	.999	.999	.999	.998	.998	.997	.996
9	1.000	1.000	1.000	1.000	1.000	1.000	.999	.999	.999	.999
10	1.000	1.000	1.000	1.000	1.000	1.000	1.000	1.000	1.000	1.000

	λ									
c	3.1	3.2	3.3	3.4	3.5	3.6	3.7	3.8	3.9	4.0
0	.045	.041	.037	.033	.030	.027	.025	.022	.020	.018
1	.185	.171	.159	.147	.136	.126	.116	.107	.099	.092
2	.401	.380	.359	.340	.321	.303	.285	.269	.253	.238
3	.625	.603	.580	.558	.537	.515	.494	.473	.453	.433
4	.798	.781	.763	.744	.725	.706	.687	.668	.648	.629
5	.906	.895	.883	.871	.858	.844	.830	.816	.801	.785
6	.961	.955	.949	.942	.935	.927	.918	.909	.899	.889
7	.986	.983	.980	.977	.973	.969	.965	.960	.955	.949
8	.995	.994	.993	.992	.990	.988	.986	.984	.981	.979
9	.999	.998	.998	.997	.997	.996	.995	.994	.993	.992
10	1.000	1.000	.999	.999	.999	.999	.998	.998	.998	.997
11	1.000	1.000	1.000	1.000	1.000	1.000	1.000	.999	.999	.999
12	1.000	1.000	1.000	1.000	1.000	1.000	1.000	1.000	1.000	1.000

c	4.5	5.0	5.5	6.0	6.5	7.0	7.5	8.0	8.5	9.0
0	.011	.007	.004	.002	.002	.001	.001	.000	.000	.000
1	.061	.040	.027	.017	.011	.007	.005	.003	.002	.001
2	.174	.125	.008	.062	.043	.030	.020	.014	.009	.006
3	.342	.265	.202	.151	.112	.082	.059	.042	.030	.021
4	.532	.440	.358	.285	.224	.173	.132	.100	.074	.055
5	.703	.616	.529	.446	.369	.301	.241	.191	.150	.116
6	.831	.762	.686	.606	.527	.450	.378	.313	.256	.207
7	.913	.867	.809	.744	.673	.599	.525	.453	.386	.324
8	.960	.932	.894	.847	.792	.729	.662	.593	.523	.456
9	.983	.968	.946	.916	.877	.830	.776	.717	.653	.587
10	.993	.986	.975	.957	.933	.901	.862	.816	.763	.706
11	.998	.995	.989	.980	.966	.947	.921	.888	.849	.803
12	.999	.998	.966	.991	.984	.973	.957	.936	.909	.876
13	1.000	.999	.998	.996	.993	.987	.978	.966	.949	.926
14	1.000	1.000	.999	.999	.997	.994	.990	.983	.973	.959
15	1.000	1.000	1.000	.999	.999	.998	.995	.992	.986	.978
16	1.000	1.000	1.000	1.000	1.000	.999	.998	.996	.993	.989
17	1.000	1.000	1.000	1.000	1.000	1.000	.999	.998	.997	.995
18	1.000	1.000	1.000	1.000	1.000	1.000	1.000	.999	.999	.998
19	1.000	1.000	1.000	1.000	1.000	1.000	1.000	1.000	.999	.999
20	1.000	1.000	1.000	1.000	1.000	1.000	1.000	1.000	1.000	1.000

찾아보기

인명

경제 · 경영학을 위한
통계학 입문

저　　자　임상일
발 행 인　김지영
발 행 처　자유아카데미
주　　소　경기도 파주시 회동길 37-42
　　　　　파주출판도시
전　　화　031-955-1321
팩　　스　031-955-1322
홈페이지　www.freeaca.com
전자우편　main@freeaca.com (대표)
　　　　　editor@freeaca.com (편집)
　　　　　crm@freeaca.com (영업)
등　　록　제406-2003-017호, 1980. 7. 12
제1판1쇄　2024년 8월 30일 발행

ISBN 979-11-5808-561-2 93320